AN ILLUSTRATED ENCYCLOPEDIA OF UNIFORMS OF THE NAPOLEONIC WARS

拿破仑时期军服图解百科
革命战争与拿破仑战争中的官兵（1792—1815）

奥地利、大不列颠、法国、普鲁士与俄罗斯军队制服的专业指南，另有对小国军服的记载
超过 600 幅图片，包含军服、历史场景、会战推演以及战役态势图
独一无二的直观信息，生动展现了那个年代官兵将士的风貌

【英】迪格比·史密斯 著　北府组 译
【英】杰里米·布莱克（大英帝国勋章获得者）　刘晓 顾问

AN ILLUSTRATED ENCYCLOPEDIA OF UNIFORMS OF THE NAPOLEONIC WARS by Digby Smith
Copyright in design, text and images © Anness Publishing Limited, U.K, 2009
This edition arranged with ANNESS PUBLISHING LTD
through BIG APPLE AGENCY, LABUAN, MALAYSIA.
Simplified Chinese edition copyright:
2019 ChongQing Zven Culture communication Co., Ltd
All rights reserved.

中文简体字版权专有权属吉林文史出版社所有
吉林省版权局著作权登记图字：07-2019-0043

图书在版编目（CIP）数据

拿破仑时期军服图解百科：革命战争与拿破仑战争中的官兵：1792-1815 /（英）迪格比·史密斯著；北府组译. -- 长春：吉林文史出版社，2019.6
ISBN 978-7-5472-6326-6

Ⅰ.①拿… Ⅱ.①迪…②北… Ⅲ.①军服－欧洲－1792-1815－图解 Ⅳ.①E509-64

中国版本图书馆CIP数据核字(2019)第131225号

NAPOLUN SHIQI JUNFU TUJIE BAIKE: GEMING ZHANZHENG YU NAPOLUN ZHANZHENG ZHONG DE GUANBING（1792—1815）

拿破仑时期军服图解百科：革命战争与拿破仑战争中的官兵（1792—1815）

著 /【英】迪格比·史密斯　译 / 北府组
责任编辑 / 吴枫　特约编辑 / 丁秀群
装帧设计 / 王星
策划制作 / 指文图书　出版发行 / 吉林文史出版社
地址 / 长春市福祉大路5788号　邮编 / 130117
电话 / 0431-86037503　传真 / 0431-86037589
印刷 / 重庆长虹印务有限公司
版次 / 2019年7月第1版　2019年7月第1次印刷
开本 / 889mm×1194mm　1/16
印张 / 16　字数 / 280千
书号 / ISBN 978-7-5472-6326-6
定价 / 169.80元

目录

前言	2

18世纪末的欧洲　5

欧陆诸国的政治与社会情况	6
海上力量的平衡	12
士兵生涯	14
制服和徽章	18
主要战役与会战	20

法国　33

大革命时期的法国（1789—1796）	34
拿破仑掌权	36
法军军服	38
共和国时代的步兵	39
共和国时代的骑兵	44
共和国时代的炮兵、工程兵和坑道工兵	48
1798—1801年的埃及远征军	50
帝国近卫军	52
帝国的战列步兵和轻步兵	56
帝国的卡宾枪骑兵和胸甲骑兵	58
帝国时期的龙骑兵和枪骑兵	61
帝国猎骑兵	64
帝国骠骑兵	66
帝国时期的炮兵、工程师和工兵部队	70
外籍和辅助部队	71

大不列颠　77

不列颠政府及其帝国的诞生	78
英国陆军的结构、编制	80
拿破仑战争中的英国陆军	82
将领、参谋、王家运输部队与近卫部队	86
战列步兵	88
常备重骑兵	98
常备轻骑兵与骠骑兵	101
炮兵与工兵	104
英王德意志军团与"布伦维克黑衣军"	106

东印度、西印度诸团与非洲部队	108
其他外籍部队	110

奥地利 115

奥地利帝国	116
奥地利的陆军	118
奥军战记	120
1809年的国防军	122
将领、元帅和参谋	124
德裔步枪兵与掷弹兵	126
匈裔步枪兵与掷弹兵	128
轻步兵	132
戍边步兵	134
卡宾枪骑兵与胸甲骑兵	136
龙骑兵、轻骑兵与线膛枪骑兵	139
骠骑兵	142
枪骑兵	146
炮兵和工兵	148
勤王义军	150

俄罗斯 153

沙皇与军队	154
俄罗斯与拿破仑的冲突	156
皇家近卫军	158
战列步兵和猎兵	162
胸甲骑兵和龙骑兵	172
骠骑兵和枪骑兵	177
炮兵和工程兵	181
哥萨克人、卡尔梅克人和巴什基尔人	182

普鲁士 185

普鲁士国情	186
1806年国难	188
普鲁士军队及其在1812—1815年的战役	190
1806年之前的步兵	192
1806年之前的胸甲骑兵	197
1806年之前的龙骑兵	200
1806年之前的骠骑兵部队	202
1806年之前的炮兵与技术兵	205
1806年之后的步兵	207
1806年之后的胸甲骑兵	211
1806年之后的龙骑兵和骠骑兵	214
1806年之后的枪骑兵、预备役和骑兵团	216
1806年之后的炮兵和技术部队	218

美国及其他国家 221

美国联邦军队	222
丹麦和瑞典王国	226
巴伐利亚王国	228
萨克森和威斯特伐利亚	230
符腾堡王国	233
华沙大公国	234
意大利和那不勒斯王国	236
西班牙和葡萄牙王国	239

术语表	**244**
致谢	**248**

AN ILLUSTRATED ENCYCLOPEDIA OF UNIFORMS OF THE NAPOLEONIC WARS

拿破仑时期军服图解百科
革命战争与拿破仑战争中的官兵（1792—1815）

前言

此书内容甚广，涵盖了革命战争时期（1789—1804）的资料，这是大多数出版物不曾涉及的。如果不谈这一早期背景，拿破仑时代有时会让人难以理解。此书的第一部分为读者做好铺垫，简单描述了当时的政治形势、社会结构以及法国大革命的影响。法国大革命撼动了欧洲所有王权。与这一政治风暴一同发生的工业革命已重塑了商贸和社会，尤其是在英国。接着，本书涵盖了这一阶段的战役，分析了事件背景、战斗过程，审视了当时军人生活的世界，并通过欧陆不同军队的例子来描绘当时的士兵是如何生存、战斗与牺牲的。本书的主要内容则是巨细无遗地考察了1792—1815年的军队制服与结构。在1812年以前，法国与俄国坐拥全欧洲最强大的军队以及第二大的海军，可谓1789年的大陆领军势力。

社会与军事剧变

尽管确实有许多理由能够证明革命前的法国亟须激进的社会变革，但革命的剧变以及随之而来的恐怖统治（1793年7月—1794年7月）对整个国家组织和武装军队都带来了巨大的损害——军队失去了一半以上的军官。有些人被处决在断头台上，但大多数人抛弃了自己的财产逃离国家避免噩运。这一动荡时期为许多投机分子推开了通往世界舞台的大门。他们中最突出的人物便是拿破仑·波拿巴。

在传统的君主国中，这样的阶层跃升几乎是不存在的，但在军队中则有可能。1812年俄国的军官团中有32位都是农民出身。至于英国，在1797—1802年约克公爵改革前，富有的军校学员让父母给他们买委任状是常有之事。当数年后他们加入自己所属的团时，虽然没有半点相关的专业知识，但他们已经开辟

▲ 身着盛装的法国皇帝拿破仑与象征皇室的各种陈列品。

或者说买通了自己的加官晋爵之路。其他人或许能在战场上为自己赢得军衔，但之后的职业发展会受到严格的限制。

不夸张地说，1800年前，英国人对参军入伍一事并不上心。英国军队的另一特质是规模小，并且遍布全球。团与军的使用在欧洲大陆主要军队中虽已慢慢成形，但在英军中看不到类似的趋势。（对英国来说）唯一能有机会操纵大规模兵团的地方是印度。在那里，印度将军阿瑟·韦尔斯利的战争技艺变得熟练，这使他在1808年的葡萄牙和西班牙战役中受益匪浅。

欧洲军队同时也面临着另一个巨大改变——淘汰掉由衰老、长时间服役的专业士兵组成的小型部队，并用快速训练、只服役一定时间的年轻募兵组成的大兵团取而代之。这个改变是由投票产生的。[①] 拉扎尔-尼古拉-玛格丽特·卡诺上尉（Captain Lazare-Nicolas-Marguerite Carnot）在1792年用这一手段成功从敌人手上拯救了法国。1813年，募兵制已经成为欧洲大陆的主流了。

制服与军衔徽章

军队制服在这一时期经历了巨大改变。这一改变遍布诸国，同时也反映了平民时尚风气的变化。发型的改变十分显著：旧时不太卫生的扑粉、卷发和戴马尾的时尚（这种发型需要耗费数小时）让步给了几乎现代化的理发。黑森-卡塞尔选侯国（在1813年年底重建）是个例外，他们十分严格地重新引入了1806年的旧风尚，如扑粉。1792年，大多数德意志小国都向普鲁士看齐，使用黄铜或锡制的掷弹兵帽以及有精巧的金色或银色花边装饰的军官大衣。

军官的身份地位体现在制服的做工与花费，大量腰部绶带，饰领以及金或银色的剑带。一般士兵就没有这么亮眼了。法国步兵在18世纪90年代把军大衣从白色改成深蓝色，是具有象征意义的一步。

法国革命在平等主义的指导下开启了禁止军官在制服上刺绣的先河。用不同种类的肩章来代表军官阶级的新做法被广泛采用。尤其是在1806年莱茵联邦成立后，一种类似"华沙条约组织"的集团出现，德意志诸邦在军服设计上更是唯法国马首是瞻。在拿破仑战争终结后，欧洲的军事时尚又重现繁荣。和平年代的军队催生了各种昂贵的奢侈品和怪癖，例如钟形的高筒帽、胸部带衬垫的紧身短上衣。

欧洲的新秩序

欧洲在拿破仑时期后变得截然不同

---

① 译注：指1793年国民公会通过的征兵法。

▲ 拿破仑留下印记前的欧洲旧疆界示意图。
▶ 军服在拿破仑时期变得更加紧身，军衣的大小与长度都被缩减，并出现了立领。

了，现代化的基石已经垫下。法国在超前军事组织的发展上是领军角色。有一种学派认为拿破仑的战地指挥部是现代北大西洋公约组织的原型。这一说法引起了强烈的争议，因为拿破仑的参谋部是根据他统治帝国与随心所欲地指挥军队的需求而建立的。一旦他脱离这个体系，这个体系立马就失去了效用。看上去拿破仑时期普鲁士与奥地利的参谋体系更有资格宣称是北约参谋部的鼻祖。在知道了大背景后，我们接着才能深入了解这一时期不同部队浴血奋战、决一胜负的各种战役。

18 世纪末的欧洲

当时，欧洲是政治思想的大熔炉。1789年大革命所迸发出的激进思想，极大地震动了波旁王朝的旧制度。这股星星之火，起初是为了温和地请求分享更多权力，随后却点燃了持续23年之久的全欧大战。因此，这个时代是剧变的时代，受到自由、平等与博爱的思想所挑战的欧洲各君主不得不面对人民的力量。意识形态的碰撞导致了旧政治秩序的覆亡——象征便是衰落的神圣罗马帝国——以及现代世界的诞生。

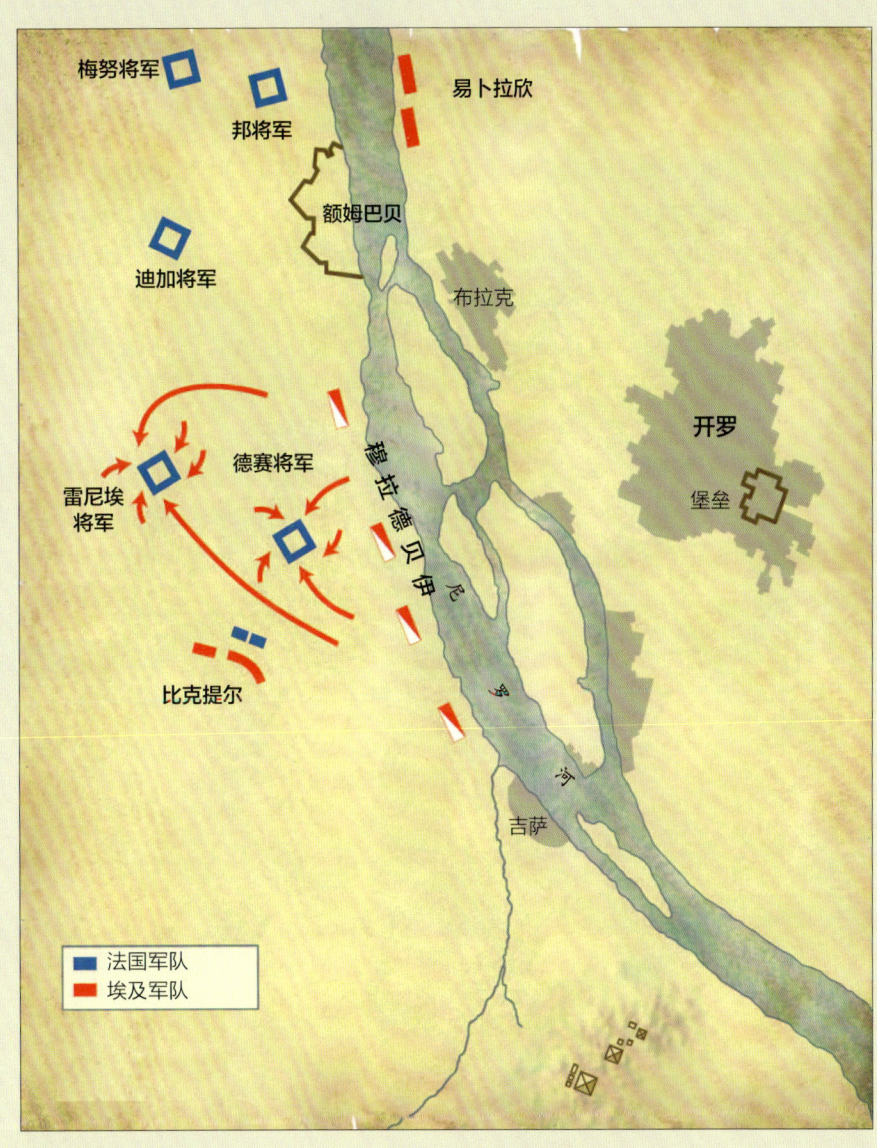

▲ 金字塔大战，发生于1798年7月21日，显示了法国强大的军事力量。

◀ 1809年7月6日，瓦格拉姆战役，联军在多瑙河河岸会晤。

欧陆诸国的政治与社会情况

在革命战争与拿破仑战争时期，欧洲主要是一堆王国、公国与城市国家组成的拼凑物。许多欧陆地区都被维也纳以神圣罗马帝国攥在手中，包括德意志大部分地区，这些地区尚待俾斯麦去统一。真正称得上超级大国的只有大不列颠。英国的强大始于工业革命，使其有能力获取巨额财富、无与伦比的海军力量。虽然如此，处于政治与军事舞台中心的却是法国。法国是大革命的起源地，也是"科西嘉怪物"拿破仑·波拿巴的"继母"。

大革命前的法国

18世纪末的法国是君主专制国家，国王拥有毋庸置疑的权威。路易十六在1774年即位。法国财政的严峻状况给国家造成了压力，而路易十六只是坐看局势恶化成危机。国家政治主体包括神职人员、贵族和市民三级。前两级是国家主要的土地所有者，并且不用上地税。只有第三级有义务缴税，但大多数农民都填不饱肚子。这一系统毫无疑问将招致叛乱与革命。

法国大革命的起因

1788—1789年，因为糟糕的天气，法国的农业收成只有平常的四分之一。在巴黎，因为食物短缺而发生了暴动。1789年5月，路易召开三级议会，让公众表达他们的不满。不消说，贵族们想要保护自己的特权。但6月17日，第三级的代表们在许多神职人员的支持下宣布成立"国民议会"（National Assembly）。他们宣誓除非法国拥有宪法，否则绝不解散。

路易让步了，但他开始召集军队，试图碾压这次反叛。国民议会要求他遣散部队，他拒绝了。国民议会因而动员了大量人力对抗国王这一"密谋"。7月13日，巴黎人民洗劫了枪店，夺取了武器，并在次日攻占了巴士底狱——一处关押政治犯的地方。（巴士底狱）卫戍部队遭到屠杀。同一日，2名高级王家军官被私刑处死。接着，叛军宣布巴黎的王室政府失效，然后原地成立了共和国。1789年8月27日，国民议会出版了

▲ 法国国王路易十六，被穷奢极欲的奥地利妻子玛丽·安托瓦内特操纵的软弱国王。

《人权与公民权宣言》，为旧王朝的时代拉下了帷幕。

国民议会在1789—1791年间担任法国的临时政府。然而，法国的财政危机没有得到缓解。政府印刷越来越多的纸币，结果造成严重的通货膨胀。政治思潮在温和派与极端派之间产生了两极分化。1791年9月30日新宪法诞生后，国民议会宣布解散，新的立法机构通过选举产生。1791年10月，选举开始：极端派或者说雅各宾派人主战，温和的斐扬派（Feuillants）则倾向于和平。1792年4月，法国对奥地利、神圣罗马帝国、普鲁士以及逃离了国家的流亡贵族宣战。后者包含了许多军官。大概一半的陆军军官出逃，出逃的海军军官更具毁灭性，接近四分之三。

1792年8月10日，立法议会（the Legislative Assembly）宣布停摆王权政府。群众袭击了王宫，瑞士卫队遭到

▼ 英国军舰统治了欧洲海域，借此掌握了巨大的国家财富。

屠杀，王室则被囚禁。许多议员逃离巴黎，激进的革命分子掌控了国家。他们组织新选举成立了"国民公会"（National Convention）。马克西米连·罗伯斯庇尔宣称国家必须成为人民惩罚意志的工具。

国王的陨落

反法联军对法国香槟省发动的联合入侵，是意图重新扶植王权的一次努力，但在1792年9月20日的瓦尔密战役中遭遇惨败。第二天，国民公会废除了君主专制，并在1793年1月以叛国罪审判国王。国王被判有罪，在1月21日作为"公民卡佩"被送上断头台。玛丽·安托瓦内特也在10月16日遭遇了同样的命运。国民公会现在牢牢掌握了政治权力，通过10人组成的公共安全委员会，在全国雅各宾俱乐部的支持下监管地方事务。1792年11月19日，法国国民公会宣布将给"所有希望恢复自由的人带来友爱和救助"，并且"督促共和国将领们全力以赴"。法国决定用武力把大革命传播到欧洲的邻国。

恐怖统治

1793年7月27日，罗伯斯庇尔决意消灭他的政敌。首先，他向极左派下手，然后转向了乔治·丹敦领导的温和派。1793年9月5日，巴黎民兵从城市公社驱逐了所有温和派，并以"用恐怖对付革命之敌"的信条控制了他们。

罗伯斯庇尔拥抱了恐怖政治，把它当作攘外安内的必要手段。1793—1794年，200000多名公民遭到逮捕，其中许多是贵族。10000人死在了监狱，17000人则被处以极刑。到1794年6月，雅各宾的独裁统治确保了边境线免受外敌的威胁，并重建和平。接着，罗伯斯庇尔在1794年7月26日发表演讲，公然谴责了一部分人是叛国贼。公共安全委员会对此忍无可忍，在第二天便逮捕了他，并于翌日将其处死。

▲ 对罗伯斯庇尔的戏剧性逮捕标志着法国剧烈的政治变化。

督政府

1795年10月，公共安全委员会被督政府取代。10月5日，心怀不满的保王派试图在巴黎发起政变。镇压这一重任落到了拿破仑·波拿巴手里。他迅速用40门加农炮进行伏击，杀死了200名叛军。这便是他著名的"葡萄弹的清风"。即使如此，到1797年，督政府的公众支持者也越来越少。

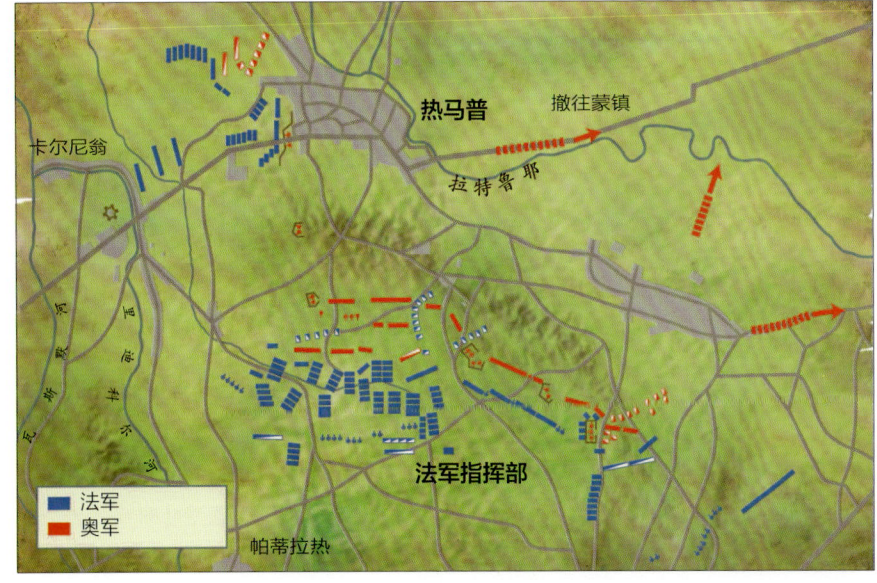

◀ 热马普（Jemappes）会战，1792年11月6日，法军的胜利粉碎了奥军坚守比利时的决心，法国人陷入了狂喜。

▲ 北意大利战役在拿破仑的战争生涯中有举足轻重的地位,战役从西边的都灵一直打到维也纳,从北方的因斯布鲁克打到了南边的热那亚。

拿破仑的崛起

镇压了保王党叛乱后,拿破仑开始热衷于追求荣誉和盛名。1796年3月9日,他与约瑟芬·德·博阿尔内成婚,随后他便离开巴黎,被指派去指挥衣衫褴褛的意大利军团。他的雄才使他在北意大利所向无敌,接连击败了奥地利和萨丁尼亚的部队。军事行动于4月10日在沃尔特里(Voltri)展开,12天后,萨丁尼亚便战败求和。法军如旋风向东前进,震撼了奥地利人。在洛迪的战斗成了拿破仑传奇中不朽的丰碑。6月29日,米兰陷落,但拿破仑此时已经包围曼图亚,并洗劫了已解放的区域,把战利品送回巴黎。曼图亚在1797年2月2日陷落。在10月17日签订的《坎波·福尔米奥条约》(Treaty of Campo Formio)摧毁了奥地利对北意大利的统治。

拿破仑现已成为法国的风流人物之一,其野心也昭然若揭。1797年8月,拿破仑说服督政府发起对埃及的远征,以威胁英国的印度殖民地。督政府同意后,远征便于1798年5月起航。远征军在6月12日攻占了马耳他,并于7月3日在亚历山大港以西登陆。虽然能轻易占胜当地的马穆鲁克,但因为纳尔逊在1798年8月1日的尼罗河战役中击败了法国舰队,拿破仑被困住了。他在1799年入侵了叙利亚,但没能拿下阿克,不得不撤退。那一年,英国帮助第二次反法同盟成立。奥俄联军重夺北意大利,在南德意志与荷兰也发生了战斗。被击败的督政府越发不得人心。拿破仑相信他能从这个局势中获利,便放弃远征军,返回法国,于10月9日在弗雷瑞斯港(Fréjus)登陆。他全速赶往巴黎,在那里,他被视为归来的英雄。

雾月政变

11月7日,拿破仑被任命为巴黎地区的内防军总司令。三天后,他带着一队掷弹兵闯进了位于圣克卢的五百人院,赶走了里面的议员。政变后,拿破仑颁布了新宪法,他被提升到第一执政的地位,由另外两名执政西哀士和皮埃尔-罗歇·迪科辅佐。在马伦哥对奥军的胜利以及《吕内维尔和约》对胜利结果的巩固,都加强了拿破仑的权力。1802年3月27日,英国与法国签订了《亚眠条约》。8月2日,拿破仑被选为终生执政。1804年,法兰西第一帝国建立,拿破仑成为皇帝。

乔治的英国

与大陆王国形成鲜明对比的是,英国施行君主立宪制。统治者的权力被国会限制,财政大权掌握在下议院之手。国王乔治三世深受卟啉病之苦,医生认为他时不时就会发疯。这时,他的大儿子乔治，不受欢迎的威尔士亲王被宣布为摄政王。美洲殖民地的丢失对乔治三世是一大打击，但除了这一政治挫败外，总体而言他是一个受欢迎的统治者。英国的政治体系当然有许多不足之处，但在当时却是一种良性民主。政治活动则被富人和地主绅士所垄断，政府对群众——当时受压迫的人——闹事的恐惧与对外国军队入侵的恐惧一样深。这也是一个政治腐败司空见惯的时代。

工业革命

在英国，工业变革出现得比较早。机械的进步伴随着农业技术与产出的大幅提升。从1760年左右开始，越来越多的普通用地被圈占，提高了农业效率和产出水平。许多小农场被收购或被兼并，导致劳动力减少。

英国的人口不断增长，在1751年前是每年百分之三，1781—1791年，则每年涨到了百分之九。新世界的农作物，如土豆，被引进到英国。它们提供了充足、便宜的食物，允许人口更快地增长。1803—1813年，英国的农作物产量提高了四分之一。制造商之间进行公开竞争，又加快了产出水平的提高。1769—1792年，涌现出许多机械发明，其中最典型的就是蒸汽机。这一发明被迅速改进，用于诸多领域。

革命的结果是，原先昂贵的产品能被大量且便宜地制造出来。从印度进口棉花后，英国变成了世界服装的提供者。这引发了大规模的社会变革。公共卫生的改善和食品的廉价，导致人口的快速增长和政治事务的发展。英国的国际贸易额增加，一个新的富裕的中产阶级出现了；人口开始城市化，在日益扩张的城市中，一个新的劳工阶级登上了舞台。当时的政府随即意识到社会中存在一个逐渐扩大的无产阶级的好处——能给战争提供稳定的兵源。

欧洲联军

英国的目标始终如一，确保欧洲大

▲ 伦敦热闹的比林斯盖特市场（Billingsgate Market），各方面都显示它是一个繁荣的贸易站。

▲ 年轻且劲头十足的拿破仑在1796年开始取得军事胜利时的肖像。

陆没有任何力量能一家独大。因此，英国的政策便是在任何时候都与斗争中的失意者联合。鉴于法国通常都是大陆的主宰力量，英法两国间便常开战端。

法国起初得到了英国民众的支持，主要是下层阶级，也有思想家和政治家。但在1793—1794年恐怖事件之前，由于法国对其欧洲大陆的对手宣战，公众舆论也发生了变化。这段时期，敌友关系频繁改变。就连老敌人西班牙在1808年后也成了英国的盟友。只有一件事是不会改变的：英法总是站在对立的两端。

神圣罗马帝国的重组

1801年2月9日签订的《吕内维尔和约》将莱茵河西岸全部的德意志领土都交给了法国。这些总计37284平方英里（60000平方千米）的土地上有350万居民。这些土地包括已经消失的科隆、美因茨与特里尔选侯国。剥夺许多统治者的领地后，造成了动荡不安的局面。拿破仑建议旧神圣罗马帝国境内的邦国，通过吞并自由城市和教会财产的办法来补偿自己。1803年，法国帝国国会成立。位于欧洲大陆两翼的法国与俄国支持巴登、巴伐利亚、黑塞和符腾堡反抗奥地利、普鲁士的要求和目标。

除了汉萨城镇的汉堡、不来梅、吕贝克——在今日的德国，它们依然是自由市——法兰克福、奥格斯堡和纽伦堡外，所有的自由城市都被吸收进了更大的邦国。

虽然美因茨堡垒掌控在法国人的手中，美因茨大主教达尔贝格（Dalberg）依然可以在法兰克福行使统治权力，并被赐予了雷根斯堡、韦茨拉尔和阿沙芬堡等领地。这一邦国日后成了法兰克福大公国。

1805年12月26日的《普雷斯堡和约》，紧接在奥斯特里茨会战之后，让奥地利帝国把威尼斯割让给了意大利王国；蒂罗尔、福拉尔贝格与其他领土则割让给了巴伐利亚。皇帝弗朗茨二世放下了神圣罗马帝国的皇冠，摇身一变，成为奥地利的弗朗茨一世。

莱茵联邦

随着神圣罗马帝国大厦的倾覆，重绘中欧地缘的机会出现了。在击败与拆毁旧的帝国结构后，拿破仑立刻明白了如何构建新的秩序。他将旧秩序的残砖碎瓦重塑成一道防线，助他抵御潜在的敌人。由小规模、零碎的国家组成的

▼ 拿破仑在1807年战役的胜利把普鲁士变成了一个三流强国，同时，他建立了华沙大公国，促成了法俄同盟的形成。

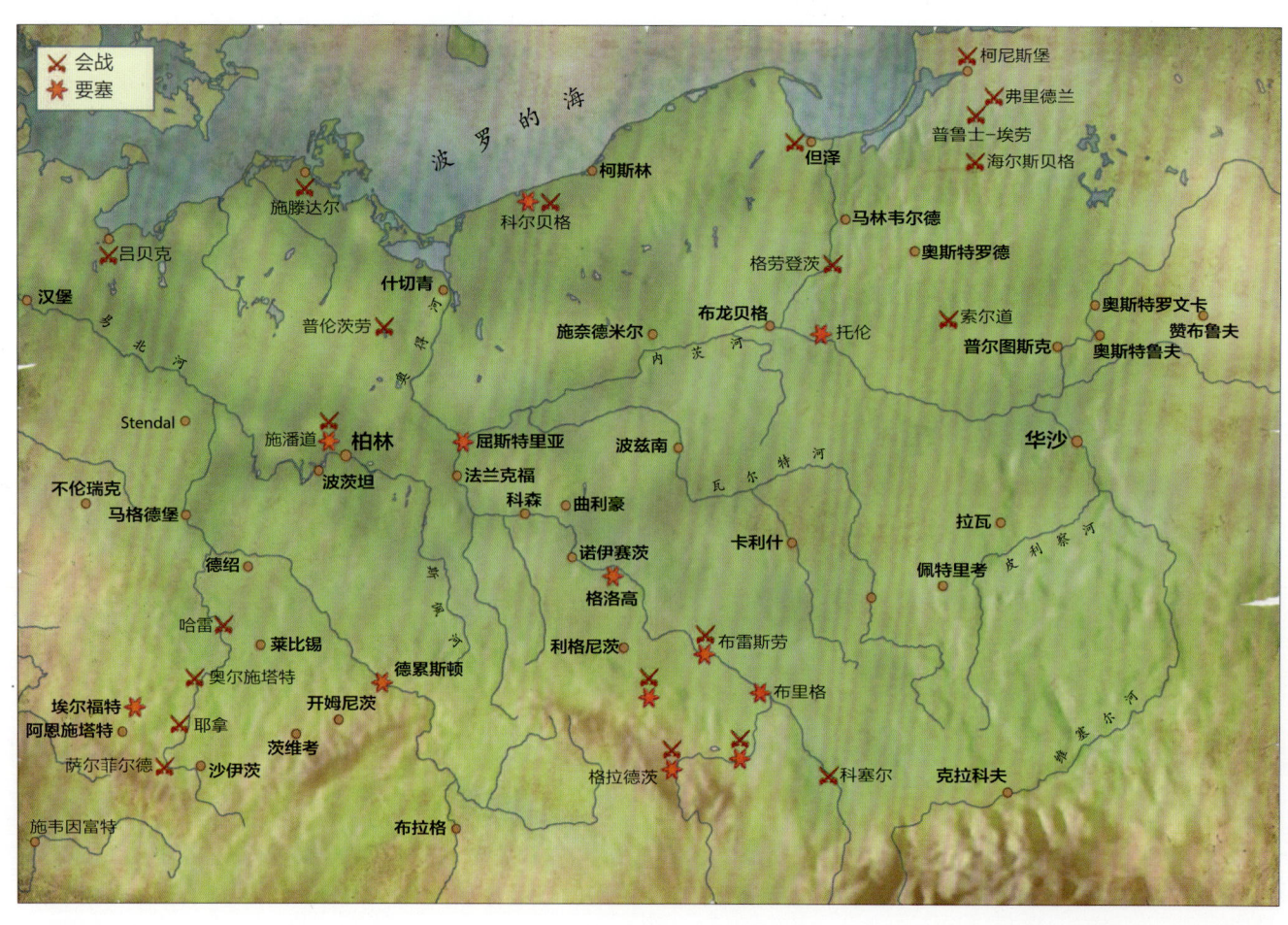

名为"神圣罗马帝国"的拼凑物将被拿破仑打造成由更具活力的王国和公国组成的联盟，并处于法国的强力影响之下。拒绝服从拿破仑及其新秩序的邦国将被直接从地图上抹去：如不伦瑞克、黑森-卡塞尔和汉诺威消失了，成为新王国威斯特伐利亚的一部分。其他领土变动导致克莱沃贝格大公国（the Grand Duchy of Kleveberg）、巴伐利亚和符腾堡王国的诞生。1807年，在东边，华沙大公国从1795年被瓜分的波兰王国余烬中诞生。

在旧的神圣罗马帝国，每个成员国必须为帝国的共同防御做出军事贡献。贡献的兵员数量是由成员国的人口乘以特定的比例。拿破仑原封不动地采用了这一原则。新的要求是，贡献的兵员固定为人口数的百分之零点七五。许多小国的兵员数量不够，因此以地理区域为基础把它们组成了复合的"联邦军团"。西南德意志地区的一些小国与周边较大的国家治谈，花钱让他们替自己承担军事责任。大部分（莱茵联邦）国家都采纳了法国的军衔体系以及法军的组织和训练方法。

到1806年底，欧洲大陆的力量平衡已明显向法国倾斜。法国的敌人损失了15万人，法国将这些人纳为己用。同样的情况也适用于莱茵联邦地区的经济资源和市场占有。在接下来的时间，莱茵联邦成为法国的主要出口市场。1816年，法国对联邦的成员国进行赔偿，赔偿数额根据成员国在拿破仑战争中损失的人员数量而定。巴伐利亚宣称损失了60000人，列支敦士登则称损失了100人。

东欧

西欧和南欧的政治边界经常变动，但与东欧已经发生和正在发生的进程相比，这种变动是不值一提的。波罗的海南岸国家的边境线一直都变化无常。与拥有海洋、莱茵河、阿尔卑斯山和比利牛斯山等自然疆界的法国不同，俄国没

▲ 法军元帅让-巴蒂斯特-朱尔斯-贝纳多特（Jean-Baptiste-Jules-Bernadotte），他在1810年变成了瑞典王储。瑞典是波罗的海地区重要的强权国家，也是丹麦和俄国的竞争对手。

有如此便利且显著的自然屏障。西北欧平原从荷兰一直延伸到乌拉尔山，向东绵延数千英里，甚至对大多数俄国人来说，这都很遥远。

俄国有重要的河流，但一年中大部分时间，它们都水位低、流速慢，流淌于坡度低缓的河岸间。在冬天，炮兵甚至都能通过冰冻的河流，因此河流无法成为御敌的障碍。时至今日，在北方的冻土地带，结冰的河流冬天依然被俄军步兵作为道路使用。

波兰

得益于出色的军事外交能力，波兰在1410年第一次从欧陆诸国中脱颖而出。国王瓦斯迪瓦夫二世·雅盖沃（Vladislav II Jagiello）于这一年在坦能堡会战击溃条顿骑士，并将王国发展到了西部。15世纪，波兰往南部与西部扩张。1446年，西普鲁士位于波兰人的统治之下，东普鲁士则是波兰的附属国。1490—1582年，波兰从波罗的海扩展到了黑海，最远时离莫斯科不超过187英里（300千米）。它的领土包括今日的立陶宛、拉脱维亚、爱沙尼亚、白俄罗斯和乌克兰的大部分。居民中有许多信奉伊斯兰教的鞑靼人，波兰人从他们那里学到了将长枪作为骑兵武器。

王国的衰败从1697年开始。1733年，波兰辉煌不再，并在很大程度上处于俄国的掌控之中。波兰走下坡路一直到1772年，这一年，弗里德里希大王策划了第一次瓜分波兰。波兰国内的政治混乱让它成为强邻的牺牲品。1792年，贪婪的"秃鹫"又展开了第二次瓜分。三年后，这一强国仅存的领土也从欧洲地图上消失了。

萨克森王国

萨克森在拿破仑时期是一支活跃的政治力量，尤其是其国王兼具华沙大公的身份时。萨克森国王弗里德里希·奥古斯特（Frederick August），在战斗中坚守与拿破仑的同盟关系，直到在1813年10月19日的莱比锡会战中沦为战俘并被普鲁士人带走。维也纳会议将萨克森王国的一半领土送给了普鲁士。

波罗的海冲突

在波兰以北，瑞典和俄国为了争夺东波罗的海成为敌人。事态在1808年初白热化。俄军进攻并夺占了赫尔辛基以南的斯文堡（Sveaborg）。这一堡垒以"北方的直布罗陀"闻名。它的陷落大大打击了瑞典人的士气，以至于在1808年9月18日，浩瀚、遍布湖泊的芬兰广大土地被俄国吞并。

海上力量的平衡

1792—1815年这段时间，英国被公认为是世界上的海军超级强国。它对海洋的控制常能挫败法国人的雄心壮志，并为自己提供将战争继续下去的经济手段。法国大革命严重削弱了曾经强盛一时的法国海军。受训军官的大批出走造成了持续数年的影响，法国舰队将领的缺失则导致1800年前的一系列惨败。拿破仑致力于重建舰队，但他的计划在特拉法尔加破产了。从那时起，他的军舰就只能被封锁在港口。英国海军从而成为波涛之主。

一些规模较小的欧洲舰队，如荷兰和丹麦，相比之下反倒更有力量，虽然后者在1807年也基本被英军摧毁。西班牙在特拉法尔加损失了大部分军舰，之后从未恢复元气。俄国在舰队建设上花费了一些力气，并把它们分成波罗的海舰队、黑海舰队。普鲁士则完全无视海上战争。1790年，美国有一支小小的海军力量。

特拉法尔加会战

1805年10月21日，至关重要的特拉法尔加海战打响时，拿破仑带领大军团（the Grand Army）走出了布洛涅军营，到了多瑙河谷。在那里，他逼迫奥军将领马克与他的23000人于10月15日投降。特拉法尔加海战是海军上将纳尔逊在大西洋来回追逐法国上将维尔纳夫数月之久的结果。纳尔逊的战术，与上将邓肯（Admiral Duncan）在1797年的坎珀当（Camperdown）会战中对阵荷兰人所用的战术十分相似。双方舰队都有损失，纳尔逊名列死亡名单上。英军俘获的18艘军舰，只有4艘幸存下来，大部分都因第二天剧烈的暴风雨葬身海底。在接下来的一百年，英国的海上霸主地位稳如磐石。

▲ 在桑特海峡战役中，英国军舰"可畏"号（Formidable）突破了法军阵线。

同时期的军舰

那个时代的军舰主要是浮动的火炮平台。最有战斗力的军舰能发射大量侧舷炮瘫痪敌方舰船或杀伤大量船员，或能直接摧毁帆船帆具。除非遇到风暴，沉船是比较罕见的。大部分军舰损失是被敌方俘获造成的。

一艘能在战线中作战的舰船都是全副武装的。船上较重的火炮被放在较低的甲板上，有助于军舰的平衡。一门32

1790 年各国海军兵力对比

	人口（百万）	战列舰（艘）	护卫舰（艘）	单桅帆船（艘）	战船总数（艘）	火炮（门）	海员（人）
英国	10.9	195	210	256	661	12000	100000
法国	26.9	81	69	141	291	14000	78000
西班牙	11.5	72	41	109	222	10000	50000
俄国	37.5	67	36	700	803	9000	21000
荷兰	4	44	43	100	187	2300	15000
丹麦	0.8	38	20	60	118	3000	12000
土耳其	?	30	50	100	180	3000	50000
瑞典	2.4	27	12	40	79	3000	13000
威尼斯	?	20	10	58	88	1000	14000
葡萄牙	2, 9	10	14	29	53	1500	10000
那不勒斯	4.6	10	10	12	32	1000	5000
美国（1812年）	5.3	7	2	9	18	246	5500

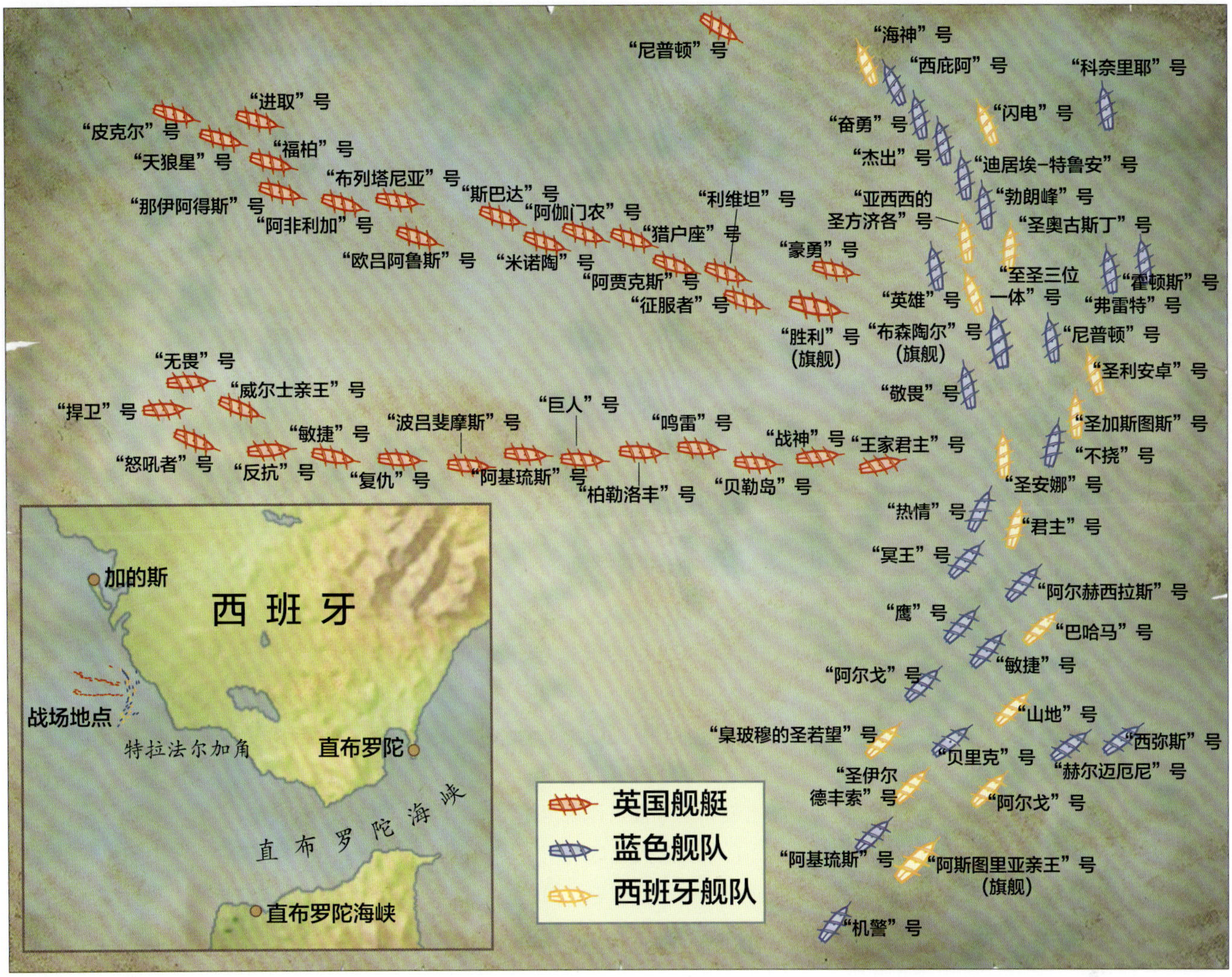

海上力量的平衡 13

磅炮能发射直径6英寸（15厘米）的炮弹，射程2000码（1.8千米）。在30码（27.4米）的近距离，18磅（8千克）炮弹能击穿四层32.5英寸（82.5厘米）厚的橡木板，并把碎木板激起到30码的高度。一门32磅炮在300码（274.3米）的距离外也能做出同样的伤害。

在海战中用到的其他炮弹有杆弹（bar-shot）和链弹（chain-shot）：用来摧毁敌方军舰风帆和帆具的装置。一艘军舰会给每门火炮配备水手与指挥他们的海军军官。

除了常见的、长桶状的重型火炮以外，每艘船还会配备最多10门臼炮（carronades），这是制作它们的军工厂给的称呼。这些臼炮是短桶状的，布置在上层甲板，而且只用于接舷战前的短距离攻击。臼炮能发射出实心弹或者大量的步枪子弹。因为它们的重量较轻，所以部署在了上层甲板。臼炮的射程只有同尺寸火炮射程的一半左右。

▲ 决定性的特拉尔加海战，这张战术图显示纳尔逊的双纵队突破了法西联合舰队战线。

▼ 在准备出航时的喧嚣中，纳尔逊站在皇家海军"胜利"号（Victory）的甲板上。

士兵生涯

这个时期的许多欧洲国家,军事服役都是终生的,军官和士兵的平均年龄因此相对较大。这就是为什么18世纪90年代法国能因年轻军官和新兵的大量涌入转败为胜的原因,而他们年迈的对手几乎无法在寒冷和雨中行军。

征募

包括法国在内的许多国家,在1793年的全民征兵制引进之前,军队引诱农民报名参军的常规方法是,让一个团派出募兵队到指定的宿营地。在封建沙俄就不存在这种问题,沙皇会下令说他需要多少新兵,地主会被告知他们应给部队提供多少农奴。

募兵队通常是由1名军官、1名军士、1名鼓手和几名士兵组成。军官将会获得现金。1792年时的英国,一个男人或者男孩,如果接受了国王的先令,按习惯就应该参军入伍。①对当时的底层人民来说,1先令相当具有诱惑力。为了提高募兵成功率,募兵队在市场开放那天会在小镇广场的旅馆开设一个柜台。鼓手负责吸引潜在的未来新兵,他们将被赠予鲜花、几品脱的美酒,并被灌输有关遥远异域的美好传说。许多年轻的农场男孩无聊,对家庭不满,就会被传说吸引,然后签字报名拿走1先令定金。接着,他们便被赶去当地军营,然后被锻炼成男子汉。他们没有回头路,也没有机会重新考虑。

军营生活

尽管家乡生活可能有些无趣,但背井离乡、持续数周的军营生活以及教官的训斥所带来的冲击会对新兵造成创伤——相比之下,现代新兵所受到的创伤会更大。对大多数文盲来说,其他职业的前景并不比部队好,在部队至少有固定的收入,有衣穿,有饭吃。每名士兵都会得到一个团编号,通过这个号可以认识他,得知他还需要服役多长时间。

击鼓和军号被当作规范军营生活的信号。有叫所有人起床的信号,也有进行操演、开饭和上床熄灯的信号。宿舍包括几张宽敞的木床,每张能睡两三个人,还有稻草床垫和羊毛毯。在许多军营,每个大房间会组成一个"团体",每日配给粮食,士兵会轮流煮饭。接着便是训练。

在武装部队和其他组织中,训练的目的一直是,将在极端危险的情况下无条件服从命令的意识灌输给士兵。拒不从命可能导致整个团的覆灭或者作战计划失败。动作被反复训练,直到成为军人的第二本能。新兵们学会如何站军姿、行军、不同的转向与急停。当所有这些都了然于心后,火枪才会被派发给士兵,然后士兵在携带武器的情况下开始训练。

当所有新兵都熟练掌握这些技能后,他们会被组成排(也叫半连)——通常为三行,然后组成连,接着组成营。军队训练包括战术、滑膛枪的使用以及火炮的装弹和清洁,剑的使用和御马术。

接着学习怎样保养装备。纽扣、皮带扣、腰带扣和高筒帽铁牌需每日擦拭,白色腰带每周至少要用管土(pipeclay)漂白两次,黑色腰带、鞋子和军靴每天都要擦,火枪也需要被清理干净,枪管的里里外外(还有刺刀)都应该锃明发亮、一尘不染。储物间要清扫和打蜡,点火装置的角落和缝隙也要清理,防止生锈和火药残余。英军士兵的头发(在这一阶段的早期)必须扑粉,卷过耳朵,并在后面系成规定长度的马尾。这项工作最好是由一队组成圆圈的士兵完成,他们可以依次排列,每个人为前面那个人系马尾。

出征沙场

如果可能的话,部队会安排士兵住在途径地区的农民家中。更早些时候,团属辎重车会携带帐篷,但到1800年,帐篷因为太笨重而被抛弃。如果行军路线经过杳无人烟的地区,士兵就只得露营。理论上,部队每日途径的地区应由

---

① 译注:"国王的先令"指的是,18世纪和19世纪,英国军队给参军者的定金,通常为1先令。

◀ 募兵队由横笛手和鼓手来吸引人的注意力,由军官来劝诱英国年轻人参军。

▲ 拿破仑时期，重复的布阵训练是士兵生活中的重要部分。

参谋部仔细规划。最理想的情况是住在房屋里，这样能降低染病的概率，同时指挥官也能更好地把握各单位的位置。每日的行军距离会根据路上可停留的城镇进行调整。一般情况下，每天要走12—15英里（19—24千米），一般早上出发下午结束。部队通常走10天，休息2天。

露营虽然能保持军事行动的速度，但对部队有许多消极影响：士兵们很快就变得污秽不堪，他们不受控制地向四面八方散开，难以被召回。为了寻找或者建造遮盖物，士兵们会强行闯入房屋、谷仓和教堂，拿走一切他们需要的东西。冬天，士兵们又冷又湿又饿，睡在敞开的空间，这种痛苦是不难想象的。军纪也会受到恶劣的影响，因为士兵们经常行窃。

军纪

在这一时期的大部分军队，鞭刑是常见的惩罚方式。监禁也不少见，在最恶劣的情况下，触犯纪律者会被处决。这虽然很野蛮，但若考虑到当时各国的司法系统——其残忍程度高于军纪处分，便不难理解了。在欧洲大陆的军队中，对严重触犯军纪的军官进行长达数月甚至数年的禁闭并不罕见。法国是个例外，他们废除了鞭刑，用监禁取而代之。囚犯需要拖拽铁球和铁链，或者被打发到惩戒部队（punishment battalion）去。

配给

据说，拿破仑曾这样说道："部队靠胃行军，汤可造就士兵。"在拿破仑时期，法军的配给包括面包和汤，再配上果酒和醋，用来预防坏血病。理论上，这时期的所有部队都给士兵准备了补给，大部分补给都要经过极长的距离才能送到使用者手中。这形成了一种补给系统，即通过辎重车来运输仓库中的预存食物。这种系统降低了军队的机动性，同时也阻碍了交通线。

马尔蒙元帅在他的回忆录中揭露了法军将领对士兵进行补给的真实想法："确保士兵得到常规配给的唯一办法，是根据既定的计划，让他们自己解决这个问题……战争通常发生在有人居住的地方，而有人的地方就能弄到粮食。征用谷仓中贮存的粮食才能真正解决这个

▼ 1810年的一个英军营地，士兵们非常幸运，拥有帐篷。

问题。"

最关心军队口粮与草料供给的将军就是威灵顿公爵了，他的军粮供应官遍布各地，用市场价购买当地的农产品和牲畜。当英军在1808年7月登陆西班牙时，每日配给为：1磅（约0.45千克）面包或饼干，再加上1磅新鲜或盐腌的肉。如果是鲜肉的话，就没有果酒或烈酒，腌肉的话则会发放0.25品脱（142毫升）烈酒或1品脱（0.5升）烈酒。每个人都有权利拿到3磅（1.36千克）的木柴。随军妇女则被允许一半的配给，孩子则是四分之一；但两者没有烈酒或果酒。马匹每日有10磅（4.5千克）干草、10磅燕麦以及睡觉用的10磅稻草。如果缺乏燕麦，马匹就会有14磅（6.36千克）玉米或大麦以及10磅稻草。

疾病

用今天的标准来看，拿破仑时期几乎每个人都生活艰辛，就连那些优渥者拥有的也比我们少得多。因此，毫无疑问，参战的士兵要么成为铁汉，要么经常害病或死去。

饮食通常都很糟糕，营养只有今日食物的一小部分。保持干净是基础，但战场上的士兵很少有机会能梳洗干净。伤寒症对所有士兵都是威胁，尤其是他

▲ 这幅有关拿破仑军队日常生活的当代版画，描绘了掷弹兵分配肉食、骑兵分发果酒、战列步兵发放面包以及骠骑兵分派白兰地的场景。

们与平民混居了很长一段时间，本来就脆弱和不充足的下水道和饮用水系统负载过重的时候。无知使问题变得更加复杂，数千人因此丧命。

欧罗巴的广袤地域让蚊子繁衍生息，疟疾使士兵雪上加霜。英军在1809年的瓦尔赫伦岛（Walcheren）远征遭遇的惨重损失便是佐证。就算当时的欧洲是一个凶险之地，但与西印度群岛相比也是小巫见大巫。志愿兵对黄热病谈之色变，海军上将乔治·弗农·杰克逊（George Vernon Jackson）于1803年在英国港口安提瓜（Antigua）停泊护卫舰"卡里斯福特"号（Carysfort）时感染了黄热病，他在回忆录中记载了此病的影响。船上47名军官与水兵死于这一短暂的疫病。他和13名船员感觉不适，并在医院住了几周。当他们离开病房时，感到十分虚弱甚至无法站立。有时候，病人的身体会直接腐烂。西班牙人给黄热病命名为"黑呕病"，因为病人一旦开始呕吐出黑色物体，那他就必死无疑了。

伤口处理

伤口通常是由三种武器造成的：燧发枪、马刀（或刺刀）以及火炮（实心弹、葡萄弹、霰弹）。所有的伤口，即使很小，也能致命。高死亡率主要有两个原因：卫生工作不到位和休克。

当时，手术中还未使用麻醉药，受伤士兵使用的"手术台"可能只是一个又冷又脏的谷仓中放置的一扇旧门。最好的情况下，不幸的病人能在手术前饮一两大杯白兰地。接着，他被两个或更多勤务兵制住，同时他的伤口会被镊子、手术刀、医生充满血污的手指处理。处理伤口的目的是固定并清除（如果可能的话）子弹、骨渣、炮弹碎片和

▼ 1805年，第2骠骑兵团（法军）在奥斯特里茨扎营。

▲ 1812年9月，拿破仑近卫军的首席医生多米尼克-让·拉雷男爵（Baron Dominique-Jean Larrey），正在博罗季诺战场上抢救军官。

制服或装备的残余品等异物。众所周知，这些东西都容易发生感染，经常导致致命的坏疽。医生的工具包括截肢时用来切骨的两块锯子、锤子和凿子，还有各种刀具、镊子、探针和动脉钳子。

一个受伤的士兵，即使能迅速被同僚从战场上解救出来，他的命运也是黯淡的。通常在又冷又湿或者灼人阳光的照射下煎熬数个小时，他才能盼来团属医生的一丁点儿关心，或者在废墟或角落里等待救援或死亡。伤者往往会失去朋友的关心，也得不到团队的照顾，甚至完全丧失自理能力。护士是不存在的，药物、绷带、干净的亚麻布床单（或者任何亚麻布床单甚至床），能换下充满污渍的旧衣物等都是罕见的。俄国有许多关于伤患困境的悲惨记载，尤其是在1812年博罗季诺会战后。

摩根斯坦上尉（Captain Morgenstern）跟随第8军第2威斯特伐利亚步兵团入侵俄国，他给我们描绘了一幅从莫斯科撤退初期时的真实图景。当我们注视他一路向西，历经千辛万苦穿过博罗季诺原野时，他的经历或许能说明其他数千像他一样的人是怎样挣扎求生的。"当这些无助的病人和伤兵眼睁睁看着护卫车队经过他们，将他们留给报复心切的俄国人时，我们看见了他们眼中令人心悸的恐惧。一些重伤者已经放弃了从瘟疫地狱中逃生的希望，他们的怨念让我们感同身受。"拿破仑下令每一辆在科洛茨科伊（Kolotskoi）经过医院的车辆都带走一名病患。这个命令得到了执行，但病人和伤患一有机会就被丢弃在森林。

总的来说，这个时期所有部队对病人和伤患的医疗护理工作都有令人遗憾的不足。对一个大军团的士兵来说，在战斗中牺牲的概率，比因为伤口感染、疾病和饥饿而死的概率要小得多。

▼ 用来运输伤员的四轮马车笨重且简陋，几乎无法提高伤兵的存活率。

制服和徽章

拿破仑时期艳丽的军事制服在许多方面都华而不实：如用色，尤其是白色；军服的各种保养工作，用管土漂白腰带，擦拭黄铜纽扣和帽牌；掷弹兵那过于沉重的镶有黄铜前饰的冠冕；装备缺乏足够的保护应对寒冷潮湿的环境。这些都显示当时的社会沉迷于外观，牺牲实用性甚至常识。在拿破仑时期的后期，改变的种子才得以播下，但很强的虚荣感还是融入了军服设计中。这在19世纪30年代达到了顶峰，代表是钟状高筒帽和巨大的羽饰。俄国在1786年对波将金制服的采用是个例外。他们的来复枪营暗淡的色彩和黑色腰带，可以说是军服时尚朝实用性前进的一大步。但直到19世纪末期卡其色和战地灰（field gray）被应用后，常识才变成军服时尚的一个重要特征。等到第二次世界大战，真正的实用性才被普遍引入制服中。

不同的团会通过衣服饰面的颜色来进行区分，也就是袖口、衣领、左肩肩带及上面黄铜或锡制的纽扣。更进一步的区分则通过背心和马裤（被称为"小衣物"）的颜色，白色、浅黄色和黄色是最常用的颜色。对所有团来说，翻领大衣和腰带的颜色通常是一样的。战列步兵团的腰带通常是白色的，而轻步兵、燧发枪手和猎兵是黑色的。

很快，所有部队都意识到，他们需要一些肉眼可见的方法在战场上和战场下区分指挥官。身居高位者需要能被信使、参谋官和上级轻松找出来。下属则要能辨别并服从权威。早期，高级军官的制服五花八门，但后来引进了一个更正规的系统。

军衔

16世纪，军官的标志是系在肩上或腰间的宽大绶带。这东西最初是作为吊带或吊索使用，在军官受伤时，可以借用它们离开战场。到拿破仑时期，这些

▲ 这时期的所有军队都热爱他们的骠骑兵，从这名法军上校身上就能看出来。巨大的鹿皮软帽，高筝、铁制的掷弹兵帽反映了当时的潮流。

绶带的尺寸已经大大缩水。它们的颜色通常是王室的代表色，顶端饰有精美的丝绸或金银制的流苏，视穿戴者的军级而定。例如，普鲁士是银色和黑色，俄国是银色配上黑色和橙色的条纹，黑森-达姆施塔特（Hessen-Darmstadt）是银色配上红蓝色条纹，奥地利则是黄底黑纹。当大革命中的法国使用三色旗时，黑森-达姆施塔特弃用了蓝色条纹。英国和美国的军官穿戴猩红色的丝绸绶带。

大多数军官戴金色或银色蕾丝镶边和佩有羽饰的双角帽，并有华美的金或银制领针别住他们的国家帽徽。军帽的穗带也是由贵金属制作的。全身盔甲虽然已经退出历史舞台，但军官依然保留了颈甲（一种用来保护喉咙的铁制立领）——象征身份，颈甲上饰有王室纹章。

肩章

18世纪的法国军队似乎是引入军官肩章的先驱者。这些徽章通常与纽扣同色，根据级别在边缘饰有金银或丝绸。肩章最终成为大多数国家都使用的规格明确的体系。

少尉（sous lieutenant）戴两个肩章，每个肩章上都间以两道红色的条纹，左肩章的边缘有薄薄的穗带。中尉的肩章基本相同，但上面只有一道条纹；上尉的肩章则没有条纹。骑兵连队指挥官（chef d'escadron）只有左肩的肩章上有金银穗带，而步兵指挥官（营长、少校和上校）的两个肩章都有。将领们有更繁复的金银穗带，同时他们的肩章上还有两个、三个或四个五角星。元帅的肩章上则是两个交叉的元帅杖。法军下士制服的前臂上有呈对角线（如果袖口是尖的话，则是"V"字形）的两条杠臂章，杠与纽扣同色，配上红边；军需官（fourrier）也有同样的两条杠，并且还有戴在上臂的第三条杠，纽扣色配上红底。军士前臂上有一条红底、纽扣色的杠，军士长则有两条。如果是精英连的高级士官，他们红色或绿色肩章的边缘还会绣上金丝线。服役已久的士官左臂上会有一道或两道"V"形杠的臂章。

1792年，英国使用了一种古怪的军衔系统，通过前臂上的"V"形臂章来区分等级。鉴于王家近卫骑兵（Household Cavalry）也饰有这种条纹，就有可能混淆。掷弹兵和轻步兵连大小军官肩上都戴有纽扣色的镶穗肩章，轻步兵军官的肩章上有手榴弹或者军号角的图案。位于步兵军阵中央的连级军官只在右肩戴肩章。1798年，英国士官在右肩戴镶穗的肩章。下士的肩章是全白的，军士的则是一条配有两条红色条纹的银带，再加缠绕的红色和银色镶边；军士长的肩章与军士相仿，但是

色镶边的宽檐。陆军指挥官的袖边与纽扣同色,有0.75英寸(2厘米)宽,帽檐更宽。上校的袖边有1.75英寸(4.4厘米)宽。陆军元帅有双层袖边,步兵和骑兵将领则在袖口的正反两面有三颗金纽扣和带刺绣的金穗。下士有黄色和黑色的马刀带,军士有金色的流苏。军士长军服的背后会有金色的"FI"字样刺绣,搭配黄色的帽徽。

直到1808年,徽章系统才被引入普鲁士的下级军官,包括所属团代表色的肩章、红色镶边,中尉的肩章上还有一两个双层的黑色、银色花边。普鲁士上尉的整个肩章边缘都有黑色、银色花边。

▲ 普鲁士掷弹兵军官和士兵,1815年。他们的帽子在行军中的实用性很值得怀疑,更别提战斗了。

▲ 英军第27步兵团军官和士兵。与其他部队相比,英军的制服是最朴素的,而且在军役中更为实用。

有银色月牙状。

这一系统逐渐被上臂一至四个的倒"V"形杠来代表军级的新系统所取代。准下士(lance corporal)和下士的倒"V"形杠的颜色为团代表色,军士是白色,而军士长则是金色或银色,与军官一样。上士(Colour-sergeants)有一条倒"V"形杠,位于两把交叉的军刀下方,底面是英国国旗,最上方有一个王冠印记;到1815年,军士长的四条倒"V"形杠上面也添加了一个王冠印记。英国军士同时也戴有哔叽①制的深红色腰部绶带,中央有一道所属团代表色的条纹,边缘有深红色的流苏。

巴伐利亚引入了一种通过金色或银色条纹和领边来区分等级的系统:下级军官有一至三道条纹,战地指挥官的条纹边缘会镶穗带,将领则有金丝边和橡树叶的刺绣。

奥地利的体系和其他许多国家相比就不那么条理分明。所有军官都有金色和黑色的束刀皮带和流苏。下级军官的袖口没有任何花样,他们的帽子或高筒帽要么太狭窄,要么只有一面金色或银

▶ 普鲁士齐腾的莱布骠骑兵团(Leib-Husaren)军官的华丽阅兵军礼服,匈牙利骑兵服上裹了豹皮。

① 译注:哔叽是一种纺织品,来源于法语的"beige"(米色)。

主要战役与会战

1792—1804年，欧洲大陆围绕法国大革命展开了斗争。当拿破仑在1804年称帝后，革命战争就变成了帝国争霸。战斗潮流席卷欧陆，东起俄罗斯、西抵葡萄牙，从北方的斯堪的纳维亚一路延伸到南面的埃及，余波更是波及印度和美国。起初，拿破仑看起来势不可当，但联军走上正轨后，胜负便开始易手，拿破仑也被推翻。

1792—1796年的战役

法国与奥地利领导的神圣罗马帝国和普鲁士之间的敌对始于1792年。法国是欧洲列强，有140000人的陆军和规模仅次于英国的海军。联军动员了包括法国流亡者在内的105000人的大军。在接下来的23年，法国在内线作战、民族军队、军令通行和较短交通线等方面拥有明显的优势。联军则因语言不通、指挥结构复杂、交通线较长、互相猜疑等困扰，内部常常不和，最终挫败了共同努力。当俄国也是联军一员时，因为使用的儒略历比西方国家用的格里高利历要晚12天，使情况更加复杂。

1792年4月26日，法国宣战。其最初目标是入侵奥属尼德兰（比利时）并建立一个联省共和国。联军的目标则是入侵法国东北部，直奔巴黎。法军在4、5、6月的四次进攻均被那里的奥军轻易击退，他们当时离美因茨和法兰克福的联军相距170英里（275千米）。

行动迟缓的联军直击巴黎的意图被9月20日的小会战瓦尔密之战（Battle of Valmy）挫败。联军调头逃跑，法军于10月21日占领美因茨。次日，法兰克福陷落。11月6日，迪穆里埃将军在杰玛佩斯会战（Battle of Jemappes）击败奥军，将他们全数赶出了比利时。此时，法国旺代省爆发了叛乱。

1793年，法国颁布著名的全民征

▼ 沿着法国边境的一系列城镇和要塞，在1792年战役、1814—1815年战役中发挥了重大作用。

▲ 1796年5月10日，发生在意大利的洛迪之战。拿破仑亲自在桥上率领刺刀冲锋对抗奥军。

兵令（Levée en masse），号召全体法国人共抗外敌。1月21日，前国王路易十六被处刑。英国随即在陆上与海上向法国开战。一支6000人的英国分遣队（人员参差不齐）由约克公爵指挥，在荷兰加入了联军。这一年，冲突进入了北意大利和比利牛斯山。在荷兰，迪穆里埃朝士气低落的荷兰军队发起了勇敢冲锋，但却在3月18日被指挥联军的科堡（Coburg）亲王击败。科堡没能进一步扩大胜利。英国对盟友的不信任导致了进军巴黎的失败，上莱茵河的战事开始向法国倾斜。

8月，联军被保王党居民邀请进入法国的大海军基地土伦，但一个名为拿破仑·波拿巴的上尉在12月18日巧用炮兵将他们赶了出去。英国皇家海军接着开始执行屡试不爽的战略：在敌军港口封锁对方海军。

1794年，法军征服荷兰，把联军悉数赶出法国，并让他们退回到莱茵河。普鲁士离开了联军以保证它在波兰旧王国的掠夺成果。1795年4月的《巴塞尔和约》（Peace of Basle）终结了第一次反法联盟。凭借对海洋的统治力，英国着手夺取东印度和西印度殖民地，马提尼克岛（Martinique）、多巴哥岛（Tobago）、圣多明戈（St Domingo）和瓜达卢佩岛（Guadaloupe）皆被占领。

这一年还发生了"光荣的六月一日"（Glorious First of June）战役，海军上将豪勋爵（Lord Howe）在阿申特岛（Ushant）以西400英里（644千米）的地方彻底击败了维拉雷-若耶塞上将（Villaret-Joyeuse）。在那里，他使用了突破敌人阵线的战术，这一战术将在1805年的特拉法尔加战役发挥巨大威力。

1795年的战斗主要发生在海上，位于上莱茵河和北意大利附近。一个由法国流亡者组成的部队在7月16—20日通过英国军舰对基贝龙半岛发起了灾难性的远征。意人利的战事和比利牛斯山的战事一样，都对法国有利。在上莱茵河，联军巩固了他们的阵脚。在西印度群岛，英军拿下了圣文森特、牙买加和其他岛屿，以及好望角和锡兰。法国重

新夺回了圣卢西亚。

1796年，拿破仑登上了北意大利的舞台，在波河平原通过智谋战胜了奥军。卡尔大公于9月3日在维尔茨堡（Würzburg）击败茹尔当将军的胜利，因为北意大利的局势而变得没有意义。4月，英国又从法国人手中夺回了圣卢西亚岛，但失去了对地中海的控制。在远东，荷属殖民地安汶岛（Amboyna）在2月中旬被（英军）占领。法军在12月发起了对爱尔兰的远征，但糟糕的航海技术和风暴摧毁了这次行动。

1797—1801年战役

拿破仑在里沃利对奥军的胜利导致曼图亚要塞投降，战争结束，于1797年10月18日签署了《坎波-福米奥条约》。奥军退出了意大利。

1797年2月14日，英国海军在圣文森特角战胜了西班牙海军上将约翰·杰维斯（John Jervis）的舰队，俘获了4艘

▲ 1799年，法军在尼罗河沿岸休息。拿破仑的埃及远征队包括科学家，他们的发现使埃及学开始在欧洲流行。

▼ 1800年6月15日，奥地利在马伦哥会战后签订《亚历山大协定》。大约14个要塞被拱手让给法国。

战列舰，并严重损伤了其余10艘军舰。10月11日，在坎珀当，邓肯上将击败了德万泰（De Winter）上将率领的荷兰舰队，同样使用的是穿刺敌军阵线，将其一分为二的"特拉法尔加战术"。2月，西班牙丢失特立尼达岛。（英国的）大陆海军依然维持着铁桶封锁。

1798年，英国独力对抗法国，欧洲大陆不情愿地签署了和约。法国政府对拿破仑的迅速崛起越发感到不安，于是同意他带军入侵埃及，切断英国及其远东帝国交通线的请求。避开了英国皇家海军后，拿破仑的远征军于6月11日夺取了马耳他，并在埃及登陆。7月2日，他攻占了亚历山大港；7月21日，他赢得了金字塔会战。拿破仑的连胜不败在8月1日蒙上了阴影，这一天，海军少将霍雷肖·纳尔逊在阿布基尔湾摧毁了布吕埃斯伯爵的法国舰队。法军损失了11艘战列舰、2艘护卫舰，1700人（包括海军上将本人）死亡、1500人受伤、2000人被俘。纳尔逊的部队死亡218

人、受伤678人。

1799年，法国在欧洲的持续扩张，使英国首相小威廉·皮特得以与奥地利、俄国、葡萄牙、两西西里和土耳其组织起了第二次反法联盟。苏沃洛夫将军率领的俄国军队进入奥地利，以便协调在北意大利的作战。卡尔大公在南德意志率领一支部队对抗法国，虽然成功击败了法军将领茹尔当，奥军却阻止了他（苏沃洛夫）进一步扩大战果。

北意大利的奥俄联军势如破竹，在4月5日的玛格纳诺会战（Battle of Magnano）和4月28日的普瓦里奥（Vaprio）和卡萨诺（Cassano）会战接连击败法军。奥军将领贝勒加德现在能与瑞士的盟友会师了。法军在意大利的指挥官是舍雷尔（Scherer），他远不是俄军指挥官苏沃洛夫的对手。5月24日，联军占领米兰。6月4日，卡尔大公在第一次苏黎世会战击败了安德烈·马塞纳。法军在7月28日献出了曼图亚要塞，而联军在8月15日又取得了诺维会战的胜利。然而，当沙皇下令苏沃洛夫挺进瑞士时，局势开始对联军不利。在那里，另一支由科尔萨科夫（Korsakov）率领的俄军部队于9月26日在苏黎世惨败于马塞纳，联军在这个国家变得孤立无援。苏沃洛夫成功地撤出他的部队并返回了俄国。奥地利掌控了意大利大部分地区。

8月，英俄联军入侵荷兰，但在9月19日的贝尔根会战（Battle of Bergen）中遭遇失败。根据10月18日的《阿尔克马尔协定》（The Convention of Alkmaar），联军被迫登船撤离。在埃及，拿破仑入侵了叙利亚，但在5月21日被阿克的英土联军止步，不得不撤退。10月9日，他抛弃了自己的军队，

▲ 在1800年6月14日的马伦哥战役中组成方阵的执政卫队。

快马加鞭赶回法国。11月10日，他夺取了法国的政治权力，并成为第一执政。9月，法国发起了另一次对爱尔兰的远征；10月12日，J. B. 沃伦爵士的分遣队拦截了远征舰队，夺取了3艘战列舰，并驱散了其余船只。在西印度群岛，英国占领了苏里南（Surinam）。

1800年，拿破仑传奇般地再征服了北意大利，并因为德塞将军的回救，在6月14日的马伦哥战役中幸运取胜。次日，他向奥军将领宣布了和约条款，意大利成了他的囊中之物。这场胜利停止了奥军在南德意志的任何攻势。英军在地中海夺取了马耳他，并在加勒比海拿下了库拉索（Curacao）。

1801年，英国再次被孤立。英军入侵埃及，并在3月21日的亚历山大会战击败了法军。这一役最终决定了埃及战役的结果。根据9月2日的投降协定，埃及的法军会通过英国军舰遣返回法国。为了保证海上霸权，英国在4月2日进攻了哥本哈根并摧毁了那里的丹麦舰队。接着，英国攻击法国和荷兰的殖民地，抢夺了维尔京群岛（Virgin Islands）、

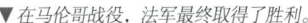
▼ 在马伦哥战役，法军最终取得了胜利。

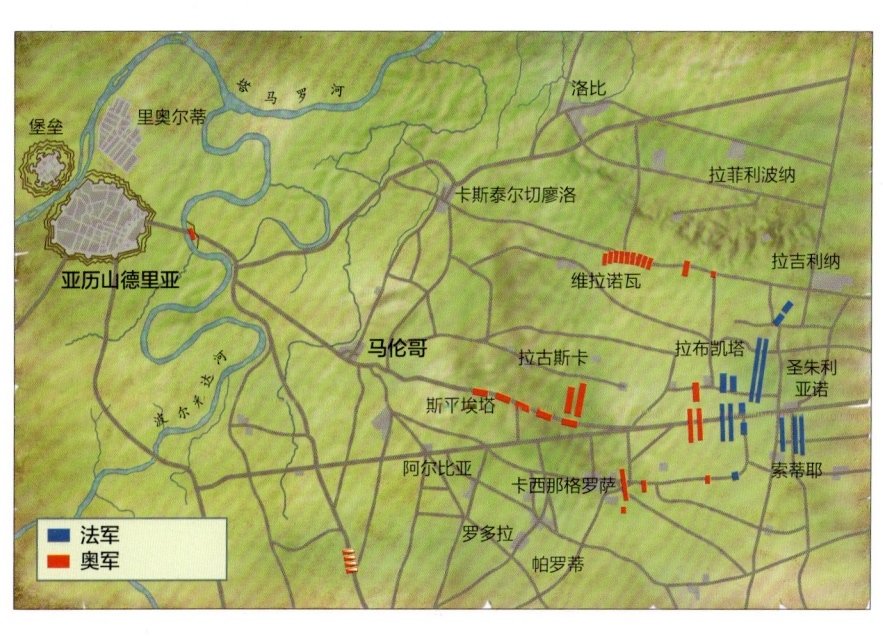

圣巴泰勒米（St Bartholomew）、圣尤斯特歇斯（St Eustatius）和圣马丁（St Martin）。1801年7月6日，阿尔赫西拉斯（Algeciras）发生海战。英海军上将索马雷（Saumarez）和他的7艘战列舰，碰上了利努瓦（Linois）少将的3艘战列舰，英军还有1艘护卫舰处于西班牙海岸炮的射程范围。5艘西班牙军舰和1艘护卫舰加入法军。双方交战数日，在7月13日结束，胜负不分。《亚眠和约》确保了1802—1803年的短暂休战。1803年6月，英军夺取了圣卢西亚、多巴哥岛（Tobago）和德梅拉拉（Demerara）。1804年，苏里南被攻占。

1805—1808年的战役

1804年12月2日，拿破仑·波拿巴加冕为法国皇帝。奥地利怒火中烧，意欲报复，与普鲁士、英国组成了另一个反法联盟，试图把拿破仑逼到死角。费迪南大公（Archduke Ferdinand）和马克将军手下的奥军有35000人，战斗力较差。他们入侵巴伐利亚，向西一直推进到了多瑙河边的乌尔姆。在那里，他们停了下来，等待俄军加入他们。

1805年，拿破仑计划入侵英国，

▼ 1805年12月2日，奥斯特里茨会战的胜利让拿破仑把奥地利淘汰出局。

为此，他的大军团在布洛涅军营集中训练了数年之久。他先让维尔纳夫上将把英国皇家海军调离英格兰海峡四天——法军跨越海峡所需的时间。维尔纳夫失败。万分失望的拿破仑弃英国不顾，隐蔽地向东南方向前进，意图迅速击败奥军。10月17日，拿破仑包围了乌尔姆的奥军，并俘虏了24000人和59门火炮。他的军队朝维也纳进军，一路收割胜利。联军唯一的闪光点是俄军将领库图佐夫在杜伦施坦–洛伊本（Dürnstein-

▲ 1805年10月20日，乌尔姆投降。拿破仑巧妙的侧翼迂回使他俘获了24000名奥军和59门火炮。

Loiben）击败了莫尔捷的军。

10月21日，纳尔逊在特拉法尔加赢得了对法西联军的史诗级胜利，并确保英国在接下来一个世纪拥有对世界海域的统治权。但他在人生最辉煌的时候陨落了。法军损失了8艘战列舰，其中3艘沉没；西班牙则有9艘军舰被俘。英军没有1艘军舰被俘或沉没。

奥地利皇帝弗朗西斯二世抛弃了他的首都维亚纳，向东北撤退，进入了波希米亚，将他的残军与沙皇亚历山大一世率领的俄军会合。拿破仑一路跟进。他现在有一条延伸到极限的交通线和一支疲劳的大军；他需要一场快速的胜利。在奥斯特里茨以西遭遇联军后，拿破仑假意求和，并主动让出了最高点普拉岑高地，以引诱对手发起进攻。他也把部分军队送出战场来示弱。联军上钩了。1805年12月2日，信心满满的联军发起了进攻。对抗他们的法军军事素养正值巅峰，他们击败了奥俄联军，让其损失了36000人。俄军向东撤退，奥地利只得请求另一个屈辱的和约。这是拿破仑的伟大胜利，德意志诸邦组成

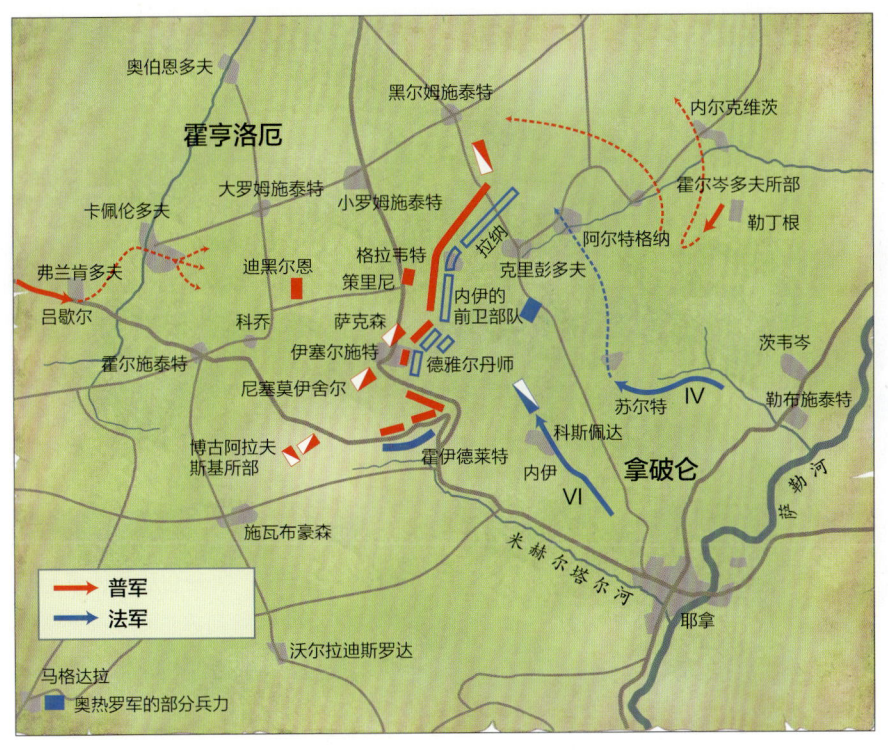

▲ 1806年10月14日，拿破仑在耶拿会战击败了一小半普鲁士陆军。

的神圣罗马帝国彻底解体，取而代之的是一个亲法的莱茵联邦，英国首相小威廉·皮特因此含恨而死。

1806年，尽管法国军队举世无双，已方缺乏有力的盟友，普鲁士国王腓特烈·威廉三世还是决意在这年夏天挑战拿破仑。法国皇帝用军事碾压作为回应。通过惯常的隐蔽与神速，他带领大军团穿过德意志中部，重击尚未察觉和四分五裂的普鲁士军队。10月14日，拿破仑在耶拿战役中击败了一小半他们的军队。同一天，耶拿以北12英里（20千米），由尼古拉斯·达武指挥的一个法国军，在奥尔施塔特摧毁了普鲁士军的主力。曾经不可一世的普鲁士军队就这样灰飞烟灭了；国家也随之解体并遭到踩踏。法军骑兵连队所到之处，普鲁士重要城塞无不望风而降。普鲁士国王却拒绝接受失败，退入了东普鲁士。沙皇亚历山大忘记了奥斯特里茨的教训，决定用在波兰的一支全新的俄国军队来帮助普鲁士国王。

1806年11月21日，拿破仑发布了柏林敕令，决定对无法用武力征服的英国开展全面的经济战。同时，英国制订了一个在1806年2—7月入侵阿根廷的疯狂计划，这个头脑发热的计划最终失败了。

1807年，紧接的这一年在波兰荒原和泥泞中发生的冬季战役告诉拿破仑五年后的俄国远征是多么的愚蠢；但他没有吸取这个教训。2月7—8日，一场血腥的会战在普鲁士-埃劳（Preussisch-Eylau）展开；双方都损失了18000人。进一步的冲突爆发，更多的普鲁士城市与要塞都因为饥饿而投降。春天最终到来，因为两军都不愿意把胜利拱手相让，战斗再开。6月10日发生了海尔斯贝格（Heilsberg）会战；联军宣布胜利，并在凯旋式上展示了三面拿破仑的宝贵鹰旗。法军损失了大约14000人，联军损失超过6000人。四天后，最终之战在弗里德兰展开。战斗中，俄军指挥官本尼格森将军接受了错误的建议，决定背水与更强的敌军开战。他的失败是理所当然的，结果损失了10000人以上。法军的损失要稍微高些，但俄军现在已经不堪再战了。

亚历山大提议和谈，弃普鲁士的腓特烈·威廉于不顾。《提尔西特和约》导致普鲁士丧失了大部土地，华沙公国成立，俄国加入拿破仑的大陆体系——由柏林敕令创造出的一个经济战武器。其目的是关闭英国在欧洲的市场，从而使其破产，被市场的力量击败。

因为畏惧敌对海军力量抬头，英国

▼ 1807年2月，在艰苦战斗但胜负未分的埃劳会战，奥热罗元帅的第7军遭遇了惨重的损失。

▲ 1808年，在马德里，法军和西班牙人民之间爆发冲突。西班牙人站起来对抗拿破仑。

又一次进攻了哥本哈根，在8月15到9月15日从陆海两处炮轰这个城市。结果，哥本哈根成为一片废墟，超过2600名平民伤亡。

1808年，拿破仑在平定了所有北部欧洲后，将注意力转向了西班牙。他绑架了西班牙王室，并让他的兄弟约瑟夫坐上了空出来的王座。他也入侵了葡萄牙，急切想对英国殖民地及其商品关闭更多的港口，但商品还是源源不断地流入欧洲市场。葡萄牙向英国求助，英国人迅速热情地伸出了援手。很快，朱诺的法国部队就被彻底击败，根据不受欢迎的《辛特拉协定》，他们被英国军舰遣返回法国。更多的法国军队被投到西班牙，而西班牙人民开始自发地反抗侵略者和不讨人喜欢的新主子。虽然被屡次击败，西班牙军队总能再次卷土重来。在这场斗争中，他们得到了民兵的热切支持。7月22日，杜邦将军的一个法国军可耻地向西班牙将领卡斯塔尼奥斯（Castanos）投降。这一消息传遍了整个欧洲。

萨拉戈萨和其他西班牙城市被法军及其盟友包围，但坚决不肯投降。11月，拿破仑决定亲自前往马德里，重建约瑟夫的王座。11月30日，他穿过索莫谢拉山口，然后于12月4日抵达了马德里。西班牙"自治执政委员会"①向英国求助。约翰·摩尔爵士指挥在葡萄牙的一支小型英军朝西班牙前进，他们不熟悉那里的地理和道路系统，对敌人的情况、自己能得到什么样的支援也一概不知。

1809—1812年的战役

这个时期的冲突开始于欧洲爆发的反法斗争。奥地利受英国的资助，决心再次在多瑙河谷、华沙大公国、波希米亚、蒂罗尔、北意大利和达尔马提亚（Dalmatia）攻击拿破仑。流亡的德意志王公入侵故国，煽动对新法国主子的叛乱。普鲁士不敢动弹，俄国则在一旁观望。

1809年，奥地利的计划被泄漏给了拿破仑。1月，拿破仑从马德里启程赶回法国。在了解到苏尔特元帅部队的西北方有一支小型英军后，他下令歼灭他们。接着，他便穿越加里西亚山疯狂追击到拉科鲁尼亚港。在那里，英军获得了以这个港口城市命名的会战胜利。约翰·摩尔爵士在战斗中牺牲，英军成功逃脱。当皇帝在场时，西班牙的战斗通常会对法军有利，但法军无法扑灭叛乱的火焰。3月29日，法军在麦德

▼ 在1809年7月的塔拉韦拉会战，英西联军占了上风，但在苏尔特元帅占优势的援军抵达时不得不撤退。

① 译注：半岛战争期间，与法国扶持的政府相对立的自治执政委员会，是支持西班牙王室的爱国团体。

▲ 1808年11月30日的索莫谢拉会战持续了仅8分钟，拿破仑成功进入马德里。

▲ 在1810年9月27日的布萨科会战，威灵顿给马塞纳的军队准备了一个陷阱，赢得了辉煌的胜利。

林（Medellin）又赢得了一场决定性的胜利；但和平依然无望。苏尔特元帅再次侵入葡萄牙北部，占领了波尔图（Oporto），并朝南部推进。拿破仑则和大军团突入多瑙河，打得奥军措手不及。4月11日，第一场冲突在希尔绍（Hirschau）发生。奥军接连在安贝格（Amberg）、兰茨胡特（Landshut）、雷根斯堡（Regensburg）、阿本斯堡（Abensburg）、埃克米尔（Eggmuhl）、埃伯尔斯贝格（Ebelsberg）和林茨（Linz）遭遇失败。尔后，法军在临近维也纳，位于多瑙河东岸的阿斯佩恩-艾斯林列阵备战。在这里，拿破仑没能成功渡河，并向后撤。

在德意志作乱的王公们也最终失败。马尔蒙元帅平息了达尔马提亚的叛乱，并前往北意大利帮助欧仁亲王对付约翰大公。约翰逃亡到匈牙利与奥地利大军会合。在蒂罗尔的叛乱成功了，巴伐利亚军被赶出了这个省，直到年底才重新回归。7月5日，拿破仑渡过了多瑙河，第二天，他在瓦格拉姆会战中击败了卡尔大公，奥地利又一次承认了失败。5月12日，西班牙英葡联军的统帅阿瑟·韦尔斯利将军把苏尔特元帅赶出了波尔图，并一路追击追出了葡萄牙。7月27—28日，在西班牙人的帮助下，阿瑟·韦尔斯利在塔拉韦拉会战中击败了约瑟夫·波拿巴国王，但因更强大的敌军开始在后方集结，他不得不退回葡萄牙。

在海上，英海军上将甘比尔（Gambier）在巴斯克道路（Basque Roads）停泊地封锁了威廉姆兹少将的分遣舰队，并在4月11—12日用火船与火箭炮相结合的大胆战术发起了进攻。2艘法国战列舰被俘，2艘战列舰和1艘护卫舰为了防止被夺而被烧毁。

7月30日，英国在这个令人费解的不良时机，让一支小型部队在斯海尔德河（the River Scheldt）河口登陆瓦尔赫伦岛。取得一些初步的成功后，法荷联军淹了这座岛。英军在疟疾横行的泥泞地挣扎了数周才撤退，4000人因为高烧去世，只有106人死于敌军之手。随着在2月占领马提尼克岛，（英国）对敌人殖民地的收割又开始了。

1810年，在西班牙和葡萄牙的战争日渐升温，人力和金钱源源不断地从法国投入半岛，但没有任何作用。7月9日，法军夺取了罗德里戈城（Ciudad Rodrigo）——西葡边境的两个关键城塞之一。9月，一支法军入侵葡萄牙，但被威灵顿在布萨科（Bussaco）击败。威灵顿退入了托里什-韦德拉什防线，即保护里斯本的一系列堡垒。马塞纳在这一道障碍物前停了下来，并让他的军队挨饿。在西印度群岛，瓜达卢佩于2月被占领。在远东，安汶岛、波旁岛（Bourbon）和毛里求斯从法国手中被夺走。

1811年，法国与西班牙人民间的斗争再次爆发。3月11日，法军拿下巴达霍斯（Badajoz）——西葡边境的另一个关键城塞。同一天，马塞纳饥饿的军队在撤退西班牙的途中在蓬巴尔（Pombal）打了一场后卫战。威灵顿紧追不舍，在5月3—5日和马塞纳进行了丰特斯-德奥尼奥罗会战（Fuentes de Onoro-anAnglo-Portuguese）——英葡联军获胜。接着，威灵顿对巴达霍斯发起了不太成功的围城战。

1812年1月9日，在西班牙东南部，絮歇（Suchet）元帅拿下了巴伦西亚（Valencia），但是遍布全国的叛乱迅速把法国及其盟友拖入了一场痛苦的游击战争。1月20日，威灵顿拿下了罗德

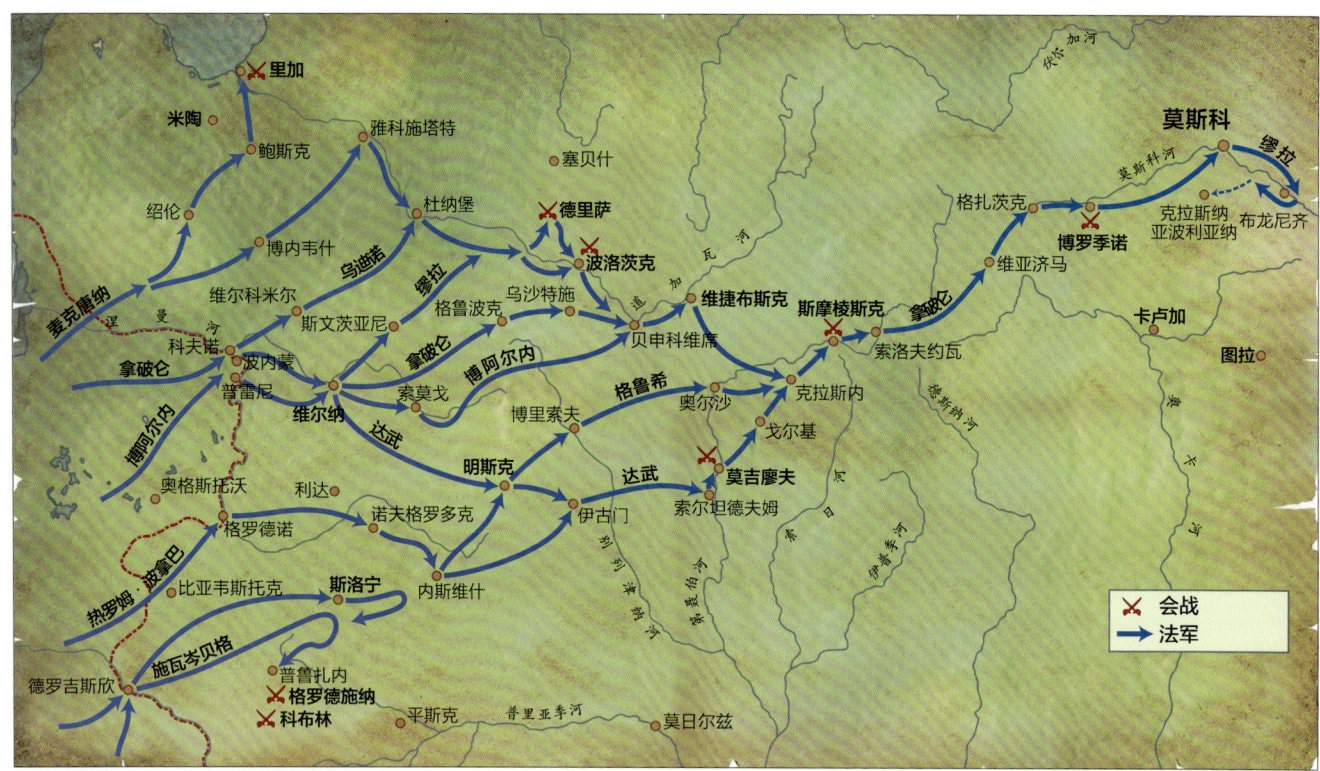

▲ 拿破仑入侵俄国，大军团远抵莫斯科和里加的路线图，撤退的路线相似。

里戈要塞，接着南下攻击巴达霍斯。4月6日，经过第三次尝试后，他成功拿下此城。现在，他可以通过任意一座城塞来入侵西班牙。威灵顿选择了北方，6月27日，他拿下了西班牙西北方的萨拉曼卡（Salamanca）。

沙皇亚历山大在1809年抛弃了拿破仑的大陆封锁体系。走私品通过俄国源源不断地流入德国和法国。1810年，拿破仑吞并荷兰，目的是为了制止英国的殖民地产品通过荷兰走私。接着，他就感觉必须强迫汉萨和奥尔登堡做同样的事。因为无法忍受亚历山大对自己意愿的蔑视，1810年，拿破仑开始精心策划入侵俄国。

1812年6月底，带着超过50万人，拿破仑渡过涅曼河进入俄国，意图在数日内击败数量较少且互相分散的2支俄军军团。但俄军没有让他如愿以偿，而是选择迅速向东撤退。一些小冲突确实发生了，俄军伏击了拿破仑的前卫。但皇帝带大军团前往莫斯科时，麦克唐纳元帅和他的第10军（包括一支大的普鲁士师）被下令进攻里加港（Riga），萨克森第7军和1支奥地利军则在南部防御普利佩特沼泽（the Pripet Marshes）的出口。乌迪诺元帅的第2和第6军则在波洛茨克（Polotzk）作为北方的侧翼护卫，与维特根施泰因（Wittgenstein）的第1军对阵。2支俄国军团在斯摩棱斯克会合，并在8月17—18日阻止了拿破仑的进军。战役开始后，法军的后勤系统完全崩溃，因为一股未曾预料到的寒潮将10000匹马冻死了。到这场会战发生时，拿破仑大军的几乎所有团都减员半数以上。

7月22日，威灵顿在西班牙萨拉曼卡彻底击败了马尔蒙元帅。局势开始向联军倾斜。在俄国，拿破仑向东蹒跚前行。俄军（由年迈的库图佐夫指挥）在莫斯科以西62英里（100千米）的博罗季诺再次站稳阵脚。9月7日，这个时代最血腥的会战之一拉开帷幕。结果模棱两可，但俄军撤退，火烧莫斯科后将其留给了敌手。拿破仑开始动摇。他并没有想到亚历山大会如此坚定。在（莫斯科）废墟中浪费了超过一个月时间后，希冀亚历山大会遣使求和的拿破仑被10月18日俄军对缪拉的进攻所打醒。

拿破仑最终离开了莫斯科，希望通过南部的一条路返回西欧。这一希望因10月24日的小雅罗斯拉韦茨会战而破灭。他不得不通过原路——他自己部队创造的"荒漠"——返回。撤退途中发生了许多战斗，主要的有11月14—18日发生的克拉斯内会战和11月26—28日发生的别列津纳河战斗。饥饿、寒冷摧毁了大军团的剩余力量。拿破仑抛弃这些生还者返回了巴黎。普鲁士将领冯·约克（Von Yorck）在1812年12月月底带着他的普鲁士军离开法军保持中立。这一行为迫使他的国王与法国断绝关系，并为了解放战争加入俄国。

1813—1815年的战役

俄国远征使拿破仑损失了百分之

九十的兵员以及几乎所有炮兵和骑兵。通过征募年轻人,拿破仑可以轻易获得士兵,武器和装备也可以通过制造而快速得到,但是马匹却是一个问题:在接下来的时间,法军将一直缺乏骑兵。

1813年,俄军和普鲁士军缓慢地向西进军。5月2日,拿破仑赢得了第一场主要会战——吕岑会战,但因缺乏骑兵而无法扩大战果。5月20—21日,同样的事情发生在包岑和武斯申(Wurschen)战役。双方同意停战。在西班牙,约瑟夫国王放弃王国并逃往了法国。威灵顿在6月18日的维多利亚会战中拦截了他并驱散了他的军队。接着,苏尔特和威灵顿在比利牛斯山的交火持续了数周。索芬伦之战(7月28—30日)让局势对苏尔特不利。在德意志,奥地利在停火期间加入了联军。战斗在8月22日再开。

联军构想出了"特拉申贝格战略"(Trachenberg Plan)。他们现在分出了三支军队:如果一支军队遭遇了拿破仑便立即撤退,另外两支则攻其侧翼。这一战略出奇地有效。一连串的战斗发生在格罗斯贝伦(GrossBeeren)、卡茨巴赫(Katzbach)、德雷斯顿(Dresden)、库尔姆(Kulm)、登讷维茨(Dennewitz)、特普利茨(Teplitz)和瓦滕堡(Wartenburg),最终导致10月16—19日决定一切的莱比锡会战。

▲ 拿破仑的军队从莫斯科撤退,随即陷入了俄国寒冷的冬季。

拿破仑背靠一条难以渡过的河流和沼泽列阵,他将为此付出惨痛的代价。莱比锡会战是拿破仑战争中最血腥的会战。法军损失了29面鹰旗和军旗,325门火炮和60000人。联军损失了80000人。拿破仑的权力遭到重击,在10月30—31日与哈瑙(Hanau)拦截的奥巴联军(巴伐利亚也背叛了拿破仑)战斗后,他逃回了法国。威灵顿逼到了法国边境。8月31日,他赢得了比达索阿河(Bidassoa)之战。接着,他在10月7—9日把法国人逼出了拉吕讷山(the Rhune)。经过一场漫长的围城战后,潘普洛纳堡垒(Pamplona)在10月31日向西班牙人投降。威灵顿进入法国,于11月10日赢得尼韦勒之战(Nivelle)的胜利。12月9—13日,他参与并打赢了巴约讷(Bayonne)会战。

欧仁亲王被拿破仑派去协调意大利对奥军的防御,但直到8月底,奥军才穿过菲拉赫城镇(Villach)开始他们的入侵。他们在法伊斯特里茨(Feistritz)被困到了9月6日,但后来

◀ 1813年10月16—18日的莱比锡会战,又被称为民族会战,打破了拿破仑在德意志的防守,并让他被好几个盟友背弃。

越过斯洛文尼亚的山脉进入南蒂罗尔。10月7日,他们占领了费拉河(Fella)上的塔尔维(Tarvis)。港口城市的里雅斯特(Trieste)在10月28日落入英奥联军之手。10月30—31日,欧仁亲王在巴萨诺(Bassano)的后卫战让他能渡过布伦塔河(Brenta),全身而退。11月15日,奥军夺取卡尔迪耶罗(Caldiero),并在三日后攻占了费拉拉(Ferrara)。

1814年新年伊始,普鲁士陆军元帅冯·布吕歇尔就在美因茨的考布(Kaub)渡过莱茵河,入侵法国,接着发生了著名的春季战役,拿破仑的天赋又开始重新闪耀。联军弃用了特拉申贝格计划,并且配合不力,让拿破仑的压力小了很多。1月19日,拿破仑在布里耶纳之战中击败俄普联军。虽然2月1日在拉罗蒂埃(La Rothière)遭遇失败,但拿破仑在2月11日的蒙米拉伊(Montmirail)、三天后的沃尚(Vauchamps)、四天后的楠日(Nangis)和2月18日在蒙特罗(Montereau)都击败了联军。联军最终在2月26—27日的奥布河畔巴尔之战(Bar-sue-Aube)结束了拿破仑的连胜。接着,他们于3月3—4日在拉纪洛提勒(La Guillotière)击败麦克唐纳元帅,并在三天后于克拉奥讷(Craonne)再次击败拿破仑。法军的另一场失败是3月9—10日的拉昂之战(Laon)。3月21日,拿破仑在奥布河畔阿尔西又一次被击败。联军的迟钝允许他逃过灭顶之灾。马尔蒙元帅和莫尔捷在3月25日于费尔-尚普努瓦斯(Fère-Champenoise)被打败,局势看起来对皇帝相当不利。

最终,拿破仑决定孤注一掷,试图把敌人从巴黎引开。但联军无视了他的策略并向首都紧逼。3月30日,巴黎落入联军之手。在厌战的元帅的逼迫下,拿破仑于4月6日退位。

2月8日,在北意大利,欧仁亲王在明乔河之战(the Mincio)中挡住了奥军。随着奥军向曼图亚要塞逼近,明乔河一线的战斗开始停息。那不勒斯国王约阿希姆·缪拉元帅当时已变节,投向联军并指挥一支奥那联军。4月13日,这支部队在帕尔马(Parma)以西渡过塔罗河(the Taro)。这是那一年意大利最后一件值得一提的事。2月15日,威灵顿开始向法国南部突进,以加里斯(Garris)之战的胜利作为开始。接着在2月27日、3月19日,他又赢得了奥尔泰兹会战(Orthez)和维康比戈尔(Vic-en-Bigorre)之战的胜利。4月10日,赢得图卢兹会战的胜利后,他的

▲ 1815年6月的四臂村之战,英军第28步兵团的一个方阵在抵抗法军骑兵的进攻。

▼ 1814年2月1日,拿破仑在拉罗蒂埃被联军击败,打破了皇帝无敌的神话。

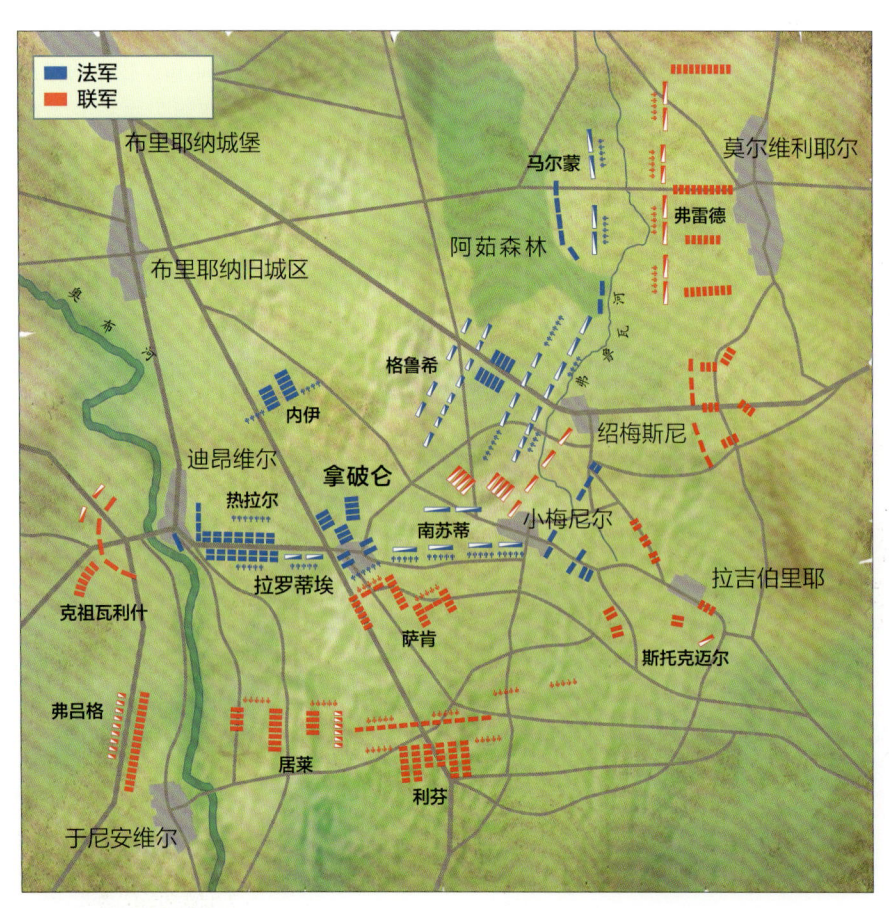

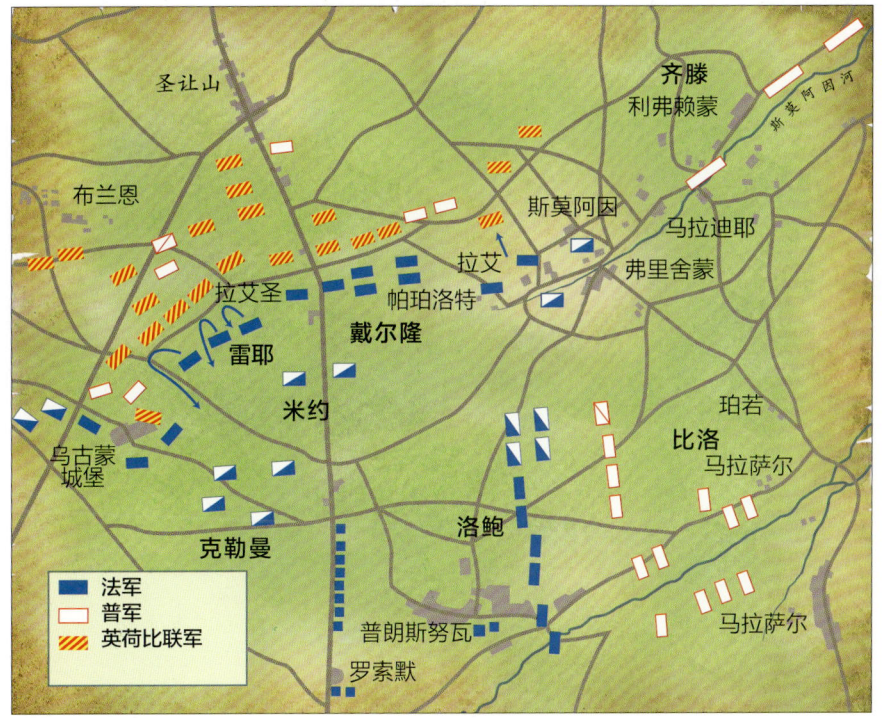

◀ 1815年6月15日的滑铁卢会战，老近卫军败北时三支军队的位置。

光荣战役达到了巅峰。

1815年2月，拿破仑从他的流放地厄尔巴岛返回了法国。复辟国王路易十八逃往比利时时，把王位留给了拿破仑。经过数个月疯狂重建政府和军队后，拿破仑意图抚平敌人的恐惧。这些敌人，在维也纳会议中丝毫不理睬拿破仑的求和意图。他们宣布拿破仑的地位不合法，并动员军队来击败他。他们的军队在法国北境、东境集结：比利时的英国—荷兰—普鲁士军队是最先准备好的。拿破仑意识到了迫近的危机，并用他惯常的隐蔽和神速来对付他们。在此之前，缪拉在意大利攻击了奥军，并在5月3日的托伦蒂诺会战（Tolentino）中被击败。5月15日，拿破仑在弗勒吕斯（Fleurus）、日利（Gilly）和戈斯利（Gosselies）攻击了普军，并把他们赶往了北方。威灵顿和布吕歇尔约定好互相支援，这个战略最终拯救了他们。

6月16日，拿破仑在林尼进攻普士军队，一番苦战后击败了他们。同一天，内伊元帅在林尼以西的四臂村进攻联军，但没能击破敌军。威灵顿下令往北撤退到他之前在布鲁塞尔以南的滑铁卢选定的沿山脊的防御阵地。布吕歇尔承诺会前来帮忙。内伊和拿破仑联合起来对抗威灵顿，而格鲁希元帅则被命令将已被击败的普军向东赶。他没能抓住普军，结果对拿破仑造成了历史性的灾难结果。6月18日，拿破仑的命运在滑铁卢被决定了。他本可以击败威灵顿，但因普鲁士军躲开了格鲁希，在那天下午攻向了法军右翼，事情便无力回天了。

6月18日早晨的潮湿地面意味着法军在11点以前无法部署他们的炮兵。这一天，抱病的皇帝异常懒散，心不在焉。他朝令夕改，不能正确指挥战斗。本应是对乌古蒙庄园的佯攻变成了拼死战斗，将数千名法军卷入其中。进攻联军中央的步兵没能得到骑兵支援，结果失败。紧接着的骑兵冲锋（没得到步兵和炮兵的支持）也失败了。法军预备骑兵在没得到命令的情况下发起进攻，结果只是徒劳地围着联军步兵方阵打转，被火炮撕成碎片。4点左右，普军进入战场并攻击了拿破仑的右翼。紧接着发生了彻底毁灭法军军心的耻辱行为：帝国近卫军步兵进攻威灵顿的右翼，被击败后逃跑了。黑夜降临，落败的法军如潮水般向南部逃走。拿破仑的野心最终被粉碎了：他在6月22日退位，并被流放到圣赫勒拿岛。

▼ 苏格兰王家灰骑兵团在滑铁卢会战中夺下法军第45团的鹰旗。

法国

18世纪中期,法国陆军享有非常高的声誉,但被1789年的大革命彻底摧毁。在那些日子,随着波旁王室陨落,许多贵族要么被判刑,要么远遁海外,因为军队的军官队伍完全是由贵族构成的,大革命对法国军事的影响自然不言而喻。骑兵损失最大,因为这个兵种完全是贵族的天下;步兵要稍微好一点;至于炮兵这个枯燥的技术兵种,则几乎没有被殃及。因而,在大革命的混乱中,后两个兵种还能维持住纲纪,并成为拉扎尔·卡尔诺(Lazare Carnot)的新革命军的基石。在保卫共和国的战斗中,这支军队取得了一连串令人惊奇的胜利;之后,在拿破仑的统领下,这支军发动了一系列伟大的战役并获胜。拿破仑将自己写进了历史,而一切则源自于1796年在北意大利对奥地利的穷追猛打。1798年,他领导了对埃及的远征;1799年,他回到法国,并在雾月政变中夺取了权柄,成为第一执政。

▲ 马伊达会战于1806年在南意大利发生。英军与法军遭遇,英军取得了胜利,这也是西班牙、葡萄牙战事的预兆。

◀ 1809年7月6日,拿破仑在瓦格拉姆会战中击败了奥地利的卡尔大公。

大革命时期的法国
（1789—1796）

▲ 1789年7月14日，巴黎民众向残破的巴士底狱——国王的绝对权力的象征——发起猛攻，一劳永逸地粉碎了绝对王权。

代理人——特派员（Représentatives en Mission）去监督各前线的军事部署、行动。他们在军中握有大权，可随意逮捕军官并且将其押回巴黎接受审判。这令军队指挥官的委任状不再那么讨人喜欢。特派员们参与战略战术的规划，不仅会延缓决策进程，还会削弱将帅的地位。他们并非全都存心不良，但即使是最善解人意的特派员亦难免会阻碍军务。只要战事对法军有利，将领们便可高枕无忧。一旦战况急转直下，就算不是指挥官的责任，不幸的法军将领也难逃被押回巴黎的命运，而且会被指控破坏军事行动或叛国。审判的结果多是判处死刑。1793年4月至1794年7月，至少有84位法国将军和舰队指挥官以这种方式被处决。

不少能征善战之将由于无法忍受这种风气而叛逃到了联军一方，其中就有北方军团司令迪穆里埃将军。在1793年3月18日的内尔温登会战中败于奥地利军

大革命引发的社会动荡使法国走向分崩离析，一夜之间，法兰西几乎被卷入了无尽的政治活动和辩论中，其他大部分琐事则被抛在一旁。政治在法国，如在其他欧洲国家一样，由占总人口4%或5%的少数幸运儿所独享。他们有足够的金钱、时间和兴趣投身政治，而不像其他人完全是为了生存而奋斗。在巴黎，饕餮不饱的现象，与宫廷、贵族以及富商大贾的奢华生活共存。

然而，传统的当权者即将受到新近解放的政治活动家的挑战。贵族成了众矢之的，对他们来说，这是一个危急存亡的时刻。军官、将领、舰队指挥官，他们绝大多数是贵族出身，自然也包括在内。许多人在革命早期逃往了周边国家，流亡者在彼处的抵抗事业正在蓬勃发展。

法国的社会架构、政治体系、商业组织与军队结构由此遭到毁灭性的打击。这些因贵族流亡而导致的空缺通常由新兴、活跃的底层"暴发户"所填补，他们力攀高位，思想也符合政治正确。其中不乏能匡乱反正的有才之士，但也有些庸人身居要职，成事不足败事有余。

政府与军队

新政府不信任军中的高级军官（如同俄国在1917年革命后一样），因而创立了一种新体制，即派出可信赖的政治

▲ 该画名为《沉疴宿疾》，刻画了一位背着双重负担的法国农妇。

大革命时期的法国（1789—1796） 35

▲ 年轻的拿破仑·波拿巴在其军事生涯初期担任炮兵中尉一职。

1794年年中，随着法军的一系列胜利以及普鲁士退出战争，军队的士气才得以恢复。1794年年末，他们一举将联军赶出了比利时，并且在翌年继续高歌猛进。到了1796年，法军士兵已经像他们的任何对手一样，满怀克敌制胜的信心。

1793年年底，土伦这个海军基地正被联军侵占，一名年轻的炮兵军官奉命指挥围攻该城的炮兵部队，这位炮兵军官就是拿破仑·波拿巴。他巧妙运用火炮，迫使入侵者于12月18日撤离土伦，在战斗结束后因功晋升。政治上的活跃与军事上的才能令拿破仑在军中飞黄腾达。1795年10月5日，拿破仑用他那传奇般的"葡萄弹的清风"击溃了巴黎的保王党暴徒，拯救政府于危难之中。他再次获得擢升并于不久后就任意大利军团司令。届时，他将向全世界展现自己的壮举宏图。

队后，他被解除指挥权并接到了返回巴黎的指令。迪穆里埃深感大难临头，试图说服麾下将士同他一起杀回首都，推翻政府。遭到部队拒绝后，他便投靠了奥地利人。

这段时期的混乱局面席卷了法军指挥层，徘徊不散的特派员及其带来的威胁让军官们如坐针毡，即使后者并非贵族出身。军队的凝聚力和纪律因此遭到严重破坏，以致士气低落、兵无战心。在第一次凯泽斯劳滕会战（1793年11月28—30日）中，当战斗不利于法军时，队伍中传出了"我们遭到了背叛！"（Nous Sommes trahis！）的喊声，法军士兵随后四散逃走。普鲁士人没有乘胜追击，这对法国人来说是不幸中的万幸。其他战场也重复着类似的场景。法军士兵不信任自己的军官：他们在第一次受挫后就会溃逃。

恐怖统治结束后，即

▶ 大革命时期的法军士兵，从左至右依次为：骠骑兵、重骑兵和掷弹兵。

拿破仑掌权

1796年4月11日,法国政府派遣拿破仑前往北意大利战场。4月11—12日,他在蒙太诺泰击败阿根陶(Argenteau)伯爵麾下的奥地利—撒丁联军,取得了开门红。随后,法军迅速前进,在科塞里亚(4月13—14日)、代戈(4月14日)与蒙多维(4月22日)连战连捷,促使撒丁王国求和。更多的胜利接踵而来:洛迪(5月10日)、博尔盖托(5月30日)以及最终的米兰(5月16日—6月29日),拿破仑迫使意志消沉的奥军一路东退。

拿破仑与曼托瓦

7月29日,拿破仑前进的脚步在加尔达湖东岸的里沃利停了下来。马塞纳将军在此地被陆军元帅武姆泽(Wurmser)击败。拿破仑开始着手围攻固若金汤的曼托瓦要塞,欲以围困曼托瓦作为诱饵,引奥地利人派援军来。

▼ 1797年1月,拿破仑在里沃利的胜利决定了曼托瓦的命运以及奥军的失败。

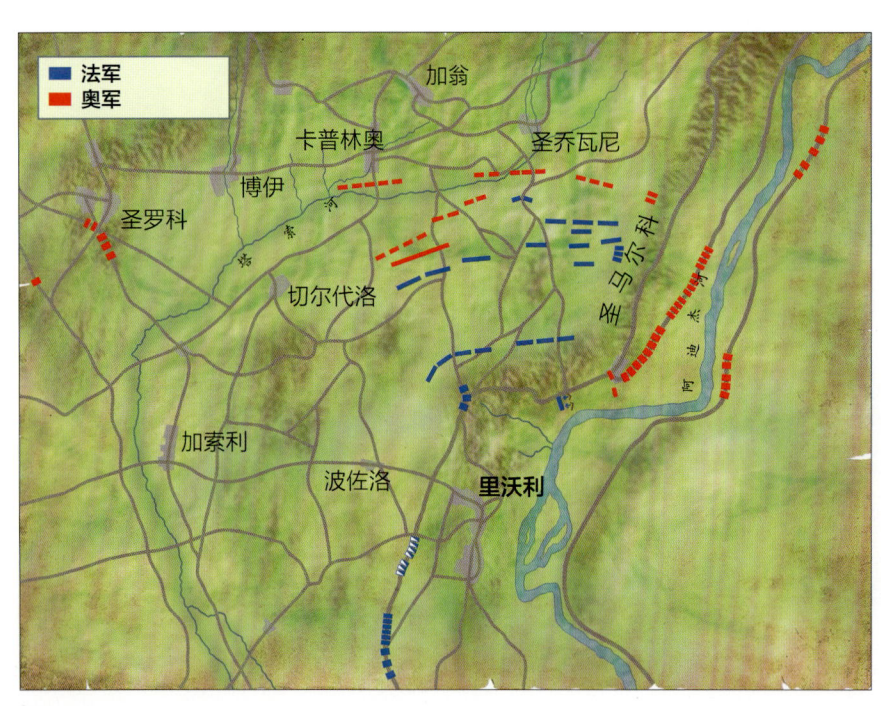

他信心十足,自认为能够在野战中击退奥军的增援并攻取曼托瓦。

拿破仑麾下的法军士气高昂,奥军却有些急张拘诸。7月末,奥地利匆忙组建了第一支援军前来解围,此举正中拿破仑下怀。奥军被加尔达湖隔开,分两部进发。武姆泽统领15500人的主力,穿过布伦纳山口,经由博尔扎诺,沿着湖的东岸而下。陆军元帅科斯达诺维奇(Quosdanovich)则率领另一支15000人的部队沿湖西岸前进,进抵布雷西亚。

8月2日,拿破仑(率20000人)在罗纳托击败科斯达诺维奇。随后他集结了35000人立即东进,于8月5日在卡斯蒂廖内战胜武姆泽。两支奥军部队旋即北撤,共计折损了6000人。拿破仑则再次围攻曼托瓦。

11月初,奥地利第二次尝试解围曼托瓦,其部队被加尔达湖分隔开来。取得了初期胜利后,奥军在11月15—17日的阿科拉会战中被拿破仑击败。此次败仗主要归因于陆军元帅达维多维奇(Davidovich)没能率领驻扎在蒂罗尔的8000人支援阿尔文齐(Alvintzy)元帅,后者麾下的18500人只能在被水淹没的稻田中与拿破仑的20000人浴血奋战。

阿尔文齐沿加尔达湖东岸向北撤退,达维多维奇终于赶到了至关重要的湖南岸附近,11月7日,该部在里沃利彻底击败了沃布瓦(Vaubois)师。此时,拿破仑缴获了奥军详细的作战计划,其中标示了阿尔文齐的位置和意图。他当机立断,率部进攻达维多维奇部,并与阿尔文齐所部保持一定距离。11月22日,达维多维奇在里沃利被击退。奥军再次朝北遁去。

迫于维也纳的催促,阿尔文齐再度率领24000人解曼托瓦之围。1797年1月14—15日,双方在里沃利交战,他又一次败在拿破仑手下,损失了12000人。与此同时,武姆泽在曼托瓦内蠢蠢欲动,战斗于1月16日爆发,拿破仑离开里沃利以进行下一场战斗。武姆泽再次落败,被迫逃入要塞。此时,守军的粮草已快耗尽。2月2日,曼托瓦投降。拿破仑获得了全面胜利:伦巴第已是法军囊中之物,威尼斯也确保中立。

卡尔大公试图从乌迪内进军,但于3月16日在瓦尔瓦索内(Valvassone)被法军阻挡,至此结束奥地利重夺北意大利的全部努力。4月18日,法奥双方签订《莱奥本条约》(the Treaty of Leoben),终结了两国的敌对状态。威尼斯由于违反了中立条款,立即被侵占,法军在1797年5月末将之改造成了另一个亲法共和国。

此刻,拿破仑已是无所不能。将士们对他顶礼膜拜,巴黎的督政府则收到了(部分)他在战役期间搜集的大量战利品。

拿破仑在北埃及

随着他在北意大利的一系列胜利,拿破仑已成为巴黎的宠儿,尤其是莫罗

▲ 土耳其军中的马穆鲁克给在埃及作战的拿破仑留下了深刻印象，以至于拿破仑在自己的近卫军中也组建了一支马穆鲁克中队。

的莱茵-摩泽尔军团于1796年在德意志南部被卡尔大公打败后。督政府也意识到了拿破仑的威名，害怕他会拉足够多的支援夺取政权。

因此，当拿破仑提议远征埃及，打击英国的东方帝国时，督政府立即同意了这个计划，并命令他率领此前跟他在意大利作战的部队一同出发。督政府从而将潜在的对手及其军队置于法国政坛外，可谓一石二鸟。5月19日，拿破仑率4万多人从法国启程，甩开了纳尔逊的舰队（靠的更多是好运，而非技巧）。6月11日，法军迫使马耳他投降，并于7月2日占领亚历山大城。但是，纳尔逊通过1798年8月1日发生在尼罗河海战的胜利将法军困在了埃及，英国也正在组建大军，意图摧毁法国远征军。拿破仑在埃及与叙利亚屡战屡胜，不费吹灰之力就击败了外强中干的马穆鲁克骑兵。1799年5月21日，英土联军终于在阿克挡住了拿破仑的进军。在得知法国政局正急转直下后，拿破仑于8月22日暗中返回法国，抛弃了在埃及的部队。他一心想保住自己的政治资本与荣誉，使其免受国内乱局的影响。10月9日，他抵达法国后立刻动身赶往巴黎。一场夺权密谋即将展开。

苏沃洛夫在意大利

法国遭受的灾难应主要归因于联军在1799年重新征服北意大利。完成这一壮举的就是俄国名将——苏沃洛夫。尽管联军内部的勾心斗角给了法军可乘之机，但法国在这个地区的统治崩溃以及日益恶化的国内经济危机导致督政府最终失去了民心。

其后果便是雾月政变（1799年11月9日），在政变中，埃贝·西哀士尽管这并非他的本意——协助吕西安·波拿巴将他的哥哥拿破仑推上了三执政的宝座。拿破仑很快被推举为第一执政，另外两位执政——西哀士、罗歇·迪科则退居幕后。

拿破仑执掌法国大权15年后，联合起来的欧洲强权才能将他从权力宝座上赶下来。

▼ 拿破仑任第一执政时的画像。

法军军服

法国军队的统一制服起源于1670年。彼时，当局对外籍军团的着装有所规定。1690年，规范法军部队军服的条令也随之而来：上衣需为柔和色，贴边与紧身短裤则未作统一规定。长矛兵身穿胸甲。大约从1715年起，白色成了法军制服的主色调，为法兰西效力的外籍士兵则身着红色（瑞士人与爱尔兰人）或蓝色军服（德意志人）。掷弹兵大致在1743年后开始采用英式或德式的熊皮帽。七年战争（1756—1763）爆发时，法军上衣的翻领和燕尾翻边的样式与其他各国军队并无不同。

肩章于1759年引入，作为军官身份的标志。上校可佩戴两枚金色吊穗肩章，中校只能在左肩佩戴。少校佩两枚细条吊穗肩章，上尉则只在右肩佩戴。中尉与少尉皆佩一枚穗丝肩章，上面饰有钻石状图案。所有军官戴颈甲和腰带。燧发枪兵的上衣燕尾翻边饰有百合花，而掷弹兵的则是手榴弹。

1786年，上将团（Colonel-Général regiment）采用了一种外包豹皮的钢盔，头盔上配铜牌、盔缨以及迎风飘扬的黑色马鬃。它与日后列装的龙骑兵盔极其相似。该种头盔在大革命时期进行了多处改动，如盔檐的有无。

尽管革命狂热在极短时间内就将旧王朝的饰章和头衔一扫而光，但为一整支大军更换制服需要一笔不小的开销，这对处于动荡中的国家来说并非易事。因此，法军在战争的头几年很有可能仍在使用旧军服。大概从1795年开始，深蓝色军服开始逐渐被分配给各部队，代替日渐稀少的旧军服。

◀ **第1上将团，1791年** 1793年，该团重组为第1、2半旅（Demi-Brigade），尔后又分别改成第31、第9战列步兵团。图中人物身着法国王家步兵的传统白色外套，头戴饰有黑色羽冠和豹皮头巾的军盔（不久后便被替换）。帝国时期，龙骑兵再次戴起了这种笨重的头盔。

▼ **第64萨利-萨玛德（SALIS-SAMADE）瑞士团军官，1791年** 与1789年在法军中效力的其他瑞士团一样，该部于1672年为了法国服役而组建。由于革命政府的猜疑，他们在1792年被解散。那时，法军中的瑞士团皆身穿红色外套。1805年3月，拿破仑组建了4个瑞士团为法军作战。不管是帝国时期还是百日王朝时期，他们均以惯有的勇敢冲锋陷阵。这位军官头戴双角帽，身着配有黄色贴边的长下摆外套，头发扎成了辫子——法军的这种传统在1805年被废除。

共和国时代的步兵

法国大革命后,法国军队发生了巨大变化:成千上万名志愿兵响应爱国主义的号召,加入旧国王军的步兵团。旧军队中,大部分团下辖2个营,也有一些团下辖4个营。在1794年的第一次军队整编中,旧军队的每个步兵营和2个新志愿兵营组成1个"半旅",战列步兵共编为198个半旅,轻步兵编为15个半旅。只有旧军队的步兵营能以纵深3列、正面8个燧发枪连的疏开队形有效行军,志愿兵营往往以纵队部署于其两翼。每个营有1个掷弹兵连,每个团的3个掷弹兵营视战况所需,集中部署在一翼或半旅的后方。法军在此种布阵的基础上,发明了著名的混合序列(ordre mixte),并应用至1815年。

战列步兵

1795年,法军又进行了第二次整编,将战列步兵的编制缩减至100个半

▼ 共和国时期的步兵装备
1. 战列掷弹兵的熊皮帽。
2. 法国步兵普遍装备的牛皮背包和卷起的毛毯(或大外套),战场上的士兵会把全部家当塞进包里。
3. 当时欧洲军队和市民广泛戴的黑色毛毡三角帽,圆形帽徽的颜色代表国家,绒球的颜色代表所属的连。
4. 军官在执勤时佩戴的颈甲,源于过去骑士穿的甲胄,颈甲上通常有君主的盾徽,而这块颈甲则是共和国的标志。
5. 装子弹盒的帆布包。

▼ 第8轻步兵团手持团旗的中士,1800年 第8团历经奥斯特里茨、耶拿、弗里德兰、艾斯林以及瓦格拉姆会战后,开赴西班牙作战,并参与了塔拉韦拉和巴罗萨之战。在1811年的巴罗萨之战中,该团的鹰旗被英军第87步兵团中士马斯特森夺走。该团在西班牙作战至半岛战争结束,但也有几个营参与了1813年的萨克森战役和后来的滑铁卢会战。法国步兵从1804年起开始戴筒帽,但筒帽历经数年才彻底取代原先的双角帽。而各团原本的旗帜在1804年配发鹰旗后被迅速取代。

旅，轻步兵缩减至30个半旅。1796年，战列步兵增加到110个半旅，但有部分番号空缺。1803年，每个步兵营内增加了1个腾跃兵连（亦可以称为"轻型连"）；次年，战列步兵营也增加了这种连。到了1805年，"半旅"编制被旧军队的"团"编制取代。自1808年2月起，法军的步兵营编制才改为人们熟知的1个掷弹兵连、1个腾跃兵连和4个燧发枪兵连。各个战列步兵团的制服样式遵循1786年10月的规范。1789年11月，法军对规范进行了修订，但很可能没有实施新的规范。步兵穿下摆较长的外套，颜色通常为白色；另有9个团穿深蓝色外套，14个团穿红色外套。法军通过贴边的颜色以及黄或白色的纽扣区分各团官兵的身份。由于团的数量众多，为保证每个团都拥有独一无二的制服，还进一步引入了细分的办法。

总共有12个步兵团的贴边颜色完全相同：其中6个团使用黄铜纽扣，6个团使用白镴纽扣；这些团的翻领和燕尾翻边均染上了颜色；6个团的军服下摆口袋翻盖为平行方向，6个团的翻盖为垂直方向；4个团使用与贴边同色的衣领、翻领、袖口、袖口翻边、燕尾翻边以及与贴边同色滚边的白色肩章和口袋翻盖，4个团使用与贴边同色滚边的白色衣领和袖口翻边，另外4个团使用与贴边同色滚边的白色袖口。紧身军装和皮带为白色。燧发枪兵戴塔尔顿式的有檐头盔；头盔上装饰黑色的硬质马毛顶冠和仿豹皮的头巾，左侧饰有白色帽徽、饰环、纽扣和连徽章。这种头盔造价低廉，于1795年停止生产，改为佩戴

▼ **第13战列步兵团军官，1796年** 这名军官身穿大革命时期的新式深蓝色束腰上衣。这种上衣最初为国民卫队的制服，在大革命初期开始为正规军所用。流苏肩章、颈甲和剑带显示了图中人的军官身份。

1789年法军各战列步兵团的制服区别

* 口袋开口为垂直方向还是水平方向，** 袖口是否为贴边颜色，*** 衣领/袖口翻边是否为贴边颜色

番号/成立年份	贴边	纽扣	口袋*	袖口**	衣领/袖口翻边***
第1兵种上将步兵团/1780年	黑色	黄色	水平方向		
第2皮卡第步兵团/1557年	黑色	黄色	水平方向		是
第3皮耶蒙步兵团/1558年	黑色	黄色	水平方向	是	
第4普罗旺斯步兵团/1776年	黑色	白色	水平方向		
第5纳瓦尔步兵团/1558年	黑色	白色	水平方向		是
第6阿尔马尼克步兵团/1776年	黑色	白色	水平方向	是	
第7香槟步兵团/1558年	黑色	黄色	垂直方向		
第8奥斯特拉西亚步兵团/1776年	黑色	黄色	垂直方向		是
第9诺曼底步兵团/1616年	黑色	黄色	垂直方向	是	
第10纽斯特里亚步兵团/1776年	黑色	白色	垂直方向		
第11海军步兵团/1635年	黑色	白色	垂直方向		是
第12欧塞瓦步兵团/1776年	黑色	白色	垂直方向	是	
第13波旁步兵团/1672年	蓝紫色	黄色	水平方向		
第14福雷步兵团/1776年	蓝紫色	黄色	水平方向		是
第15贝亚恩步兵团/1684年	蓝紫色	黄色	水平方向	是	
第16阿热瓦步兵团/1776年	蓝紫色	白色	水平方向		
第17奥弗涅步兵团/1606年	蓝紫色	白色	水平方向		是
第18王家奥弗涅步兵团/1776年	蓝紫色	白色	水平方向	是	
第19法兰德斯步兵团/1597年	蓝紫色	黄色	垂直方向		
第20康布尔步兵团/1776年	蓝紫色	黄色	垂直方向		是
第21奎恩步兵团/1610年	蓝紫色	黄色	垂直方向	是	
第22维也纳步兵团/1776年	蓝紫色	白色	垂直方向		
第23王家步兵团/1656年	蓝紫色	白色	垂直方向		是
第24布里步兵团/1775年	蓝紫色	白色	垂直方向	是	
第25普瓦图步兵团/1616年	粉色	黄色	水平方向		
第26布雷斯步兵团/1775年	粉色	黄色	水平方向		是
第27里昂步兵团/1616年	粉色	黄色	水平方向	是	
第28曼恩步兵团/1775年	粉色	白色	水平方向		
第29多芬步兵团/1667年	粉色	白色	水平方向		是
第30佩尔什步兵团/1775年	粉色	白色	水平方向	是	
第31欧尼斯步兵团/1621年	粉色	黄色	垂直方向		
第32巴西尼步兵团/1775年	粉色	黄色	垂直方向		是 ▶

双角帽，但这种头盔在军队中实际使用到1799年才被禁止。掷弹兵从1788年起佩戴红色流苏肩章。纽扣上有单位番号，番号外环绕着象征法国的圆环。

鼓手身穿深蓝色外套，制服上大面积装饰着象征王室的红色和白色。大革命之后，配饰改为三色饰带。战列步兵团有许多为外籍部队，他们的外套颜色与本土部队不同：第53、62、77、89、

▼ **第96战列步兵团燧发枪兵，1800年** 在大革命的乱局中，法国战列步兵身穿实用且便于生产的制服，唯一能区别各团的是纽扣上的番号。

番号 / 成立年份	贴边	纽扣	口袋 *	袖口 **	衣领 / 袖口翻边 ***
第 33 图赖讷步兵团 /1625 年	粉色	黄色	垂直方向	是	
第 34 昂古莱姆步兵团 /1775 年	粉色	白色	垂直方向		
第 35 阿基坦步兵团 /1604 年	粉色	白色	垂直方向		是
第 36 安茹步兵团 /1775 年	粉色	白色	垂直方向	是	
第 37 蒂雷纳元帅步兵团 /1625 年	天蓝色	黄色	水平方向		
第 38 多菲内步兵团 /1629 年	天蓝色	黄色	水平方向		是
第 39 法兰西岛步兵团 /1629 年	天蓝色	黄色	水平方向	是	
第 40 苏瓦索涅步兵团 /1598 年	天蓝色	白色	水平方向		
第 41 王后步兵团 /1661 年	天蓝色	白色	水平方向		是
第 42 利莫赞步兵团 /1635 年	天蓝色	白色	水平方向	是	
第 43 王家航船步兵团 /1638 年	天蓝色	黄色	垂直方向		
第 44 奥尔良步兵团 /1642 年	天蓝色	黄色	垂直方向		是
第 45 王冠步兵团 /1643 年	天蓝色	黄色	垂直方向	是	
第 46 布列塔尼步兵团 /1644 年	天蓝色	白色	垂直方向		
第 47 洛林步兵团 /1644 年	天蓝色	白色	垂直方向		是
第 48 阿图瓦步兵团 /1615 年	天蓝色	白色	垂直方向		
第 49 文蒂米利亚步兵团 /1647 年	深红色	黄色	水平方向		
第 50 艾诺步兵团 /1651 年	深红色	黄色	水平方向		是
第 51 萨尔步兵团 /1651 年	深红色	黄色	水平方向	是	
第 52 拉费尔步兵团 /1654 年	深红色	白色	水平方向		
第 53 阿尔萨斯步兵团 /1655 年	红色	黄色	水平方向		
第 54 王家鲁西永步兵团 /1655 年	深红色	白色	水平方向		是
第 55 孔代步兵团 /1635 年	深红色	白色	水平方向	是	
第 56 波旁步兵团 /1644 年	深红色	黄色	垂直方向		
第 57 博瓦桑步兵团 /1667 年	深红色	黄色	垂直方向	是	
第 58 鲁埃格步兵团 /1667 年	深红色	黄色	垂直方向		是
第 59 勃艮第步兵团 /1668 年	深红色	白色	垂直方向		
第 60 皇家海军步兵团 /1669 年	深红色	白色	垂直方向		是
第 61 韦芒杜瓦步兵团 /1670 年	深红色	白色	垂直方向	是	
第 62 萨尔姆 – 萨尔姆步兵团 /1670 年	红色	白色	水平方向		是
第 63 埃内斯特 – 瑞士步兵团 /1672 年 *	黑色	白色	水平方向		是
第 64 萨利斯 – 萨马代 – 瑞士步兵团 /1672 年 *	黄色	黄色	水平方向		是
第 65 松嫩贝格 – 瑞士步兵团 /1672 年 *	天蓝色	白色	垂直方向		
第 66 卡斯泰拉 – 瑞士步兵团 /1672 年 *	深蓝色	白色	水平方向		
第 67 朗格多克步兵团 /1672 年	猩红色	黄色	水平方向		
第 68 博斯步兵团 /1763 年	猩红色	黄色	水平方向		是
第 69 维吉耶 – 瑞士步兵团 /1674 年 *	米黄色	黄色			是
第 70 梅多克步兵团 /1674 年	猩红色	黄色	水平方向	是	
第 71 维瓦赖步兵团 /1674 年	猩红色	白色	水平方向		
第 72 维克森步兵团 /1674 年	猩红色	白色	水平方向		是
第 73 王家孔图瓦步兵团 /1674 年	猩红色	白色	水平方向	是	
第 74 博若莱步兵团 /1674 年	猩红色	黄色	垂直方向		
第 75 蒙西厄步兵团 /1674 年	猩红色	黄色	垂直方向		是
第 76 沙托维尼 – 瑞士吕兰步兵团 /1677 年 *	黄色	白色	水平方向		
第 77 拉马克步兵团 /1680 年	红色	白色	水平方向		
第 78 蓬契耶夫步兵团 /1684 年	猩红色	黄色	垂直方向	是	
第 79 布洛奈步兵团 /1684 年	猩红色	白色	垂直方向		
第 80 昂古莱姆步兵团 /1684 年	猩红色	白色	垂直方向		是 ▶

94、96、98、99和101团穿天蓝色外套，第63、64、65、66、69、69、76、85、86、87、88、92、95、97和100团穿红色外套。1795年，大部分外籍部队的外套颜色都改为与国民卫队一样的王家蓝。

战列步兵的翻领均与贴边同色，而贴边颜色相同的团通过衣领、袖口和袖口翻边的颜色来区分。后来，所有战列

番号 / 成立年份	贴边	纽扣	口袋*	袖口**	衣领/袖口翻边***
第81 孔蒂步兵团 /1684年	猩红色	白色	垂直方向	是	
第82 圣通日步兵团 /1684年	蓝色	黄色	水平方向		
第83 富瓦步兵团 /1684年	蓝色	黄色	水平方向		是
第84 罗昂步兵团 /1681年	蓝色	黄色	水平方向	是	
第85 迪斯巴赫－瑞士步兵团 /1689年*	灰色	白色	水平方向	袖口翻边与外套同色	
第86 库尔坦－瑞士步兵团 /1689年*	天蓝色	白色	水平方向		是
第87 狄龙步兵团 /1690年	黑色	黄色	垂直方向		
第88 贝里克步兵团 /1690年	黑色	黄色	垂直方向		是
第89 王家瑞典步兵团 /1690年	红色	白色	垂直方向		
第90 沙特尔步兵团 /1691年	蓝色	白色	水平方向		
第91 巴鲁瓦步兵团 /1692年	蓝色	白色	水平方向		是
第92 沃尔什步兵团 /1689年	黑色	黄色	垂直方向	是	
第93 当甘步兵团 /1706年	蓝色	白色	水平方向	是	
第94 黑森－达姆施塔特步兵团 /1709年	红色	白色	垂直方向		是
第95 萨利斯－格劳宾登步兵团 /1734年*	深蓝色	白色	水平方向		是
第96 拿骚步兵团 /1745年	红色	黄色	垂直方向	是	
第97 斯泰纳－瑞士步兵团 /1752年*	深蓝色	白色	水平方向	袖口翻边与外套同色	
第98 布永步兵团 /1757年	黑色	白色	水平方向		
第99 王家双桥步兵团 /1757年	黑色	白色	水平方向		是
第100 赖纳赫－瑞士步兵团 /1758年*	白色	白色	水平方向	是	
第101 王家利埃茹瓦步兵团 /1787年**	黑色	白色	水平方向	是	
第102 步兵团 /1791年	蓝色	黄色	水平方向		
第103 步兵团 /1791年	深绿色	黄色	水平方向		是
第104 步兵团 /1791年	深绿色	黄色	水平方向	是	
第105 步兵团 /1791年	深绿色	白色	垂直方向		

第106—110步兵团于1792年成立于殖民地地区，第111步兵团于同年成立于法国。
* 代表该团于1792年解散，** 代表该团在1792年大量人员出逃国外。

▼ **第93半旅掷弹兵鼓手，1796年** 这名年轻的鼓手头戴熊皮帽，帽上有三色羽饰和带手榴弹徽记的铜制帽牌。

步兵团均改为有白色翻领和燕尾翻边的深蓝色制服。

轻步兵

法军从1740年开始进行轻步兵的实验，至1749年已成立多个轻步兵军团。同时，新成立的6个猎骑兵团（意为"骑马的猎手"）中各配备了1个猎兵（意为"步行的猎手"）营。

1788年，猎兵营脱离了骑兵部队，与新成立的其他6个营共同组成了1791年的轻步兵部队。轻步兵主要执行侦察任务，担任先头部队或负责殿后。

根据1784年的规范，轻步兵的制服样式与战列步兵相同，但颜色为深绿色，并在白镴纽扣上饰有猎笛徽记和营番号。轻步兵制服的右肩上有深绿色肩章，左肩佩戴的白色肩章有带子，饰边和菱形图案与贴边同色。

1789年，法军发布了新的制服规范：轻步兵的纽扣改为黄铜材质，外套使用白色滚边，燕尾翻边与贴边同色并带有猎笛徽记，紧身军装和皮带为白色，裹腿为黑色。军乐手穿撞色服装。被称为"卡宾枪兵连"的精英连戴红色肩章和熊皮帽；熊皮帽上没有帽牌，饰有红羽饰、白饰绳，红顶片上有白色十

共和国时代的步兵 43

边。紧身军服为深蓝色,皮带为白色。轻步兵戴绿色皮革头盔,1801年又改为筒帽。至1800年,轻步兵和战列步兵都装备了滑膛步枪。

国民卫队

国民卫队最初成立于1789年。1792年,其制服的颜色统一为王家蓝。国民卫队军服的红袖口和衣领有白色滚边,白翻领和燕尾翻边有红色滚边。燧发枪兵头戴饰有三色帽徽的双角帽,掷弹兵戴饰有三色帽徽、羽饰、白饰绳、黄铜牌的熊皮帽。

法军各猎兵营的制服区别
第1王家普罗旺斯猎兵营:红色衣领、袖口和袖口翻边。
第2王家多菲内猎兵营:仅袖口为红色。
第3王家科西嘉猎兵营:仅衣领、袖口翻边为红色。
第4科西嘉猎兵营:亮黄色衣领、袖口和袖口翻边。
第5坎塔布里亚猎兵营:仅袖口为亮黄色。
第6布列塔尼猎兵营:亮黄色衣领和袖口翻边。
第7奥弗涅猎兵营:粉色衣领、袖口和袖口翻边。
第8孚日猎兵营:仅袖口为粉色。
第9塞文猎兵营:粉色衣领和袖口翻边。
第10热沃当猎兵营:深红色衣领、袖口和袖口翻边。
第11阿登猎兵营:仅袖口为深红色。
第12鲁西永猎兵营:深红色衣领和袖口翻边。

▲ **第4轻步兵团猎兵中尉,1804年**
这名轻步兵军官戴着筒帽,衣服上有银色纽扣,蓝背心有白色滚边,裤子上有银色的匈牙利饰结,脚穿骠骑兵靴。他的衣领和袖口翻边为红色,而不是军队规定的蓝色。

◀ **轻骑兵军官,1796年** 1799年,轻骑兵是首批配备筒帽的部队之一,但他们的军官一般仍然戴双角帽。图中的军官戴着银色流苏肩章,穿骠骑兵靴。

字图案。其他连的士兵佩戴顶部有硬质黑马毛羽冠、包裹仿豹皮头巾的头盔。军帽左侧饰有黄铜猎笛徽记、所属连代表色的绒球以及三色帽徽,阅兵时佩戴尖端与贴边同色的白色羽饰。1791年又成立了2个轻步兵营:第13营(衣领、袖口和翻边均为白色)和第14营(仅有袖口为白色)。1793年3月成立的自由军和自由军团后改编为第15—21轻步兵营。1793年9月,轻步兵的绿色制服改为与战列步兵相同的深蓝色,搭配尖翻领、白滚边、黄纽扣、红衣领和袖口翻

共和国时代的骑兵

1789年革命后,各个骑兵团都流失了军官。但到1796年,法国骑兵已逐渐复苏并走上正途,龙骑兵和猎骑兵成了骑兵的骨干,直到帝国时期,胸甲骑兵和枪骑兵才打响名声。

卡宾枪骑兵

卡宾枪骑兵共有2个团,通常被编在同一个旅。他们由于装备短步枪,即卡宾枪而得名。起初,他们的深蓝色军服饰有红色的翻领、衣领、袖口和长燕尾折边,以及深蓝色的手榴弹标志和紧身短裤;1789年,短裤改成黄褐色。第1卡宾枪骑兵团的特征为深蓝色滚边的红色袖口翻边,第2卡宾枪骑兵团则是红色滚

1789年法军各龙骑兵团的制服区别

番号	外套	背心	贴边
第1兵种上将龙骑兵团	红色	蓝色、边缘为白色	蓝色
第2营帐上将龙骑兵团	红色	红色	白色
第3王家龙骑兵团	蓝色	红色	红色
第4国王龙骑兵团	蓝色	红色	白色
第5王后龙骑兵团	红色	蓝色	蓝色
第6多芬龙骑兵团	蓝色	蓝色	蓝色
第7奥尔良龙骑兵团	红色	蓝色	蓝色
第8博弗勒蒙龙骑兵团	红色	红色	黄色
第9舒瓦瑟尔龙骑兵团	红色	红色	深绿色
第10奥蒂尚龙骑兵团	红色	红色	浅绿色
第11费罗尼埃龙骑兵团	红色	红色	红色
第12弗拉马哈斯龙骑兵团	红色	红色	黑色
第13尼科莱龙骑兵团	红色	红色	浅蓝色
第14沙龙骑兵团	红色	红色	黄色
第15马尔伯夫龙骑兵团	红色	红色	红色
第16朗厄多克龙骑兵团	蓝色	蓝色	红色

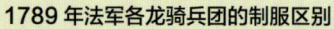

◀ **卡宾枪骑兵,1791年** 这名骑兵的制服是当时欧洲重骑兵流行的风格。法军共有2个卡宾枪骑兵团,沿袭自最初装备卡宾枪的骑兵部队。他们是战列骑兵中的高级单位,在战场上总是编在同一旅。

▶ **第1龙骑兵团军官,1792年** 龙骑兵,既可徒步作战,又能在马背上战斗,并且携带适合两种方式的装备和武器。早在1762年,他们的军帽就从常见的鸡冠帽改为优雅的希腊式头盔。每个龙骑兵团都有独特的军服,因而有许多制服不可避免与规范不符。

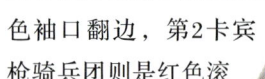

边的深蓝色袖口翻边。卡宾枪骑兵的肩章为深蓝色,饰有红色滚边。两角帽上饰有较宽的白边以及三色帽徽、白环结和有纽扣装饰的红羽饰。深黄色的紧身马裤配有白色的纽扣和皮带。直刃剑插在黑色剑鞘里。深蓝色的鞍具

上饰有白边和手榴弹标志。挽具是黑色的，配备了金属制的马嚼。

"骑兵团"与胸甲骑兵

1789年的近卫骑兵共有11个团：第1—7和第9—12团。仅有国王胸甲骑兵团（Cuirassier du Roi），即日后的第8团身披护甲（也就是胸甲）。1802年之前，都没有再组建过这样的团。

龙骑兵

1792年时，共有18个龙骑兵团。1793年又组建了第19—21团，第21团后于1798年解散。龙骑兵身穿绿色外套，头戴无檐的黄铜头盔，鸡冠状的尖顶上饰有黑马鬃、红羽饰和头巾。

猎骑兵

猎骑兵和骠骑兵在战术执行上毫无二致，在着装上也差别不大。他们装备着相同的武器，并承袭匈牙利骠骑兵的打扮，区别是猎骑兵不穿斗篷夹克和佩囊。即便是规模庞大如法军，也相当重视打造一支强劲的轻骑兵。

1779年，法军的名册上出现了最初的6个猎骑兵团。在大革命时期，他们身穿白色饰边的绿外套、多曼上衣和饰有徽章的步兵式头盔。头盔后来改为翼帽或高筒帽，而后者与装饰带同色，且配有与纽扣同色的饰边。深绿色和白色的骠骑兵式装束得到了保留（皮带是白色的），但去掉了斗篷夹克。他们的武器是黄铜柄的骠骑兵式弯刀、卡宾枪和2把手枪。

骠骑兵

虽说猎骑兵是轻骑兵兵种的杰出代表，但在1792年之前，法军还有6个骠骑兵团。那一年，王家的团号被正

1800年法军各猎骑兵团的制服区别

番号/成立年份	衣领	衣领滚边	袖口及边缘
第1猎骑兵团/1651年	猩红色	绿色	猩红色
第2猎骑兵团/1673年	绿色	猩红色	猩红色
第3猎骑兵团/1675年	猩红色	绿色	绿色
第4猎骑兵团/1675年	黄色	绿色	黄色
第5猎骑兵团/1676年	绿色	黄色	黄色
第6猎骑兵团/1676年	黄色	绿色	绿色
第7猎骑兵团/1747年	粉色	绿色	粉色
第8猎骑兵团/1749年	绿色	粉色	粉色
第9猎骑兵团/1757年	粉色	绿色	绿色
第10猎骑兵团/1758年	深红色	绿色	深红色
第11猎骑兵团/1762年	绿色	深红色	绿色
第12猎骑兵团/1769年	深红色	绿色	绿色
第13猎骑兵团/1793年	橘色	绿色	橘色
第14猎骑兵团/1793年	绿色	橘色	橘色
第15猎骑兵团/1793年	橘色	绿色	绿色
第16猎骑兵团/1793年	天蓝色	绿色	天蓝色
第17猎骑兵团/1793年成立，1795年解散后番号空缺			
第18猎骑兵团/1793年	天蓝色	绿色	绿色
第19猎骑兵团/1793年	橘色	绿色	橘色
第20猎骑兵团/1793年	绿色	橘色	橘色
第21猎骑兵团/1793年	橘色	绿色	橘色
第22猎骑兵团/1793年	暗橘色	绿色	暗橘色
第23猎骑兵团/1793年	绿色	暗橘色	暗橘色
第24猎骑兵团/1793年	暗橘色	绿色	绿色
第25猎骑兵团/1795年	茜草红	绿色	茜草红

▲ 第8骑兵团军官，1794年 1792—1802年，该团是法军唯一穿戴盔甲的骑兵团。他们直到1804年都佩戴双角帽，此后才改为钢盔。同年，装备护甲的骑兵团增至12个，尽管钢制胸甲的保护性能与装备护甲的初衷不太相符。

1792年法军各骠骑兵团的制服区别

番号 / 成立年份	多曼上衣	斗篷夹克	饰边	马裤	束腰带	高筒帽
第1贝尔谢尼骠骑兵团/1720年	天蓝色	天蓝色	白色	天蓝色	深红色和黄色	红色和黑色
第2尚博朗骠骑兵团/1735年	棕色	棕色	白色	天蓝色	深红色和天蓝色	天蓝色和黑色
第3埃斯特黑齐骠骑兵团/1764年	浅灰色	浅灰色	红色	浅灰色	深红色和白色	白色和黑色
第4萨克斯骠骑兵团*/1743年	绿色	绿色	黄色	红色	深红色和绿色	绿色
第5兵种上将骠骑兵团/1779年	深蓝色	红色	黄色	蓝色	深红色和黄色	黑色
第6洛赞骠骑兵团/1783年	天蓝色	白色	黄色	天蓝色	深红色和天蓝色	红色和黑色

* 表示该团在1793年有大量人员流亡国外,此后原第5、6骠骑兵团成为新的第4、5团。

式废除,但是此后在军营内部依然沿用了多年。

法国骠骑兵忠实地还原了匈牙利骑兵的装束,头戴翼帽或者高筒帽,身穿饰有穗带的多曼上衣和斗篷夹克,这两种服装的胸前均有18排纽扣和饰带。一些团的纽扣是每排5颗,另一些团(包括第2、4、5、9、10团)只有3颗。斗篷夹克比多曼上衣约长20厘米,冬天可以当夹克穿,但一般都用绳线固定,披挂在左肩上,以抵御马刀的劈砍。法国骠骑兵与匈牙利人一样,穿花哨的马裤、腰间捆着毛织饰带(根据底色不同,有深红、白色相间,或深红、黄色相间的配色)、脚踏短靴、晃荡着佩囊、装备弯刀。倒"V"字形的底色军衔标记在两个袖口:多曼上衣和斗篷夹克。

专业管理马匹的军士上臂衣袖饰有(方向朝下的)白色或黄色的马蹄铁标记。他们装备白色的皮带、黑色的挽具和金属制的马嚼。骠骑兵有一种独特的

◀ **第5骠骑兵团军官,1794年** 该团原为1783年成立的洛赞骠骑兵团,其番号直至1793年均为"第6团",在原第4骠骑兵团逃至国外后,后2个团的番号均前进了1位。欧洲的大部分军队都有骠骑兵,他们以勇猛突进和制服花哨而闻名。

▶ **第1骠骑兵团骑兵,1806年** 该团由贝尔谢尼的拉迪斯拉斯–伊尼亚斯伯爵(Comte Ladislas–Ingace de Barcheny)成立于1720年,制服为典型的匈牙利风格。1792年,该团开始装备红黑两色的高筒帽。流苏为深红色和黄色。在大革命和拿破仑战争时期,第1骠骑兵团在意大利北部作战,没有跟随拿破仑前往埃及。他们于1812年在西班牙作战,未参与滑铁卢之战。

共和国时代的骑兵 47

▲ 图为大革命初期的骠骑兵军官,他身上的制服很华丽。

在战场上,马裤外面还穿一条饰有纽扣的紧身军裤,军裤每边有18颗纽扣,通常与马裤的颜色相同,裤腿内侧和臀部周边饰有黑色皮革。靴子上嵌有钢制马刺,白色或黄色饰边的靴口正中间有裁剪,裁剪处饰有穗带。

在骠骑兵的佩囊上,象征王室的百合花和国王纹章被改成了头戴自由帽、饰有"R"和"F"字样圆盘的罗马刀斧手。军官的弹匣袋带有着金银的饰边和取弹装置,通常裹在红色的摩洛哥皮袋里,用军服的纽扣封住。

战马的马具按照传统的骠骑兵风格,颜色与多曼上衣相同,镶边的颜色则与上衣饰带相同。圆筒状的皮箱两头标有团番号。经常磨损的马鞍垫套由白绵羊皮制成,其镶边与贴边同色。在行军时,传统的蒙古木制马鞍能够良好地保护马匹的鬐甲。骠骑兵装备黄铜柄的弯刀、2把手枪和1杆M1786式卡宾枪。

骠骑兵团各自拥有方旗,日后则为鹰旗,但是旗帜并不带上战场。

发型:除了一条普通的辫子,两耳前还各有一条发辫(人们称之为"卡德内特")。他们还蓄着小胡子。传统高筒帽或无檐翼帽像是一个截断的圆桶,配有一条长布(法语称为"火焰")。长布镶边与贴边同色,长布或是缠在帽上,或是随风飘荡。

在军营中,骠骑兵会脱下硬筒军帽,换上一种名叫哨帽(bonnet de police)的软帽,其颜色与多曼上衣相同,并有与贴边同色的装饰。斗篷夹克有18排纽扣,每排各5颗,由白羊皮拼接起来,侧边饰有黑羔羊毛,斗篷一般披在左肩上。多曼上衣的颜色通常与斗篷一样,但也有例外情况。

匈牙利马裤的大腿开衩处有装饰性的绳结,裤腿两侧也有相似的饰边,并且绕过臀部连成一个圈。

◀ 第6猎骑兵团野战军官,1796年 图中人的装束体现了骠骑兵风格对猎骑兵的影响。他们的武器和骠骑兵完全相同,制服也非常相似。这名军官头戴高筒帽,彩带或缠在帽上(如图所示),或随风飘扬。

共和国时代的炮兵、工程兵和坑道工兵

炮兵在大革命的动荡时期受到的影响相对较小，很大程度上是因为炮兵部队贵族出身的军官不如骑兵部队的那么多。当其他部队由于贵族逃亡（或被处决）而一片混乱时，他们依然保持了战斗力。拿破仑本人就是一名炮兵，他在1799年掌权后，即着手将炮兵改造为法军中最强的队伍。工程兵原本是炮兵的一部分，在1793年组建了1个下辖12个坑道兵营、6个地雷兵连的工程兵军。法国工程兵无疑名声在外，是欧洲军队中的翘楚。

炮兵

法国的步炮兵身穿深蓝色军服，衣领和翻领有着红色滚边，袖口和燕尾翻边也是红色的，蓝色袖口翻边都有红色滚边，纽扣为黄色。1792年组建的骑乘炮兵身穿深蓝色的骠骑兵服，有红色饰边和黄色纽扣，头戴塔尔顿式头盔。

第1—5步炮兵团于1720年组建，第6团于1757年、第7团于1762年、第8团于1784年组建，第9团在1810年由以前的荷兰炮兵改编而成。骑乘炮兵出现得相对较晚，法军直到1792年才有。1795年时，已经有8个骑乘炮兵团。根据战术需要，这些团的连各自作战，经常分散在不同的前线。大炮和拖车都依照格里博瓦尔的体系，这一体系的实施推动了标准化，是一巨大的进步，1818年该体系被再次推行。1803年，火炮有了新的设计，然而事实证明新设计并不靠谱，许多法国炮兵连宁愿使用缴获的武器，主要是奥地利制造的。

炮兵辎重部队

这是负责运送大炮和弹药车的组织。起初，这些任务由被雇佣的市民负责，但效果不尽人意。1800年，辎重部队得以武装化，运输员也被并入军队。他们的硬筒军帽饰有白色菱形金属片、绑带、红绳和羽饰，单排扣灰色外套有浅蓝色贴边且镶有红边，灰色肩章有红色滚边，灰背心有红色饰带、白色纽扣，红色大腿结的灰马裤，搭配马靴。

工程兵和坑道工兵

1776年时的法军只有1个工程兵营，而到了1793年，工程兵部队已扩充为1个下辖12个坑道兵营、6个地雷兵连的军。他们的制服是深蓝色的，黑色衣领、翻领、袖口和袖口翻边有红色滚边，搭配红色的燕尾翻边、黄色纽扣，深蓝色紧身马裤、白色皮带，以及有红绳和羽饰装饰的高筒军帽。

最早的工程兵军官负责围

◀ **炮兵军官，1796年** 图中的这名军官属于步炮兵。拿破仑是炮兵军官出身，因此特别关照这一兵种，也善于在战场上发挥其作用。炮兵制服以实用的深蓝色为主，考虑到他们的作战环境充斥着火炮的黑烟和粉尘，这种实用性是非常必要的。

共和国时代的炮兵、工程兵和坑道工兵 49

▲ 1808年12月，拿破仑的炮兵辎重队运送货车穿过西班牙的瓜达拉马山。

侦察。坑道兵负责挖掘工作以及摧毁敌军的防御工事，有时还会指挥攻击被围困的炮台。

地雷兵负责掘沟，更准确地说是在城墙下方挖掘、放置炸药。在理想状态下，能让一整片城墙倒塌。在帝国时期的萨拉戈萨围城战中，他们赢得了经久不灭的名声。围城战初期，地雷兵是最容易被暴露在火力下的兵种，他们通常会被派发原始的坑道防护服。

架桥兵也是一支专业的武装部队，最初在1792年的斯特拉斯堡见于法军。他们知名的事迹是，1812年11月，于从莫斯科撤退的悲惨途中，在别列津纳河上搭建了浮桥。

城工事，建造或修理既存的防御工事，比如法国东部边境的一系列要塞。在法国大革命期间，他们发挥了重要的作用，特别是在1793年的美因茨和莫伯日（Maubeuge）战役。当革命武装转向攻势后，工程兵仍然不可或缺，尤其是在低地国家以及渡过美因河的多次尝试中。而在1796年的意大利，拿破仑的优秀工程兵则比较少。除了修建和摧毁要塞，工程兵还负责指导土垒工事和野外

◀ 骑乘炮兵炮手，1800年 骑乘炮兵经常随骑兵单位一同行动，但也不限于此。许多欧洲军队的骑乘炮兵都偏爱轻骑兵式的制服，这种风格也在图中士兵的制服上有所体现。毛皮高筒帽、小辫子、多曼上衣、饰边、马裤大腿部的匈牙利式饰结以及靴子都受到了骠骑兵的影响。

▶ 工程兵军官，1796年 工程兵是炮兵的重要分支，军官都精通数学和科学。培养一名工程兵军官需要花费多年，因此他们是珍贵的人才。工程兵的特征是，蓝色制服的衣领、袖口、袖口翻边是黑色的，这一与众不同的样式后来改为单排扣、黑色翻领的制服。

1798—1801 年的埃及远征军

1798年7月，一支法国军队在埃及登陆，旋即与作风狂野但作战效率不高的马穆鲁克军队发生交战。但在同年8月1日，法国海军遭遇了毁灭性打击，导致埃及与法国之间的正常通信被切断，远征军再也无法获得装备、武器和弹药的补给。拿破仑在登陆后不到1个月就打进了埃及，但此时许多士兵已经衣衫褴褛。由于当地盛产棉花，法军将其作为生产军服的原料。他们甚至征募当地人入伍，但当地人组成的海兵军团和马耳他军团很快陷入崩溃，其下属的单位被分编入各个半旅中。

1798-1801 年法国埃及军团各步兵团制服区别

番号	外套燕尾翻边	衣领	袖口	滚边	军帽羽饰
第 2 轻步兵团	浅绿色	深蓝色	深蓝色	白色	绿色
第 4 轻步兵团	浅绿色	暗棕色（深红色）*	暗棕色（深红色）	白色	白色和绿色
第 21 轻步兵团	天蓝色	黄色	黄色（燕尾翻边为红色）	白色	黄色和绿色
第 22 轻步兵团	天蓝色	栗色	栗色	白色	白色和绿色
第 9 战列步兵团	红色	绿色（蓝色）	绿色（白色）	绿色	红色
第 13 战列步兵团	棕色（深红色）	蓝色	暗棕色（深褐色）	白色	深蓝色
第 18 战列步兵团	红色（棕色）	暗棕色（猩红色）	黄色（蓝色）	黄色	黑色
第 25 战列步兵团	粉色	浅蓝色	浅蓝色	白色	白色和红色
第 32 战列步兵团	粉色（棕色）	深蓝色（红色）	深蓝色（橘色）	白色	白色和蓝色
第 61 战列步兵团	暗棕色（深红色）	橘色（蓝色）	橘色（蓝色）	黄色	黑色和白色
第 69 战列步兵团	棕色	红色	红色	白色	外白内黄
第 75 战列步兵团	红色	天蓝色	天蓝色	白色	外红色、内深蓝色
第 85 战列步兵团	暗棕色	红色	米黄色	白色	红色和黄色
第 88 战列步兵团	深红色（蓝紫色）	深蓝色（白饰环）	绿色（深蓝色）	白色	外蓝内黄

* 括号内为 1799 年 10 月后更改的配色。

法军征战意大利时穿的军服通常为深蓝色，只能通过纽扣上的番号区分各单位。

制服规范

1799年10月，克莱贝尔将军发布了新的制服规范。在此之前，法军的各个半旅自行设计制服，军队内的制服样式杂乱无章。由于缺乏标准以及原材料，各单位的军服颜色各异，相同颜色之间也存在色差。

远征埃及的法国步兵似乎不再戴双角帽。自1798年9月起，他们开始佩戴一种有檐黑色皮帽，帽边可以遮挡耳朵

◀ **骆驼兵军号手，1799年** 由于马匹在软软的沙地上行动不便，拿破仑下令组建了2个骑骆驼的中队，与步兵协同在沙漠中行动。与军号手的双角帽不同，骆驼兵的官兵佩戴饰有黄色菱形帽牌、左侧有白饰绳和羽饰的筒帽。北非白天炎热、夜间寒冷，因此，他们穿斗篷夹克和布尔努斯袍。该团可谓拿破仑军中最独特的单位，他们在埃及战役结束后解散。

1798—1801 年的埃及远征军 51

和脖子；通过帽顶的彩色羽饰可以区别各个单位。各个步兵团的装束配色参考本章的表格，步兵夹克的衣领、袖口和燕尾翻边与贴边同色。与步兵不同，法国骑兵和炮兵保留了原有的制服样式。

法军的骑兵部队包括第2、7（候补）骠骑兵团，第22猎骑兵团，第3、14、15、18和20龙骑兵团。

骆驼兵佩戴装饰有白色菱牌和饰绳的筒帽，身穿浅蓝色多曼上衣和马裤，其纽扣和饰边为白色，外搭一件有黑毛皮、白饰边和纽扣的斗篷夹克，最外面罩着白色的阿拉伯式布尔努斯袍。

科普特军团于1799年在埃及成立，士兵戴双角帽，穿浅绿色上衣，贴边与法国步兵类似，但衣领和滚边为黄色，纽扣和紧身制服为白色，皮带为黑色。1801年10月法军被英军逐出埃及后，当地成立的军团跟随法军返回了法国；骆驼兵被改编为宪兵，海兵军团改编为海军，向导部队后来编入帝国近卫军，其他部队则改编为东方猎骑兵（Chasseurs d`Orient）。

▼ 第18龙骑兵团下士，1800年　该团原为国王龙骑兵团，早在1796年就跟随拿破仑征战意大利。法军被困在埃及以后，布料和染料短缺，只能就地征用：制服的整齐划一成为奢侈。即便如此，图中士兵的制服也基本符合规范，只是针对埃及的炎热环境进行了些许改动。该团于1798年7月21日参与了金字塔战役，1799年又参与了失败的叙利亚远征。拿破仑离开埃及返回法国后，克莱贝尔将军于1799年9月25日组建了马穆鲁克部队，其兵源来自俘获于远征的叙利亚苏丹亲兵。

▲ 第4轻步兵团中士，1800年　该团跟随拿破仑征战意大利、远渡埃及以后，参与了埃尔阿里什会战（1799年2月14—20日）、塔博山会战（同年4月16日）以及失败的叙利亚远征。第4轻步兵团还参加了1800年的赫利奥波利斯之战、1801年的马雷奥提斯湖（Lake Mareotis）之战，以及同年3月21日法军在亚历山大的败仗。法军的蓝色军服不适合在埃及作战，因此有许多团改穿绿色、棕色、红色的制服。注意图中士兵不同寻常的皮帽。

▼ 第18龙骑兵团装备
1 标准的法国骑兵手枪，与当时的大部分手枪一样，在实战中作用有限。
2. 1777式步兵滑膛枪，固定枪管的3个黄铜环是其标识性特征。
3. 饰有龙图案的剑，这种重型兵器多用于突刺而非劈砍。

帝国近卫军

帝国近卫军组建于1804年，是拿破仑大军中最"年轻"的部队之一，它继承了组建于1789年6月20日的国民卫队（Garde de l'Assemblée Nationale）的遗产。1792年9月，国民卫队变成了宪兵掷弹兵（grenadiers de la gendarmerie），尔后于1795年6月改编为国民公会掷弹兵（grenadiers de la convention），1795年11月时改为督政府卫队（Garde du Directoire），其后又改编为执政卫队（Garde Consulaire）。1804—1815年，近卫军各团的等级是按其服役期划分的，即老近卫军、中近卫军以及青年近卫军。

老近卫军

掷弹兵团的熊皮帽上配有半圆形的铜牌，牌上有图案：手榴弹饰于"执政卫队"的字样上方，外侧包裹着月桂枝。当拿破仑于1804年12月加冕后，该团成为精英部队——这一称号有点名不副实——帝国近卫军的一员。1806年4月15日，第二支这样的兵团也得以组建，下辖2个营。1810年9月13日，荷兰王家近卫军成为第3近卫掷弹兵团。该部身着白色制服，配深红色装饰带与黄铜纽扣。第4团组建于1815年5月9日，但在9月份被解散，这支部队到底有没有完全建立起来是值得怀疑的。近卫军各部均佩戴饰有帝国雄鹰的黄铜纽扣。

其制服为深蓝色外套，配深蓝色衣领、白色翻领、袖口搭扣带、红色袖口与燕尾翻边（装饰着金色手榴弹图案）、红色吊穗肩章，腰系皮带，下身穿白色紧身半长裤。熊皮帽上有铜牌，牌上饰有头戴王冠的帝国雄鹰，两侧有手榴弹。帽上还有白色饰绳、红色羽饰、饰有黄色手榴弹的红色顶布、特殊的三色帽章（颜色从外至内为：白、红、蓝，中间有一戴冠雄鹰）。

猎兵的军服与掷弹兵一致，不同之处在于红绿色（红在上，绿在下）的羽饰、绿色肩章（吊穗为红色）以及缺少熊皮帽上的铜牌。

▼ **帝国近卫军掷弹兵军士，1812年** 帝国近卫军的掷弹兵团由身经百战的老兵组成，是拿破仑卫队中的精英。相对于战列步兵团中的掷弹兵，近卫掷弹兵所戴的熊皮帽更为坚固。这名军士的小臂处饰有金色的"V"形臂章。1812年，近卫掷弹兵参加了远征俄国的战役，损失惨重。

▼ **帝国近卫军掷弹兵的装备**
1. 掷弹兵军刀。
2. 近卫军步兵的背包，质量远好于战列步兵的背包。
3. 掷弹兵的弹药盒。
4. 近卫军的刺绣帽章。
5. 近卫军中尉的肩章。
6. 第1近卫掷弹兵团的袖口和纽扣细节。

帝国近卫军 53

◀ 近卫猎兵，1805年 图中的猎兵应属于轻步兵，但这套制服几乎没有体现出他的这一身份。注意羽饰底部是绿色的，剑带和肩章的吊穗均为红色。

与掷弹步兵大致相同。区别在于：他们的熊皮帽上没有铜牌，红色帽顶上饰有黄色的十字架，右肩有金色和红色的肩带，浅黄色长手套的手套口部分为白色，脚穿重骑兵靴。

猎骑兵。该部同样建立于1799年12月2日。猎骑兵制服为：深绿色多曼上衣，配深红色袖口、金色纽扣和饰带；有金色饰带的深绿色马裤；熊皮帽上配有红色帽袋、金色流苏、饰绳，下颚带饰片；深绿色和金色的腰带；深绿色佩囊，饰有彩色的帝国雄鹰，背景为顶戴王冠的貂皮大衣与六根交叉的骑枪。他们经常担任皇帝的护卫。

马穆鲁克。这支轻骑兵部队仅下辖1个中队，组建于1799年9月25日，兵源来自叙利亚禁卫军。其制服为稀有的土耳其服饰，曾多次改动，但这套军服似乎包括绿色或红色的土耳其帽、橙色头巾、马甲以及红色马裤。

精英宪兵团（LÉGION DE GENDARMERIE D'ÉLITE）。精英宪兵组建于1802年3月19日，解散于1814年4月23日。他们的制服与掷弹骑兵的大致相同，区别在于白色纽扣、熊皮帽红色的帽顶上的白色手榴弹图案（红色燕尾翻边上亦有同样的图案）、白色的下颚带饰片、白色羽饰、白色三叶纹、左肩肩带、黄色紧身半长裤、长手套、白色饰边的黄色皮带。

法令宪骑兵连（COMPAGNIE DE GENDARMES D'ORDONNANCE）。该部组建于1806年，解散于1807年。其制服为：配有菱形帽牌、下颚带饰片、白色羽饰与饰绳的沙科筒帽；深绿色束腰上衣，配白色纽扣，右肩有肩带；深绿色马裤有白色饰带；红色马甲有白色饰带和纽扣；配有黑色皮带。

▶ 掷弹骑兵，1812年 该部组建于1799年，当时是作为轻骑兵单位，尔后于1800年转为重骑兵单位。图中这位骑兵身着作战服。

近卫龙骑兵。该部组建于1806年4月，其制服包括：铜制龙骑兵盔，配红色羽饰、黑色马鬃盔冠、豹皮头巾以及下颚带饰片；深绿色束腰上衣有白色翻领、深绿色衣领、红色燕尾翻边、黄铜纽扣、金色单吊穗肩章、右肩肩带；白色皮带与紧身半长裤。

近卫枪骑兵。第1轻骑兵（Chevau-Légers）团——日后被称为第1枪骑兵团——由波兰人组成，建立于1807年3月2日，下辖4个中队。这支部队身穿波兰服饰：方顶帽（即恰普卡帽）与传统的石蓝色波兰束腰上衣（库尔特卡），配深红色装饰带、银色纽扣和饰带；银色肩带系于右肩；饰有红色双侧条纹的石蓝色马裤。恰普卡帽的顶

海军陆战队。1804年7月29日，近卫水兵（陆战队）营建立。其制服为：沙科筒帽，配橙色帽箍、饰绳、红色绒球、羽饰与铜制帽徽，帽徽上有戴冠雄鹰立在闪电上的图案，背景是在波涛中竖立着的锚；弹药盒和皮带上亦有相同图案的徽章；深蓝色的多曼上衣和长裤，配橙色镶边、饰带、饰有橙色穗带的深蓝色衣领、尖角状红色袖口、黄铜纽扣、红色底布的肩章；黑色皮带；黑色的铜制刀鞘；军官身穿长下摆的深蓝色海军制服，燕尾翻边上饰有金锚。

掷弹骑兵。这些骑马的掷弹兵部队组建于1799年12月2日，他们的制服

部为红色,配白色羽饰、金光闪耀的帽牌——中部为银制,饰有金色戴冠字母"N"。第2枪骑兵团组建于1810年9月13日,兵源来自荷兰王家近卫军的胸甲骑兵与骠骑兵,他们同样穿着波兰服装,但颜色为红色,配深蓝色装饰带、黄色纽扣和饰带。第3枪骑兵团组建于1812年7月5日,下辖2个中队。1812年10月19日,该部在斯洛尼姆被摧毁。其制服与第1团相似,不同处在于黄色的饰带和纽扣。

立陶宛鞑靼骑兵(TATARS LITHUANIENS)。1812年,一支仅有1个中队的鞑靼人部队在维尔纳(Vilna)组建。军帽由俄国羊皮制成,配绿色帽袋、金色流苏、黄色头巾以及黑色帽顶。军帽正面装饰着一轮指向上方的新月,有3颗星星位于新月上方。他们身穿红色短上衣和波蕾若式的黑色马甲,下身着蓝色的宽大灯笼裤,系黑色皮带。

荣誉卫队(GARDES D'HONNEUR)。该部组建于1813年4月3日,由4个团构成,每团下辖10个中队,在7月29日并入近卫军。他们头戴红色沙科筒帽,配白色顶箍、鹰牌以及下颏带饰片,身着绿色多曼上衣和斗篷夹克,配白色花边、纽扣、红色衣领、袖口与饰有白色穗带的马裤;黑色佩囊上饰有戴冠雄鹰。各团通过羽饰顶端的颜色来进行区分:第1团,红色;第2团,蓝色;第3团,黄色;第4团,白色。

轻炮兵部队(ARTILLERIE LÉGER)。该部组建于1799年12月2日,1806年4月时下辖6个连。这支部队在百日王朝期间曾被重新组建起来。他们身穿骠骑兵式的制服:毛皮帽或皮筒帽;深蓝色多曼上衣,配红色装饰带、黄色纽扣、白色皮带;军帽上有铜牌,牌上的交叉枪管上有戴冠的雄鹰。

步炮兵部队(ARTILLERIE À PIED)。步炮兵组建于1808年4月7日。其制服与近卫掷弹兵相似,不同处在于:步炮兵的熊皮帽顶部为黑色,饰绳和羽饰皆为红色,且没有帽牌。外套和紧身半长裤均为深蓝色,燕尾翻边、袖口、肩章和镶边为红色,衣领、翻领、袖口搭扣带为深蓝色,纽扣由黄铜制成,绑腿为黑色,皮带为白色。

▶ 第1掷弹兵团近卫军,1812年 近卫军是非常保守的,保留了扑粉的头发和发辫,这是战列步兵早已抛弃的。图中的掷弹兵身着阅兵礼服,头戴配有饰绳和羽饰的熊皮帽。近卫军各种装备的质量都远胜于战列步兵。

◀ 近卫掷弹兵团工兵,1810年 工兵的任务是,在行军纵队前方铲除障碍、搭筑桥梁等。他们时常身着图中的装备,暴露在敌方火力之下。显然,在置办近卫军制服时是不惜成本的,但这些钱是不是花在了刀刃上,则是另一回事。

辎重车队(TRAIN D'EQUIPAGE)。该部组建于1811年8月24日。沙科筒帽上饰有一只立在交叉炮管上的戴冠雄鹰,炮管下是一个长牌,牌中是包裹在月桂枝中的字母"N"。其制服与炮兵辎重队的相同。

辎重队主营(BATAILLON PRINCIPAL DU TRAIN)。该部组建于1800年9月8日。其制服为灰色,配深蓝色装饰带、红色镶边和白色纽扣。

工兵。其制服的特点为黄铜饰边的波兰钢盔,配下颏带饰片、羽冠、鹰牌、黑色盔冠以及红色羽饰。外套为深蓝色,配黑色衣领、翻领、袖口、袖口搭扣带——镶边均为红色；红色燕尾翻边配有黄色的手榴弹图案；纽扣为黄色，下身深蓝色紧身半长裤，系白皮带。工兵团组建于1808年。其制服为深蓝色，配黑色装饰带与黄色纽扣。

行政工兵（OUVRIERS D'ADMINISTRATION）。该部组建于1806年4月15日。他们除了头戴双角帽外，制服与炮兵相同。

中近卫军

燧发掷弹兵（FUSILIERS-GRENADIERS）。该部组建于1806年9月19日。其制服与第1掷弹兵团相似，区别在于燧发掷弹兵的沙科筒帽有白色的侧撑条（side struts）和饰绳，搭配红色羽饰、黄铜鹰牌。外套饰有红色的肩章带，带上有两条白纹，吊穗为白色。燕尾长翻边的边角处为白色，饰有戴冠雄鹰。

燧发猎兵（FUSILIERS-CHASSEURS）。该部组建于1806年12月15日。其制服与近卫猎兵相似，区别在于：燧发猎兵的沙科筒帽有白色侧撑条、黄铜鹰牌、饰绳，顶端为红色的绿色羽饰。外套饰有绿色肩章带，肩章上装饰着红色新月和吊穗，红色燕尾长翻边上配有白色的戴冠雄鹰。

佛罗伦萨轻装兵营（BATTALION OF VÉLITES OF FLORENCE）。该部与都灵轻装兵营一同组建于1809年3月，他们身着燧发掷弹兵的制服。

青年近卫军

狙击猎兵。该部组建于1809年1月，1810年12月30日，他们被改编为第1、第2腾跃兵团。其制服与狙击掷弹兵相似，不同处在于，他们沙科筒帽的白色饰绳、绿色绒球、红色镶边的绿色肩章，绿色鹰徽以及燕尾翻边上的猎号。

征召掷弹兵。1811年2月10日，征召掷弹兵改编为第3、第4狙击掷弹兵团。其制服为：沙科筒帽与燧发掷弹兵的相似，但有红色的饰绳；深蓝色束腰短上衣，配深蓝色衣领、白色镶边的翻领、红色镶边的肩章、红色袖口、白色袖口搭扣带、白色燕尾翻边有红色镶边和鹰徽；黄色纽扣、白色皮带以及紧身半长裤。

狙击兵，字面意思为"散兵"。该部组建于1810年9月至1814年间，由19个团和1个兵站构成。制服见上文的狙击掷弹兵。

腾跃兵，字面意思为"跳跃者"或"跳马者"。该部组建于1810年12月至1814年间，下辖19个团。制服见上文的狙击猎兵。

侧卫掷弹兵。该部组建于1811年9月4日。制服配有白色侧撑条、红色饰绳、黄色梨形绒球（尖端为红色）；搭配的斯潘塞上衣有绿色衣领、翻领和肩章；红色袖口有黄色饰边；红色燕尾翻边，配黄色镶边和白色鹰徽；皮带和紧身半长裤均为白色。

侧卫猎兵。该部组建于1811年9月4日，制服与侧卫掷弹兵的相似，区别在于白色的沙科筒帽饰绳、黄绿色绒球、绿色袖口和燕尾翻边的绿色猎角图案。

步炮兵。该部组建于1809年6月。除沙科筒帽外，其制服与近卫军炮兵的一致。

骑乘炮兵。该部组建于1813年末。除沙科筒帽外，其制服与近卫军炮兵的一致。

炮兵辎重队。该部组建于1808年。其制服与老近卫军炮兵的相似，不同处在于他们戴沙科筒帽，而老近卫军炮兵戴熊皮帽。

▼ 狙击猎兵军士，1809年 与老近卫军相比，青年近卫军的制服更像战列步兵，但他们仍佩戴着令人羡慕的华丽纽扣，拿着高于战列步兵的军饷。制服上有尖角状袖口的那些团，"V"形臂章代替了简朴的饰条。

▶ 帝国近卫军燧发掷弹兵营长，1812年 近卫军于1812年向俄国进发。从沙科筒帽上的刺绣以及肩章可以看出这位军官的军衔。

帝国的战列步兵和轻步兵

拿破仑大军团的核心形成于1803年。随后，带有王党色彩的"团"（régiment）被恢复，取代了共和特色的"半旅"——仅在随后指代一些临时编制。法国彼时只有90个步兵团，其中大多数下辖3个营。1804年时，每营都被要求将下辖的1个燧发枪兵连改编为腾跃兵连，使得法军的轻步兵部队得到了扩张。

战列步兵

根据1806年4月25日的敕令，拿破仑重新为战列步兵引入了白色外套，但当时仅有11个团收到了新的制服。他们是第3团、第4团、第8团（深绿色装饰带）、第14团、第15团（黑色装饰带）、第17团、第18团、第19团、第21团、第22团以及第33团（红色装饰带）。1807年5月，军队再次配发深蓝色的束腰上衣。在帝国早期，战列步兵团中的掷弹兵通常头戴配有铜牌的熊皮帽，铜牌有多种：饰有手榴弹徽章与部队番号的，仅饰有手榴弹徽章的，仅饰有团番号的，无任何装饰的。

彼时的沙科筒帽牌应是菱形铜牌，并且饰有戴冠的帝国雄鹰与团番号（前者在上，后者在下），帽牌的装饰也有许多种。1812年，有戴冠雄鹰立在标有团番号的半圆形希腊盾牌上的很华丽的帽牌被引入军中。各连的一部分帽牌是没有装饰物的，而另一部分则根据佩戴者的身份配有不同装饰，例如：一些掷弹兵连的帽牌上有装饰着手榴弹的盾牌，腾跃兵连是猎角，中央连则是狮头。

帽牌的其他装饰包括：旭日与中下部的戴冠雄鹰，或是戴冠字母"N"；位于矩形饰板中的戴冠雄鹰与闪电；矩形饰板中的戴冠雄鹰与团番号或部队简称。帽牌还有八边形和五边形的。三色帽章佩戴在帽牌上方，延伸至沙科筒帽顶部。代表所属连部的绒球则饰于帽章上。掷弹兵逐渐放弃了昂贵的熊皮帽，转而戴起了配有红色帽箍以及侧撑条的沙科筒帽。红色绒球和羽饰置于帽章上。腾跃兵沙科筒帽的顶部、底部以及侧部均有饰边，黄色或绿色的绒球与绿色尖端的黄色羽饰亦是装饰。燧发枪兵的绒球的颜色为：第1连，黄色；第2连，天蓝色；第3连，橙色；第4连，紫色。第1营的绒球皆为纯色，第2营以及其他各营的绒球的中部或边缘为白色。

1812年，斯潘塞上衣被引入军中。红色闭合式衣领的正面与上部配有白色镶边，白色翻领与燕尾翻边则

◀ **第22战列步兵团腾跃兵，1807年** 1806年，第22战列步兵团是法国军方选定的重新引入白色军服的试点部队之一。腾跃兵连的制服特点在于浅黄色的衣领，绿色与黄色的羽饰，肩章以及剑带。

▲ **第94战列步兵团工兵，1807年** 似乎团部指挥官对工兵和乐手的制服拥有相当大的控制权。在一些兵团中，工兵的两条袖子上会饰有交叉着的军斧，弹药带上也有各种铜制徽章。

有红色镶边，红色袖口与蓝色的袖口搭扣带也装饰着白色镶边。掷弹兵佩戴着红色的吊穗肩章，腾跃兵的制服上有黄色衣领和饰有黄色新月的绿色肩章。燧发枪兵身穿深蓝色制服，佩戴红色镶边的肩章（尾端有三叉线装饰）。燕尾翻边的四个边角处饰有连部的徽章：掷弹兵，红色手榴弹；腾跃兵，绿色猎角；燧发枪兵，戴冠字母"N"或蓝色五角星。黄铜纽扣上标有位于圆环内的团部番号。垂直下摆的口袋翻盖也饰有红色镶边。紧身半长裤和皮带为白色。

轻步兵

与战列步兵一样，轻步兵的沙科筒帽牌——通常是锡制——也存在多样化的装饰。菱形帽牌的装饰样式包括：立于猎角上的雄鹰，团番号在猎角的中央；雄鹰抓住猎角，位于团番号上方；猎角位于团番号上方（或为浮饰，或为镂空）；无装饰的猎角将镂空的团番号围在其中，或是完全没有番号。轻步兵中的卡宾枪兵就相当于战列步兵中的掷弹兵，他们的制服同样有手榴弹图案，帽牌上的1812年式的鹰徽与希腊盾牌也有多种样式。下颔带饰片为锡制，下颔带圆扣上饰有猎角。他们身穿1812年式的深蓝色外套，配深蓝色翻领、白色镶边的尖角状袖口和燕尾翻边。一些团似乎保留了旧式的方形袖口和有白色镶边的红色搭扣带。

卡宾枪兵也和战列步兵中的掷弹兵一样佩戴红色徽章。腾跃兵制服上有黄色衣领、绿色与黄色的肩章，燕尾翻边上饰有黄色号角，沙科筒帽的装饰则与战列步兵中的腾跃兵一致。猎兵连的绒球与战列步兵相同。青灰色的袖口上装饰着猎角，猎角里有个标注了团番号的环。紧身半长裤为深蓝色，皮带为白色，黑色短绑腿上配有红色、黄色或白色的饰边与流苏，颜色样式根据各连有所差异。

▼ **军官的肩章** 肩章（与各团的纽扣同色）是体现军官地位的徽章。法国是最早设计肩章体系——能规定并展现肩章佩戴者的具体军衔——的国家之一。

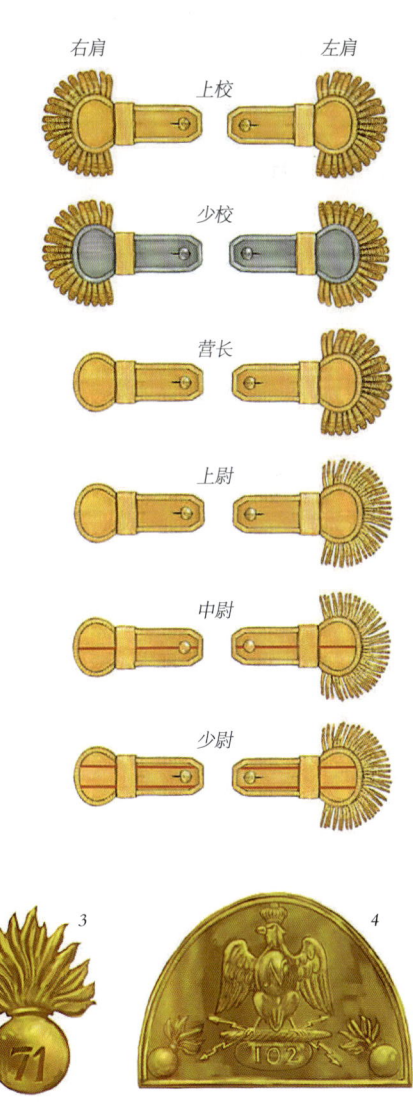

右肩　　　左肩
上校
少校
营长
上尉
中尉
少尉

◀ **第16轻步兵团鼓乐长，1807年** 一些鼓乐长的着装比第16团的普通士兵光鲜亮丽。此外，巨大的三色羽饰和宽大的刺绣腰带在军中也比较少见。

▲ **帝国时期的掷弹兵帽牌** 从这些法军帽牌可以看出，许多团部指挥官忽视了部队的军服规章，而采用了自己的装扮样式。1.未知团，铜制；2.第42战列步兵团，黄铜制；3.第71战列步兵团，黄铜制；4.第102战列步兵团，黄铜制。

帝国的卡宾枪骑兵和胸甲骑兵

在革命纷乱中,2个卡宾枪骑兵团幸存了下来,并在帝国时期成为拿破仑的精英重骑兵单位。与此同时,原有的各"骑兵"团被改组成了披挂甲胄的胸甲骑兵,装备有铁制头盔以及第8胸甲骑兵团制式的胸甲(这种胸甲是将官所用的)。在拿破仑看来,这些"包铁"

番号	建团时间	衣领与翻边	衣袖	袖舌	口袋开口方向(水平或垂直)
1	1657	红色	红色	红色	水平
2	1635	红色	红色	蓝色	水平
3	1654	红色	蓝色	红色	水平
4	1643	橙色	橙色	橙色	垂直
5	1653	橙色	橙色	蓝色	垂直
6	1635	橙色	蓝色	橙色	垂直
7	1657	黄色	黄色	黄色	水平
8	1638	黄色	黄色	蓝色	水平
9	1665	黄色	蓝色	黄色	水平
10	1643	粉色	粉色	粉色	垂直
11	1652	粉色	粉色	蓝色	垂直
12	1668	粉色	蓝色	粉色	垂直

1812年胸甲骑兵各团特征(新团建立前)

◀ **第1卡宾枪骑兵团上尉,1809年** 卡宾枪骑兵活跃于拿破仑的各大战役,如奥斯特里茨、耶拿、艾劳、弗里德兰、艾克米尔、瓦格拉姆、博罗季诺战役。百日王朝期间,卡宾枪骑兵的2个团都遭到重创。如图所示的这套卡宾枪骑兵制服最为人知,在1809年瓦格拉姆会战后,这套制服被列装到了部队。图中出现了黄铜头盔,但上尉未穿镀铜的铁制胸甲。

兵种是他在正面战场上的一记重拳,而不是执行侦察、放哨——这些勤务有轻骑兵们做。在艾劳会战中便是如此:重骑兵部队参与了法军后备骑兵对俄军中央阵线的冲锋,借此一战,他们声名远扬。此番情况并非个例,还在博罗季诺会战、1815年四臂村会战以及滑铁卢会战中反复上演。在滑铁卢会战中,内伊元帅尽管身先士卒、亲临火线,但他将重骑兵掷向联军方阵是个错误。

卡宾枪骑兵

帝国时期,卡宾枪骑兵仍保留了老式制服;直到1808年,制服翻边上的深蓝色掷弹徽记才被换成白色样式的。卡宾枪骑兵佩戴红色肩章,皮带有黄色白边。1801年前,两角帽是其制式军帽,之后换成熊皮帽。卡宾枪骑兵的熊皮帽有32厘米(12.5英寸)高,不过后来被非正式地扩至35厘米(13.5英寸);帽顶为红色且饰有白色十字的图案;帽用羽饰在左侧。

不过,如何戴牢熊皮帽是个问题。此前,卡宾枪骑兵们将颏带卡在猪尾辫下,借此稳定帽子。从1808年开始,卡宾枪骑兵们的头发被规定要剪短,于是这种办法便失效了。在1809年战役的早期阶段中,卡宾枪骑兵有数人头部受伤,原来是熊皮帽没戴牢。1809年9月,拿破仑下令,以胸甲骑兵为样板武装卡宾枪骑兵。此后,卡宾枪骑兵引入了头盔、胸甲。新式头盔和冠立为铜制,盔冠为红色;盔的前后皆有帽檐,配备有铁制鳞状颏带;盔正面有饰牌。至于胸甲,其本体为铁制,不过表面镀了一层薄铜。

与此同时,制服也得到了更新换代。新制服为白色单排扣紧身上衣,其领子和翻边为天蓝色。2个卡宾枪骑兵团通过袖口、袖舌来区分彼此:第1团

1812年胸甲骑兵各团特征（新团建立后）

番号	建团时间	衣领与翻边	衣袖	袖舌	口袋开口方向（水平或垂直）
1	1657	红色	红色	红色	水平
2	1635	红色	红色	蓝色	水平
3	1654	红色	蓝色	红色	水平
4	1643	橙色	橙色	橙色	垂直
5	1653	橙色	橙色	蓝色	垂直
6	1635	橙色	蓝色	橙色	垂直
7	1657	黄色	黄色	黄色	水平
8	1638	黄色	黄色	蓝色	水平
9	1665	黄色	蓝色	黄色	水平
10	1643	粉色	粉色	粉色	垂直
11	1652	粉色	粉色	蓝色	垂直
12	1668	粉色	蓝色	粉色	垂直
13	1808	淡紫色	淡紫色	淡紫色	未考知
14	1810	淡紫色	淡紫色	蓝色	未考知

伊派出胸甲骑兵对联军方阵进行自损式攻击时，克勒曼将军极力保全这支部队作为后备部队。最终，卡宾枪骑兵们不得不直面命运，上前作战。在这场徒劳的骑兵冲锋中，他们是最后出场的部队。

胸甲骑兵

1802年开始，各重骑兵团开始列装铁制胸甲。到1804年，有12个团列装了胸甲；当年，老式两角帽也被新式精致铁盔取代。这种铁盔的帽檐镀有铜边，铜边以上部分包有黑色绒布；其冠立为铜制，冠饰呈流苏状黑色马尾的样式；铜的袖口为红色，袖舌为白色，搭配天蓝色镶边；第2团的袖口呈天蓝色，袖舌为天蓝色，搭配白色镶边。衣物的四处翻边、方形皮带扣以及弹药袋上有白色掷弹徽记。除此之外，腿部配有白色马裤或白色带扣的皮绑腿。

1812年，卡宾枪骑兵中的号手制服样式，出现撞色设计，其盔冠则为天蓝色，且无躯干护甲。从1813年开始，号手的盔冠换成了红色样式；制服则变为深绿色紧身上衣，该服装的领子和翻边呈天蓝色，袖口设计则取决于所属单位，此外，袖部、胸部、贴边装饰了侍臣式穗饰。

毫无疑问，卡宾枪骑兵部队是精英单位，并且也得到了相应待遇。在滑铁卢会战中，当内

▼ 在1815年6月16日的四臂村会战中，法军胸甲骑兵对英军第42工家高地团的方阵发起了冲击。

▶ 第10胸甲骑兵团军官，1809年
胸甲骑兵的坐骑是所有骑兵团中体型最大的，通常为黑色或棕红色。1812年后，马匹陷入短缺。图中军官的马鞍实际上有粉色贴边。第10胸甲骑兵团曾在乌尔姆、奥斯特里茨、耶拿、艾劳、艾克米尔和瓦格拉姆战役获得荣耀。

制颏带确保了佩戴的牢靠性；盔用羽饰为红色，佩戴在左侧。每个团都有专属规定，因而各团有很多不同。各团制服贴边颜色已在表中列出（所有团的纽扣都为白色）。胸甲骑兵都戴有流苏的红色肩章，且制服翻边处有深蓝色的掷弹徽记（尽管徽记并非官方要求）；兵种的制式大衣呈深蓝色，纽扣呈白色，翻边处也有掷弹徽记；马裤和皮带统一为白色。

1809年，一种深蓝色单排扣夹克被引入胸甲骑兵的制服体系。这种夹克有10颗扣子，衣领、袖口、翻边、袋盖上

▲ **重骑兵马具，1812年** 图为典型的整套重骑兵马具：英式马鞍、短方鞍布、羊毛鞍皮。此外，后鞦确保鞍具能够保持在所需的位置。

▲ **燧发机** 图中的燧发机正处于半击发的状态。彼时，欧陆各国几乎使用与之同样的装置。如要开火，首先得把击铁拉至全击发状态，接着扣动扳机，击铁就会向前弹去，带动燧石撞击药池火帽并使后者打开；与此同时，撞击产生的火花会溅入药池，点燃火药。

▶ **第14胸甲骑兵团号手，1812年** 这时，皇家侍臣制服被引入，取代了乐手们穿的传统外套。号手的特征是，他们有白色的冠饰和肩章，而且不穿胸甲。第14胸甲骑兵团由荷兰人组成。

均有镶边。1812年，这种夹克被另一种下摆更短的夹克取代。作战时，皮制马裤外头还会再穿一层皮绑腿，大多数皮裤、皮绑腿都是灰色的。号手的马尾冠饰总体呈白色，盔用羽饰一般呈多色。号手穿撞色制服直到1812年，后换为有穗饰的深绿色制服。某些团部指挥官试图确保号手的坐骑为灰色马匹，这在1812年战役后马匹短缺的情况下实为奢望。马具呈深蓝色，贴边颜色和制服的

◀ **司马军士，1812年** 所有司马军士制服的上臂处，都有一个白色的马蹄徽记。司马军士在骑兵团中扮演了重要角色。图中这位军士戴着白色宽口皮制手套，佩有一把长直马刀（欧陆披甲重骑兵的典型武器）。

贴边一样，但其后角有一个掷弹徽记，矩形鞍包的两端上印着团番号。帝国时期，又有2个胸甲骑兵团得以建立：第13团由驻西班牙的后备部队整编而来，据说，这个团有些官兵穿的是棕色风衣；第14团则是由某支荷兰胸甲骑兵单位改编而来的——该团建立时，尼德兰正被宗主法国吞并。胸甲骑兵有一把长而直的重骑兵马刀，一把骑枪（比步枪略短，方便装填）以及一对手枪。

胸甲的有效性多有争议。躯体护甲在精准的步枪火力面前效果明显不佳，但在近身肉搏时又能提供一些好处。

帝国时期的龙骑兵和枪骑兵

历史上，龙骑兵曾为一种骑马步兵；换言之，他们骑马进入战场，徒步作战。1803、1805和1806年，拿破仑手上曾有几个龙骑兵团是作为步兵服役的。①而枪骑兵诸团的建立则是得益于一场会战：在1811年5月16日的阿尔武埃拉会战中，维斯瓦河军团的枪骑兵发动的冲锋对敌军造成了惊人的杀伤力。

龙骑兵

1804年，独特样式的头盔被引入龙骑兵部队。头盔整体为铜制，配有颊带；其冠立高耸，顶部有流苏状黑色马尾冠饰；帽檐以上的盔面部分覆有绒皮。每个团都自有规定，因而制服方面常与官方有出入。阅兵时，羽饰会佩戴在盔面左侧。1807年，各团羽饰颜色如下。

全红的有第1、2、9、17、22、30团，红、白、红相间的有第3团，全白的为第4、5、8、11、16、17、19、21、23、24、28、29团，红、绿相间的是第7、8、12、13团，深红的是第10团，红、白相间的是第12、18团，绿色且顶部与贴边同色的有第1、2、6、19、20、25团。

其中，不少团有多种羽饰颜色，这是因为很多团的上校不顾全军条例，自作主张。早在革命时期，各龙骑兵团的贴边颜色就被确定，并沿用了下来。1804—1812年，龙骑兵的紧身上衣较过去更为贴合修身，下摆也短了很多。1810年，这种上衣的翻边被改动得超过了衣体的下摆，并且上面装饰有白色或绿色的掷弹徽记。号手此前穿撞色制服，1812年后改为饰有侍臣穗饰的深绿色。团属工兵则戴着精英连队的熊皮帽及对应的装饰。龙骑兵的鞍具与制式大衣颜色一样，是重骑兵式的，边缘与贴边同色；部队番号印在鞍布后角以及方鞍包两端。后来，鞍布上的番号被掷弹徽记取代。

◀ **第16龙骑兵团下士，1800—1809年** 图中下士穿着步行勤务装，步枪上了刺刀。但是，脚上的马靴为徒步作战带来许多不便。尽管将徒步龙骑兵作为步兵作战的做法日渐稀少，但龙骑兵还是会携带步兵步枪，仍可以作为步兵作战。

▶ **第2龙骑兵团司马军士，1804年** 司马军士也穿着步行勤务装，手扛步枪。注意，他将杂役帽卷起来夹在了弹药袋下面。灰色纽扣上刻有一个法式环，上面有"2"的字眼；除此之外，龙骑兵的白色纽扣上也有部队番号。

① 译注：即"步行龙骑兵"，建立于1803年，是拿破仑筹划远征英国时诞生的。拿破仑原本打算在入侵英国后再征收马匹，然后将马分配给这支部队，届时他们将正式作为龙骑兵作战。由于奥地利宣战，仓促间还来不及分配马匹，"步行龙骑兵"便加入了1805年和1806年的战局。最终，这个编制被解散。

▶ **枪骑兵的装备**
1.枪骑兵军官的佩剑带，骠骑兵的则有传统纹饰，且有额外的鞍袋用固定带。
2和4是不同视角的头盔，3只是头盔的冠立部分。

▼ **第1枪骑兵团列兵，1812年前** 1811年6月，第1龙骑兵团被改编为第1枪骑兵团。他们以重骑兵阵型执行轻骑兵的任务，并经常和胸甲骑兵编入同一个旅。由于波兰枪骑兵在西班牙的成功，法军也建立了自己的枪骑兵部队。无论是对付队形整齐的步兵，还是对付队形崩溃的步兵，长矛都能取得巨大的作用。传说燕尾矛旗可以吓唬或威慑敌人的马匹，旗子一般都是红白相间的。图中的枪骑兵穿着野战装，马上有干草网和燕麦袋。他还携带了卡宾枪。

持枪轻骑兵①

枪骑兵第1—6团是由第1、3、8、9、10、29龙骑兵团改编而来。枪骑兵也装备了铜制头盔，且前后都有帽檐。盔顶冠立也由铜制成，正面刻着美杜莎的头被刺在交叉长矛上的图案，黑色的羽冠呈毛虫状。士兵的盔面上蒙有棕色绒皮，且不会覆盖到帽檐上；军官的盔面及帽檐则用豹皮覆盖。枪骑兵的制服为中绿色，衣袖呈尖状，但无袖舌，衣领、翻领、衣袖、翻边以及袋盖有贴边。6个（常规）枪骑兵团并没有接纳波兰风格的恰普卡帽和库尔特尔衣作为制服。各团贴边颜色如下：第1团，大红色；第2团，橙色；第3团，粉色；第4团，深红色；第5团，天蓝色；第6团，茜草红色。

1811年，另外3个枪骑兵团（第7、8、9团）建立。他们的军服为深蓝色，这可能是保留了他们的波兰风格。此3团的贴边颜色均为黄色。值得一提的是第9团的制服：帽子为红色的恰普卡帽，配有顶端为黄色的绿色羽毛；

① 译注：原文为法语"Cheveau-Légers Lanciers"，这是法军对枪骑兵的正式称呼。

1805年龙骑兵各团特征（新团建立前）

番号	建团时间	翻领与翻边	衣领	衣袖	袖舌	口袋开口方向（水平或垂直）
1*	1656	大红色	大红	大红色	大红色	水平
2	1635	大红色	绿色	大红色	绿色	水平
3*	1649	大红色	大红	绿色	大红色	水平
4	1667	大红色	大红	大红色	大红色	不明
5	1668	大红色	绿色	大红色	绿色	垂直
6	1673	大红色	大红	绿色	大红色	不明
7	1673	绯红色	绯红	绯红色	绯红色	水平
8*	1674	绯红色	绿色	绯红色	绿色	水平
9*	1673	绯红色	绯红	绿色	绯红色	不明
10*	1674	绯红色	绯红	绯红	绯红色	垂直
11	1674	绯红色	绿色	绯红	绿色	垂直
12	1675	绯红色	绯红	绿色	绯红色	垂直
13	1676	粉色	粉色	粉色	粉色	水平
14	1672	粉色	绿色	粉色	绿色	水平
15	1688	粉色	粉色	粉色	粉色	水平
16	1718	粉色	粉色	粉色	粉色	垂直
17	1743	粉色	绿色	粉色	绿色	垂直
18	1744	粉色	粉色	粉色	粉色	垂直
19	1793	黄色	黄色	黄色	黄色	水平
20	1793	黄色	绿色	黄色	绿色	水平
21	1793	该团于1798年解散				
21	1801	黄色	黄色	绿色	黄色	水平
22	1635	黄色	黄色	黄色	黄色	垂直
23	1671	黄色	绿色	黄色	绿色	垂直
24	1671	黄色	黄色	绿色	黄色	垂直
25	1665	橙色	橙色	橙色	橙色	水平
26	1671	橙色	橙色	橙色	橙色	水平
27	1674	橙色	橙色	绿色	橙色	水平
28+	1802	橙色	橙色	橙色	橙色	垂直
29+*	1802	橙色	绿色	橙色	绿色	垂直
30+	1802	橙色	橙色	绿色	橙色	垂直

*1811年6月改编为枪骑兵团
+1802年由第7候补、第11和第12骠骑兵团组建而成

红色紧身上衣有黄色贴边、白色纽扣。1811年6月18日，维斯瓦河军团的第1、2枪骑兵团被改编为法军第7、8枪骑兵，第9团则在同一天由第31猎骑兵团和汉诺威军团的某骑兵单位改编。

在1811年5月16日的阿尔武埃拉战役中，维斯瓦军团第1枪骑兵团重创了英军步兵旅，英军第2师的科尔伯恩旅不到几分钟便溃不成军。这促使拿破仑决定将枪骑兵引入法军。战斗时，枪骑兵队列只有第1列会装备长矛，第2列只会装备卡宾枪和马刀。

▲ 第8枪骑兵团基层军官，1812年 2个波兰团改编后依旧穿着深蓝色的波兰军服，上衣燕尾的裁剪极具特色，佩戴法式两角帽。军官的军衔通过肩章以及裤面膝上、袖口的条纹显示。

◀ 枪骑兵的装备
1. 军官的弹药袋及其带子，带子上的条纹为所属部队的贴边颜色，镶边与纽扣同色。
2. 列兵的弹药袋及其带子。

帝国猎骑兵

此时,以骠骑兵风格著称的浪漫风潮开始衰退,但两支轻骑兵武装的基本组成与战术职能却维持不变。他们有巡逻、侦察、阻挡、追击与后卫的义务。1805年,沙科筒帽被引入部队。帽子上嵌有三色帽徽、团章、纽扣。军帽正面饰有各种样式的帽牌,包括:一个希腊盾牌上装饰着1812之鹰,数字被镶嵌其中,更早的时候则是简单的菱形,团属号码上刻有鹰和猎角。在阅兵或其他仪式时,白色的颌带上会加白色饰带绳。深绿色的羽饰顶端通常都有所属团的代表色。

杂役帽是深绿色的,镶边与贴边同色,上有白色的流苏,前沿嵌有白色猎角或团属番号。这些帽子通常是团里的裁缝用旧的多曼上衣或斗篷夹克制作而成。轻骑兵的多曼上衣在1805年被深绿色、束腰的对襟军服取代,但1808年时还是能零星看到。束腰的对襟军服翻领与大衣同色,滚边与贴边同色。衣领、尖状袖口和翻领都与贴边同色,翻领和涡卷装饰上有白色猎角。1812年,长式军服被同样颜色的单排扣斯潘塞上衣给取代。精英连头戴毛皮高筒帽,搭配与贴边同色的囊、红色羽饰和带穗的肩章。

军官在战场上用红色的摩洛哥皮套来保护昂贵的涡卷形子弹带,边缘用团属纽扣固定。1812年的贴边颜色都在表格中列了出来。所有翻领和军大衣都是深绿色,纽扣和花边是白色。猎骑兵团穿着与贴边同色的有白色穗带的马甲。深绿色的罩衫边缘条纹与贴边同色,上有14颗青灰色纽扣。猎骑兵保留了木制的博克鞍和骠骑兵风格的

◀ **第13猎骑兵团军官,1809年** 这个军官穿的花式服装(tenue de fantasie)或者外出服,在许多场合都适用。他头戴休闲杂役帽,比沙科筒帽更加舒适,虽然双角帽更受欢迎。但作为规定,猎骑兵军官并不戴肩章,他们的军阶由袖口上的山形袖章来表示。

▼ **猎骑兵装备**
1. 标准的法军骑兵手枪。
2. 轻骑兵马刀及其铁制刀鞘。
3. 猎骑兵团中央连戴的沙科筒帽,上有阅兵时使用的红色和绿色羽饰以及附加的饰带绳。
4. 青铜制马刀刀柄的细节。
5. 骠骑兵和其他轻骑兵团使用的博克鞍,由桦木制成。

1811年帝国猎骑兵各团的区别

番号	建团时间	衣领颜色	衣领滚边颜色	袖口花边颜色	番号	建团时间	衣领颜色	衣领滚边颜色	袖口花边颜色
1	1651	鲜红色	绿色	鲜红色	18	1793	天蓝色	绿色	绿色
2	1673	绿色	鲜红色	鲜红色	19	1793	橙色	绿色	橙色
3	1675	鲜红色	绿色	绿色	20	1793	绿色	橙色	橙色
4	1675	黄色	绿色	黄色	21	1793	橙色	绿色	绿色
5	1676	绿色	黄色	黄色	22	1793	深橙色	绿色	深橙色
6	1676	黄色	绿色	绿色	23	1793	绿色	深橙色	深橙色
7	1747	粉色	绿色	粉色	24	1793	深橙色	绿色	绿色
8	1749	绿色	粉色	粉色	25	1795	茜草红	绿色	茜草红
9	1757	粉色	绿色	绿色	26	1802	绿色	茜草红	茜草红
10	1758	深红色	绿色	深红色	27	1808	绿色	茜草红	绿色
11	1762	绿色	深红色	绿色	28	1808	酱紫色	绿色	酱紫色
12	1769	深红色	绿色	绿色	29	1808	绿色	酱紫色	酱紫色
13	1793	橙色	绿色	橙色	30	帝国时期一直空置			
14	1793	绿色	橙色	橙色	31*	1811	浅黄色	绿色	浅黄色
16	1793	天蓝色	绿色	天蓝色	*1811年6月改为第9枪骑兵团。				
17	1793,于1795解散,此后空置								

黑色马具与铁制装配,再加上长尾形的鞍褥与圆柱形的深绿色鞍袋——镶边与贴边同色,有所属团番号。原来只有25个团,1802年时又添了6个。但在1811年建立的第31团,几乎马上就被改编成了第9猎骑兵矛兵团。

◀ **第5猎骑兵团精英连身穿战地军装的骑兵,1812年** 即使许多精英连都戴毛皮高筒帽,但这个惯例并不普遍。马刀、刀柄、铁刀鞘、木制博克鞍、手枪与镶有鹰和团属号码的帽牌的细节都很详细。

▶ **第24猎骑兵团号手,1811年** 允许音乐家穿戴与贴边同色的大衣的传统能在这里看出来。号手身穿橙色大衣,头戴毛皮高筒帽,帽子的囊、饰带绳和团章处于下垂状态。

帝国骠骑兵

骠骑兵在许多军队都大受欢迎，在法国更是如此。把这些轻骑兵部队与其他战列步兵团区分开来的是他们的历史。一开始，骠骑兵（意味着海盗和掠夺者）是非正规的部队，经常为了战利品而单打独斗。他们起源于13世纪一路劫掠到东欧的蒙古侵略者。这些优秀的骑手与他们短小剽悍的战马常常在军队主力的前方肆掠，把恐怖散播给敌人。他们的惯例之一是在左肩肩膀覆盖狼皮——被马刀劈砍时有轻型护盾的作用，同时也增添了骑手的潇洒风范。他们留着长长的胡髭，头发则扎成三撮（一撮在脑后，两耳前各有一撮）。蒙古人在匈牙利的一些地区定居下来，变得不那么好战，并影响了匈牙利国家的制服，体现在多曼大衣的许多排纽扣和花边。狼皮则被斗篷夹克取代。骠骑兵还穿上了有华丽装饰的马裤。

在18世纪的战争中，奥军的骠骑兵在对普鲁士的战斗中获得了不少胜利，再加上他们色彩缤纷和艳丽如火的制服，骠骑兵的热度迅速传遍欧洲，让许多年轻人热血沸腾。在拿破仑时期，法国有人把

◀ **第2骠骑兵团骑兵，1807年** 图中人物穿着冬装，斗篷夹克套在多曼军服外，并系在了马裤上。颈带上的突起部分通常是星形，而不是圆形。他的斗篷夹克大概是波兰在1807年初时的制服。

▲ **第1骠骑兵团骑兵，1812年** 他戴的沙科筒帽上有1812年时的铁片，没有羽饰和饰带绳，说明他正在参加战斗。小手枪是信号装置，命中率很低。军阶体现在沙科筒帽、袖子和大腿上的金色装饰。注意他的斗篷夹克上有红色绶带（还有白色的），而不是他实际会佩戴的荣誉军团勋章。

骠骑兵生动与叛逆的精神展现得淋漓尽致，他就是拉萨勒伯爵安托万·查尔斯·路易斯（Antoine-Charles-Louis, Comte de Lasalle）。

骠骑兵之王

1775年5月10日出生在梅茨的安托万·德·拉萨勒拥有贵族血统。1786

帝国骠骑兵 67

▲ 法国骠骑兵浪漫、华丽的声誉，因爱出风头的拉萨勒伯爵这类人物而更加著称。

年，他在阿尔萨斯步兵团被晋升为少尉；1791年5月25日，他被转到第24骑兵团，但在第二年5月4日丢失了他的委任状，就像其他许多贵族一样，家族发挥了作用。5月6日，他被指派为阿尔卑斯方面军克勒曼将军的副官。那一年7月29日，拉萨勒在布雷西亚被奥军俘虏，并在11月7日被释放；同一年，他被提拔为上尉。他在12月17日的维琴察战斗中表现优异，拿破仑在1797年1月6日让他指挥第7骠骑兵团的一个中队。七天后，在里沃利，他攻击并俘虏了奥军1个营。

这场战役期间，发生了一个插曲，他与维琴察的一名意大利贵族女人勾搭上了。一天夜里，他带着一队人马去了这名女士的闺房，就在奥军部队后面。在他逗留期间，奥军发觉了此事。拉萨勒及其部下不得不杀出重围。接着，他爱上并迎娶了贝尔蒂埃元帅的妻妹约瑟芬。

拉萨勒跟随拿破仑的远征队去了埃及，在那里，他展现出了奇迹般的勇猛，但要到1806年在普鲁士时他才真正闪光。他的旅参与了10月9日在施莱茨、10月14日在耶拿的战斗，并于10月26日在采德尼克（Zehdenick）与冯·席梅尔普芬尼希（von Schimmelpfennig）将军的旅的战斗中获胜。当被击败的普军往东北方向四散而逃时，拉萨勒在普伦采劳（Prenzelau）逼迫霍恩洛厄亲王将军带着他的10000人、64门火炮与大量军旗投降。四天后，拉萨勒仅带领自己的旅，又威吓斯德丁的指挥官——

81岁的冯·罗姆贝格将军带着5300人和281门火炮献城投降。

拉萨勒不放过能把自己塑造成流氓传奇的任何机会。与他同一时代的马尔博写道，他"酗酒、咒骂、唱歌，能捣毁一切"。这种闹剧激励许多有野心的年轻军官在战场上做得比他更出格，结果有时候对拉萨勒的崇拜者来说是致命的。1809年6月15—24日，拉萨勒在阿

▶ 第9骠骑兵团上校，1812年 身着华丽、满是金色花边的制服，第9骠骑兵团的这名军官身上并没有按惯例佩戴子弹带——与纽扣同色，中央条纹与贴边同色。骠骑兵军官并不佩戴肩章。图中人物的军阶通过袖口、大腿的"V"形章和沙科筒帽上的金色条带体现。

斯佩恩-艾斯林服役，接着在15—24日参与了拉布围城战。他的最后一战是瓦格拉姆会战，7月6日，他被一枚子弹杀死。拉萨勒曾经评论说，任何到了30岁还没死的骠骑兵都是恶棍。死于34岁的他离达成自己的目标只差一点儿。

骠骑兵的制服

普遍使用的沙科筒帽是在1803年引入的。它有团属纽扣、团章和三色帽徽当装饰，后来，帽牌刻上了团番号及一只鹰（位于番号上方）。1812年，有鹰的希腊盾纹上团属号码的设计被引进。帽子的顶端边缘与纽扣同色，颏带上有饰带绳，阅兵时增加羽毛装饰。帽徽顶端有骑兵中队所属颜色的绒球：第1中队，红色；第2中队，天蓝色；第3中队，暗黄色；第4中队，紫罗兰色。饰带绳在帽顶的两边，由五角星状的挂钩固定。第1中队的精英连戴熊皮高筒帽，囊为红色，搭配红色的绒球、羽饰和饰带绳。1813年，长长的、圆柱形的沙科筒帽进入部队。

军阶通过两边袖口上方的"V"形袖章体现出来。在战役中，马裤、有色

▲ 据说这幅肖像画中的人物为欧仁·德·博阿尔内，这幅画创作于1814年，骠骑兵看上去多么有异域风情。他的阿拉伯骏马看上去所向无敌！

▼ 第8骠骑兵团身穿正装（全套制服）的骑兵少校，1809年 图中人物展现了骠骑兵最时髦的制服。他肩膀上披着有黑色毛边的绿色斗篷夹克，下装为传统的匈牙利马裤。除了第11团的斗篷夹克皮毛为白色，其他骠骑兵团的都是黑色。这个军官的军衔体现在袖口和大腿的银白色"V"形袖章。

▼ 第7骠骑兵团上尉，1809年 这名军官（不寻常地）没有穿斗篷夹克。他穿着紧扣的罩衫——在战场上用来保护昂贵的镶边马裤。沙科筒帽没有阅兵用的绿色羽毛和金色饰带。

1812年各骠骑兵团的制服区别

番号	建团时间	多曼上衣	衣领	袖口	斗篷夹克	花边&纽扣	马裤	沙科筒帽/羽饰
1	1720	天蓝色	天蓝色	红色	天蓝色	白色	天蓝色	黑色/黑色
2	1735	棕色	棕色	天蓝色	棕色	白色	天蓝色	黑色/?
3	1764	灰色	灰色	红色	灰色	红&白色	灰色	黑色/黑&红
4	1779	宝蓝色	宝蓝色	红色	红色	黄色	宝蓝色	红色/黑&绿
5	1783	天蓝色	天蓝色	白色	白色	黄色	天蓝色	红色/白&蓝
6	1792	红色	红色	红色	宝蓝色	黄色	宝蓝色	红色/?
7	1793*	深绿色	红色	红色	深绿色	黄色	红色	绿色/白&红
8	1793	深绿色	红色	红色	深绿色	白色	红色	红色/黑色
9	1793	红色	浅蓝色	浅蓝色	浅蓝色	黄色	浅蓝色	红色/黑&红
10	1793	天蓝色	红色	红色	天蓝色	白色	天蓝色	黑色/红色
11	1793,于1802年改编为第29龙骑兵团							
11	1810	天蓝色	红色	红色	宝蓝色	黄色	宝蓝色	黑色/黄色
12	1794,于1802年改编为第30龙骑兵团							
12	1813年2月13							
13	1792,于1793年改编为第13龙骑兵团							
13	1813年1月,解散于1813年12月							
13	于1814年1月由威斯特法伦骠骑兵组建而成,他们身着红色制服							
14	1813年3月,解散于1813年11月							
14	1814年2月							

*于1802年改编为第28龙骑兵团

▶ **第5骠骑兵团中士,1812年** 这人的军衔体现在他袖口的金色"V"形袖章,他的左上臂有长期服役的"V"形章。小皮包是红色的,没有与衣袖颜色相同。管状的腰带是深红色、白色,还是黄色,取决于花边和纽扣的颜色,如图所示的腰带就很有风采。

的大腿结和侧缝会被相近颜色的罩衫给盖住。罩衫由黑色皮革制成,马裤两边的有色条纹用18颗金属纽扣扣住。小皮包与贴边同色,装饰物和镶边与纽扣同色。小皮包的装饰有好几种,骑兵的通常是月桂树枝里有团属号码,上面有花冠。后来,团属号码上的花冠被王冠取代。再后来,许多团采用了黑皮革制的小皮包,上面只有与纽扣同色的团番号当装饰。

从1807年开始,新式的铁柄马刀和铁制刀鞘被引入。鞍具与多曼上衣同色,装饰物和镶边与纽扣同色,上面通常有团属号码。1812年时骠骑兵团的颜色搭配情况如表格所示。

热罗姆国王近卫军的威斯特伐利亚骠骑兵团大部分都是法国人,1814年1月,他们中的大部分人都随国王逃回了法国。他们被分配到第13骠骑兵团,头戴红色沙科筒帽,身穿多曼军服,深蓝色的斗篷夹克,马裤镶有黄色花边和纽扣。他们在威斯特伐利亚的昵称是"龙虾"。

帝国时期的炮兵、工程师和工兵部队

著名的格里波瓦尔火炮系统是从奥地利列支敦士登火炮系统发展而来的,当时被法国陆军广泛应用。它的优点之一是,统一了装载火炮的车辆车轮尺寸,并减少了大炮的口径。它还引进了升降螺钉,使射程可以精确地改变,并且使炮管变短,使法国火炮更具机动性。然而,对拿破仑来说,格里波瓦尔的8磅野战炮太重了,于是换成了6磅炮。工程师们最初是炮兵的一部分,革命战争时期发展成为一个独特的部门。工程师主要负责改进防御工事或指挥围攻敌人的防御工事。他们是专家,极其稀少。工兵在围城工作中主要负责挖掘坑道,布置炸药,为进攻部队打开缺口。他们也负责挖战壕的工作。

炮兵

炮兵制服保留了传统的深蓝色外套,带有红色铜纽扣。1810年,军帽上的手榴弹和十字炮管徽章被双角状的徽章取代。黄铜菱形徽章上有一只戴着王冠的鹰站在斜挎的两根炮管上,下面是每个团的编号,每个团的军帽徽章都有细小的差别。

骑乘炮兵和炮兵军服各部位的配色相同,但他们穿深蓝色外套和红色系带背心,都是骠骑兵的样式,有红色花边和滚边的深蓝色马裤。一开始,他们戴着有羽毛的骑兵头盔,后来换成了带有绒球羽饰的高筒军帽。骑乘炮兵的黄铜徽章包括以下图案:榴弹、交叉的榴弹炮炮管、团番号。牵引火炮的士兵穿着铁灰色的制服,浅黄色紧身半长裤,领口、翻领为蓝色,袖口带有红色滚边。高筒军帽上有黄铜鹰徽和鳞状颌带,红色的绒球、饰绳和肩章。

工程师和工兵

工程师制服是深蓝色的,领口、翻领、袖口为黑色,袖口襟有红色滚边,翻领也是红色的,搭配黄色纽扣、深蓝色紧身半长裤、白色腰带。高筒军帽有红色饰绳和羽毛装饰。工兵带着黄铜冠以鹰饰的徽标,上面写着连队名称("3e COMPe MINEURS")。当在敌军火力范围内的战壕中工作时,士兵们会戴着黑色钢盔和胸甲。

◀ **骑乘炮兵部队炮手,1806—1814年** 骠骑兵对这套制服的影响是不可置疑的。许多骑乘炮兵军官为了表示他们的精英地位,都穿着背心。

▶ **执行战场命令的工兵中士,1809年** 如果在敌人的炮火下工作,工兵会戴上这种沉重的头盔和盔甲,这使得挖掘工作更加艰苦,但能保护他们的生命安全。盔甲被涂成黑色,以减小反射,从而使穿戴者不会那么显眼。

外籍和辅助部队

尽管1792年8月10日瑞士卫队在巴黎惨遭屠杀，法国仍无法摒弃外籍部队。波兰和瑞士特遣队是这些外籍部队的核心。

波兰军团

拿破仑最热心的外国支持者就是波兰人。1795年波兰解体后，成千上万波兰侨民在欧洲大陆到处游走。拿破仑在意大利北部建立了3个波兰军团：1797年1月1日建立了第1军团，当年6月2日建立的第2军团在曼图亚投降后被撤编，1800年建立了第3军团。

伦巴第第1波兰辅助军团，于1797年1月2日在扬·亨利克·达布罗夫斯基（东布罗夫斯基）将军的领导下，由3个营组成，并在1897年6月2日改组。1797年11月，该军团更名为奇萨尔皮尼共和国波兰辅助军团。

伦巴第第2辅助波兰军团，也被称为奇萨尔皮尼共和国波兰辅助军团，1797年6月2日由达布罗夫斯基将军从第1军团中组建的。它一直存在到1800年4月27日。

第1波兰军团，第1营、第2营和第3营分别于1797年6月2日在米兰、费拉拉和博洛尼亚建立；掷弹兵营于1799年3月建立，1800年初解散；骑兵营在1799年3月建立，1800年解散。

第2波兰军团，第1营、第2营和第3营于1797年6月2日分别在曼图亚、托尔托纳和米兰建立。军团的骑兵团于1799成立，这支部队后来成为第1波兰骠骑兵团。1808年3月20日，组建了维斯瓦河长矛兵，同时组建了1个炮兵营。这些部队身着传统的波兰卡石板蓝恰普卡帽和库尔特卡上衣，领口、翻领、袖口、后腿边和马裤侧条纹都与贴边同色。第1营的贴边颜色为黄色，第2营为深红色，第3营为绿色。纽扣和皮带都是白色的。军帽的羽毛有三种颜色：红色、蓝色和白色。

第3波兰军团，1800年4月27日由达布罗夫斯基将军组建，又称波兰—意大利军团，于1801年12月21日成为第一支波兰外籍军团。1802年3月，该部队进入意大利共和国服役，1806年8月5日进入那不勒斯服役。这个军团由第1—7步兵营组成，外

▲ 波兰军团步兵旗帜，1800年 稀有文物的代表：1800年在法国服役的波兰军团的旗帜。

加1个炮兵营。

第1波兰外籍军团，这支部队的指挥官是约泽夫·格拉宾斯基（Jozef Grabinski）将军。1801年12月21日从达布罗夫斯基将军的波兰—意大利军团中（见上文）组建，1802年2月5日调到意大利，1804年调到那不勒斯，1808年调回法国服役。

第2波兰外籍军团，司令官是温森蒂·阿卡萨米托夫斯基（Wincenty Aksamitowski）。1801年12月由波兰—意大利军团组建，1802年12月被调到法国服役，成为第114外籍兵团。

第3波兰外籍军团，司令官是瓦迪斯瓦夫·贾布隆诺夫斯基（Wladyslaw Jablonowski）将军，1802年3月从多瑙河军团（见下页图片）中组建，9月2日被调到法国服役，1802年9月2日成为第113外籍兵团，1803年1月24日派往圣多明戈后遭遇瘟疫，损失惨重。他们的制服包括一顶深蓝色恰普卡帽、深蓝色库尔特卡外套和马裤，领子、翻领、袖口和翻领为深红色，搭配白色纽扣和腰带。

◀ 第3波兰军团军官，1800年 他身穿的军服是典型的波兰式。顶部为石板蓝的恰普卡帽有银色编织带，蓝色库尔特卡军服则几乎被华丽的银色和深红色的饰带遮住。这支部队在意大利服役，后来被改造成著名的维斯瓦河军团。

多瑙河军团，最初称莱茵军团，于1799年9月8日成立，1802年3月解散。它有3个步兵营，每个营有10个连，1个有4个中队的骑兵团，1个骑乘炮兵组。1801年12月31日，骑兵和炮兵被并入西萨尔平共和国军队。步兵成为第3波兰外籍军团和后来的113外籍军团（见上文）。1806年8月4日，骑兵被调往那不勒斯，于1807年2月2日被调回法国服役。1807年10月27日，它收容了被解散的波兰第1骠骑兵团，1807年11月11日进入威斯特伐利亚，1808年3月20日作为维斯瓦河军团的骑兵返回法国（见下文）。枪骑兵戴着深红色和白色滚边的石板蓝多曼上衣。艺术家科诺特（Knötel）给向人们展示了法国风格的制服：双角帽，制服的红色衣领和袖口有白色滚边、白色肩章、翻领、黄色纽扣。炮兵身穿和骑枪手一样的深蓝色外套、有滚边的红色灯芯绒裤、黄色纽扣、黑色恰普卡帽。

北方第1军团于1806年9月20日在哈根诺成立，第2军团于1806年9月23日在纽伦堡成立。1807年，2个军团被减少到1个。1808年3月，他们成为华沙大公国的第5步兵团。

▼ **维斯瓦河军团下士，1809年** 1810年，维斯瓦河军团有4个步兵团。军团的步兵有个显著特点：高筒军帽的前方有旭日图案的帽牌。步兵穿的蓝色库尔特卡军服有黄色贴边，后来募集的第4团除外，其贴边为粉色。

▼ **多瑙河枪骑兵团，1799年** 这个骑兵团是法国人雇佣的第一个波兰骑兵部队，尽管它曾短暂地为那不勒斯和威斯特伐利亚服役。他们头戴恰普卡帽，最初蓝色的多曼上衣有深红色的贴边。

维斯瓦河军团，1808年3月31日由波兰—意大利军团和波兰新兵组建，一共有3个步兵团和1个骑兵团（波兰—意大利军团的枪骑兵，后来成为第1波兰骠骑兵团）。1811年4月18日，这个团成为法国第7骑兵团。第2维斯瓦河军团始建于1808年7月，但在1809年2月成为旧维斯瓦河军团的第4团。这支军团有2个枪骑兵团。他们的制服是一种有黄色贴边、衬套和纽扣的深蓝色库尔特卡上衣，高筒军帽的黄铜帽牌上有旭日图案，搭配白色腰带和内衣，法国徽章表示军阶。这些骑兵在1811年6月18日成为法国的第7、第8骑兵团。1813年6月，步兵被改编进维斯瓦河团，由2个营组成；1813年10月在莱比锡作战；1814年参加了苏松和奥贝保卫战役。这些部队于1814年5月12日被解散。1815年4月，这些波兰人组成了第3外籍兵团和第7骑兵团。

瑞士军团

拿破仑招募了几支瑞士步兵团。1798年8月19日，他们是在海尔维第共和国向法军投降后被招募的。最初有6个半旅，但实际上只有3个半旅：第1半旅在1805年成为第1瑞士步兵团第3营，第2半旅在1805年成为第1瑞士步兵团第4营，第3半旅于1803年在圣多明戈被疾病摧毁。第4、第5和第6半旅在招募阶段就被放弃了。

瑞士半旅，外套是红色的，第1半旅的贴边为白色，滚边为蓝色；第2半旅贴边为蓝色，滚边为白色；第3半旅贴边为黄色，滚边为蓝色。

其他瑞士部队还为拿破仑的事业贡献了很多兵力：1805—1807年建立的第1—4瑞士团。这些团穿法国制服，佩戴徽章。他们的外套是红色的，纽扣是黄色的，紧身半长裤和腰带是白色的。第1团的贴边为黄色，第2团为深蓝色，第3团为黑色，第4团是天蓝色。这些团在俄罗斯远征中损失殆尽。1815年3月20

▲ **纳沙泰尔营工兵，1812年** 亚历山大·贝尔蒂埃（Alexander Berthier）元帅，1806年时成为纳沙泰尔亲王，1807年组建了这个营。由于他们的外套是艳丽的黄色，他们被称为"金丝雀"。图中这名工兵拿着一把重型斧头，在战斗时，他可能会穿一条皮围裙。

▲ **第1瑞士步兵团军官，1812年** 与金丝雀营不同，1805年成立的4个瑞士团保持着穿红色衣服的传统。这个人穿着宽宽的双角帽，表明他没有处于执勤状态。他们的高筒军帽带有黄铜鹰徽、鳞状颏带、白色羽毛和饰绳。

日，4个瑞士团的幸存者组成了第2外籍团（瑞士）。

瓦莱桑营，于1805年10月成立。1811年9月，它和波河狙击兵一起并入威塞尔第11轻步兵团。他们穿深红色外套，衣领、袖口、翻领、紧身半长裤和腰带都是白色的。黄铜纽扣的周边刻有"法兰西帝国"，内有"瓦莱桑营"的字样。

纳沙泰尔营，建于1807年5月，在1814年6月解散。他们穿的制服与众不同，包括一件深黄色的外套，领子、翻领和袖口为猩红色，搭配白色衬里、紧身半长裤和腰带。锡制纽扣的外围刻有"法兰西帝国"，内有"纳沙泰尔营"的字样。

◀ 第1克罗地亚步兵团军官，1812年 1809年战役后，当奥地利的亚得里亚海边疆沦陷成为法国领土，6个古老的边疆团组成了3个克罗地亚团。他们身穿法国轻步兵风格的制服，尽管高筒军帽明显是奥匈帝国风格。

团（奥古林）、第4团（斯鲁因）、第5团（第1班纳）、第6团（第2班纳）。这些部队身穿绿色制服，制服是轻步兵的样式，绿色翻领、黄色领口、尖袖带有翻折和口袋带有卷边、绿色马裤、黄色背心、白色纽扣、高筒军帽上带有白鹰标志和三色旗的帽章，纽扣和环饰是白色的。

克罗地亚第1骠骑兵团，建于1813年2月23日，后来成为克罗地亚先锋营。他们穿着天蓝色的多曼上衣与斗篷夹克，配浅黄色领子和袖口，白色纽扣和花边，高筒军帽上带有白色棱形徽章，白色腰带。

其他巴尔干军队包括阿尔巴尼亚团、塞廷苏莱尔步兵、骑兵和炮兵。

伊比利亚军队

法军入侵西班牙和葡萄牙后，募集了一部分当地军队，这些兵源通常是来源于战俘。

西班牙军团（约瑟夫·拿破仑），根据1809年2月13日的法令从西班牙战俘中招募，由4个野战营和1个兵站营组成。他们穿着白色的法国制服，浅绿色的领子、袖口、翻领，黄铜纽扣、白色的皮带和紧身半长裤。

葡萄牙军团，1808年5月增加了5个步兵团和2个骑兵团的纸面兵力；到1811年5月，已分别减少到3个和1个。他们穿着有黄铜前箍的葡萄牙高筒军帽，棕色外套和马裤，红色装饰带、白色滚边、白色纽扣和腰带，戴着法国徽章。

德意志部队

法国在整个战争时期保留了一些德国雇佣军。

威斯特伐利亚军团，1806年12月11日在普鲁士的波森省成立，招募了来自不伦瑞克、埃尔福特、富达、明登和芒斯特的人。有4个轻步兵营，每个营6个连。1808年9月30日，他们被并入汉诺威军团。

汉诺威军团，1804年4月13日由3个步兵营和1个由3个中队组成的骑兵团组建。1809年9月30日，它吸收了威斯特伐利亚团第1营。这个军团的步兵

▼ 葡萄牙军团军官，1812年 这支不寻常的法国部队在他们的制服中保留了葡萄牙的元素。步兵们戴着类似于比利时士兵的高筒军帽，但骑兵们戴这种优雅的有装饰的头盔。步兵和骑兵的军服颜色都是棕色的。

巴尔干部队

当法国控制了奥地利在巴尔干半岛的省后，一些巴尔干部队进入法国军队服役。

伊利里亚军团，有时被称为达尔马提亚团，根据1810年11月16日的帝国法令组建，马尔蒙在当地征召了5个轻步兵营。他们身着法国轻步兵式的深蓝色制服，配红色衣领、袖口（镶边为白色），白色纽扣和腰带。

省级克罗地亚团。除了马尔蒙的地方征兵，从1809年到1813年，奥地利边防步兵团的6个团被调入法国服役：第1团（丽卡）、第2团（奥托查兹）、第3

们似乎穿上了他们的旧汉诺威制服：红色外套、深蓝色装饰带、白色翻边、纽扣、皮带和紧身半长裤。骑兵身穿黑衣和绿色单排扣大衣，黄色装饰带，衬里和纽扣，黄色背心和马裤。1811年8月9日，军团解散：步兵成为第127、128和129战列步兵团，骑兵成为第1骠骑兵团和第9枪骑兵团。

其他外籍团

拿破仑从德国、爱尔兰、阿尔巴尼亚、希腊和埃及等地募集了一些部队。这些部队由4个外籍团领导。

第1外籍团，1805年9月30日在魏森堡由德国人和其他人用3个营组成的奥佛涅团建立。1811年8月，它成为第1外籍团。他们穿着深绿色外套、袖口、翻领和马裤都是深绿色，领口和袖口都是红色，白色背心、腰带和滚边。

第2外籍团，1805年11月1日在美因茨由德国人组成的伊森堡团的3个营组建。1811年8月3日成为第2外籍团。他们穿着天蓝色的外套、袖口、翻领和马裤，黄色领口和袖口。白色腰带和纽扣外围刻有"外籍团"（RÉGIMENT ÉTRANGER）的字样，中间的数字是"2"。

第3外籍团，1803年8月13日，作为爱尔兰军团成立（实际上只有1个营），1809年增加到2个营，然后增加到3个营。1811年8月3日成为第3外籍团。制服的白色纽扣刻有"外籍团"字样，中间数字是"3"。

第4外籍团，1806年11月13日在莱比锡由伊森堡-伯恩斯坦亲王从普鲁士囚犯中招募组建，成为普鲁士团。1811年8月3日成为第4外籍团。制服包括：深绿色外套和马裤，红色装饰带和翻领，黄铜纽扣。白色纽扣刻有"外籍团"字样，中间的数字是"4"。

中区军团，1803年5月18日作为新的附属部队建立，拥有3个战列步兵营、2个轻步兵营（1个营配有5个连）和1个炮兵连。1811年解散了，士兵转去了第11和第33轻步兵团。军团穿着棕色外套，宝蓝色领口、翻领和袖口，白色袖襟、纽扣、紧身半长裤、皮带和翻领。炮兵们戴着旧的法国炮兵头盔，掷弹兵戴着熊皮帽，熊皮帽上装有手榴弹的锡板标志。这轻步兵连带着高筒军帽。所有人都会佩戴通常的法国徽章。

印度军队可追溯到1737年，法国在南亚次大陆集结了本土军队，直到1792年，他们在庞迪基里的城镇建立了庞迪基里团。土生土长的西帕赫人戴着白色头巾，穿着深绿色的短外套，制服带有红色领口、翻领、尖袖和黄色纽扣。下装穿着原住民的白色短裤或短裤和白色腰带。

▼ **汉诺威军团遂发枪列兵，1810年** 1804年4月，他们从汉诺威的旧军中组建的，穿着汉诺威的旧制服，但携带并使用法国装备。传说，在半岛战争中，他们由于身穿红色制服而被误认为是英国步兵。

▲ **第1外籍军团军官，1808年** 该团士兵穿轻步兵制服，绿色外套和绿色马裤。纽扣外围刻有"外籍团"字样，中间有数字"1"。

大不列颠

凭借皇家海军海防舰队的拱卫,不列颠国土得以免受战火涂炭;在长达23载的岁月里,这个国家始终是革命法国、拿破仑法国所无法撼动的敌手。不列颠担忧法国入侵,决心平衡欧陆局势,以求太平。因此,不列颠(拿破仑倾向称其为"背信弃义的阿尔比恩")祭出了陆军、海军以及金钱作为手段争夺胜利——不列颠的陆军,虽规模小,但素质相当好;不列颠的海军,则实力雄厚;不列颠投入的钱极多(总计10亿英镑,相当于今天的500亿英镑)。不过,从1795年开始,不列颠陆军基本被逐出了欧洲大陆,直到1806年的马伊达会战才卷土重来。英军从早期作战中吸取经验,尔后重返欧陆——先是在南意大利作战,接着是在西班牙、葡萄牙,最终鏖战滑铁卢。英军的军事改革效果卓著,毫无疑问便使英国赢得了最终胜利。

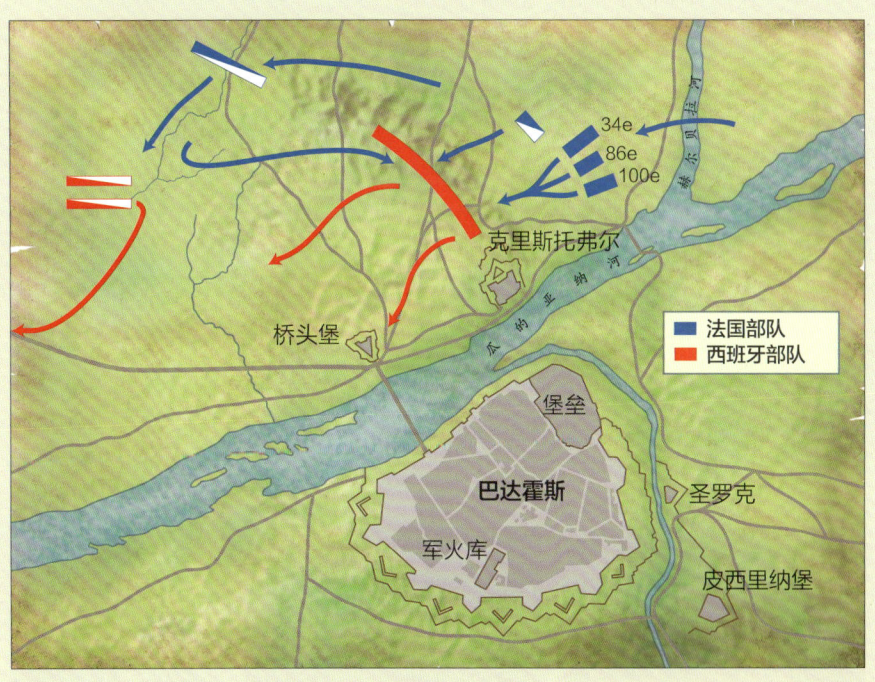

▲ 图为1811年初的里约赫博拉(Rio Gebora)会战。此战中西班牙军队的败北,直接导致了巴达霍斯——一个战略地位极其重要的边境要塞——的陷落(1811年3月11日),这也使威灵顿对西班牙的攻略计划往后推迟了数月。

◀ 图为特拉法尔加海战中法军舰艇"敬畏"号预备向英军舰艇"胜利号"投降的场景。这场在1805年由海军上将霍雷肖·纳尔逊(Horatio Nelson)及皇家海军所夺取的胜利,毫无疑问值得纪念;它也确保了英国在往后100年间的全球霸主地位。

不列颠政府及其帝国的诞生

1792年，不列颠由汉诺威王室统治，当朝君主是为乔治三世。在当时的政治局势下，国王不仅被不成文宪法的条条款款所限制，而且掌握定夺大权的议会两院也让他很难放开手脚。英国议会分为上议院（贵族院）和下议院（平民院）：前者的议员均为贵胄出身；后者则是选举的，并且牢牢掌握着财政大权。根据当时该国的体制，"公平""民主"的选举制度是完全不存在的。通常，议会选举的同时会发生贿赂、恐吓、腐败、作假和暴乱；更不用说，这种政治制度只对富人（他们懂得如何摆布政治）敞开大门——实际上，至少得拥有价值40先令的不动产，才能获得参选资格。这种情况甚至维持到了1831年。在联合王国上上下下2400万人中，有选举权的只有51.6万人，换言之，只占总人口的2%。

对老百姓来说，税目繁多且很苛刻。很多人因重税而难以维持生计。至于贫者、老者、弱者，税务也是一视同仁，毫无照顾体谅可言。新式矿山、磨坊、工厂中的工人及其家庭，背负着苛税重负，惨淡度日。但是这些似乎都没有触动议员们的良心，他们醉心于自己的权力，专注于增加财富——尽管他们

▲ 图为乔治三世，绘于1771年。尽管在美洲殖民者们看来，他无疑是个暴君；不过乔治三世实际上是一位"开明君主"，与某些言论声称的暴戾相去甚远。

的财富已经非常可观。

纵览整个欧洲，只有法国人民揭竿而起，并推翻了既存的君主制度；这个事实反衬说明，彼时英国人的生活还不至于叫人难以忍受。至少就体制而论，不列颠的政府需要对代议制度履行某些责任——在那个时代的欧洲，这是难能可贵的，放到其他君主国可谓天方夜谭。

如其他统治阶级一样，不列颠的统治阶级也对底层阶级的暴动感到恐惧。因而，常备军和民兵武装不仅是抵御外敌的国防力量，也是稳定国内局势的治安组织。此外，数世纪以来，英国在海外财富以及殖民地事务方面都致力于扫清对手，独占鳌头。

自1607年以来，英国和法国皆加入了争夺北美大陆的激烈竞争中。结果是，法国在1763年丢掉了加拿大；20年后，风水轮流转，在法国的大力援助下，美利坚合众国驱逐了英国势力。

1702年，英国从西班牙手上夺取了直布罗陀，就此确立了其在地中海西部的控制权，其国的商贸交通也由此获益颇多。由于无法在南美大陆立足，因而在整个16世纪，英国人专心袭击返回欧洲的西班牙押财船队，并如校园男孩搞恶作剧般地乐在其中。1807年，英国人曾远征蒙得维的亚（Montevideo），暂时成功地夺取并控制了该地。

殖民地影响

不列颠曾积极活跃于海洋，到处侵占土地。特别如詹姆斯·库克，他在冒险生涯中将无数岛屿、群岛乃至澳大利亚大陆占为英王所有。到了1792年，英国的商贸团体在外国建立了无数仓库、货栈和工厂——欧洲市场中的商品在那里也能买到；反之亦然。

这些据点主要集中于东、西印度地区。英国商人为了本国在该地的市场份额，与来自法国、荷兰、西班牙、葡萄牙、丹麦的同行们浴血抗争，英国政府

◀ 18、19世纪，无产者的生活状态令人绝望。因为贫穷，为了逃离如图所示的可怕境地，大多数人不得不参军入伍。

▲ 图为西孟加拉典型的贸易港口，它展现了贸易（由东印度公司操作的）如何为一个国家开辟经久不息的帝国之路。

自然是他们的坚硬后台。在这场商业战争中，商人的利益甚至能数次牵动国家政策的变动。1795年，英国人夺取了荷兰的战略重地好望角——虽说《亚眠条约》签订后，好望角暂时回归旧主，但很快又被英国人占据了。

在东印度地区，活跃着"荣耀的东印度公司"（Honourable East India Company）。这个组织早在查理二世在位期间，就在印度次大陆取得了立足点；它能自主与当地王公进行谈判，还能征募私兵部队（兵员中既有当地人，也有欧洲人），以此保护其投资活动。那时，东印度公司的舰船是不列颠最好的舰船。这些舰船武装到位、船体牢靠，常常能看见战列舰用于运输。

法国在印度的影响力也不容小觑。但在1793年，本地治里（Pondicherry）的陷落最终宣告了法国势力的退场。东印度公司与当地王公盟友们一道统治着势力范围。此种情况持续到了1857年，不列颠政府在印度叛乱（Indian Mutiny）后正式接管了这片土地，直接统治这片广袤的领土。至于英国对西印度的政策，此处仍是商业先行的方针，却有英国陆军与皇家海军为之背书，后者将掐断其他欧洲国家的一切干扰。

◀ 詹姆斯·库克舰长，可谓不列颠帝国开疆拓土第一人，他穷尽一生环行全球，每经一处，便为祖国宣誓此处的领土主权。

英国陆军的结构、编制

1792年,英国陆军由一位战事大臣(the Secretary at War,任职者无军人背景,并向君主、议会负责)及其领衔的陆军部运作;和平时期,军队是没有总司令的。军队中的最大编制是团(Regiment),没有设置旅(Brigade)、师(Division)级别的单位。而唯一的一处军事训练营,也是在1792年的7、8月时才被建立起来的,此处用以学习引进的普鲁士新式操典。

指挥体系内相互掣肘、各自为政:坐镇近卫骑兵(Horse Guards)司令部白厅(Whitehall)的陆军总司令,只能调动常规战斗部队中的步、骑兵单位,诸如炮兵、工兵此类技术兵种,则听命于组织松散的非军事单位军械局(The Board of Ordnance),这种情况将会维持到拿破仑战争时期。君主掌有御卫骑兵(Household Cavalry)的指挥权,内政部则控制着民兵。

陆军以小型分遣武装的形式被部署到全球的各个角落,各自为战,大部分时候还要面对极端可怕的气候条件;指挥链往往长达数千英里。从伦敦发出的指挥官任免决定,常常需要花费数月时间才能落实到位。军务管理也有着相似的情况:这项工作常常被委错人手,腐败可谓司空见惯。例如1689年,有一支英格兰部队远征爱尔兰,不幸的是,士兵们最后陷入了缺衣少食、被欠薪饷的境地,不少人死于饥荒。如此令人发指的情况,注定将在英国武装历史中反复出现。

衔职买卖

克里米亚战争之前,英国军队中的衔职买卖是稀疏平常的事情。1795年,这套交易体系是这么运作的:如有某位要买衔职的军官,为了在心仪的团部中谋得一官半职,他会成为该团的"财政代理人",如此一来,他的名字就会被登记载入该团高级军官的花名册,相应也就在陆军体系中占据位置。衔职价目确定于1756年,直至本书所述的时代,它依旧生效;根据团单位的受欢迎程度,价格会有相应变动。

约克公爵的改革

1793—1795年的战役给了英国当头一棒;之后,军官任免这一程序得到了改革,实施者为陆军总司令弗里德里克·奥古斯都,即约克公爵。他认为:"衔职委任的对象,其年龄应至少16岁。举荐衔职人选时,应围绕其品性、所受教育、身体状态阐明理由;同时,其有无做好立即赶赴所委任团部任职的准备,这一点也应予以注意。其教名、住址,应予以精勤登记。"除此之外,举荐信只能由少校及其以上的衔职签署。

就履职的问题,约克公爵规定道,军官须在所属团部中花费更多的时间,并且要达到必要的在岗时间,这些都是休假、晋升的必要条件:"晋升上尉前,必须作为中尉且服役满两年;而晋升少校,候选军官则必须持有委任状且服役满6年。"公爵也要求各级军官编写关于其下属的年度报告。如果没有一份令人信服的年度报告,任何军官都将无法升迁。

原本来说,对炮兵、工兵、后勤部队、民兵、义勇骑兵队(Yeomanry)、志愿兵、地方志愿军团(Fencibles)这些由内政部管辖的单位,约克公爵是无权干涉的。尽管困难重重,他还是做出了一番事业。1801年,他为军人子弟创设了约克公爵王家军事学校(Duke of York's Royal Military School),时至今日,这所学校依旧存在。他也为士兵免费

▼ 图为苏格兰灰马龙骑兵团在滑铁卢的著名冲锋。如此热血沸腾的场景,掩盖了那个年代战斗的惨烈,令人绝望的生计和持续不息的征战贯穿欧洲乃至全球。

提供大衣。第二年，王家军事学院（Royal Military College）在乌尔维奇（Woolwich）成立；"新大陆型"步枪被引入军队，炮兵则装备了施雷普内尔（Shrapnel）上校的榴霰弹。1803年，公爵还成立了王家运输车辆部队（Royal Wagon Trian）。

军属医院也被建立起来，并能为军人妻子提供庇护；医院以人为本，不再只是冷漠登记伤亡数目，而是转为认真登记每一个伤亡士兵的名字。公爵坚持提高士兵待遇的主张，通过1803年刊发的《敕令武装操典：编制、野战演习与机动》（Rules &Regulations for the Formations, Field-Exercises and Movements of His Majesty's Forces），全军各团的制服体系首次得到了改进。

1803年，常备陆军编制中引入了轻步兵团，也就是新立的第43、52团。1805年，公爵引入了民兵志愿加入正规军的程序。原"舰船长、军需官及驭员部队"（the corps of Captains, Commissaries and Drivers，创立于1794年）在1801年被解散，取而代之的是"军事驭员部队"（the Corps of Military Drivers）。1806年，该部队被改编为"皇家炮兵驭员团"。

将领约翰·摩尔爵士在斯霍恩克莱夫（Shorncliffe）指挥着一支"模范旅"；在这场军事改革中，这支部队起着样板作用。

▲ 图为约克公爵弗里德里克·奥古斯都，他穿着冷溪近卫团的上校制服。不幸的是，他的卓越智慧及其意义深远的军事改革如今罕有人留意，他更多是作为贵胄而为人所知。

1756年的衔职贿买价目表（单位：英镑）				
衔职	近卫步兵、龙骑兵	近卫骑兵	近卫龙骑兵	步兵团
中校	6700	5200	5350	3500
少校	6300	4250	4250	2600
中校级上尉	3500			
中校级高阶中尉	2600			
上尉	3100	3150	1500	
上尉级高阶中尉	2100	950		
上尉级中尉	1500			
中尉		1750	1365	500
燧发枪兵团中尉				550
（骑兵）掌旗官		1600	1102	
燧发枪兵团少尉				450
（步兵）司旗官	900			400

拿破仑战争中的英国陆军

1793—1815年间，英国陆军陡然提升的学习曲线得到了展现。起初，很多团缺乏或毫无经验便身赴前线参加战役，他们关于军事艺术的知识，也仅限于对阅兵行进、操典的了解。作战经验必须在战场上"偿买"，代价自是极高。

弗兰德斯的战争

1793—1795年的弗兰德斯（Flanders）战事中，英国政府只能拼凑出数量较少的团参战。这些部队的表现——除却近卫单位以及个别单位（主要以骑兵团为主）——只能说差强人意。究其原因，这些登上大陆的士兵，绝大部分是新近征召、缺乏训练的；再加上军官素质的问题，情况便更糟糕了。大多数军官是养尊处优、盲目无绪、不专业的青年——能获委衔职，纯粹是基于其财富；他们连操典都懒得研读，更不用说关心行伍了。尽管有着这样那样的问题，但在艰巨的战斗中，英军还是设法团结一致，甚至还取得了某些胜利。但宏观来看，在战争的这个阶段，诸团很难在诸会战中获得荣誉。

另一方面，奥地利政府虽然起初旗开得胜，但1794年的图尔宽（Tourcoing）之败，使其丧失了对尼德兰战争的胜意，于是奥军开始组织撤军。

当年6月，法国北方军团（兵力为24000人）在麦克唐纳和苏昂将军的带领下，在霍赫莱德（Hooglede）击败了反法盟军。9月14、15日，皮什格鲁将军攻击了博克斯特尔（Boxtel）的盟军前线基地，并予以了占领、破坏。

冬幕降临，英军及汉诺威军队撤向了东北方向的不来梅（Bremen）；途中，部队饥寒交迫。英军对欧陆的干涉行动，最终竹篮打水一场空。

殖民地战争的影响

欧陆战争明显未能给英国带来大笔现金：与奥地利、普鲁士相比，英国的野战小陆军是不值得一提的；尽管他们同意对战利品进行分赃，然而英国所得十分有限。不过，反观全球局势，事情就大不一样了。得益于规模庞大、战斗有效的舰队及出类拔萃的指挥官，皇家海军很快便横行于海涛波浪之间；但凡英国所图谋的沿海之地，均被其收入囊中且数不胜数。如此一来，欧陆所依赖的商品——咖啡、可可粉、茶叶、烟草、水果、全种香料、丝绸、棉花、染料——创造的相当可观的收入，均为英国所笑纳。

这些商品，是由遥远的海港口岸输来的。至于这些海港口岸，则是经过了考察、锁定、征服、经营的过程才得以建立起来的。当然，这种征服也有困难之处；在不少商品原产地，譬如西印度地区，像疟疾这样的瘟疫到处横行，致死的黄热病更是无人可抵挡。黄热病是通过种植业黑奴贸易传播到加勒比海域的。在西印度地区，因病而死的英国人没有确切的数据；不过可信的是，在这个地区，总计有10万人因病丧生。

尽管如此，革命战争还是见证了英国殖民地的爆发性增长，并间接导致法国在埃及的一次失败（纳尔逊在阿布基尔海战中摧毁了一支法国舰队）。

革新

1795年之后的10年，是英国军事厚积薄发的10年；这场学习运动，是由约克公爵以及如约翰·穆尔爵士等军官领袖领衔的。穆尔的练兵体系被贯彻到了第43、52、95步兵团；这些团便是后来半岛战争中著名的轻步兵师的先驱。穆尔是一位开明博闻的军官，他主张摆脱对操典条令的机械执行。从官兵、编制到整个军队体系，英国陆军从1795年的失利中走了出来，并取得了显著进步，还吸取了实战的经验教训。1805年10月21日的特拉法尔加海战后，皇家海军便成了世界海权霸主；拿破仑在奥斯特

▼ 图为1798年8月1日的阿布基尔海战。此战中，纳尔逊摧毁了法军舰队，并将拿破仑的埃及远征事业逼入山穷水尽的地步。

里茨的辉煌大捷，是无法撼动这一事实的，他也因此掌握了整个欧洲大陆。

马伊达之捷

1806年，拿破仑决心灭亡波旁家族的两西西里王国；在之前的战争中，两西西里国王费迪南德、王后卡罗琳娜曾果断坚决地协助过奥地利。1806年3月9日，法军在坎波特内塞（Campo Tenese）会战中痛击西西里军，并取得了南意大利的控制权。随后，卡拉布里亚发生了农民起义反抗法军；波旁王室则逃到了有7000名英军驻守的西西里岛。将领约翰·斯图亚特爵士决心支援起义，并向（意大利）本土发动了一次突袭。在他的指挥下，5200名英军士兵于6月29日在梅西纳（Messina）上船准备登陆作战；7月1日，英军登陆，没有遭受抵抗。

法军将领雷尼耶（Reynier）知情后，以十足的效率、相当的才干展开了应对行动，他集中了能集结到的一切部队迎击来敌。7月4日，两军展开了战斗，雷尼耶以6440人的兵力对斯图亚特发起了突击。其所部行进时，保持着连纵队队形（column of companies）——正面为60列宽、纵深为14行长；与此同时，斯图亚特所部以横队阵型部署。法军进入到步枪射程的半程距后，英军以优势兵力开火射击，此时两军相距至少140米（150码）。另一方面，法军第1轻步兵团分别在相距73米（80码）、18米（20码）时打出第二、三轮齐射。

▲ 图为半岛战役中的主要会战。1808—1814年，英国介入了西班牙、葡萄牙的战事。这是考验军事改革的机会，同时也见证了威灵顿的丰功伟业。

一番交锋下来，法第1轻步兵团损失惨重（427人阵亡或1810多人负伤），于是他们发生动摇逃跑了。在接下来的战斗中，英军战术屡试不爽。最终，法军有490人阵亡、870人负伤，722人和4门火炮被俘；英军方面，则只有45人阵亡、282人负伤。

征战半岛

查尔斯·奥曼（Charles Oman）爵士记述了英军在西班牙、葡萄牙的许多胜利；就这些成果，他曾均用"纵队战横队"的特点加以归纳。他曾宣称，法军坚持以纵队展开进攻，这就导致法军火力受限，且纵深难以御敌；而对手英军则排出2行纵深的横队，能够用火力将不幸的纵队粉碎摧毁，并取得胜利。

◀ 图为马伊达会战的一景。1806年7月4日，斯图亚特爵士的这场胜利见证了英军自1793年以来的进步。

▲ 图为科伦纳会战示意图。穆尔率领的英军凭借对法军的突袭，争取到了宝贵的喘息时间，并成功撤出战场。这场会战之所以著名，一方面是因为英军连挫法军数轮进攻，另一方面则是因为往科伦纳方向的各个村庄中的血战。

不过，他后来收回了前言。

事实上，威灵顿在诸多胜利中扮演了重要角色。他习惯先寻找一处相对最优的防御阵地；阵地通常是沿着某段山脊展开，其反斜面远离敌军，可以构筑良好的交通线。威灵顿会在反斜面将步兵以横队部署，如此一来，法军在行进时便不能发现英军；同时，他还会用一条兵力可观的散兵线掩护步兵。散兵以疏开阵型上前作战，人数通常多于法军并能占据上风。

法军主力以营纵队形式挺进，如此是为了尽可能地先手抢占开阔地带，以便紧紧咬住英军。当法军向上逼近山（丘）脊时，英军散兵就会撤至山（丘）顶之后；与此同时，英军上前作战、越过山（丘）顶，以连续不断的火力射击没来得及反应的法军，使得后者无法部署阵型。这种情况在半岛战争的舞台早已上演多次，英军的胜利是无法忽视的。滑铁卢会战将会是双方的终极较量。

西班牙战役

法军于1808年6月入侵西班牙，西班牙向英国求援，英国欣然加入战局；8月，一支远征军在葡萄牙登陆。这支部队的指挥官是为阿瑟·韦尔斯利（也就是日后的初代威灵顿公爵）。不过，法军的1个军团已在朱诺将军的率领下打入了葡萄牙，并向英军径直杀来。

8月17日的罗莱亚（Roleia）战斗是双方的首次交锋，它以英军的胜利而告终。4天之后的维密罗会战中，英军横队摧毁了敌方马朗桑（Maransin）上校率领的掷弹兵纵队。此战，法军伤亡1500人，有300人被俘，还有12门火炮被掳。英葡联军则是死亡134人、受伤534人、失踪51人。朱诺只能乞求停火；而得益于之后臭名昭著的辛特拉（Cintra）和会，朱诺及其部队得以全身而退。但对整个半岛的英军而言，紧接着的是失败。穆尔所部被赶出了西班牙，尽管在科伦纳会战中，英军击退了追兵，至少保全了一些名誉，但穆尔不幸憾卧沙场。

1810年9月27日的布萨科会战再次见证了英军步兵战术的优越性。威灵顿以其经典战术将麾下32000人沿山脊部署，并成功大败了马塞纳元帅率领的58000名法军；法军付出了伤亡4479人的代价，而英军只损失了1252人。1811年3月5日的巴罗萨会战则再次上演了相同的大戏：英军将领托马斯·格拉厄姆爵士以8270人的兵力击败了法军元帅维克多所率的10700人；法军伤亡超过2000人（还丢失了一面鹰旗），英军则伤亡了1600人。

无论是攻是守，坚如磐石的英军步兵是胜利的关键，这也导致法国对西班牙的占领走向了终局。萨拉曼卡、维多利亚、尼韦勒、尼弗、奥特兹、图卢兹会战，均是威灵顿笑到最后，这些会战也是杰出指挥官及其精良部队的最佳例证。

滑铁卢会战

1815年3月1日，拿破仑从流放地厄尔巴岛卷土重来，再次降临法国。其余

▲ 约翰·穆尔爵士是众望所归的未来将才，也是军事改革的领导人之一。但他的军旅生涯，在1809年1月16日的科伦纳会战的胜利之中戛然而止。

欧陆国家闻讯群起而攻之，最先发起进攻的是驻扎在比利时的英、尼德兰、普鲁士、汉诺威、拿骚多国组成的盟军。

6月16日，拿破仑在利尼击败了布吕歇尔的普军；但在与此同时的四臂村，内伊却没能击破尼德兰为首的联军部队。两天之后，威灵顿将其多国联军的主力聚集在了蒙圣让村以南的一处山脊上。联军有106000人的兵力来阻止拿破仑的72000人。然而，威灵顿的弱点，不仅在于他指挥的是一支多语言混合部队，而且这支部队素质不高，半岛战争的老兵大多被派往了美国和加拿大。于是，公爵尽可能地让部队占尽地形优势。虽然普鲁士在利尼被痛击——这点威灵顿也清楚，但他得到了普军驰援滑铁卢的承诺。战斗开始后，正如公爵之后所言，法军还是以"老方式"发起了突击。在西线，双方陷入了对乌古蒙庄园的无尽争夺中；法军的一部分步兵就此被牵制，无法攻击山脊死角后的联军主力横队。

法军第1军由戴尔隆将军率领，他们攻击了联军的中央阵线，但被英军骑兵削弱——英军骑兵以他们特有的方式失去了控制。随后，法军发动了大规模骑兵集群冲锋——由于进展十分迅速，冲锋没有步兵和炮兵的支援。联军步兵见势组成了方阵，大多数法军骑兵只能全力攻击方阵。到了晚上，普军抵达战场，并且深深打入了法军右翼。就此，联军的危机得到缓解。帝国近卫军垂死一击、发起冲锋，但被击退，且伤亡惨重，因此败退。其余法军也闻风而逃。

经此一役，英军伤亡7000人，尼德兰伤亡4000人，汉诺威伤亡2000人，英王德意志军团伤亡1000人，布伦维克与拿骚各伤亡700人。至于法军，则大概是42000人。

▼ "硬仗"，这是威灵顿对滑铁卢会战的评价。这幅画描绘了在损失惨重的那天下午，数轮法军骑兵冲锋中的一轮。

将领、参谋、王家运输部队与近卫部队

根据传统，英军士兵的制式大衣颜色为极为显眼的大红色；当然也有例外，如炮兵部队和某些骑兵部队。战争期间，复杂的徽章系统得到了简化。

将领

步兵将领的制服为深蓝镶面、缀有金色纽扣、金色贴边的红色大衣，左肩处则饰有金色肩带；衔职的高低，则由纽扣、前臂金边袖章（最低处者位于凹形袖口上）显示。陆军元帅为6道均匀排布的臂章，上将则为4道；中将臂章有所不同，总计有6道，但分2组，每组排列3道；少将臂章的总道数也是一样，但分3组，每组排列2道；至于准将，则是袖口上布有1道臂章，上面的袖管布有2道。将领的束腰带为深红色、金色丝绸所制，他们的两角帽上饰有白羽。

参谋

后勤将军的参谋、参谋长的参谋以及旅部少校穿着红色外套；这种外套为银扣、银边（腰带也是银色），领子和袖口呈深蓝色。除此之外，他们还会佩戴肩带（从左肩而下），肩带与纽扣同色；另一方面，副官虽然也戴肩带，但是由于其外套为金扣、金边，于是与其他人会有不同。军衔以金边或银边臂章（领章）的形式出现在衣领和下臂袖部。

军需将军、财务将军和仓储将军的参谋均身着朴素的有黄色纽扣的深蓝色外套。

王家运输部队与王家辅助部队

王家运输部队的成员身着有深蓝色贴边、白色纽扣、白色饰带的红色外套。王家工程部队最早由御卫骑兵建立于1798年，旨在解决工程军官人才的短缺。到了1809年，这支部队以步兵装备武装，到了营级规模。他们身穿有深蓝色贴边的红色外套，衣物上并无饰带装饰。

近卫骑兵

第1、第2近卫骑兵穿着有深蓝色贴边、双道金边、缀有金色纽扣的红色短

▶ **将领参谋军官，1805年** 这种精英职位的人选一定要出自繁荣昌盛的家族，并受过良好的教育。相较于其他国家的参谋体系，英军的参谋规模非常小。图中军官制服上有肩章，这是1791年引进衔徽体系后的结果；他腰间缠着深红色腰带，袖管、袖口处有适当的饰带。长靴和马刺为他贵族式的奢华着装圆满收尾。

▲ 对葡萄牙和西班牙的崎岖道路来说，英国王家运输部队货车实在是太笨重了。于是，当地较轻的牛车被用来运送葡萄酒、不幸伤员等所有东西。

将领、参谋、王家运输部队与近卫部队 87

▲ 英军将官，1798年 如图所示，这位英军将官的军衔徽章为袖管上向下的臂章，旧将官军衔徽章体系相当复杂，由于和某些重骑兵团的相似，因而常被混淆，之后引入了更加明确的肩章体系。

▲ 第1近卫步兵团司号中士，1815年 近卫步兵编制内，所有军衔的饰带均为金制，这与战列步兵团官兵的精纺羊毛臂章有所不同。图中的头盔大大借鉴了奥军胸甲骑兵头盔的设计。在滑铁卢会战中，第1近卫步兵团属于第1旅序列，同序列的部队有：其姐妹团（第2近卫步兵团）、近卫骑兵团和第1王家龙骑兵团。

▲ 第1近卫步兵团鼓手，1815年 图中帽装羽饰为白顶红底，说明这是一名"中央连"的成员。第1近卫步兵团是精英团，因而这位鼓手的装备明显要比其他团的鼓手好得多。加上肩部的燕巢徽记，这位鼓手的制服上有大量饰带。他所佩戴的比利时沙科筒帽是该部在1812年换的；在帽面比较高的位置，嵌有一个圆形徽牌；羽饰与帽徽（1803年之前，英军和汉诺威军队佩戴的是黑色帽徽）在沙科筒帽的左侧。鼓是用铜制作的，鼓箍与贴边同色。

上衣以及白色马裤。御卫骑兵团（"蓝骑兵"）则身着有红色贴边、缀有黄色纽扣的蓝色短上衣以及浅黄色马裤。在本书所述时代的初期，这些骑兵戴着常见的巨大双角帽，其短上衣还有燕尾。作战时，双角帽常会扣上铜制颔带。1811年，短上衣被改得更短了，同时，双角帽也换成了奥地利式头盔。新式头盔有两种；第一种，冠饰因其外表被称为"毛绒香肠"或者"蟑螂头"，很不受欢迎；第二种应运而生，其冠饰被改为流苏状的黑色马尾。

近卫步兵

1815年，3个近卫步兵团的制服大体一致，均身着有深蓝色贴边、黄色纽扣的紧身上衣。衣物上还有饰带，每组饰带的数量依据所部番号而定；第1近卫步兵团是棱尾样式的饰带，其他2个团则是点尾样式。阅兵时，掷弹兵会戴熊皮帽，熊皮帽帽面嵌有铜牌，帽面左侧装饰有白色穗绳和白色羽饰——其他时候，掷弹兵们还是会和其他连队一样佩戴沙科筒帽。第1团的皮带扣盘呈正方形，第2团（冷溪团）呈椭圆形。此外，每个团配备的弹药盖上都有帽型徽。

战列步兵

总体而言，英国战列步兵以团为编制。1个步兵团包含1—2个营，每营包含10个连。其中有1个掷弹兵连和1个轻步兵连，两者皆属于精英连队，由于他们在战列中处于两翼，因而也被称为"侧翼连"。有时，这两种连会被抽调出来组成1个临时作战营。

步兵团

19世纪初，步兵的帽子便由两角帽变成了沙科筒帽；上装原本是老式的燕尾外套，也被替换成了短尾单排扣夹克。制式服装的改革在1812年更进一步，步兵引入了比利时式沙科筒帽，这种帽子正面装饰有大型徽牌；此外，过去列装的白色马裤、白色绑腿也被灰色紧身裤替代。

被改变的还有士兵的发型。1808年，传统的猪尾辫在绝大部分单位中被废除；不过，第23王家威尔士燧发枪兵步兵团保留着传统。

总体上，所有战列步兵团皆穿着白色翻边的红色短衣，衣领、袖口、肩带上均有饰边，衣领、肩带上均有饰带装饰。在服饰方面，所谓"中央连"（即指除侧翼两连的其他连队）与"侧翼连"是有区别的。"中央连"的肩带外端装饰有白色毛茸茸的缨，同时沙科筒帽上也装饰有白顶红底的缨；"侧翼连"的士兵装束左右各有一个与贴边同色的肩翼，每个肩翼均为白边，其中还装饰有白条；其外侧边缘也装饰有毛茸茸的缨。在此基础上，轻步兵连佩戴绿色绒缨以及一枚小型猎号徽记。有证据显示，精英连队的肩翼、短衣翻边上都有徽记。

初期，掷弹兵佩戴的是熊皮帽。熊皮帽正面装饰有铜制徽牌，上面镌刻着王室花押，也就是一段涡卷式花体字："NECASPERA TERRENT"（无所畏惧）以及其他涡卷雕饰。头环后面还有一个白色的掷弹徽记以及黑色的所部番号。熊皮帽帽顶朴素无装饰，仅为红色；不过，资历最长的6个团以及王家头衔团是例外，他们用白线装饰了帽顶。熊皮帽的帽面左侧装饰有黑色帽徽，后面装饰了白色羽饰，帽子正面还悬挂着毛茸茸的白穗。1802年，熊皮帽被沙科筒帽取代；毛皮帽虽得以保留，但仅在庆典上供近卫团佩戴。掷弹兵的新式沙科筒帽

▼ **第23步兵团轻工兵，1792年** 这位轻工兵留着胡须，头戴熊皮帽，腰系工作裙，这在当时的欧洲军队中颇为常见。图中这位轻工兵的下装由白色马裤和低膝黑色紧身裤组成；到了1810年，便换成了长西裤。第23步兵团的头衔为"燧发枪兵"，这是因为在建团之初他们装备的是一种叫"燧发枪"的短步枪。

▼ **第28步兵团掷弹兵军官，1802年** 图中所示的熊皮帽在1802年之前被视为一种身份的象征，所有战列步兵团掷弹兵都得佩戴。1802年之后，熊皮帽便被替换成了沙科筒帽。帽装羽饰为白色。此外，掷弹兵制服有红色肩翼，肩翼上有白色饰带。

1792—1815年各战列步兵团特征

番号	建团时间	贴边	军官饰带	排扣饰带单列/成对	饰带形状	帽装徽牌花纹
第1王家步兵团	1633	深蓝色	金色	饰带成对	方形	蓟花与王冠
第2王后王家步兵团	1661	海绿色	银色	饰带单列	方形	羊羔
第3东肯特郡步兵团	1665	米黄色	银色	成对	方形	玫瑰与王冠
第4王领步兵团	1680	深蓝色	银色	单列	棱形	英格兰之狮
第5诺森伯兰郡燧发枪兵步兵团	1674	苔绿色	银色	单列	棱形	玫瑰与王冠，圣乔治与恶龙
第6华威郡壹步兵团	1673	黄色	银色	成对	方形	由吊环环绕的羚羊
第7王家燧发枪兵步兵团	1685	深蓝色	银色	单列	方形	上为王冠，下为吊带，吊带环绕着红白玫瑰
第8国王步兵团	1685	深蓝色	银色	单列	方形	由吊带环绕的汉诺威白马
第9东诺福克步兵团	1685	黄色	银色	成对	方形	不列颠尼亚女神
第10北林肯步兵团	1685	黄色	银色	单列	方形	1802年起为斯芬克斯
第11北德文步兵团	1685	深绿色	金色	成对	棱形	

饰有白色羽饰，其帽面上印有番号或王室花押，往下是一枚小型掷弹徽牌。军士的制服使用锡镴纽扣，军官则使用银色或金色的纽扣和饰带。

1822年之前，军队的服饰条例中并没有对军士军衔徽章的规定，这项工作由各团上校负责，上校们可以便宜行事，自行寻找制衣承包商。军士的军衔徽章一般为右臂上一连串向下的"V"形章。"V"形章印在有所属团代表色的布上，每条臂章之间相距12.7毫米（0.5英寸）。持矛军士的军衔徽章为一道带镶边的臂章，下士则为两道。中士和后勤军士为三道，后勤军士的臂章上方还有冠饰。连队的军士长则为四道臂章加冠饰，臂章颜色为金色或银色。中士及以上的士官会系红色腰带，腰带中部还有一条与所部贴边同色的条纹；他们的制服上也有肩章，其颜色与所部军士长的臂章同色。此外，他

◀ **第88步兵团轻步兵连军官，1802年** 这名轻步兵连军官的制服上有肩翼，高顶黑色礼帽上有深绿色羽饰，如此便能将其与中央连军官区分开来。第88步兵团便是著名的"康诺特突击团"，这是一个战功卓著的爱尔兰团。

▶ **第42步兵团轻步兵连风笛兵，1812年** 如图所示，风笛上装饰有数条小饰带，通常颜色为所部代表色，印有部队名称。

们还会携带手杖。军旗军士的徽章情况比较复杂,臂章可有可无;总体上来说,他们的军衔徽章为金色的交叉剑、联合旗、桂冠的图案组合,外围还有金框。

各团士兵穿着有暗黄色贴边的紧身齐膝裤(第36步兵团例外,他们是白色的),否则就是白色的。诸苏格兰高地团则为传统的苏格兰格子短裙,格子图案的样式多;苏格兰低地团则为格子紧身裤。

没有特殊徽章的团,沙科筒帽徽牌上则用王室花押"GR"及所部番号标记。

燧发枪兵

1792年,英国陆军中有3个头衔为"燧发枪兵"的步兵团,即第7步兵团

▼ **第9步兵团军官,1800年** 图中军官所戴帽装,体现了那个时期英军帽子的复杂情况。图中这顶令人侧目的塔尔顿头盔,其冠饰为熊皮,羽饰别在左侧,颏带及檐边均为铜制。帽子用的装饰布是当时流行且极度昂贵的豹皮(或者便宜布料辅以人工手绘的豹纹),或者常见的部队贴边(黄色)。这种头盔是以美国独立战争中杰出的英军将领之名命名的。塔尔顿头盔为轻步兵钟爱,轻龙骑兵(虽然1812年后换成了别的头盔)和骑炮兵也戴。

▲ **第24步兵团中士,1798年** 第24团因为所属部队的贴边以"霍华德的绿色"为人所知。这位中士上身穿着双排扣的短燕尾外套,军士长的制服则为军官样式的。他腰间系着一条深红色腰带,上面饰有一条与贴边色同色的中轴条纹,并且手里拿着手杖。到了1801年,他的袖子上会添加尖头朝下的"V"形章。出人意料的是,他戴着一顶朴素无饰的沙科筒帽,而不是常规的双角帽。

◀ **第27步兵团鼓手,1800年** 鼓手身穿撞色设计的制服,图中即为有红色贴边的米黄色外套。他的帽装为新引入的烟囱式沙科筒帽,这种帽子在接下来的12年都将一直存在。团徽(恩尼斯基伦城堡)居于帽子正面,黑色帽徽由羽毛下的团徽扣固定。这位鼓手背着重重的背包和毯子、铜鼓。

番号	建团时间	贴边	军官饰带	排扣饰带单列/成对	饰带形状	帽装徽牌花纹
第12东萨福克步兵团	1685	淡黄色	金色	成对	棱形	
第13萨默赛特郡壹步兵团	1685	黄色	银色	成对	棱形	1802年起为斯芬克斯
第14西约克郡步兵团	1685	米黄色	银色	成对	棱形	
第15约克郡东区步兵团	1685	黄色	银色	成对	棱形	
第16步兵团* 1782起其头衔为白金汉郡，1809年起为"贝德福德郡"	1688	黄色	银色	单列	方形	
第17莱斯特步兵团	1688	珍珠灰	银色	成对	方形	
第18王家爱尔兰步兵团	1688	深蓝色	银色	成对	方形	玫瑰与王冠，1802年起为斯芬克斯
第19约克郡北区壹步兵团	1688	深绿色	银色	成对	方形	
第20东德文郡步兵团	1688	淡黄色	银色	成对	方形	1802年起为斯芬克斯
第21王家北不列颠燧发枪兵步兵团	1678	深蓝色	银色	成对	方形	上为王冠，下为圣安德鲁环，环中有蓟花
第22柴郡步兵	1689	米黄色	银色	成对	棱形	
第23王家威尔士步兵团	1689	深蓝色	银色	单列	棱形	威尔士亲王的徽章
第24华威郡贰步兵团	1685	柳绿色	银色	成对	方形	1802年起为斯芬克斯
第25苏塞克斯步兵团	1689	深蓝色	金色	单列	棱形	1802年起为斯芬克斯
第26卡梅伦宗步兵团	1689	淡黄色	银色	成对	方形	
第27恩尼斯基伦步兵团	1689	淡米黄色	银色	单列	方形	恩尼斯基伦城堡
第28北格洛斯特郡步兵团	1694	亮黄色	银色	成对	方形	1780年以来为王室徽章，1802年起为斯芬克斯 帽装的后方亦有徽章，这是因为该团在埃及作战时，曾背靠背击退国法军骑兵
第29伍斯特郡步兵团	1694	亮黄色	银色	成对	方形	王室徽章与雄狮
第30剑桥郡步兵团	1702	淡黄色	银色	单列	棱形	1802年起为斯芬克斯
第31亨廷登郡步兵团	1702	米黄色	金色	单列	方形	
第32康沃尔步兵团	1702	白色	银色	成对	方形	
第33约克郡西区壹步兵团	1702	红色	金色	成对	方形	
第34东兰开夏郡步兵团	1702	白色	银色	成对	棱形	

（王家燧发枪兵）、第21步兵团（王家北不列颠燧发枪兵）以及第23步兵团（王室威尔士燧发枪兵）——到1815年，情况依旧如此。这些团之所以有"燧发枪兵"的头衔，是因为他们在成军时装备了一种燧发枪，比一般的步兵

▶ **第9步兵团步兵装备**
1. 军官的护颈甲，上面镌有王室花押"GR"，佩戴时将上面的缎带系到领子外。步行军官佩戴金制护颈甲。
2. 第9团团徽为"不列颠女神"，在半岛战争期间被当地人误认为圣母玛利亚，因而这个团得到了"神圣小子"的绰号。
3. 第9团饰带的代表图，两条为一组，可以看到上面还有两道黑色条纹。军官的饰带是银色的。
4. 纽扣的两种样式。

武器要短。这3个团与其他步兵团有很大的不同，如他们有一种黑色的熊皮帽——与掷弹兵的熊皮帽相似，但稍微矮一点儿。还有些特别之处，比如燧发枪团所有连队的制服上均有肩翼。此外，燧发枪兵的军衔徽章与轻步兵团的一致。军官们均佩戴一对肩章，肩章下端会戴一枚掷弹徽记。

自从美国独立战争以来，昂贵的熊皮帽便退出了战场，一般只在阅兵仪式或庆祝典礼时佩戴；常见的沙科筒帽成为日常勤务服与作战服的一部分。实际上，除却一些细节上的不同，燧发枪兵和轻步兵的制服与战列步兵一致，武器装备也是制式步枪。

轻步兵

1803年，一批轻步兵团得以建立，他们是由某些战列步兵团改编而来的。轻步兵团不仅精于散兵作战，也能以战列步兵的姿态战斗。官方将第13、43、51、52、68、71、85、90团定义为轻步兵团。不过，值得注意的是，第90团在1815年才成为轻步兵编制的一员。

轻步兵团从未戴过比利时式沙科筒帽；制服方面，则是与战列步兵团的轻步兵连队一致，即配有肩翼及猎号徽章。军官们会在肩章上面戴个军号。

▼ **第61步兵团列兵，1795年** 图中士兵戴着一顶宽檐帽，在西印度群岛活动的欧洲士兵很喜爱这种帽子。比起马裤和绑腿，他选择了宽松的长西裤。第61步兵团的指定驻地为南格洛斯特郡，团也以此命名。与英国某个地名有关的团头衔，并不代表该团兵源即完全出自于该地，这主要是因为在英国有大量招募民兵或爱尔兰新兵的习惯。

▼ **第91步兵团轻步兵连列兵，1801年** 1796年，原第98步兵团改为第91步兵团，不过原有的贴边颜色和纽扣得以保留。他们身穿与第42步兵团一样的由政府指定的紧身格子呢绒裤，某些资料显示，紧身格子呢绒裤后来增添了一道红色条纹。

▼ **第95步兵团军官，1809年** 纵览拿破仑战争，英军中最为出名的编制或许是第95步兵团——也被称为"线膛枪团"——毕竟这是一支精英部队。这个单位身穿绿色制服，装备贝克线膛枪，参加了在西班牙、葡萄牙的诸场战役，并且参与了滑铁卢会战。第95步兵团起源于一支名为"曼宁厄姆狙击手"的部队，后来为了满足军队对轻步兵的需求，被改编成常备步兵团。第95团的军官制服近似于骠骑兵制服，其中包括斗篷夹克和轻骑兵马刀。此外，沙科筒帽也是该部的一大特征，帽面上标示了所属部队的番号，番号上则是猎号徽记。绿色制服的颜色很深，几乎像黑色。

番号	建团时间	贴边	军官饰带	排扣饰带单列/成对	饰带形状	帽装徽牌花纹
第35王家苏塞克斯步兵团 1782—1805年间该团头衔为"多塞特郡"（Dorsetshire），1805年起为"苏塞克斯"	1701	橙色	银色	成对	方形	
第36赫里福德郡步兵团	1702	柳绿色	银色	成对	方形	
第37北汉普顿郡步兵团	1702	米黄色	银色	成对	方形	
第38斯塔福德郡志愿兵步兵团	1702	黄色	银色	单列	方形	1802年起为斯芬克斯
第39步兵团 1782—1807年头衔为"东米德兰"（East Middleland），后改为"多赛特郡"	1702	柳绿色	银色	成对	方形	城堡、钥匙与座右铭"MONTIS INSIGNIA CALPE"（意为"直布罗陀岩的徽章"）——这是因为该团于1779至1783年驻守在直布罗陀——以及斯芬克斯
第40萨默赛特郡贰步兵团	1717	米黄色	银色	成对	方形	威尔士亲王的徽章
第41步兵团/威尔士团	1719	红色	金色	单列	方形	由吊带环绕的玫瑰与蓟花
第42王家高地步兵团	1739	深蓝色	金色	单列	棱形	蓟花与王冠，1802年起为斯芬克斯
第43步兵团 1782年起头衔为"蒙茅斯郡"（Monmouthshire），1803年变更为"蒙茅斯郡轻步兵"（Monmouthshire Light Infantry）	1741	白色	银色	成对	方形	
第44东埃塞克斯步兵团	1741	亮黄色	银色	单列	方形	
第45诺丁汉郡步兵团	1741	棕绿色	银色	成对	棱形	
第46南德文郡步兵团	1741	浅黄色	银色	成对	方形	
第47兰开夏郡步兵团	1741	白色	银色	成对	方形	
第48北安普顿郡步兵团	1741	米黄色	银色	成对	方形	
第49赫特福德郡步兵团	1743	深绿色	银色	单列	棱形	
第50西肯特郡步兵团	1755	黑色	银色	成对	方形	
第51约克郡西区贰步兵团 1809年改编为轻步兵团	1755	橄榄绿	银色	成对	方形	
第52步兵团 1782—1803年为"牛津郡"	1755	米黄色	银色	成对	方形	
第53什罗普郡步兵团	1755	红色	金色	成对	方形	
第54西诺福克步兵团		鹦鹉绿	银色	成对	方形	
第55威斯特摩兰步兵团		深绿色	金色	成对	方形	
第56西埃塞克斯步兵团		紫色	银色	成对	方形	
第57西米德兰步兵团	1755	亮黄色	金色	成对	方形	
第58拉特兰郡步兵团		黑色	金色	单列	方形	
第59诺丁汉郡贰步兵团		白色	金色	单列	棱形	
第60王家阿美利加步兵团	1755	深绿色多曼上衣、深蓝色马裤、贴边为红色、军官饰带为银色——饰带样式为骠骑兵风格，该团后为国王王家线膛枪兵部队				
第61南格洛切特步兵团		米黄色	银色	单列	方形	
第62威尔特郡步兵团	1758	米黄色	银色	成对	方形	
第63西索福克步兵团	1758	深绿色	银色	成对	方形	
第64北斯塔福德郡步兵团	1758	黑色	金色	成对	方形	
第65约克郡北区贰步兵团	1758	白色	金色	成对	方形	
第66伯克郡步兵团		深绿色	银色	单列	方形	
第67南汉普郡步兵团		淡黄色	银色	成对	方形	
第68达勒姆步兵团	1782	深绿色	银色	成对	方形	
第69南林肯郡步兵团		柳绿色	金色	成对	方形	
第70萨里步兵团 1782—1812年头衔为"萨里"，1812—1825年为"格拉斯哥低地"	1782	深蓝色	金色	单列	方形	
第71高地步兵团	1771	米黄色	银色	单列	方形	
第72高地步兵团	1777	浅黄色	银色	单列	棱形	
第73步兵团 1809年之前为"高地"团	1786	深蓝色	银色	单列	棱形	

线膛枪部队

在革命战争早期,英国曾试图雇用德意志雇佣兵作战;不过随着战局的深入,这种做法变得难以实现。第60(王家阿美利加)步兵团吸纳了一部分德裔线膛枪兵,并将他们编成了身穿绿衣的第5营。这个第5营通常被部署成一个个松散的连队。他们身穿绿色夹克和蓝色马裤,佩戴无檐沙科筒帽以及皮制带子。

第95线膛枪团,是在科特·明宁坎、斯特瓦特上校训练的一支经验丰富的线膛枪部队基础上形成的。该团有3个营。官兵制服由著名的绿色夹克、紧身裤构成,有黑色贴边、白色滚边,弹药袋的挂带为黑色。贝克线膛枪是该部的制式武器,同时,第60团第5营装备的也是这种枪。

高地团

1809年的高地团序列中包含了第42、78、79、92和93团。这些团的制服中,除了苏格兰格子裙外,还有其他特征;比如,用羽毛装饰的无边呢帽。军官们会戴一条红色绸带,将其挂在左肩,并朝右胯而下。至于格子裙的样式,各团均以"黑色守望团"(The British Black Watch)的样式为基础,并另外添加白或黄或红线作为各部特征。

步兵装备

第95线膛枪团的科斯特洛(Costello)为我们留下了关于该部士兵日常装备重量的记录:175磅(80千克)——这很正常。除却必要的步枪或线膛枪,英军步兵大概还需要携带一个帆布背包、一个水壶、一个含弹药的弹药袋、一个子弹包和一根带子。帆布背包里(或外头)还装有两套衬衫、袜子、一双备用鞋(以及配套的备用鞋底、鞋跟)、一条长裤或马裤以及一件大衣;除衣物外,还有杂七杂八的如刷子、剃刀、肥皂、蜡、鞋油、饭盒以及口粮。论及口粮,士兵一般随身携带三

◀ **第60步兵团军官,1812年** 美国独立战争时,保王党们组成了第60步兵团。后来,很多英军流亡团及德意志雇佣兵解散后的残余人员也被编入第60团。如同第95团,该团的制服颜色也为绿色。图中军官身披骠骑兵斗篷夹克,紧身裤上还有时新的镶皮设计。作为轻步兵单位,第60团没有团旗,他们会在帽徽上标示出获得的战斗荣誉数量(1815年时为22)。

▶ **第71步兵团列兵,1812年** 第71步兵团,日后将被称为"高地轻步兵团",1780—1806年一直在印度。期间,他们参加了阿萨耶会战并且蒙受了惨重的损失。1808年,该团参加了葡萄牙的战事。约翰·穆尔爵士攻略西班牙的行动也有他们的身影,接下来,他们在撤向科伦纳的行动中尝尽了苦头。在滑铁卢,他们再次损失惨重。需要注意的是,该团在作战时穿灰色制服。烟囱式沙科筒帽搭配格子头巾是该团的一大特征,并且贯穿了拿破仑战争时期。猎号是时欧洲公认的轻步兵徽记,也出现在了第71团的沙科筒帽上,番号则位于弧形猎号内侧。由于该团在1812年拒绝换成比利时式沙科筒帽,因而如图所示的帽子出现在了滑铁卢会战。

番号	建团时间	贴边	军官饰带	排扣饰带单列/成对	饰带形状	帽装徽牌花纹
第74高地步兵团		黄色	金色	单列	方形	
第75高地步兵团		黄色	银色	成对	方形	从1807年开始为印度虎
第76步兵团 1807—1812年头衔为"印度斯坦"（Hindoostan），后番号改为79，最后改为"后领卡梅伦高地人"（The Queen's Own Cameron Highlander）[1]		红色	银色	单列	棱形	
第77东米德兰步兵团		黄色	银色	单列	方形	从1810年开始为威尔士亲王的徽章
第78高地步兵团（或罗斯郡黄边团）	1793	米黄色	银色	单列	棱形	
第79卡梅伦志愿兵步兵团 1804年起头衔为"卡梅伦高地人"（Cameron Highlanders）	1793	深蓝色	金色	成对	方形	1802年起为斯芬克斯
第80步兵团		黄色	金色	成对	方形	
第81步兵团		米黄色	银色	成对	方形	
第82威尔士亲王志愿兵步兵团		黄色	银色	成对	棱形	
第83步兵团	1793	浅黄色	金色	成对	方形	
第84步兵团 1809年起头衔改为"约克及兰开斯特"	1794	黄色	银色	成对	方形	
第85白金汉郡志愿兵步兵团		黄色	银色	成对	方形	
第86步兵团 1809年时头衔为"伦斯特"（Leinster），1812年起改为"王家唐郡"（Royal County Down）	1793	浅黄色	银色	成对	方形	1802年起为斯芬克斯
第87步兵团或威尔士亲王爱尔兰步兵团 1811年时头衔改为"威尔士亲王领爱尔兰"团	1793	深绿色	金色	成对	方形	威尔士亲王徽章，1802年起为斯芬克斯，1811年起为法军第8战列步兵团的鹰旗，因为在西班牙战事中，该团夺取了法军第8团的鹰旗
第88步兵团 于1783年解散，1793年以"康诺特突击团"的头衔重建	1779	浅黄色	银色	成对	方形	1802年起为斯芬克斯
第89步兵团	1793	黑色	金色	成对	方形	
第90珀斯郡志愿兵步兵团		深米黄色	银色	成对	方形	1802年起为斯芬克斯
第91步兵团 1783年解散，1793年重建，1795年解散。后在1798年，原第98"阿盖尔郡"步兵团番号改动为"第91"	1779	白色	银色	成对	方形	
第92戈登高地人步兵团 1798年由原第100团改动而来		黄色	银色	成对	方形	
第93步兵团 于1796年解散；在1800年，以原"桑瑟兰志愿军团"为主体重建	1793	黄色	银色	成对	棱形	
第94步兵团 于1795年解散，于1802年重建	1794	深绿色	金色	成对	方形	
第95步兵团 这个团的制服包括深绿色多曼[2]	1802	黑色	银色	成对	骠骑兵式	
第96步兵团		米黄色	银色	成对	方形	
第97王后德意志步兵团 该团前身为1798年组建的米诺卡岛团；在1801年，米诺卡岛团改编为王后德意志。详情请见本书有关英军中外籍团部的部分。而在1794至1795年间，有一支第97"因弗内斯郡高地"步兵团	1794	黑色	金色	成对	方形	1802年起为斯芬克斯
第98步兵团		米黄色	银色	单列	方形	
第99步兵团	1794	黄色	银色	成对	方形	

[1] 译注：原文疑似有混淆，其他文献显示第76团番号未改，其番号头衔于1812年正式改为"第76步兵团"；维多利亚时期，该团与第33团合并成新的第33威灵顿公爵步兵团。头衔也未曾改为"后领卡梅伦高地人"，此头衔曾为第79团所用。

[2] 译注：指"绿夹克"。

日量的，每日为1磅面包、1磅肉。英军步兵的制式枪一般为1794型印度式步枪（即广为人知的"褐贝丝"）或者大陆式步枪。

▼ **第93步兵团中士，1815年** 1881年，这个团在裁军时被解散。作为一个高地团，这位军士穿着紧身格子呢绒裤，且腰间系有一条深红色与团部贴边同色的腰带。执勤时，他的杂役帽会换成装饰了羽毛的高地式无檐帽。图上也有该团团徽。

志愿军团

英国成熟的民兵和志愿军系统，为英国国土防卫武装以及常备军提供了兵源。民兵部队由各个郡组建，一到战时便投入战斗。其中大多数为志愿兵，但是出于扩大兵源的考虑，还是会在健全人中组织兵役抽签。在1803—1805年的（法国）侵略恐慌中，有12个志愿团被组建起来；政府武装这些团，并付给他们军饷。其中有些骑兵团是"义勇骑兵队"。此外，一些志愿炮兵也被分配到了沿海炮连中服役。总的来说，志愿军团其实就是负责国土防卫的常备军。

▼ **第54步兵团军官，1815年** 图中制服也出现在了1815年6月的滑铁卢会战。1812年，别具一格的比利时沙科筒帽替代了烟囱式沙科筒帽，到1815年，几乎所有步兵单位均换成了这种帽子。羽饰还是传统的白顶红底样式。这位军官的帽上有金色穗绳。第53团的绿色贴边使他们得到了"绿色啄木鸟"的诨号。

◀ **第48步兵团下士，1812年** 第48团军官穿着浅黄色马裤，出于任务需要穿着灰色长西裤，但这位下士穿着具有多种用途的灰色裤子。他袖子上戴着用白色带子做的"V"形章，以表明他的军衔。他的烟囱式沙科筒帽很快就会被前顶隆起的比利时式沙科筒帽代替。该团团徽为狮身人面像，这是为了彰显他们在1800、1801年在埃及清剿拿破仑远征军残部的战绩。白色背包的正面、圆形水壶和帆布包上均有团徽。制服的饰带有红色和黑色的窄条纹。

番号	建团时间	贴边	军官饰带	排扣饰带单列/成对	饰带形状	帽装徽牌花纹
第100步兵团 于1784年解散；于1794年以"戈登高地人"的头衔重建，"戈登高地人"的番号于1798年改为92；1804年，第100团以"摄政王殿下之都柏林郡团"（HRH The Prince Regent's County of Dublin Regiment）的头衔得到重建	1780	黄色	银色	成对		威尔士亲王徽章
第101爱尔兰步兵团 于1795年解散，1806年以"约克公爵爱尔兰团"的头衔重建	1794	白色	银色	成对	方形	
第102步兵团	1808	黄色	银色	成对	方形	
第103步兵团 1794年时头衔为"布里斯托精忠志愿兵"（Loyal Bristol Volunteers），于1796年解散，1808年时以第9卫戍营为骨干重建		米黄色	银色	单列	方形	
第104步兵团 1794年时头衔为"王家曼彻斯特志愿兵"，1795年被解散，1810年时由"新布伦维克志愿军团"（New Brunswick Fencibles）改编重建		米黄色	银色	成对	方形	
第105步兵团 1794年时头衔为"利兹志愿兵"，1796解散						
第106步兵团 于1795年解散	1794					
第107步兵团 后解散	1794					
第108步兵团 后解散	1794					
第109步兵团 于1795年解散	1794					

注：根据1815年的《陆军序列录》，还有6个卫戍营与13个老兵营，两者制服贴边色均为深蓝色。

▼ **第93团装备**
1.1800年左右的军官银制皮带扣牌。到了1810年，扣牌四角被缩减，上面的三叶草图案也被移除。
2.此为所部棱形饰带，纽扣可以由棱形扣眼将饰带扣住。

▶ **第17步兵团鼓手，1812年** 图中清楚地显示了燕巢设计以及袖子上的"V"形臂章。军乐兵制服的撞色设计在当时各个军队都能见到，但英国鼓手的制服远不如在拿破仑帝国鼎盛时期鼓手的制服华丽。相对来说，花边较少，沙科筒帽也很简单，基本没有装饰物。

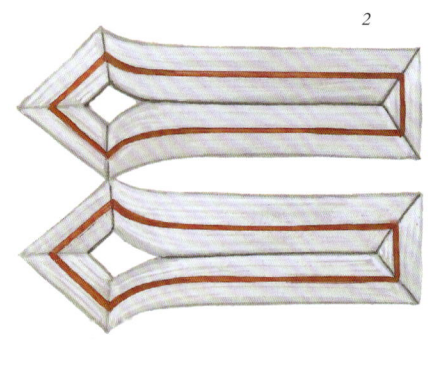

常备重骑兵

1792年，英国重骑兵制服的样式完全是大陆化的。骑兵戴的是巨大的两角帽，帽子上有黑色帽徽、白顶红底的羽饰以及帽穗；帽子的镶边与制服纽扣同色。1811—1812年，重骑兵的这种老式帽被废除；取而代之的是流苏式黑马尾饰冠立的黑色皮制头盔，与法

1768年的常备骑兵团制服特征表

番号	贴边	纽扣装饰	紧身裤	帽子及饰带
骑兵团				
第1骑兵团	深蓝色	白色（对排）	白色	银色
第2骑兵团	深绿色	黄色（对排）	白色	金色
第3骑兵团	白色	白色（对排）	白色	银色
第4骑兵团	黑色	黄色（对排）	米色	金色
翻领与贴边同色				
近卫龙骑兵团				
第1近卫龙骑兵团	深蓝色	黄色（对排）	米色	金色
第2近卫龙骑兵团*	米色	黄色（3&3）	米色	金色
第3近卫龙骑兵团	白色	黄色（对排）	白色	金色
第4王家爱尔兰近卫龙骑兵团				
*也被称为"王后枣马近卫龙骑兵团"				
翻领与贴边同色				
龙骑兵团				
第1龙骑兵团	深蓝色	黄色（对排）	白色	金色
第2龙骑兵团	深蓝色	白色（对排）	白色	无颜色
第3龙骑兵团	深蓝色	黄色（三排）	米色	金色
第4龙骑兵团	深绿色	白色（对排）	白色	银色
第5龙骑兵团	深蓝色	白色（三排）	白色	银色
第6卡宾龙骑兵团	深黄色	白色（对排）	白色	银色
第7龙骑兵团	白色	白色（3&3）	白色	银色
第8龙骑兵团	黄色	白色（三排）	白色	银色
第9龙骑兵团	米色	白色（对排）	米色	银色
第10龙骑兵团	深黄色	白色（3、4&5）	白色	银色
第11龙骑兵团	米色	白色（3&3）	米色	银色
第12龙骑兵团	黑色	白色（对排）	白色	无颜色
第13龙骑兵团	深绿色	黄色（3&3）	米色	金色
第14龙骑兵团	柠檬黄	白色（3&3）	白色	银色
除第12团，其他团无翻领				

◀ 第2近卫龙骑兵团中士，1798年 军衔制度很复杂。表示这名中士军衔的手杖插在深红色和蓝色相间的腰带里，贴边是黑色的。由于马的颜色，这个团被称为"贝斯团"（Bays，棕红色的）。

军胸甲骑兵的制式头盔类似。新式头盔的帽檐用铜包的边，盔面镶有徽牌（上面刻有王冠图案，王冠下为王室花押"GR"），徽牌的中下方有椭圆状字样，即所部名称；还有冠立的正面装饰有希腊神话中"戈尔戈"美杜莎的头颅。头环镀铜，被铜制玫瑰饰物所固定，也可以作为颔带使用。

军衔

1800年引入了军官的军衔系统。校官佩戴两枚流苏边的肩章（与纽扣同色），上尉和中尉则是一枚。每名上校都会佩戴星星上有冠冕的肩章，各团都有独特的设计；中校的只有冠冕；少校的则只有星星。下级军官将肩章佩戴在右肩，上尉有两颗星，中尉为一颗星，少尉的仅是肩章。

常备重骑兵 99

▲ 在这幅展现滑铁卢会战一景的绘画中，苏格兰灰马团的尤尔特（Ewart）中士夺取了法军第45战列步兵团的鹰旗。

▼ **北不列颠龙骑兵团中士，1815年** 北不列颠龙骑兵团，后改名为王家苏格兰灰马龙骑兵团，是滑铁卢会战中最著名的一支部队。这次会战中，该团尤尔特中士夺取了第45战列步兵团的鹰旗，灰马团因此获得了"捕鸟人"的绰号。本图中这位中士的熊皮帽被防护罩（用以抵御恶劣天气）遮着，下身为灰色骑行裤。1812—1815年，龙骑兵都穿束腰短上衣。棕色的带子是用来挂水壶的，白色的帆布带子是挎包要用的。1794年，该团在弗兰德斯作战，因为击破了一个法军方阵，因而获得了"威廉姆斯"的战斗荣誉。这个团没有参加过半岛战争，但是在1815年6月18日过了光荣的一天。当时，他们和第1、第6骑兵团组成一个旅冲锋，损失了199人，半数以上的人丧生。

军官与高级军士都会戴着深红色丝绸腰带，不同之处在于，高级军士的腰带上会有两条深蓝色条纹，并且其制服左上臂印有与贴边色同色的大"V"形章。下士只有一条"V"，中士为两条，军士长则为三条。此外，高级军士纽扣孔的装饰呈银色或金色，搭配一条深红色腰带——中央的条纹与贴边同色。他们也会携带棍子。司号兵和鼓手的制服为撞色设计，前者的坐骑为灰色，后者则为黑白斑马。

与英国其他军队一样，为了彰显其独特，各团会在任何可能的场合规避制服的规则。1799年，第2近卫龙骑兵团的士官制服体系如下：军士长的左上臂有三条与贴边同色的"V"形章，其纽扣孔装饰为银色，搭配中央有条纹的丝绸腰带（与贴边同色），戴白手套，携带棍子；中士戴手套、腰带，其制服纽扣装饰也为银色，有两条"V"形章，同样携带笞杖；下士有一条"V"形章，没有腰带，纽扣为纯白色。

制服

根据1768年的《王室敕令》，有关重骑兵团的制服（红色外套）明细在下表列出。

第2北不列颠龙骑兵团是一个特别的存在，因为他们戴着旧式的两角帽。该团，又为广为人知的"王家苏格兰灰马团"，因为该团的坐骑都为灰色，也有说法是因为该团建立之初制服为灰色。同时，该团配发了熊皮帽（铜边帽檐、黄色帽穗），帽顶为红色，上面印有汉诺威王室的白色骏马。

1811年，大而笨拙且不实用的两角帽连同比利时式沙科筒帽，被罗马式的黑色皮头盔取代。这种黑色皮盔，盔面饰有铜制牌徽，其左侧饰有白顶红底的羽饰，前帽檐边缘镀铜；此外，它还配有"包头用"的铜制链条；盔立同为铜制，上面饰有流苏状黑马尾冠饰。

到1814年，重骑兵的红色束腰宽松上衣改为单排扣样式。而龙骑兵团的短上衣有宽大的镶边。这种镶边中轴处装饰有点状线，颜色与贴边同色；镶边自短衣两侧边缘起，向上直至衣领处；此外，袖口和极短翻边处也会用这种镶边（与贴边同色）修饰。除镶边外，龙骑兵短衣还借鉴了大

1792—1815年的近卫龙骑兵诸团制服特征

番号	贴边	纽饰与饰带
第1国王近卫龙骑兵团	深蓝色	金色
第2王后近卫龙骑兵团	黑色	银色
第3威尔士亲王近卫龙骑兵团	白色	金色
第4王家爱尔兰近卫龙骑兵团	深蓝色	银色
第5威尔士公主卡罗琳娜近卫龙骑兵团	绿色	金色
第6卡宾近卫龙骑兵团	白色	银色
第7长公主近卫龙骑兵团	黑色	金色

1792—1815年的龙骑兵诸团制服特征

番号	贴边	纽饰与饰带
第1王家龙骑兵团	深蓝色	军官为金色，士兵为白色
第2北不列颠龙骑兵团	深蓝色	金色
第3王领（King's Own）龙骑兵团	深蓝色	金色
第4后领（Queen's Own）龙骑兵团	绿色（1814年浅蓝色）	银色
第5王家爱尔兰龙骑兵团	蓝色	银色
第6恩尼斯基伦龙骑兵团	黄色	银色

陆军装的尖头袖舌。近卫龙骑兵的短衣仍有龙骑兵式的镶边，但仅到胸部，并不会向上延伸到衣领，取而代之的是一对红色补片。军官们戴红底金纹腰带，其他人的腰带为黄底蓝色细条纹。此外，重骑兵们还会配备黑色马刀挂套。英军骑兵团一般下辖5个中队；其中1个为兵站中队，用来训练新兵。与其他欧陆强国相比，英国人能拿出手的重骑兵数量稀少。理论上，一个团大概有600人。

1793年，英国骑兵在低地国家与法国作战时表现优秀。但他们有一大缺点：缺乏纪律。他们一旦队形散乱，敌人就可以乘势将他们一举歼灭。他们几乎可以扑向和穿越任何东西，然后疾驰飞奔，直到他们的坐骑被炸飞。到那时，他们可能离最初的目标还差很远，并且对战术也起不了任何作用了。他们的军官要么参与这种疯狂的飞奔，或者对局势失去控制。

▶ **第1近卫龙骑兵团列兵，1812年** 这名列兵装备有一把直刃马刀和一把卡宾枪。枪口处有个小套，如此是为了避免枪械通弹棍滑落丢失——一旦丢失，枪就没用法了。铺盖卷放在前鞍的位置，这样可以对骑兵的腿部起防护作用。这张图片展示了1812年引进的带有鬃毛的古典头盔。龙骑兵团马匹每天的供应量为10磅（4.5千克）燕麦、12磅（5.4千克）干草和8磅（3.6千克）稻草：这样的配给是为了保证马匹在速度、力量上能够表现得最好。

常备轻骑兵与骠骑兵

1703年，奥地利陆军建立了一个骠骑兵团；1721年，普鲁士陆军也组建了第一支骠骑兵团，在其后的18世纪40年代，陆续有多个骠骑兵团得以建立。七年战争时期，欧洲大陆的各国陆军都有骠骑兵团。

然而，英国比较保守，其骑兵编制中主要是骑兵、龙骑兵、近卫龙骑兵三种，根本就没有轻骑兵。

1745年，詹姆斯二世党叛乱，金斯顿公爵自费组建了一支轻龙骑兵团，该部配备有小型弯马刀以及卡宾枪。第二年，这个团被解散，但几乎立刻又组建了一个这种团，吸收了原团的许多人。这个新团在1748年也被解散。

到了1756年，近卫骑兵命令各骑兵团需配备一支轻骑兵武装。七年战争期间，轻骑兵的价值得到了验证；如此情况下，第15龙骑兵团在1756年改编成为轻龙骑兵团，第17—20龙骑兵团后来也被如此改编。

到了1798年，轻龙骑兵总计有23个团：第7—14团是改编而来的，其余15个都是新建团，并且都在服役。1794年，第30—33团成立，不过随着1795年英军被逐出欧洲大陆，这几个团也在1796年年初解散了。他们制服的细节不清楚，而且不清楚他们是否处于满编状态。

1784年，这些轻骑兵团将红色外套换成了深蓝色的，配备装饰了黑色羽毛的塔尔顿头盔，包头巾与贴边同色，团属徽记位于头盔左边。

1806年，第7、10、15龙骑兵团也被"改编"或者说"重组"为轻

1768年轻龙骑兵诸团特征

番号	贴边	纽扣	紧身裤
15	深蓝色	白色（双排）	白色
16	深蓝色	白色（双排）	白色
17	白色	白色（双排）	白色
18	白色	白色（双排）	白色

▶ **第10轻龙骑兵团列兵，1795年** 1784年，轻龙骑兵诸团开始穿很像骠骑兵多曼上衣的蓝色外套，搭配精致的塔尔顿头盔。轻龙骑兵装备曲刃马刀以及铜制零件的卡宾枪。马尾被剪短，以便与马具齐平。一些评论者认为这种做法很残忍，而且无用。该团名为"威尔士公主领王家轻龙骑兵团"，徽记在鞍布和手枪皮套上均有体现。

龙骑兵团。所有轻龙骑兵团都穿着深蓝色多曼或者短上衣。1803年，第10轻龙骑兵团被改编为骠骑兵团。随着改编，制服也出现了变化：塔尔顿头盔被翼帽（或米立顿帽）取代；引进了斗篷夹克、武装腰带和蒙古波克式马鞍。伊齐基尔·贝克（Ezekiel Baker）研发的新式线膛骑枪配发给了新部队，第10骠骑兵团因而成为第一支使用线膛武器的英军骑兵部队。另外，轻龙骑兵的老式两角帽与骠骑兵的塔尔顿头盔被沙科筒帽取代。

每个团的领口、袖口和翻领都与贴边同色。粉色似乎是不受欢迎的贴边颜色。1814年，第21团被允许改为黑色；第二年，22团被允许改为白色。

最后，英军拥有了五颜六

▶ **第12轻龙骑兵持矛下士（或执勤军士），1812年** 图中所示为国内勤务装。在作战时，白色马裤外头会套一条灰色罩裤。短上衣仿制的是波兰库尔特卡短夹克，一般是欧陆枪骑兵部队穿的。后来该团确实也被改编为枪骑兵团。

▼ **第15轻龙骑兵团军官，1809年** 1805年，第7、10、15轻龙骑兵团正式获准换装骠骑兵式制服。图中为半岛战争时期的制服样式，也在1808年12月21日的萨贡（Sahagun）出现过。这个团有"襟片"的绰号，所谓襟片是指一小块布，该部有很多裁缝短工，缝制襟片便是他们工作的一部分，因此而得名。图中独特的红色沙科筒帽，在作战时会用黑色油布罩住。军官没有将斗篷夹克当披风披在左肩，而是当夹克来穿。刀鞘一般是黑色的，不过有资料显示，其最初是所属团部的代表色。

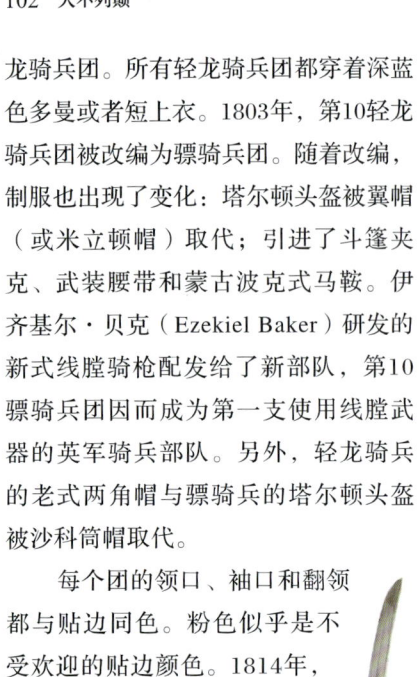

色、浮夸华丽的骠骑兵部队——尽管英国人还管他们叫"轻龙骑兵"。骠骑兵将如何进行战术部署呢？最终解释权在于1778年海因德（Hinde）上尉编写的《轻龙骑兵操典》。因为这本操典，拿破仑战争期间的骠骑兵们很是受苦，威灵顿公爵曾如此评价道："在我看来，我们的骑兵在纪律上与法军差太远了。尽管我认为我军的1个中队便是2个法军中队的对手，但我从来没见过我军4个中队能压倒4个法军中队——规模越大，越压不住法军。"1809年，塔拉韦拉会战中的第23团冲锋便是有力佐证。英军骑兵伤亡惨重，以至于法军的巴登步兵从战死者那里搞来的塔尔顿盔数量完全可以装备整个乐团。

1806年轻龙骑兵/骠骑兵诸团特征

番号	贴边	饰带及纽饰	腰带或皮带
第7后领轻龙骑兵/骠骑兵团	白色	银色	蓝白相间的腰带
第8国王王家爱尔兰轻龙骑兵团*	红色	银色	蓝红相间的皮带
第9轻龙骑兵团	红色	金色	蓝黄相间的皮带
第10威尔士亲王领王家轻龙骑兵团	红色	银色	红黄相间的腰带
第11轻龙骑兵团	米色	银色	蓝米相间的皮带
第12威尔士亲王领轻龙骑兵团	黄色	银色	蓝黄相间的皮带
第13轻龙骑兵团	米色	金色	蓝米相间的皮带
第14约克公爵领轻龙骑兵团	橙色	银色	蓝橙相间的皮带
第15国王轻龙骑兵/骠骑兵团	红色	银色	红黄相间的皮带
第16王后轻龙骑兵团	红色	银色	蓝红相间的皮带
第17轻龙骑兵团	白色	银色	蓝白相间的皮带
第18轻龙骑兵/骠骑兵团*	白色	银色	蓝白相间的腰带
第19轻龙骑兵团	黄色	金色	蓝黄相间的皮带
第20轻龙骑兵团	橙色	金色	蓝橙相间的皮带
第21轻龙骑兵团	粉色	金色	蓝粉相间的皮带
第22轻龙骑兵团*	粉色	银色	蓝粉相间的皮带
第23轻龙骑兵团	红色**	金色	蓝红相间的皮带
第24轻龙骑兵团	灰色	银色	蓝灰相间的皮带
第25轻龙骑兵团*	灰色	银色	蓝灰相间的皮带
第26轻龙骑兵团*	紫色	银色	蓝紫相间的皮带
第27轻龙骑兵团	白色	银色	蓝白相间的皮带
第28轻龙骑兵团*	黄色	银色	蓝黄相间的皮带
第29轻龙骑兵团	浅米色	银色	浅米色与蓝色相间的皮带

*这些团都穿灰色多曼上衣
**查理·菲利普·博瑟（Charles Philip de Bosset，后来在英王德意志军团担任中校）在1803年所统计的轻龙骑兵制服表格中，显示该团贴边颜色为黄色。

◀ **第12轻龙骑兵团军官，1809年** 轻骑兵身穿如图所示的制服参加了半岛战争的大部分战斗。这个团为"威尔士亲王轻龙骑兵团"，因而威尔士亲王的徽记可以在鞍布上看到。

1812年制服改革

1812年，轻龙骑兵部队引进了法式沙科筒帽。帽装饰有外圈为白色、内圈为黑色的帽徽，以及团属环记以及纽饰，传统的白顶红底羽饰被别在了帽子顶籀上，颏带与纽饰同色。短衣也从多曼变为了短下摆双排扣短衣；后者的领子、翻领、袖口、翻边和袋盖均与贴边同色。实际上，这种短衣完全是枪骑兵风格的；翻领便借鉴的是拿破仑的波兰枪骑兵。外国枪骑兵制服的"瀑布"式设计，也被运用到了骠骑兵们的短衣后部。骠骑兵甚至还会穿戴深蓝色双条纹的腰带或腰带。论及下装，骠骑兵在作战时一般穿着白色马裤或者灰色皮绑腿，这两种下装都有两道条纹装饰。至于帽装，则是一种配有红色囊饰（第18团为蓝色）的棕绒高顶帽。另一方面，多曼衣也得到了保留，饰边、饰带、纽扣的设计没有改动；斗篷夹克为深蓝色；士兵穿着红黄相间的武装腰带，军官的则为深红色、金色相间。

炮兵与工兵

在法国革命战争与拿破仑战争时期，英国皇家炮兵在陆军中是一个特别的存在——近卫骑兵管辖步兵、骑兵部队，但皇家炮兵归军械局所辖。这种奇怪的安排反映了炮兵的专业地位，当时炮兵组织更像一个技工公会。

步炮兵

步炮兵身穿深蓝色外套，搭配红色贴边、黄色纽扣和饰带，白色马裤搭配的是黑色绑腿。1793年，一共有4个步炮营；1801年，增加到了7个。

骑炮兵

1793年1月，英国陆军成立了第一支骑炮兵部，有2个连队，每连100人。他们有训练有素的驭手，全体炮组成员均骑马。总体而言，骑炮兵制服的颜色与步炮兵相同，不过骑炮兵身穿的是纽扣和纽扣装饰为黄色的深蓝色多曼上衣、白色马裤和短靴。1794年，骑炮兵的规模由2个连增加到4个连，总计有800人和1000匹马。到1801年10月，骑炮兵有10个这样的连。

1801年，步炮兵与骑炮兵总兵力逾9000人，其中含步炮驭手（从属于建立于1794年的后勤军士及驭手部队）。直到1799年远征荷兰前，阿伯克龙比将军才引进"炮兵指挥官"。

至1801年，骑兵与步兵部队有其专属火炮的传统。每个轻龙骑兵团会调拨1名军官及18名士兵学习"轻野炮"的操作；步兵团则是1名军官及34名士兵。所谓轻野炮，其规格为3磅；而步兵炮则是3磅炮及轻型6磅炮。

革命战争期间，英国野战炮兵在炮型选择上偏重型化；他们会出动24磅炮。步炮兵则装备9磅炮而不是6磅炮。论及攻城火炮——威灵顿公爵一向渴求的——则大多为12磅及24磅炮，有时也会出动海军火炮。很明显，如果出于更好的战术收益，势必要将骑兵轻野炮与步兵营属炮分离出来，并入专门的炮兵连队。在很多指挥官们看来，"营属炮"（指给步兵营配属的火炮）缺点大于优点，并且严重影响到了步兵、骑兵的机动力。另一方面，重型火炮的缺点也是显而易见的，因而被6磅加农炮、9磅加农炮以及5英寸口径榴弹炮取代。同时，英军也在炮具上下了功夫。一种单体式木制炮架被引进列装——这种炮架一方面极大得到了轻量化；另一方面，炮具的回转半径也就短了，甚至比格里伯瓦尔体系更加灵活。不过，榴弹炮还是使用双重炮尾。

工兵

王家工兵部队建立于1787年4月。这是一支全部由军官组成的部队，1792年时还只有73名成员。甚至到了1813

▼ **王家骑炮兵军官，1800年** 骑炮兵作为皇家炮兵中相对新颖的编制，拥有高度的机动性，而图中独特的塔尔顿头盔以及骠骑式装束也在暗示这一点。这位军官像骠骑兵那样身穿毛绒内衬的斗篷夹克：披在左肩，对敌人的刀击有一定的防护作用。

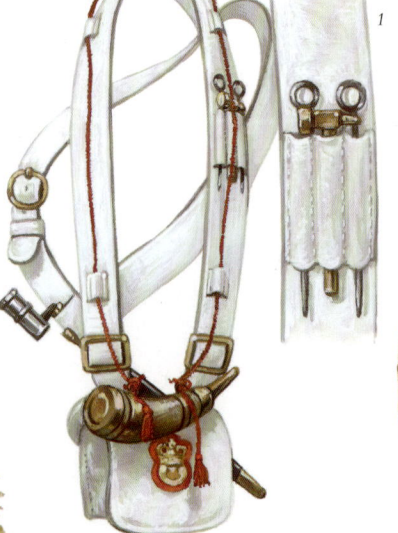

◀ **皇家炮兵装备**
1.炮兵的带装，包含火药瓶、刺刀和炮钉。
2.有皇家炮兵和王室花押的沙科筒帽徽章。

炮兵与工兵 105

任。王家工兵部队的制服为深蓝色外套，搭配黑色贴边、金色纽扣、白色下摆边。1811年，制服变更为红色外套，贴边色为"嘉德蓝"，纽扣为金色。另一方面，王家工兵部队制服穿的是红色外套，搭配深蓝色贴边、黄色饰带、白色纽扣。

▲ **皇家炮兵装备**
1.图为军官的比利时沙科筒帽，其颏带为金色。
2.图为列兵的沙科筒帽，装饰有黄色饰带以及工艺有所欠缺的羽饰。

▼ **火箭部队操作员，1813年** 乍看之下，图上的士兵似乎是枪骑兵，实际上，"长矛"是火箭装填杆。在1813年10月18日的庞斯多夫（位于莱比锡东北方）战斗中，联军中由有32名操作员和151名士兵组成的英军火箭连获得了荣誉。

▲ **步炮兵军士长，1806年** 这套制服从1806年一直穿到1814年，饰有6个黄色环状饰带的单排扣短衣，是争论的焦点。但对于衣领是否普遍为红色、士兵的单排扣上衣有无6个堡垒样式的黄饰环，尚存有争议。他的白手套并不实用，但像腰带和口哨一样，是军衔的标志。

年，这支部队也只有262人。专业技术人员的匮乏，导致威灵顿在西班牙的围城战事中严重受挫。

1787年10月，一支技术兵部队得到建立。起初，这支部队也是由军械局管辖；其制服为深蓝色外套，搭配黑色贴边、白色纽扣、黄色饰带、白色翻边。1812年4月，王家技术兵部队得以建立，1813年，这支部队更名为王家工兵部队。这支后勤部队组织成连队，指挥官由王家工程部队的军官担

英王德意志军团与布伦维克黑衣军

卓越的英王德意志军团是英国最重要的外籍部队，最不为人所知的英军外籍部队可能是"布伦维克黑衣军"。

英王德意志军团

1803年，法国征服了汉诺威帝选储的领土，并解散了后者的常备军，建立了亲法武装。同年10月，大量原汉诺威军队的官兵流亡到英国，想与法国作战。于是，一个"英王德意志团"成立了；很快，这个团便扩编成"英王德意志军团"，下辖8个战列步兵营、2个轻步兵营、2个重龙骑兵团、3个轻龙骑兵团、4个步炮连、2个骑炮连和1个工兵部队。1813年，其中1个重龙骑兵团被改编成轻龙骑兵团，后来轻龙骑兵团均被改编成骠骑兵团。

兵团步兵的装备与他们的英军同行极为相似：饰有部队名称的沙科筒帽、肩带、背包、水壶和纽扣。战列步兵制服为红色外套，搭配深蓝色贴边、黄色纽扣和一对白色方形的蕾丝环（中心有深蓝色的线条）。轻步兵制服为线膛枪兵的绿色多曼上衣，黑色贴边、白色纽

▼ **英王德意志军团司号兵，1812年** 这套制服英味十足，镌有团属徽记的纽扣、水壶、背包、帽装、皮带扣牌。该军团有几个单位赢得了战斗荣誉，1815年，汉诺威军队仍继续保留着这些战斗荣誉直到1918年。

▼ **布伦维克先锋部队猎兵，1815年** 图中的这套制服曾出现在滑铁卢战场上。科西嘉帽是德裔轻步兵的最爱。帽子的翻边处有布伦维克公爵的白马徽记，帽身还有一圈绿色镶边。布伦维克部队成立时间短，且缺乏作战经验，但还是在四臂村——他们的公爵便是在此处身殒——和滑铁卢打得不错。

▼ **英王德意志军团军士长，1812年** 英王德意志军团建立于1803年，在战争期间通过招募德裔难民和战俘不断扩大。其中，有8个战列步兵团，区分他们的办法有沙科筒帽徽牌、纽扣以及军官制服翻边的徽记。

扣、黑色饰带。

1812年时，有2个轻龙骑兵团制服为有红色贴边的深蓝色短衣，第1团的纽扣为黄色，第2团为白色。后来的骠骑兵团则为深蓝色多曼上衣，各团贴边的颜色为：第1团，红色；第2团，白色；第3团，黄色。第1、2团均为黄色纽扣和饰带，第3团为白色。腰带为红色、纽扣颜色相间。

布伦维克黑衣军

这支部队于1809年在波希米亚建立，创建者为弗里德里希·威廉——前布伦维克公爵，在1807年被拿破仑赶下台。该部队包括1个步兵团和1个骠骑兵团，均装备了奥地利式装备。步兵团有3个步兵营和1个猎兵营，骠骑兵团有1个枪骑兵中队和1个骑炮连。

步兵和炮兵制服为黑色，包括纽扣和饰带；贴边为浅蓝色。猎兵制服为深绿色，搭配红色贴边、黄色纽扣，科西嘉帽的帽檐左边向上翻起。骠骑兵同样也是全黑制服，搭配黑色和浅蓝色的贴边，黄色和浅蓝色的腰带。步兵、炮兵、骠骑兵均佩戴饰有银制颅骨徽记的沙科筒帽。枪骑兵的制服与奥军第1枪骑兵团极为相似：绿色制服上有红色贴边、铜制纽扣，黄色恰普卡帽。

布伦维克黑衣军入侵了萨克森，后来到了英国本土，并被纳入英军序列。1815年，光复的布伦维克公国出兵支援盟军在滑铁卢的战斗，这支部队包括2个猎兵连、2个轻步兵营、3个轻步兵营、3个战列步兵营、1个骠骑兵团（包含1个枪骑兵中队）以及步炮、骑炮连各1个。

▼ **布伦维克骠骑兵军官，1809年** 1809—1815年，黑色是布伦维克部队制服的绝对主导颜色，制服上通常会搭配浅蓝色的贴边。下垂的羽饰是布伦维克部队的标志。布伦维克骠骑兵曾为英国在西班牙作战。

▼ **布伦维克黑衣军装备**
1. 布伦维克枪骑兵中队从1809年开始配发的恰普卡帽。
2. 布伦维克部队军乐队随身携带的土耳其乐器"叮铃铛"（Jingling Johnny/Johnnie）——土耳其音乐在当时的欧洲很流行。
3. 从1815年开始装备的沙科筒帽徽牌。
4. 炮兵从1815年开始装备的沙科筒帽。
5. 布伦维克步兵单位从1809年开始装备的沙科筒帽。

东印度、西印度诸团与非洲部队

英国不断膨胀，越来越依赖本土军队来履行国防和治安职责。这些本地武装由欧洲人担任军官。当时，东印度公司统治着印度。孟加拉、孟买、马德拉斯的王公所组建的部队，由东印度公司组织成了英国驻印武装部队。他们是英国统治印度的中坚力量。土著团身穿束腰上衣，戴着头巾、穿着短裤。

孟加拉军团

孟加拉步兵团包含1个欧洲团和第1—27本土团，他们身穿红色外套（黄色贴边色、朴素方尾的饰带）、白色皮带和白色马裤。本地骑兵部队由第1—8团构成，其装束为深蓝色多曼上衣（饰边为橙色，纽扣、饰带为白色）、白色皮带和白色齐膝裤。

孟买步炮兵部队制服为深蓝色外套（饰边为红色、纽扣为黄色，一对方尾饰带）、白色皮带和白色齐膝裤。骑炮兵部队身穿有深红色贴边、黄色纽扣的蓝色多曼上衣以及白色马裤。工兵制服为有黄色纽扣和一对方尾饰带的深蓝色外套。

孟买、马德拉斯军团

孟买步兵部队制服为有白色方形扣眼的红色外套、白色皮带、白色齐膝裤。炮兵制服为有红色贴边的深蓝色外套，工兵则为有深蓝色贴边、黄色纽扣的红色外套。

马德拉斯本地骑兵部队身穿红色多曼上衣、白色皮带和白色马裤。步兵部队制服则为白色方形扣眼的红色制服，个别下装为白色马裤和白色皮带；各团贴边、纽扣颜色同上。步炮兵部队穿着有红色贴边、黄色纽扣、黄色饰带的深蓝色外套；骑炮兵制服是骠骑兵式的，颜色设计与步炮兵一致。工兵制服为深蓝色外套，其贴边也为深蓝色；纽

▼ *马德拉斯军团轻步兵中士，1810年* 这套制服英味十足，尽管帽子和裤子根据当地的实际情况和印度的气候进行了改动。徽章与英国陆军一致。如图所示的头巾在3个管区的军队中很常见，这种铅笔胡须似乎也很流行。

▼ *孟加拉军团掷弹兵中士，1805年* 注意掷弹兵的肩章和肩带，是各自独立的。除了头巾，这套制服总体上与英军制服一致。这位本地军士甚至穿着长裤而不是短裤。

1792—1815年马德拉斯骑兵诸团特征

番号	贴边	纽扣及饰带
1	黑色	黄色
2	黑色	黄色
3	棕色	白色
4	黄色	白色
5	黑色	白色
6	蓝色	白色
7	黄色	白色
8	黄色	白色

1792—1815年孟买步兵诸团特征

番号	贴边	纽扣及饰带
第1欧裔孟买步兵团	黑色	黄色
第2本地孟买步兵团	黑色	黄色
第3本地孟买步兵团	棕色	白色
第4本地孟买步兵团	黄色	白色
第5本地孟买步兵团	黑色	白色
第6本地孟买步兵团	蓝色	白色
第7本地孟买步兵团	黄色	白色
第8本地孟买步兵团	黄色	白色
海军陆战团	深蓝色	白色

1792—1815年马德拉斯步兵诸团特征

番号	贴边	纽扣及饰带
第1欧裔马德拉斯步兵团	蓝色	黄色
第2本地马德拉斯步兵团	黑色	黄色
第3本地马德拉斯步兵团	红色	白色
第4本地马德拉斯步兵团	黄色	白色
第5本地马德拉斯步兵团	黑色	白色
第6本地马德拉斯步兵团	栗色	白色
第7本地马德拉斯步兵团	蓝色	白色
第8本地马德拉斯步兵团	黄色	白色
第9本地马德拉斯步兵团	黑色	白色
第10本地马德拉斯步兵团	红色	黄色
第11本地马德拉斯步兵团	栗色	黄色
第12本地马德拉斯步兵团	绿色	白色
第13本地马德拉斯步兵团	米色	白色
第14本地马德拉斯步兵团	黑色	白色
第15本地马德拉斯步兵团	白色	白色
第16本地马德拉斯步兵团	米色	白色
第17本地马德拉斯步兵团	黄色	黄色
第18本地马德拉斯步兵团	黑色	白色
第19本地马德拉斯步兵团	栗色	白色
第20本地马德拉斯步兵团	绿色	黄色
第21本地马德拉斯步兵团	黄色	黄色
第22本地马德拉斯步兵团	米色	黄色
第23本地马德拉斯步兵团*		
第24本地马德拉斯步兵团	白色	黄色
第25本地马德拉斯步兵团	白色	黄色

*于1806年哗变并被镇压解散

扣与方形扣眼均为黄色。轻工兵制服为深蓝色外套,贴边为深蓝色、纽扣为白色,扣眼没有装饰。

西印度诸团

这些部队头戴沙科筒帽,身穿有红色衣领、贴边(袖口处)的红色外套,所有扣眼都是方形的,马裤是深蓝色的,皮带是白色的。

非洲部队

这个单位的制服为红色外套(黑色贴边、白色纽扣,白色扣眼有红线和黑线)、白色皮带和白色齐膝裤。

▲ **孟买军团掷弹兵营下士(Naik),1801年** 英国人保留了当地服饰的元素,比如图中精致的帽子,与此同时,他们也有代表所部的徽章、连队徽记。这一年,印度部队受雇前往埃及驱逐法军。

▲ **西印度团列兵,1812年** 注意翻领和蓝色长裤。这位士兵头戴于同年引入的比利时帽。该部队经常从获释或逃跑的奴隶中招募士兵。黑人士兵对黄热病有一定的免疫力,因而他们作战时表现得很好,成了优秀军人。

1792—1815年西印度诸团特征

番号	袖口	纽扣	饰带
1	白色	白色	内白黑边
2	黄色	黄色	内白、黑黄相间边
3	黄色	白色	白底黑心
4	黄色	白色	白底黄心双黑外边
5	深蓝色	黄色	全白
6	黄色	白色	内白黑边
7	黄色	白色	白底黄边内有黑线
8	深蓝色	白色	全白

其他外籍部队

法国革命战争爆发于1793年2月，而英国对此可谓毫无准备。陆军兵力捉襟见肘，情形十分危急。英方穷尽万策，拿出了一切可行手段：雇用德意志雇佣兵作战；花钱收买普鲁士及其他国家的盟约；利用汉诺威帝储国的军队；往可疑的征兵人员身上砸钱，要求他们在极短时间里拉起一支支部队。在这些士兵中，有许多法国旧王朝流亡贵族；他们为了躲避恐怖政治，逃到了英国、西班牙和德意志的西南地区。以这些人组建起来的军团，某些佩戴着旧王朝白色帽徽，某些则佩戴了英国的黑色帽徽；有些部队的组建状是由国王签署的，有些则是约克公爵。大多数白徽部队在1794年得以组建，不过当中很多没有达到满编，因而只能在1795年解散。许多流亡团是从法国战俘中征兵，并组成了主体；这些兵大多是共和派人士，因而有机会就会逃亡——比如在基伯龙（Quiberon）——或者直接叛逃回法军并调转枪口。

在1795年基伯龙战事中被毁，或者在1797年就被解散的各个流亡团，都没有留下确切的制服资料。

这些团是：贝翁（Beon）步兵团、贝翁骠骑兵团、布耶（Bouille）不列颠枪骑兵团、卡斯特里（De Castries）团、舒瓦瑟尔（Choiseul）骠骑兵团、达马斯（Damas）兵团、亨利·迪利翁（Henry Dillion）团、迪·德雷斯奈（Du Dresnay）团、王家外籍炮兵团【也称罗塔利耶尔（Rotalier）炮兵团】、埃克托尔（Hector）皇家海军陆战团、埃尔维利（Hervilly）王家路易团、奥姆佩施（Hompesch）猎兵团、奥姆佩施骠骑兵团、杰宁汉姆（Jerningham）团、拉沙特雷（La Chatre）忠诚移民团、麦克莱恩（Maclean）猎兵团（也称法国猎兵团、科西嘉突击团）、蒙塔朗贝尔（Montalembert）猎兵团、圣多明各不列颠团、佩里格尔（Perigord）团、罗昂（Rohan）骠骑兵团、罗昂轻步兵团、罗昂骑炮兵团、布瓦热兰（Boisgelin）王家路易团、斯尔姆骠骑兵团、斯尔姆轻步兵团、瓦尔德斯泰因轻步兵团、约克突击团（也称拉塞姆图集团）。

基伯龙战事中幸存下来的诸团残躯被吸收进其他流亡团，这些团被送往西印度，多数人死于黄热病。少数幸存者被征召到英军第60步兵团各营以及约克突击团。

《亚眠条约》之后，仍有6个流亡团幸存，并且继续服役到1815年，他们是：不列颠猎兵团、迪利翁团、斯图亚

◀ **达马斯兵团骠骑兵列兵，1794年** 1793年，达马斯在英国的资助下组建了一个包括步兵、骑兵、炮兵的兵团。骠骑兵身穿如图所示的精致制服。由于该兵团从法籍战俘中募兵，因此该兵团有许多共和派人士，这些人愿意签署任何文件来摆脱囚禁。1795年7月16日，在皇家海军的护卫下，一支由17000人组成的流亡部队登陆基伯龙半岛，遭到拉扎尔·奥什将军及其所部13000人的攻击。流亡部队爆发了大规模的逃逸事件，泄露了计划和口令。不到4天，这支王党军便损失惨重，1700人阵亡、6300人被俘。

其他外籍部队

多零散不整，因而在此只能给出少数团的情况。流亡团的兵员良莠不齐，其军官要么非常年轻，要么非常穷困，要么非常无能。

以下仅列出实际被纳入英军编制的流亡团。

不列颠猎兵团

该团建立于1801年5月，解散于1814年8月。参战记录有：1807年在亚历山大，1809年在那不勒斯；半岛战争时期在丰特斯-德奥尼奥罗（Fuentes d'Oñoro）、拉埃尔曼德（La Hermandad）、维多利亚、索劳伦（Sorauren）。该团兵员包括法国人、意大利人、瑞士人、波兰人以及少数俄罗斯人。这个团起初似乎穿绿色外套，不过之后采用了英军轻步兵制服。

科西嘉突击团

该部于1799年建立于米诺卡岛，参加了1801年的埃及战役，损失严重，于1802年7月在马耳他岛解散。不过在1803年9月又组建起了一个新团，并且参加了卡普里的战斗。该部制服包括有红色贴边的绿色外套和红色马裤等。

爱德华·迪利翁团

该部于1795年在北意大利建立，于1814年12月解散。该部在1801年进入埃及作战，并参加了3月21日的亚历山大会战。1812年，该部参加了对西班牙东海岸的战事。该部上装为有藏蓝色内衬的红色外套，搭配米黄色贴边、白色纽扣、白色棱尾扣眼，下装为白色马裤。

奥姆佩施步枪兵团（或称奥姆佩施轻步兵团）

该部建立于1796年3月，于同年12月送往西印度群岛。1798年5月1日，该部幸存者被英军第60步兵团的第2、5营接收。

奥姆佩施猎骑兵团

该部建立于1796年7月，于1802年9月28日在爱尔兰解散。该部曾在1801年3月13日随芬奇骑兵旅在马留奥提湖战斗。该部戴的是有红色帽布的黑色沙科筒帽，身穿有红色贴边的深绿色外套、红色（或浅蓝色）马裤。

勒文施泰因（Löwenstein）步枪兵团

该部建立于1795年4月，于1797年12月解散；1796年，该部被派往西印度行动。解散后，原部官兵被改编为第60步兵团第5营。该部帽装为科西嘉帽（其左侧帽檐是翻起的），身穿蓝色大衣和马裤，制服的贴边为绿色，翻边有

▲ 奥姆佩施步枪兵团列兵，1796年 这是1801年在埃及作战的常设外国军团之一，于1802年解散。该团制服是日耳曼式风格的，沙科筒帽尤其受到了符腾堡军队的影响。

特米诺卡岛团、默龙（de Meuron）瑞士团、罗勒（de Roll）瑞士团和瓦特维勒（de Watteville）瑞士团。

制服

流亡团自行制定制服样式，他们的制服包括很多军服要素；不少团的制服是建立在奥军或施瓦本军区勒王军基础上的。由于流亡团大多早夭，很少有挨到拿破仑战争时期的，其制服资料也大

▼ 科西嘉突击团列兵，1799年 科西嘉突击团，有时被称为"王家科西嘉突击团"，建立于1799年。该部制服情况很是混乱。上装有时为多曼上衣，马裤有红色、白色、蓝色三种。外籍部队情况如此混乱，主要是因为英国国防预算的滥用。拿破仑在圣赫勒拿岛上的监禁者赫德森·洛，就曾担任过该部队的上校。

一半为绿色。

勒文施泰因步枪兵团

该部建立于1795年8月，于1797年12月解散。1796年参加阿伯克龙比远征，曾作战于马提尼克（Martinique）、波多黎各和巴巴多斯（Barbados）。所部士兵在解散后被英军第60步兵团第5营接收。该部戴科西嘉帽，将左侧帽檐翻起，搭配白色帽徽、环徽和羽饰，纽扣为黄色。上身穿浅蓝色短外套（某些资料称其为红色），其翻边的一半、衣领、肩带、圆袖口和翻边均为绿色，纽扣为黄色；下穿浅蓝色马裤，配有黑色绑腿和皮带。

▼ **符腾堡好望角团列兵，1795年** 这个团是在德意志西南部的施瓦本组建和招募兵员的，后来前往南非服役。该团以德意志军队的规矩配发制服、装备，显然没有针对当地气候或条件进行调整。这支部队也曾在印度为英军作战。

▲ **米拉博兵团军官，1795年** 这又是一支存在时间比较短的部队，该团装备奢华，穿着黑色外套，戴着精致的头盔。由于军官是王党，兵员又通常是从战俘或外国人中征召的，因而该部队在前线作战时表现很差，且不愿战斗。

勒文施泰因猎兵团（或勒文施泰因轻步兵团）

该部建立于1800年1月，解散于1802年4月。这支猎兵团在亚历山大会战中曾是穆尔将军的后备部队。该团士兵解散后被英军第60步兵团第5营接收。该团制服为科西嘉帽和有绿色贴边色的蓝色外套。

默龙瑞士团

1795年10月，英国占领好望角时，这个瑞士团正在该殖民地为荷兰服役。它被吸纳进英军，被派往印度的马德拉斯，并于1816年7月在该地解散。该部佩戴有黑色冠饰的有檐圆帽，配以白顶红底的羽饰。他们上穿红色外套，搭有藏蓝色贴边、白色纽扣、装饰有一条红线的白色棱尾扣眼，下穿白色马裤，配以白色皮带和黑色绑腿。

米诺卡岛团（亦称斯图亚特或王后德意志团）

随着英军夺取米诺卡岛，该部于1798年11月建立。1801年，该部名称改为王后德意志团；1805年，该部改编为

▼ **默龙团列兵，1800年** 1795年，当英军登陆好望角展开攻略时，默龙团在为荷兰东印度公司服役。后来，该团被归入英军编制，被派往马德拉斯并一直在那服役，直至1816年解散。图中士兵的制服是原汁原味的荷兰风格。日内瓦军事博物馆陈列着一套有15幅画组成的名为"1781年的荷兰默龙团"水彩画，另有一套该团1795—1815年为英国服役的水彩画。后者便有如图所示的这套制服。该部军官戴着饰有"VOC"字样花押——东印度公司的标志——的护颈甲，左肩系一条银白色肩带。帽子徽牌中间也有"VOC"的字样，字下面有三道"V"形章。图中军官穿着节庆时才穿的制服。单排扣外套为藏蓝色，红银色纽扣，饰带则色贴边、为银色。红色马甲和马装饰在正下裤饰有银方。此外，他穿着白色丝绸长筒袜，鞋上的搭扣为银色。

英军第97步兵团（制服详情参阅英军步兵部分的表格）。

莫尔特马尔特（Mortemarte）团

该部建立于1794年，解散于1802年8月24日。该部帽子为有黄边的两角帽，上有黄色环徽和黄色纽扣，另外配有白色羽饰和白色帽徽。他们上装为有黑色贴边、黄色纽扣的红色外套，下装为白色马裤，配以白色皮带和黑色绑腿。

罗勒瑞士团

该部在1794年建立于施瓦本（德意志西南部地区）。1801年，该团曾短暂在埃及作战。1807年，该团重返埃及，并参加了亚历山大和罗塞塔的战斗——针对土耳其的仓促、不成功战役。1816年，该团被解散。该部上装为红色外套，搭配藏蓝色贴边、白色纽扣和扣带，并有成对的白色流苏，缝线亦为白色；下装则为白色马裤和白色皮带。

福蒂斯丘声称罗勒团最终与迪利翁团混编一体，但这是错误的。

瓦特维勒瑞士团

该部建立于1801年春季，像其他多数外籍部队那样，它于1816年解散。该部曾参加过1806年7月4日的马伊达会战，当时由奥斯沃尔德（Oswald）旅指挥。该部戴圆锥形的英式沙科筒帽，上装为红色外套，搭配黑色贴边、白色纽扣、有黑色缝线的白色棱尾扣眼（成对装饰在胸口），下装为白色马裤和白色皮带。

王家约克枪兵团（又称哈迪步枪兵团）

该部戴与佩里格尔团一样的小黑帽，有横向冠饰和新月状徽记，但右边有深绿色的羽饰。上装为有黄色纽扣、红色衣领、红色袖口、红色肩章、红色翻领和红色马甲的绿色外套以及绿色马裤。这套制服的特别之处在于，贴边的边缘镶有一圈红黄相间的滚边。袖口上都有三道红黄相间、顶点朝下的"V"形章。黑色短绑腿的上口处有一道红黄相间的饰带，皮带为黑色。

约克骠骑兵团（又称埃尔文骠骑兵团）

该团组建于1794年5月，解散于1802年7月24日。期间曾于1796年2月28日前往西印度群岛服役。该部佩戴深绿色无檐沙科筒帽，配有白色穗绳、白色羽饰、绿白相间的帽徽。上装为有深绿色贴边、白色纽扣、白色扣眼的红色多曼上衣和马裤。深绿色的皮大衣镶着灰色的毛皮，配有白色皮带。

约克突击团（又称拉姆塞突击团）

该部于1793年7月在德意志组建，解散于1797年8月。1796年1月，该部从易北河畔出发，前往西印度群岛。该部士兵在解散后被英军第60步兵团第3营接收。该部戴的帽子上饰有白色的涡卷花体字，花体字上还有8颗白色星状饰案。身穿有白色贴边、白色纽扣、白色马甲的浅藏蓝色外套和马裤，以及黑色短绑腿和黑色皮带。此外，外套肩部饰有燕巢纹饰，与外套同色，边缘装饰为黄色。他们穿黑色短绑腿和黑色腰带。

在此期间，在英国服役的其他外国团包括：荷兰炮兵团、库拉索（Curaçao）分队、荷兰移民旅、（科埃霍恩）王家荷兰营、（范威尔）忠诚奥伦治营。

▼ **约克骠骑兵团列兵，1795年** 图中列兵戴着米尔顿帽，但该部队实际上应戴沙科筒帽。该部建立于1794年5月，收纳了很多原先的法军骑兵——尽管所有参谋和上尉均为英国人。1796年2月28日，该团被派往西印度群岛。在没有医疗条件的环境下，他们于同年参加了对圣卢西亚的夺取战，还参加了镇压逃亡黑奴、加勒比人的奴隶战争。该部接收了罗昂骠骑兵团、奥姆佩施骠骑兵团的残部。服役后，约克骠骑团于1802年7月24日在韦茅斯（Weymouth）解散。有一个约克突击团由英方负责发饷，大多在西印度群岛作战。

奥地利

　　1792年，奥地利成为哈布斯堡家族王朝的中心，哈布斯堡家族自1278年以来一直统治着维也纳。此外，哈布斯堡家族是神圣罗马帝国的传统君主，因此在当时可以支配构成德国和意大利大部分地区的小国家。因此，奥地利势必会反对法国对欧洲大陆的统治。1792—1815年，两个大国之间爆发了不下六次的战争。奥地利虽然在1794—1798年的战事中反复败北，不过，1799年，她联合俄罗斯将法国逐出了北德意志；这导致当年11月的督政府倒台与拿破仑当政。1800年，奥地利又一次战败，1805年和1809年也是如此。1812年，奥地利为拿破仑提供了一支军队，作为其在俄罗斯的南翼部队。1813年，这支部队参加了莱比锡战役，最终因不屈不挠得到了回报。

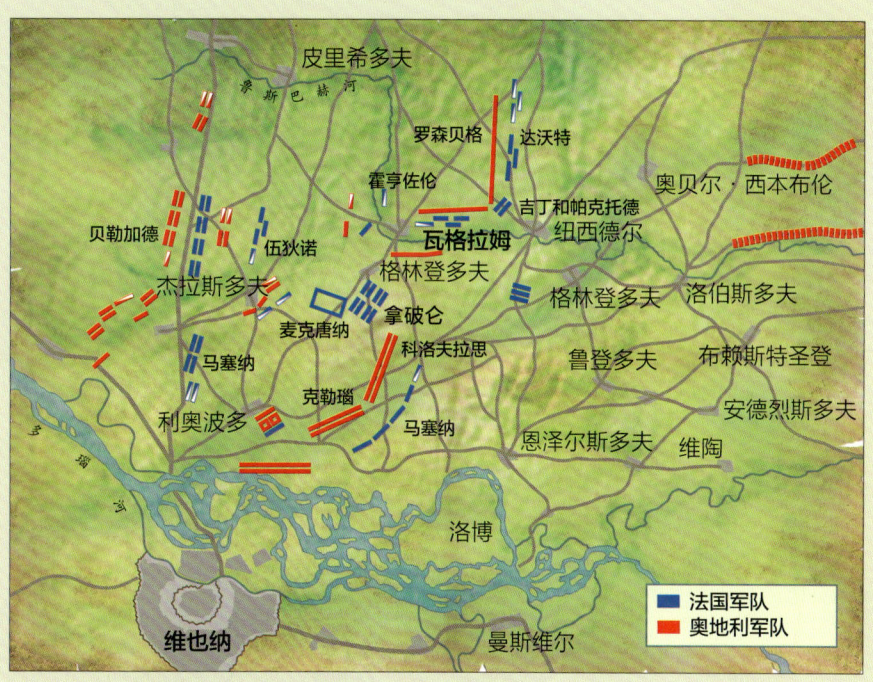

▲ 瓦格拉姆会战见证了奥地利部队的出色表现。卡尔大公展示了使他成为奥地利最重要将军的许多才能。

◀ 1813年10月30至31日的哈瑙会战中，拿破仑击败了战术简单的奥地利—巴伐利亚联军，他突破了封锁，并继续向法国本土撤去。

奥地利帝国

像那个时代的所有其他欧洲国家一样，奥地利实施君主制，在很大程度上是一个农业封建社会。皇帝在内政部、大公教会、警察以及军队的帮助下进行统治。但这并不意味着帝国边界内所有人都由维也纳的铁棒统治。奥地利帝国是多文化、多语言的，与日后的不列颠帝国一样，它更多意义上是一个因共同利害关系而联合起来的国家集团。特别是在匈牙利王国，如果奥地利皇帝要获得这批臣民的支持，那就得戴起小山羊皮手套。这个国家，好似一座摇摇欲坠的政治大厦，其位于维也纳的政府则是以寡头政治的姿态运作的：一个通常不能保证产生重大决策的系统。实际上，1792—1815年，奥地利朝廷经常分裂成亲法派和反法派。1810年，反法派暂时占了上风。皇帝弗朗茨同意了将爱女许配给拿破仑的要求。玛丽·露易丝大公在维也纳与拿破仑的代理人举行了婚礼后，前往巴黎。1811年3月20日，她在巴黎为拿破仑诞下一名男婴。

奥地利的版图

1792年，奥地利帝国横跨欧洲，包括了各式各样的民族与文化。维也纳以北是奥地利两个省：波希米亚和摩拉维亚（Moravia），再往北便是普鲁士、波兰和俄罗斯。普鲁士王国是维也纳的老对头，在奥地利王位继承战争和七年战争中从维也纳手里夺取了富饶的波兰省份——西里西亚。俄罗斯也是波兰领土的竞争对手。1799年，俄罗斯同奥地利和普鲁士瓜分了这个古老王国。奥地利获得了加利西亚（Galicia）的南部地区，那里有波兰旧都克拉科夫（Krakow）。

维也纳东边是帝国悠久历史的组成部分，1527年，匈牙利王国通过普雷斯堡①议会敕令，自愿归属于奥地利。

从维也纳向南，奥地利的影响力扩散渗透进了巴尔干半岛，直至与衰落的奥斯曼帝国所毗邻的达尔马提亚（Dalmatia）。实际上，"戍边团"（Grenze）是指在与奥斯曼接壤的特殊

▲ 皇帝弗朗茨二世像。当神圣罗马帝国被废后，弗朗茨不得不将自己的头衔改为"奥地利的弗朗茨一世"。

地带中征召组建、常备戍守的编制。这些边防团部始终保持着高度的警戒，并不断击败土耳其的边境袭扰。1683年，奥斯曼举兵14万人，由"帕夏"卡拉·穆斯塔法（Kara Mustapha Pasha）指挥，将维也纳城团团围住。此时，一支由欧洲多民族组成的联军在波兰国王杨·索别斯基（Jan Sobieski）的领导下在卡伦贝格（Kahlenberg）会战中击败了奥斯曼人，这一会战导致土耳其在此区域的势力衰落。但是与奥斯曼的边境仍然很危险，需要守卫。西边北意大

① 译注：Pressburg，即今日的布拉迪斯拉发（Bratislava）。

◀ 这是奥地利人对1796年5月10日发生在北意大利的洛迪会战早期阶段的罕见画作，此战最终以法国军队的胜利而告终。

奥地利帝国 117

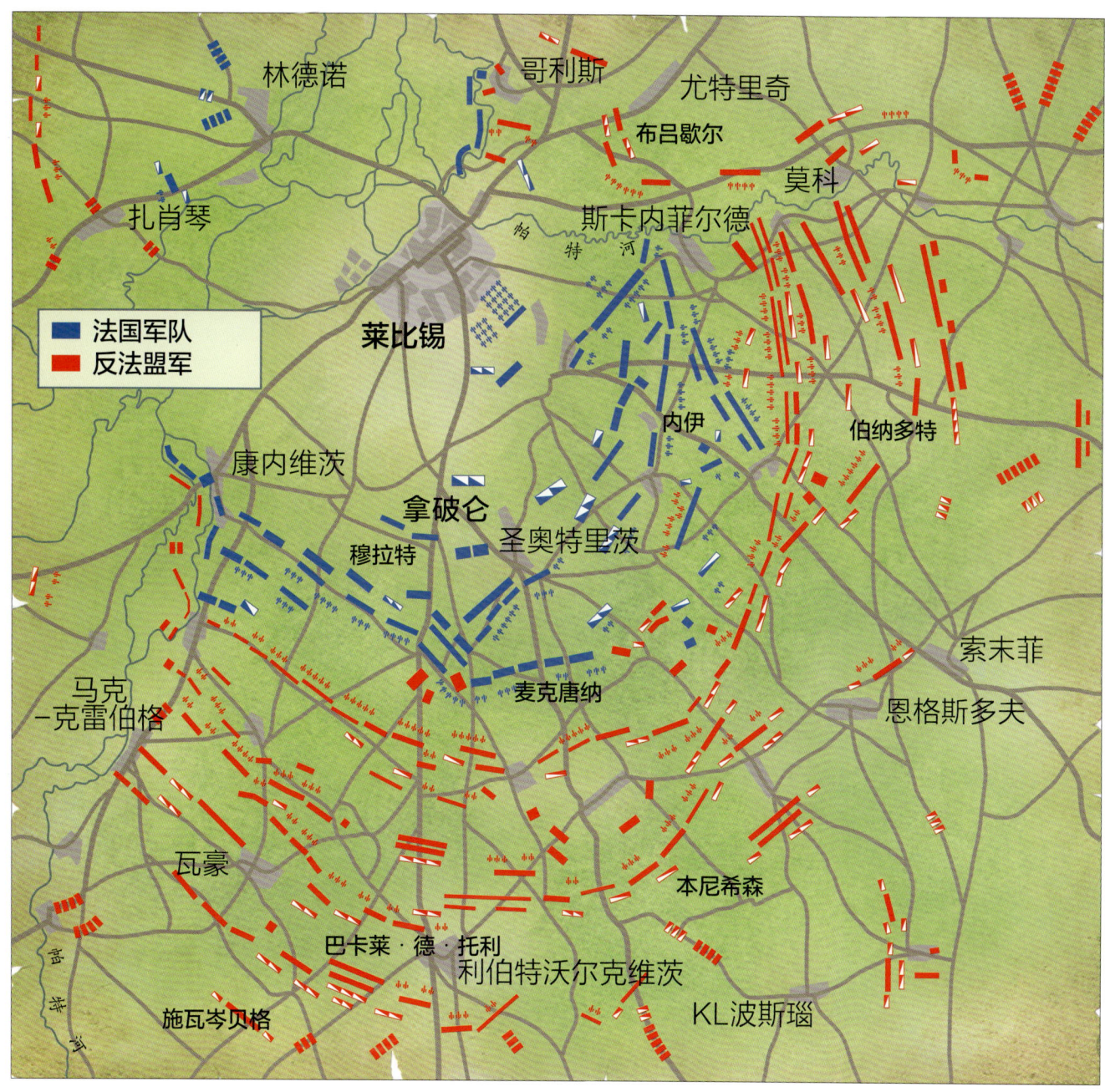

▲ 在莱比锡战役中，拿破仑三天便被同盟国打败。他损失了75000人、325门火炮、900辆辎重车、28面鹰旗团旗。奥地利在城市南部的战斗中发挥了关键作用。

利的广袤领土，包括1797年获得的威尼斯，一直处于维也纳的统治下，直到拿破仑在1800年在马伦哥获胜，使法国在此树立起了霸权。

在维也纳的西北方（也就是尔后联邦德国的国土上），蜷伏着一个庞大政治体，这就是德意志民族的神圣罗马帝国——它主要由奥地利、普鲁士、萨克森、汉诺威构成，其中还夹着大量的封建王公领、帝国自由市以及主教区。历史上，不合时宜的皇帝几乎均出自奥地利。因此，1792年，奥地利哈布斯堡家族的弗朗茨成了神圣罗马帝国皇帝弗朗茨二世。但是，拿破仑在1805年的奥斯特里茨会战击败奥地利及其盟友俄罗斯后，德意志的政治平衡开始向法国倾斜。最终，神圣罗马帝国被亲法的"莱茵联邦"所取代。于是，弗朗茨被迫放

弃此前的头衔，成为"奥地利的弗朗茨一世"。

更远的西北位置，北海之濒，坐落着远离帝国的帝国领土——奥属尼德兰，即今日的比利时。在法国革命战争的早期阶段，奥地利为了守住这个省耗费了许多力量。1795年，尼德兰落入了法国的手中。

奥地利的陆军

所谓的"朝廷战争议会"(Hofkriegsrat),便是奥地利的战争内阁,负责管理武装部队,并制定战争计划。其成员既有军人,也有平民,像这一时期的奥地利政府其他机构一样,很保守。事实上,在任何方面,该议会都无法与拿破仑·波拿巴匹敌。前线战地指挥官必须严格服从议会的决定,很难便宜行事。拿破仑一登上欧洲舞台,把陆军总司令和国家元首的权力集于一身,任何与之为敌的前线指挥官——考虑到当时的通讯速度非常缓慢——都处于严重的劣势。除此之外,朝廷战争议会常常出于政治缘由,谴责那些千里之外倒霉的指挥官。

高级指挥官

根据传统,大部分奥地利军官皆出身贵族,但这并不意味着平民在军中就无上升通道。男爵安东·扎克(Anton Freiherr Zach)就是一个例子。他于1765年入伍成为一名工兵,随后以自己的方式不断升迁。1800年的马伦哥会战中,他是梅拉斯的参谋长。1801年,他因英勇而被封为贵族。1826年,他作为元帅去世。

战场指挥官一般由皇兄皇弟即"大公"(Archduke)出任。如果任命的人缺乏作战经验,没有受过训练,那么就将任命某位久经考验的将军作为其助手(adlatus),负责指导战事。

革命战争及拿破仑战争时期,奥地利最成功的野战指挥官非卡尔大公莫属。卡尔大公生于1771年,是皇帝的弟弟;很年轻的时候,卡尔就在萨克森-泰申(Saxe-Teschen)公爵那里接受军事教育。他在1792年11月6日的热马普会战(the Battle of Jemappes)中负责指挥一个旅,并在1793年3月18日的内尔温登(Neerwinden)会战中表现出色。1796年,他指挥莱茵军团在德意志南部作战,与法国最为杰出的将领莫罗将军——拿破仑的劲敌——对战时,赢得了一系列的胜利。1799年,卡尔被派往意大利,但是与俄军的矛盾导致他引退。1805年,他再次率军奋战于意大利,但10月的乌尔姆之降盖过了他的光芒。1809年,他指挥了德意志的战事,并在5月20—21日的阿斯佩恩-艾斯林会战中大挫拿破仑。但在接下来的瓦格拉姆会战(7月5—6日)中,他却吃了败仗;至于失败原因,很大程度上要归结于他弟弟约翰大公的迟到。战后,卡尔大公便褪下了戎装。

约翰大公和费迪南德大公也行使军事指挥权,但很平庸。除却瓦格拉姆的迟到(1809年),约翰大公此前还在6月14日的拉布会战(the Battle of Raab)中被欧仁·博阿尔内(Eugéne de Beauharnais)击败。9年前的1800年12月,约翰还曾在关键的霍恩林登(Hohenlinden)会战中被莫罗击败。他的兄弟费迪南德大公在1809年战役中的表现,也很一般,没有起到作用。

然而,当时也有其他成功的奥地利指挥官,例如阿尔文齐(1796年11月6日在巴萨诺击败拿破仑)、贝勒加德(Bellegarde)、科洛雷多-曼斯菲尔德(Colloredo-Mansfeld)、克朗纳维勒(Crenneville)、弗里蒙(Frimont)、阿尔伯特·久洛伊(Albert Gyulai)、哈尔格德-格拉茨(Hardegg-Glatz)、弗里德里希·黑森-洪堡(Friedrich Hessen-Homburg)、路德维格·霍恩洛尔(LudwigHohenlohe)、霍亨佐伦-黑兴根(Hohenzollern-Hechingen)、金迈尔(Kienmayer)、克勒瑙(Klenau)、克赖(Kray)、阿洛伊斯·利希滕施泰因(AloisLiechtenstein)、默费尔特(Meerveldt)、梅拉斯(Melas)、诺斯蒂茨(Nostitz)、

▲ 卡尔大公,是奥地利的军队指挥官、军政改革家和战术家。

拉德茨基(Radetzky)、萨克森-科堡(Saxe-Coburg)、施瓦岑贝格(Schwarzenberg)和武姆泽(Wurmser)。

奥军参谋

任何高级指挥官(或"管理者")都需要一个由亲信组成的团队予以协助,确保他能成功。在法文中,这些助手的军事术语为"Aide-de-camp",缩写为"ADC",即侍从武官。到了1792年,这些侍从武官成了军团、军部、师部总参谋部的核心。指挥官们通常亲自挑选侍从武官——年轻、能干、可靠,通常是指挥官的家族成员。指挥官指挥作战时,一般会带着侍从武官。从1757年开始,这在奥地利陆军成了习俗。从1805年开始,指挥官的密友参谋长(通常是少将或上校)负责所有参谋工作以及情报和制图事务。

1809年4月4日,约翰大公以命令的形式对总参谋部进行了整编,并规范了职责。约翰设计了三个部门:第一,秘书处与机要处(Detail Chancery),

由侍从武官长莫尔金（Morzin）伯爵管理；第二，枢密处，由后勤官努金特（Nugent）上校管理；第三，军团总指挥部，由陆军元帅戈洛普（Gorup）男爵负责。

秘书处的作用在于向朝廷战争议会、卡尔大公（时任大元帅）和当地政府报告、交流，并负责特别资金的规划、分配与账务，同时负责审查军中寄出的信件，并分拣来信。技术工兵直接听命于约翰大公。机要处负责勤务表、花名册，发布军团命令、信件、撰写作战日志。所有的战事报告都得通过机要处后才能呈给约翰大公。

后勤长官努金特上校的枢密处主要负责军团在战术上的事，如行军指令、战斗序列、突击或防御指令。枢密处也负责战俘、逃兵问题，接收战术报告，撰写本部门的作战日志。作战地图、军事文档也由枢密处保管。工兵、轻工兵以及舟桥兵（负责多瑙河等水道的交通）也归其管理。

戈洛普的军团总指挥部则负责运输（例如马队和驮畜队）、勤务（日需给养、制服、人员变动、引渡和军饷）、战地医院、财务、法律。

总参谋部于1809年4月4日在格拉茨（Graz）成立，约翰（奥军驻意大利军团司令官）选择在这一天重新定义军队中最重要的机构的职责，这事耐人寻味。一周后，奥军便推进到法军占领区，并在维佐纳（Vezone）与欧仁亲王的军团打了一仗。同日，在多瑙河谷的希尔绍（Hirschau），约翰的哥哥卡尔大公率领奥军的主力与拿破仑的大军发生了交战。战争非常激烈，但当时的环境很难去进行实验。尽管情况非常棘手，这种系统还是很成功，并且在1809年不幸的多瑙河战役中幸存了下来；1813年在莱比锡的波希米亚军队奥地利总参谋部看起来与约翰的非常相似。

战术

18、19世纪，军队将滑膛枪作为步兵的主要武器，并在作战时采用"横队"战术，以便从现有的步枪获得最大的火力。"纵队"则用来进行快速移动，"方阵"则是步兵对抗骑兵攻击的办法，但两者都很容易受到炮火的攻击。

奥地利轻骑兵（骠骑兵、枪骑兵、线膛枪骑兵）负责侦察、搜索和巡逻，尽管他们参与部署严密的战斗越来越多。重骑兵则负责战场上的突击行动：理想情况下，他们会打入步兵阵线的缺口，给予其毁灭性的打击。

▼ 图中可以看到各种奥军步兵、炮兵军官。

奥军战记

纵览反法战争的历史,有一个国际同盟贯穿其间,英国通常会为这个同盟提供财政支持。在这种情况下,盟友本就同床异梦、彼此猜忌;而至战时,他们之间的交通线又显得冗长,独自作战常常适得其反。

1792年4月,(法国)革命战争爆发,当时法军攻击了奥属尼德兰的奥军及其盟军,并迅速被击退。然而,奥军战术上的胜利并不能挡住法国大军。奥军、普军漫长的补给线和交通线也成了制约。虽然同盟于7月15日在奥尔希(Orchies)、8月23日在南格威(Longwy)取得了胜利,但都不是决定性的;9月在瓦尔登(Verdun)僵持不下,导致盟军撤退,美因茨、法兰克福陷落。

1792—1995年,尼德兰和莱茵河沿岸爆发了领土战争。奥军在补给、增援方面存在问题,并导致了恶性循环,但他们依旧打得不错。1794年,普鲁士为了集中力量保住侵占的波兰领土,退

▼ 1800年12月3日的霍恩林登会战中,莫罗将军率领的法国莱茵军团决定性地击败了由约翰大公率领的奥地利—巴伐利亚联军。

▲ 图为奥军元帅武姆泽伯爵在1797年2月2日率曼托瓦要塞向达勒马涅将军投降的事件

出了反法同盟。奥地利人打算坚守尼德兰的计划破产,法国占领了比利时、荷兰和卢森堡。

意大利战役

1796年,虎视眈眈的法国政府再无北境之虞,便将注意力投向了南方,意图从那里对抗奥地利。当莫罗将军在德国与卡尔大公进行不幸的战斗时,北意大利成为战争主战场——作为一名极其成功的陆军指挥官,拿破仑将在那里首次登场。奥军71岁的将领约翰·比利埃(Johann Beaulieu)男爵,与27岁的拿破仑相比,简直无法匹敌。6月,遭受重创的奥军被困在曼托瓦要塞。奥方曾先后四次去解围,但都因作战粗心失败了,1797年2月2日,曼托瓦要塞投降。奥地利在莱奥本(Leoben)求和,反法同盟随之解散。北意大利战役失败的罪

魁祸首是宫廷议会，他们集中精力解围曼图瓦，却不去摧毁拿破仑的军队——如果能摧毁拿破仑的军队，曼图瓦将很容易被解围。奥地利在德意志地区取得的胜利也灰飞烟灭。

1799年，奥地利再次开战，战场还是在德意志和北意大利。卡尔大公在德意志与法军将领儒尔当对战，占据了上风，冯·克雷（Von Kray）将军则领导了对法国将军谢勒（Scherer）将军的进攻。另一方面，俄罗斯陆军元帅亚历山大·苏沃洛夫（Alexander Suvorov）男爵率部与意大利的奥军会合，在此联军的攻势之下，法军只能向西撤退，退守边界。

胜利的联军各国随后发生了嫌隙：苏沃洛夫被派往瑞士北部，在那里，他失去了大部分辎重车和行李，为了保全军队，他不得不逃到东北部。9月25日，法军将领马塞纳在苏黎世会战中击败来援的俄军，并借机将联军赶出了瑞士。奥地利的高层再次摧毁了他们军队在战场上的胜利果实。

1799年年末，波拿巴结束了失败的埃及冒险，回到了法国；其后的雾月政变使他权柄在握，成为第一执政。1800年，他发起了著名的马伦哥战役。在马伦哥会战，波拿巴凭借德赛（Desaix）、克勒曼（Kellerman）两员大将的鼎力相助，他才赢得胜利。奥地利失去了意大利的领土，之后，神圣罗马帝国也将如此。

与法国的战争

尽管遭受了这些挫折，在卡尔大公的建议下，由将领卡尔·马克男爵（Karl Freiherr Mack）指挥的奥军还是在1805年发起了对巴伐利亚的入侵。这位指挥官的无能令人吃惊，他导致了10月15日的乌尔姆投降事件，奥军因此蒙受巨大损失。在12月2日的奥斯特里茨会战，法国皇帝拿破仑痛击俄奥联军。根据战后的《普雷斯堡条约》，奥地利失去了蒂罗尔、萨尔茨堡、威尼斯以及其他一些省。

最后，在1808年，卡尔大公取消了士兵的终身服役制，增加了年轻的新兵数量，不再任用年老的士兵和军官，如此大大降低了士兵的平均年龄。而老兵则成为新组建的民兵部队的核心。

1808年2月12日，这项改革最终以法令形式落实；6月9日，《国防令》颁布，它要求18—45岁的所有适龄健康男性必须拿起武器服役，保卫祖国。但奥地利在财政上捉襟见肘，于是努力进展极其缓慢。1809年，奥地利再次对法宣战（卡尔大公曾警告，这种做法会招致严重后果，但被否决了），此时的国防军（Landwehr）训练不足、装备紧缺，并没有什么作战价值。

5月20—21日的阿斯佩恩-艾斯林会战，卡尔大公力克拿破仑，但胜利成果在瓦格拉姆付之东流。德意志在奥地利的怂恿下，出现了大规模的反法起义。不过，10月14日签订的《维也纳条约》见证了奥地利的失败，后者被迫割让了的里雅斯特、伊斯特拉（Istria）、克罗地亚和加利西亚。1812年，奥地利被迫为拿破仑的俄罗斯远征提供了1个军团。这个军团由施瓦岑贝格亲王指挥，他们与萨克森第7军一道在普利佩特沼泽和乌克兰战斗，而且打得很好。

▲ 图为1805年10月15日的乌尔姆陷落，这次事件不仅打击了奥地利，也显示了马克将军的无能。

该军团在1812年的军事灾难中损失轻微，并在下一年的决定性战役中发挥了重要作用。

1813年，维也纳一开始是保持中立的，但在夏季休战期间加入了反法盟军，并且在10月19日莱比锡会战中为胜利贡献了汗马功劳，而这场会战也瓦解了拿破仑对德意志的控制。盟军部署有3个野战军团，由施瓦岑贝格亲王进行协调。拿破仑被迫退守法国。

1814年，拿破仑重建军队，抵御入侵者。盟军处境艰难，但他们仍在香槟取得了胜利，坚持不懈地向前推进。艰难战局，但奥军面对拿破仑的诡计，依旧表现出色。尽管举步维艰，但盟军还是继续推进，并于3月30日占领了巴黎，直接导致拿破仑第一次退位。1814年2月8日，奥军渡过米乔河并进入了意大利；4月13日，他们迫使法意联军缴械投降。

1815年春天，拿破仑从流放地厄尔巴岛返回法国，奥地利再次派出2个军与他作战。多年以来，战斗经验磨炼了奥地利军队，并将其锻造成了一件利器。

1809年的国防军

所谓"Landwehr",指国防军,这些民兵性质的部队起初只存在于奥地利地区。奥地利最军事化、最爱国的省是蒂罗尔(Tyrol),那里大部分男子依法持有线膛枪。各个村都成立了"射击队"(Schüzenverein)。这些社团的建立初衷是为了抵御外敌、保卫家乡。这些社团有精密的组织,每个成员都对当地每个岩洞、每条山道了如指掌。

历年来,蒂罗尔总督为了应对法军入侵(1796、1797、1800、1802、1804年),都会征发诸射击队作为抗战手段。诸射击队在1805年战局中也是可调动作战的;但是,这些部队那时还不是正规、常备部队,到了1808年,这一点才经由卡尔大公的陆军改革实现。

对蒂罗尔民兵的动员,是从三个方面展开的:

1. "地方射击兵"(Landeschüzen)以连队为单位,由射击队改编而来。

2. "志愿射击兵"(Scharfschützen),

▲ 画面中央的是蒂罗尔爱国者安德烈·霍弗(Andreas Hofer),其身旁围绕着同胞。霍弗领导了一次反抗法国、巴伐利亚的起义。他的士兵身着当地的传统服饰。

以连队为单位,成员是除了"地方射击兵"的其他成年男性,他们接受过射击训练。

3. "战时后备军"(Landsturm)或"地方军"(Home Guard,原文如是),18—50岁的男性,由上述两类组织以外的人员构成。

理论上来说,地方射击兵的制服、装备与常规猎兵(Jäger)部队并无不同,但实际上他们仍穿着各自的民族服饰(Landestracht);战时,他们都会佩戴绿白相间的袖带。如果地方政府愿意,就能为这些民兵购买制服、武器、弹药。奥地利的其他省还没有像蒂罗尔

▼ 发生于1809年5月的阿斯佩恩-艾斯林会战以奥军取胜而告终,为战争赢得了充足的准备时间。

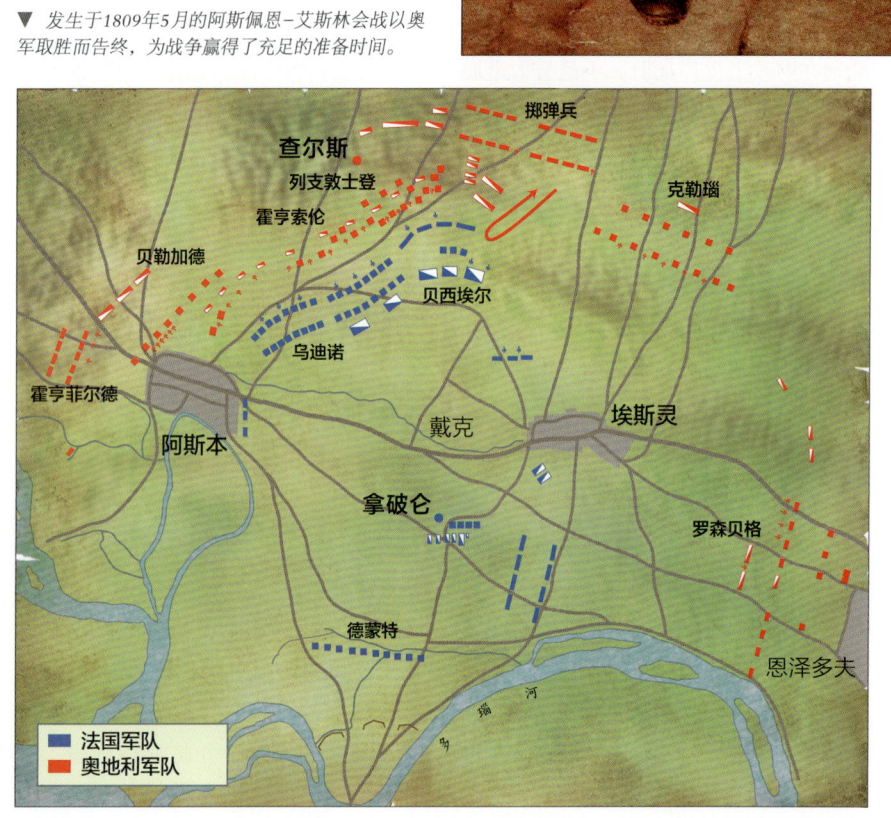

这般成熟的民兵体系，毕竟民间高比例的持枪率会让政府头疼不已。

1796年，维也纳市政厅计划组建民兵组织，但当年最后只建了少数几个连；1797、1800年也发生了同样的情况。同样在1796年，波希米亚组建了一支地方民兵部队，1800年，戈里扎（Goriza）省、克兰（Krain）省、下奥地利省、上奥地利省、萨尔茨堡（Salzburg）省、斯特耶尔马尔克（Steyermark）省以及维也纳市效仿这种做法——但在编纂了志愿兵的登记花名册后，这些地方的这项事业就没了下文。

1809年战役

1808年，费迪南德大公与冯·瓦里斯（Von Wallis）伯爵在波希米亚建立了16个国防营，在摩拉维亚、西里西亚建立了10个；负责克恩滕（Carinthia）、克兰、斯特耶尔马尔克三省的约翰大公则组建了10个；武姆泽伯爵在加利西亚建了26个；比辛根（Bissingen）伯爵在上奥地利、下奥地利省建了8个。在匈牙利，约瑟夫大公以"义军"（匈牙利版的国防军）的名号，组织起28个步兵营、10个骠骑兵团。理论上，奥地利的民兵部队兵力雄厚，拥有98个步兵营、10个骑兵团。

国防军只有步兵、骑兵单位，没有炮兵单位。虽然有将原国防军加入正规编队的计划，但军费不足、时间也紧，未能落实。在多瑙河畔，拿破仑指挥着他的帝国军队打出闪电一般的作战，奥地利无暇充分训练、补给、武装国防军。1809年4月11日，多瑙谷的希尔绍会战是为这场战争的第一枪，在5月20至21日的阿斯佩恩-艾斯林会战，尽管拿破仑落败，但多瑙流域的奥地利西部领土（包括维也纳）都落入了敌手。这种情况下，再训练国防军就太晚了。

在6月14日的会战中，未经训练的国防军在拉布开始行动，此役，约翰大公的部队，包括大量匈牙利义军，被欧仁·博阿尔内的意大利军团击败。另一场主要的会战是格拉茨会战，发生于6月24、25、26日，这期间，伊格纳茨·久洛伊（Ignaz Gyulai）的义军丢弃武器落荒而逃。蒂罗尔的情况就不一样了。尽管瓦格拉姆会战决定了奥地利的命运，但地方射击兵、志愿射击兵、地方军部队仍表现英勇，抵抗了巴伐利亚、德裔、法国的入侵者。在安德烈·霍弗的领导下，战斗一直持续到11月1日。

▼ 的里雅斯特城国防军军官，1809年 的里雅斯特那时是奥地利海军的大本营，但在1809年被法军夺取。图中这套混合制服融合了奥地利、意大利、匈牙利的元素。

◀ 奥地利国防军列兵，1809年 图中人头戴一顶帽檐上卷的科西嘉帽，帽上饰物为传统的奥地利橡叶枝。鉴于所属部队是在花销极少的情况下被迅速建立起来的，因而他的制服朴实、便宜是情理之中的事。

将领、元帅和参谋

很早开始,奥地利军将领的标志便是他们的红色马裤。时至今日,奥地利将官的制式裤子仍有两条红色宽条。他们戴两角帽,边缘镶有6厘米宽的金边,帽子耸立着深绿色的雄鸡羽饰。帽子的角装饰有金边黑心的玫瑰花,上镌有金字花押"FII",也就是神圣罗马帝国皇帝"弗朗茨二世"(1806年改为"FI")。每个将军都佩带所属团的佩剑,搭配金边的红色皮剑带。红色燕尾服的纽扣为金色。所有德意志裔部队将官制服的领子及紧身上衣正面都有金边装饰,军衔则体现在袖口金边的厚度。陆军元帅的袖口有一道宽大的金边,且有橄榄枝叶的图案和三颗金纽扣。

将领没有肩章,其腰带、剑带、剑带是黑黄相间的丝绸。他们都持有一杆马六甲手杖,杖首为象牙球柄,饰有金色穗缨,杖脚为金制。将领所配的马鞍为红色,且有龙形图案,其边缘镶有三道金色宽边;马鞍的前角和后角镶有部队花押或凯旋饰纹。1813年引入了将领野战制服,上衣为铁灰色的单排扣大衣,衣领为红色。袖口、翻领、袋边、衣领都镶有金色穗带,全身呈铁灰色,腿部两侧点缀有金色纽扣。

军衔通过袖口的金边显示。骑兵将军、步兵将军、野战技术将军袖口有两道各宽6厘米的金边,师长只有一道,少将则是只有4.5厘米宽的一道金边。

匈牙利将领

匈牙利将领身穿红色骠骑兵多曼上衣,有金色纽扣、饰边的马裤,外加一件镶有貂皮的皮披肩,头戴的是骑兵绒筒帽。腰带有黑、黄、金三色。袖口、裤管的金杠数量表示所有者的军衔高低。匈牙利将领为坐骑制作的马鞍上点缀着金制饰钉。将领的阅兵装与常服大体一致,不过有细节差别。常服中,斗篷夹克呈铁灰色,骑绒筒帽换成了沙科筒帽。将领的沙科筒帽的帽舌、帽顶、颈檐都被镀了金;除此之外,沙科筒帽饰有一根高25厘米的深绿色雄鸡羽饰。他们可以穿黄色皮革马裤,也可以穿灰色的工装裤。

参谋员

参谋员拥有独特制服。一开始,凡是被委以参谋工作的军官,便会在以后的军旅生涯中一直担任此职——现在,参谋军官会在每个规定任期的间隔中回到原属团部服役,这样,他对基层动态的认识便能够时刻跟进,并对行伍间大小琐事了如指掌。

将官副官与侍从武官

将官副官头戴朴素的有深绿色羽饰的两角帽,上穿深绿色束腰外衣,搭配红色贴边、金色纽扣;左肩垂有金色穗带,下摆低于腰带位置。上装还有一件深绿色外套。

◀ **德裔部队的少将,1809年** 在奥地利陆军中,这个级别的军官负责指挥旅。注意皇室花押,现在的字样为"FI",即奥地利帝国皇帝弗朗茨一世;袖口有1.7英寸的金边,这彰显了制服所属者的身份。

将领、元帅和参谋 125

◀ 将领侍官，1795年 侍官由将领任命，协助后者处理事务。为了突出职务及其地位，这位战地军官将自己的腰带作为弹药袋的带子；其金黑相间的佩剑吊带以及银制皮带扣盘上的金制双头鹰徽清晰可见。他使用的是德式马鞍。

▶ 参谋部军官，1795年 图中人为校官级别，体现在袖口边缘的金色饰带。他坐骑的马具依旧是德意志样式。18世纪90年代，奥军参谋体系运作很困难；1805年战败后，它被完全改革了。值得注意的是黑色衣领、金边衣袖以及朴实、彰显职务的制服。

色；两角帽羽饰为绿色；燕尾外套为米色。军需参谋佩带弯型马刀，而非直型。其大衣也是深绿色，贴边为黑色。这与其他系统的参谋员制服不同，后者两角帽上并无饰物，大衣及燕尾外套（其上均为黄色纽扣）为深蓝色，下装为白色马裤；此外，后者并没有配腰带，不过其佩剑上饰有常见的金色剑带（**portépée**）。军需总监下属有"前线给养""口粮供应""登记"三个科组，这些科组的制服贴边分别为红色、米色与天蓝色。

制服的其他细节，则与奥军德裔步枪兵军官一致。配属将官的侍从武官制服与副官的一致，唯一区别为纽扣为银色。这是很符合规定的制服，奥军抛弃了更具个性的——法军元帅的侍从更喜欢的风格。

军需总监的参谋员

军需总监的参谋员的制服，大体上与德裔步枪兵军官的一致，不过之处在于：短上衣为深绿色，衣领和袖口为黑色，缝的走线为红色，纽扣为金

德裔步枪兵与掷弹兵

奥军步兵部队有德意志裔团、"匈牙利裔"团。实际上，德裔团包含荷兰裔、意大利裔、波兰裔部队。

步枪兵列兵

所谓的步枪兵（Fusilier），原指装备轻型燧发枪和燧发枪的士兵。同样，掷弹兵（Grenadier）原指装备有手榴弹的士兵。经过演化，最终，掷弹兵成了精英步兵的代名词，而步枪兵则指战列步兵。步枪兵制式军服也被帝国军队中其他民族的部队效仿——匈牙利部队除外。1798年，一种罗马式军盔取代了卡斯科特帽，成为步兵的制式军帽。这种军盔由硬皮所制，形如鸡首，顶上饰有黑黄相间的羊毛立冠；盔前铜牌上镌刻着帝国番号；侧面缝制有两条铁制扁条，以抵抗马刀劈砍；颔带是一条黑皮带，在野战中，左手边的颔带饰钉上通常会夹一小枝栎木或冷杉叶。此外，士兵们的头发会编成辫子，胡子剃得很干净。

上装为单排扣珍珠灰紧身上衣；根据身高，团部徽扣为8—10颗。衣领、袖口、翻边处皆有镶边，肩章、燕尾亦有滚边。马甲和马裤也为"白色"，绑腿则是黑色的。大衣为灰色。皮带为白色，背包为牛犊皮所制。步枪兵列兵没有佩剑。

步枪兵军士和军官

下士们穿着与列兵一样的制服，但装备有榛木棍和佩剑，佩剑系着一条黑黄相间的佩带。中士们手拿西班牙手杖。轻工兵留着掷弹兵式的胡须，有一把战斧、一把短柄斧，戴着一条棕色皮制的防护围裙。

从中尉到上尉的军官也戴着列兵制式军盔，不过，他们的头盔制作精良、质量很好，所有铜饰（包括盔前、盔冠两侧、支柱）都镀了金。盔冠羽饰由丝绸线制成，两条镀金链充当了颔带。军官上衣没有肩章，下摆长至膝后，品质也比普通列兵的好；至于镶边，只有领

◀ 第46组格鲍尔（德裔）步兵团笛手，1798年 笛手制服的衣领和衣袖处装饰有扇形蕾丝饰边，肩部还饰有"燕巢"，这些饰物均与贴边同色。头戴的卡斯科特帽帽檐被拓长，且从正面翻起。横笛匣为铜制，上面装饰有冠饰双头鹰的花纹，通过白色肩带加以携带。这个团在加利西亚征募兵员，大多数士兵为波兰裔。

▶ 第38符腾贝格步兵团列兵，1798年 1798年，图中这种并不实用的帽子上的徽牌花纹为双头鹰，之前为冠饰花押"MTJ"①。小牛皮背包被单独挂在一条带子上，木制水壶则通过蜂蜡密封。尽管图中士兵属德裔团，却是从加利西亚征募的。制服贴边为粉色，纽扣为铜制。

① 译注：玛玛丽娅·特蕾莎（Marie-Theresia）与约瑟夫（Joseph）的缩写。

子和袖口上有。此外，裤子也是白色的，军官脚穿黑色直靴。

佩剑带为白色皮制，上缀有银色矩形、饰有双头鹰的搭钩盘；出勤时，会在佩剑带上再戴一条精纺毛料、黄黑相间的腰带。佩剑上饰有金色缨带。在战场上，军官们会穿一款灰色对襟的短上衣（Überrock）——上有代表所属团部的纽扣，衣领、衣袖处有镶边。校官（少校、中校、上校）头盔的金属盔冠呈黄黑相间；袖口有金色或银色花边（大约2厘米）；腰部饰带为丝绸制，同样黄黑相间；其佩剑缨带一面印有双首鹰徽，另一面则有"FII"①的花押字样。军官们普遍配有银制扣状马刺。

到1806年，步枪兵单位中所有官兵开始换装沙科筒帽。这种帽子前后均有帽舌，双耳处有皮制小耳盖；其皮制颔带呈黑色，没有装饰。其正面帽顶上饰有黑心黄边的绒球。根据军衔的高低，绒球也会有对应的款式。团部军士长的绒球呈黑色，中间用黄色丝绸绣着"FI"的花押；军官的样式与之大体一致，但花押颜色为金色。绒球由铜条打环扣住，铜条底端由一枚团部徽纽固定在帽上的褶皱铜环内。如要橄榄枝叶作为装饰，橄榄枝叶就插在绒球后。下士的沙科筒帽帽顶有一条宽1.25厘米的黄色帽箍，中士们的帽上则有两条。少尉有三条，自帽顶上下分布，上下为黄色，中者一条为黑色；中尉、上尉帽帽箍较宽，呈金色。

掷弹兵

除了弹药袋盖子上缀有一枚图案为燃烧的手榴弹的铜徽，弹药袋带子上有一个铜制火柴匣外，德裔掷弹兵的制服与德裔步枪兵相同。掷弹兵全员佩剑，步枪枪杆由胡桃木制成，零件为铜制。掷弹兵并不戴沙科筒帽，而是戴黑色熊皮帽。熊皮帽的正面嵌有一枚铜制牌徽，起初的设计中并无帽檐；帽子背面有一个囊状顶，颜色与制服镶边一致；帽子右侧装饰有黑心黄色绒球，与囊状顶之间有一条白色穗带。军官的帽面牌徽制作更加精良。他们也有佩剑。校官戴两角帽。到了1803年，熊皮帽开始有帽檐，军官的帽檐有镀金边框。1811年，所有团级军官的熊皮帽都做了泛黄处理。1809年，弹药袋带子上的火柴匣被摒弃。

◀ **第30利涅步兵团德裔掷弹兵，1769—1798年** 这位掷弹兵的带上依旧挂着铜制火柴匣。1809年，这个见证了掷弹兵在战斗中点燃、投掷手榴弹的火柴匣被替换成燃烧的手榴弹徽章。熊皮帽的正面有铜制徽牌，徽牌上有冕饰双头鹰纹，四周还有盾纹花押。1802年之前，这个团在法语地区瓦隆省征募兵员，之后改为加利西亚。

▶ **第30利涅步兵团德裔步枪部队鼓手，1769—1798年** 衣领、袖口的白色花边以及袖子上端的"燕巢"饰物，是鼓手制服的特征。

① 译注：神圣罗马帝国皇帝弗朗茨二世英文名"Franz II"的缩写。

匈裔步枪兵与掷弹兵

彰显奥地利帝国多民族的匈牙利裔部队包括来自特兰西瓦尼亚、克罗地亚的武装力量。这些部队混杂着志愿兵与正规兵。

步兵建制

1792年,一个匈裔步兵团的额定人数为4580人;1个团下属4个营,每个营下属6个连队,总计有步枪兵连22个、掷弹兵连2个;战时,掷弹连会从原团调出来组建临时掷弹营,下辖6个连队。作战期间,每个团会被配属1门6磅炮和4门3磅炮。到了1805年6月,每个营被改为下辖4个连;各团编制也相应变动,变为下辖4个野战营(第1—4)及1个掷弹兵营。1805年战役结束后,建制恢复为原有格式,1个团下辖3个营(其中第3营只

▲ 约为1815年维也纳会议期间的奥地利掷弹兵团群像,此时,拿破仑尚未逃出厄尔巴岛,还未实施他那轰动欧洲的孤注一掷。

有4个连)与2个掷弹兵连。1809年,每个步兵团有2个掷弹连、18个步枪连(3个营),另外还有2个兵站连。总计,1个德裔团有5170人,1个匈裔团有5065人,这是因为每个匈裔步枪连虽然要多20人,但兵站中只有465人。在1813—1815年的战事中,每个团增加了1个国防营的兵力,并将之作为第4营。

在奥地利陆军中,各团番号排序并非严格按照建军日期排列,例如资历最长的为第11团;英国陆军情况就不一样了,成立于1633年的"王家苏格兰团"的番号便为"第1"。

步枪兵

匈裔步枪兵制服与德裔制服一

◀ 匈牙利第32步兵团高级军官,1798—1815年 这是一名野战军官。袖口的金色饰带、金色剑带以及金色流苏代表了他的级别。尽管他是一名匈裔军官,但是马具是德意志样式的。匈裔团军官均佩带马刀,而不是剑。马鞍布的一角有君主花押"FII"。

匈裔步枪兵与掷弹兵

▼ 匈牙利第19阿尔文齐步兵团掷弹兵部队轻工兵，1812年 熊皮帽正面的绒毛均朝上，这样穿戴者看起来十分高大。所谓"轻工兵"，指装备有厚厚皮工作裙以及重斧的精英部队。这些部队作为工兵行动，参与诸如摧毁障碍、门以及修筑地面工事的作业。1796年，这个团属于武姆泽的部队；当奥军对曼托瓦的第二次解围行动（1796年9月15日）失败后，武姆泽部被迫撤入曼托瓦以求保护。1805、1809年，这个团参加了北意大利的战事，如萨奇莱会战、皮韦亚河会战和拉布会战。1812年，这个团隶属于施瓦岑贝格的军，并曾在波杜布涅（Podubnie）和沃尔科维斯克（Wolkowisk）战斗。

1792—1815年战列步兵诸团的特征一览

番号	头衔	建团时间	贴边	纽扣	民族或国籍
1	皇帝	1715	桃红色	黄色	摩拉维亚
2	费迪南德大公 1806年改为席勒，1814年改为沙皇亚历山大	1741	皇帝黄	黄色	匈牙利
3	卡尔大公	1715	天蓝色	白色	奥地利
4	骑士团及德意志辖区最高总长（Hoch-und Deutschmeister）①	1696	天蓝色	黄色	奥地利
5	第一卫戍团	1762	深蓝色	白色	
6	第二卫戍团	1764	黑色	白色	
7	施勒德尔（Schroeder） 1809年改为费迪南德（Ferdinand）②	1691	深蓝色	白色	摩拉维亚
8	胡夫（Huff） 1801年起为路德维德大公	1642	罂粟红	黄色	摩拉维亚
9	克勒法伊特（Clerfayt）	1725	青苹绿	白色	瓦龙人，1807年起征募加利西亚
10	克霍伊尔（Kheul） 1802年为安斯巴赫（Ansbach），1806年为米特洛夫斯基（Mittrowsky），1809年为赖斯基（Reisky）	1715	鹦鹉绿	白色	波希米亚
11	瓦里斯（Wallis） 1801年改为赖纳（Rainer）大公	1629	粉色 1810年改为深蓝色	白色	波希米亚
12	曼弗雷迪尼（Manfredini） 后改为利希滕施泰因（Liechtenstein）	1702	深棕色	黄色	摩拉维亚
13	赖斯基 1814年重建，1815年改为维姆普芬（Wimpffen）③	1642	草绿色 1814年改为粉色	黄色	奥地利 1813年改为意大利
14	克勒贝克（Klebeck） 1811年改为鲁道夫大公	1733	黑色	黄色	奥地利
15	达尔东（D'Alton） 1797年为奥拉宁（Oranien），1801年为起里瑟（Riese），1806年改为扎克（Zach）	1701	茜草红	黄色	波希米亚，1807年改为摩拉维亚，1809年改为波希米亚，1812年改为摩拉维亚
16	特尔齐（Terzy） 1802年为鲁道夫大公，1806年为吕西尼昂（Lusignan）	1703	紫色，1810年改为黄色	黄色	施泰尔马克
17	霍恩洛尔-基希贝（Hohenlohe-Kirchberg） 1801年改为罗伊斯-普劳（Reuss-Plauen）	1674	浅蓝色	白色	波希米亚
18	斯图亚特（Stuart） 1809年改为达斯普雷（D'Aspre），1809年改为罗伊斯-赖茨（Reuss-Greitz）	1682	桃红色	白色	波希米亚
19	阿尔文齐·德·贝尔贝雷克（Alvincy de Berbereck）④	1734	浅蓝色	白色	匈牙利
20	考尼茨-里特贝格（Kaunitz-Rietberg）	1681	龙虾红	白色	西里西亚
21	1733年为格明根-霍恩贝格 Gemmingen-Hornberg，1808年为罗罕（Rohan），1810年起为久洛伊（阿尔伯特）【Gyulai（Albert）】	1733	海绿色	黄色	波希米亚
22	拉齐（Lacy） 1802年 萨克森-科堡-萨尔菲尔德（Sachsen-Coburg-Saalfeld），1815年为拿骚-乌新根（Usingen）	1709	皇帝黄	白色	摩拉维亚人
23	费迪南德大公 1814年起为莫罗瓦·梅维尔（Mauroy de Merville）	1672	罂粟红色 1814年改为绯红色	白色	加利西亚人 1814年改为伦巴第人

① 译注：该头衔来源于条顿骑士团。
② 译注：原头衔为"施勒德尔男爵"（Freiherr von Schroder），与下第26团有区别。
③ 译注：该团在1809年解散。
④ 译注：原文似有错，该团头衔应为"阿尔文齐男爵"（Freiherr Alvinczy），阿尔文齐由于处在德意志贵族体系下，其姓氏应为"阿尔文齐·冯·波尔贝雷克"（Alvinczy von Borberek）。该团在1813年改为"黑森-洪堡亲王"（Prinz zu Hessen-Homburg）。

▲ 匈牙利步兵团佩剑
所有德裔、匈裔步兵团军官的佩剑均饰有狮头的夺目握柄，以及金色、黑色相间的剑穗。

样，只不过袖口是尖的，有滚带修饰以及"熊爪"纽扣。下装并非白色马裤与绑腿的组合，而是饰有黑黄穗绳的天蓝色长西裤，且无绑腿。军官制服上的花边为银色或金色，穿着与德裔军官一致的靴子。

掷弹兵

匈裔掷弹兵也佩戴与德裔掷弹兵一致的帽子；上身夹克则与步枪兵一致，也是尖状袖口、熊爪纽扣。下装也是饰有黑黄穗绳（顺两股而下）的天蓝色长西裤，且无绑腿。

① 译注：原文中"奥拉宁的威廉"（Wilhelm of Oranien）应为"奥伦治-拿骚亲王威廉"（Wilhelm, Prinz von Oranien-Nassau），即威廉·弗里德里克（Willem Frederik）；1815年，他加冕为新成立的"尼德兰联合王国"的国王，因而该团头衔更改为"尼德兰国王"（Konig von Niederlande）。

② 译注：该团原头衔全称为"Fürst de Ligne"，即"利涅亲王"（Fürst，近似于中国古代的"藩王"，但级别上低于公爵，如今"列支敦士登公国"元首头衔即为亲王）；另外，利涅亲王的头衔由比利时的利涅家族世袭。

③ 译注：1792—1794年间，该团头衔为"博利厄"（Beaulieu），后改为"本约沃斯基"。

④ 译注：原文遗漏了该团于1809年解散的记录。重建年份应为1814年。另外，原头衔应为"符腾堡公爵"（Herzog Von Württemberg）。

⑤ 译注：新头衔应为"符腾堡公爵"（Herzog Von Württemberg）；符腾堡公爵费迪南德-奥古斯都（1763—1834）之前冠名的第38团被解散后，第40团便以他的名字命名。此外，新头衔应是在1809年起用的。

⑥ 译注：该团于1809年被解散。1815年头衔改为"帕尔亲王"（Fürst Paar）。

番号	头衔	建团时间	贴边	纽扣	民族或国籍
24	普赖斯（Preiss） 1801年改为奥尔斯贝格（Auersberg），1808年改为斯特劳克（Strauch）	1771	深蓝色	白色	奥地利人
25	布雷夏因维莱（Brechainville） 1801年为斯波克（Spork），1808年起泽德维茨（Zedwitz），1810年起德沃（De Vaux）	1672	海绿色	白色	波希米亚人
26	施勒德尔（Schroeder） 1803年改为霍亨洛黑-巴尔滕斯泰因（Hohenlohe-Bartenstein），1814年改为奥拉宁的威廉①	1717	鹦鹉绿	黄色	克恩顿人
27	斯特拉索尔多（Strassoldo） 1809年改为夏斯特勒尔（Chasteler）	1682	皇帝黄	黄色	施泰尔马克人
28	瓦尔滕斯勒本（Wartensleben）	1698	草绿色 1814年改为粉色	白色	波希米亚人
29	瓦里斯（Wallis） 1803年改为林德瑙（Lindenau）	1709	浅蓝色	白色	摩拉维亚人
30	利涅（De Ligne） 1815年改为努根特（Nugent）②	1725	铁灰色	黄色	瓦龙人；1802年起改为加利西亚人
31	本约沃斯基（Benjovszky）③	1741	皇帝黄	白色	匈牙利人或特兰西瓦尼亚人
32	塞缪尔 1802年改为埃斯特哈齐（Eszterhazy）	1741	浅蓝色	黄色	匈牙利人
33	斯茨塔赖（Sztaray） 1809年改为科洛雷多-曼斯菲尔德（Colloredo-Mansfeld）	1741	深蓝色	白色	匈牙利人
34	克赖（Kray） 1804年改为达维多维奇（Davidovich），1815年改为维德-伦科尔（Wied-Runkel）	1733	茜草红	白色	匈牙利人
35	布伦塔诺-奇马罗利（Brentano-Cimaroli） 1793年改为文克海姆（Wenkheim），1802年改为摩德纳，1803年改为马克西米利安大公，1807年改为内波穆克（Nepomuk），1809年改为阿让托（Argenteau）	1683	茜草红	黄色	波希米亚人
36	金斯基（Kinsky） 1797年改为菲尔斯滕贝格（Fuerstenberg），1801年改为科洛弗拉特-克拉科沃斯基（Kolowrat-Krakowsky）	1683	粉色	白色	波希米亚人
37	德温（De Vins） 1803年改为奥芬贝格（Auffenberg），1808年改为奥尔施佩格（Auersperg）和维登菲尔德（Wiedenfeld），1813年改为马里阿西（Mariassy）	1741	罂粟红	黄色	匈牙利人
38	符腾堡（Württemberg） 1815年重建，成为为普罗哈斯卡（Prohaska）④	1725	粉色	黄色 1815年改为白色	加利西亚人 1815年改为伦巴第人
39	纳达斯迪（Nadasdy） 1803年改为杜卡（Duka）	1756	罂粟红	白色	匈牙利人
40	米特罗夫斯基（Mittrowsky） 1813年改为符腾堡费迪南德（Wuerttemberg, Ferdinand）⑤	1733	绯红色	白色	摩拉维亚人
41	本德尔（Bender） 1803年改为符腾堡威廉（Wuerttemberg, Wilhelm），1805年改为萨克森-希尔德堡豪森（Saxony-Hildburghausen），1808年改为科图林斯基（Kottulinsky），1815年改为霍亨洛伦-巴尔滕斯泰因（Hohenlohe-Bartenstein）	1701	硫磺黄	白色	奥地利人
42	马特森（Mathesen） 1793年改为埃尔巴赫-申贝格（Erbach-Schoenberg）	1674	橙色	白色	波希米亚人
43	图尔恩-瓦勒-萨西纳（Thurn-Valle-Sassina） 1806年改为西姆布申（Simbschen），1814年重建⑥	1715	硫磺黄 1814年改为绯红色	黄色	奥地利人 1814年改为伦巴第人
44	贝尔乔索索（Belgiojoso） 1801年改为贝莱加尔德（Bellegarde）	1744	茜草红	黄色	意大利人 1807年改为加利西亚人

匈裔步枪兵与掷弹兵 131

▼ **匈牙利第52弗朗茨大公步兵团掷弹兵军士长，1805年** 该团兵员来自匈牙利，这名军士的制服贴边为桃红色。乍看之下，似乎无军衔徽记，其实包括：皇帝花押"FII"的军官式金边绒球、引人注目的西班牙式手杖（有白色握带）、军靴、特殊的刀柄有狮头，金色、黑色相间的丝质握带和穗饰。袖口上的白色花边及流苏就是所谓的"熊爪"。手杖是用来惩罚列兵的。这个团的头衔可以被翻译为"弗朗茨大公"。

① 译注：1804年起改为"弗朗茨大公"。

番号	头衔	建团时间	贴边	纽扣	民族或国籍
45	莱特尔曼（Lettermann）1806年改为德沃（De Vaux）	1682	绯红色	黄色	萨尔茨堡
46	纽格鲍埃尔（Neugebauer）1769年改为夏斯特莱尔（Chasteler）	1769	法军蓝	黄色	加利西亚人
47	金斯基（Kinsky）1805年改为沃格勒桑（Vogelsang）	1682	铁绿色	白色	波希米亚人
48	施密特菲尔德（Schmitfeld）1798年重建，1799年改为武卡索维希（Vukassovich），1809年改为西姆布申（Simbschen），1815年改为拉迪沃耶维希（Radivojevich）	1721	浅蓝色 1798年改为铁绿色	黄色	意大利人
49	佩莱格里尼（Pellegrini）1797年改为科尔彭（Kerpen）	1715	浅铁灰色	白色	奥地利人
50	斯泰恩（Stain）	1762	紫色	白色	加利西亚人
51	斯普伦伊（Splenyi）	1702	法军蓝	黄色	匈牙利人或特兰西瓦尼亚人
52	安通大公（Archduke Anton）后改为弗朗茨大公（Archduke Franz）①	1741	桃红色	黄色	匈牙利人
53	耶拉希赫（Jelachich）1814年改为席勒（Hiller）	1741	桃红色	白色	匈牙利人或克罗地亚人
54	卡伦贝格（Callenberg）1802年改为莫尔钦（Morzin），1805年改为弗龙（Froon）	1661	青苹绿	白色	波希米亚人
55	默里·梅尔古姆（Murray de Melgum）1803年改为罗伊斯-格赖茨（Reuss-Greitz）	1742	浅蓝色	黄色	加利西亚人
56	文泽尔·科洛雷多-瓦尔德塞（Colloredo-Waldsee, Wenzel）	1684	铁绿色	黄色	西里西亚人或摩拉维亚人
57	约瑟夫·科洛雷多-瓦尔德塞（Colloredo-Waldsee, Joseph）	1688	粉色	黄色	波希米亚
58	博利厄	1763	黑色	白色	瓦龙人，后为波希米亚人
59	约尔迪斯（Jordis）	1682	橙色	黄色	奥地利人
60	1801年改为伊格纳茨·久洛伊	1798	铁绿色	白色	匈牙利人
61	1802年改为圣朱利安（St Julien）	1798	草绿色	黄色	匈牙利人
62	1802年改为希赫（Jelachich），1810年改为瓦克屈安-若泽莱斯（Wacquant-Geozelles）	1798	草绿色	白色	匈牙利人或特兰西瓦尼亚人
63	约瑟夫大公 1807年改为巴耶-梅尔梅（Baillet-Mermet），1811年改为比安基（Bianchi）	1799	浅蓝色	黄色	瓦龙人或意大利人或加利西亚人
64	1802年改为夏斯特莱尔（Chasteler）	1801	绿色	黄色	蒂罗尔人

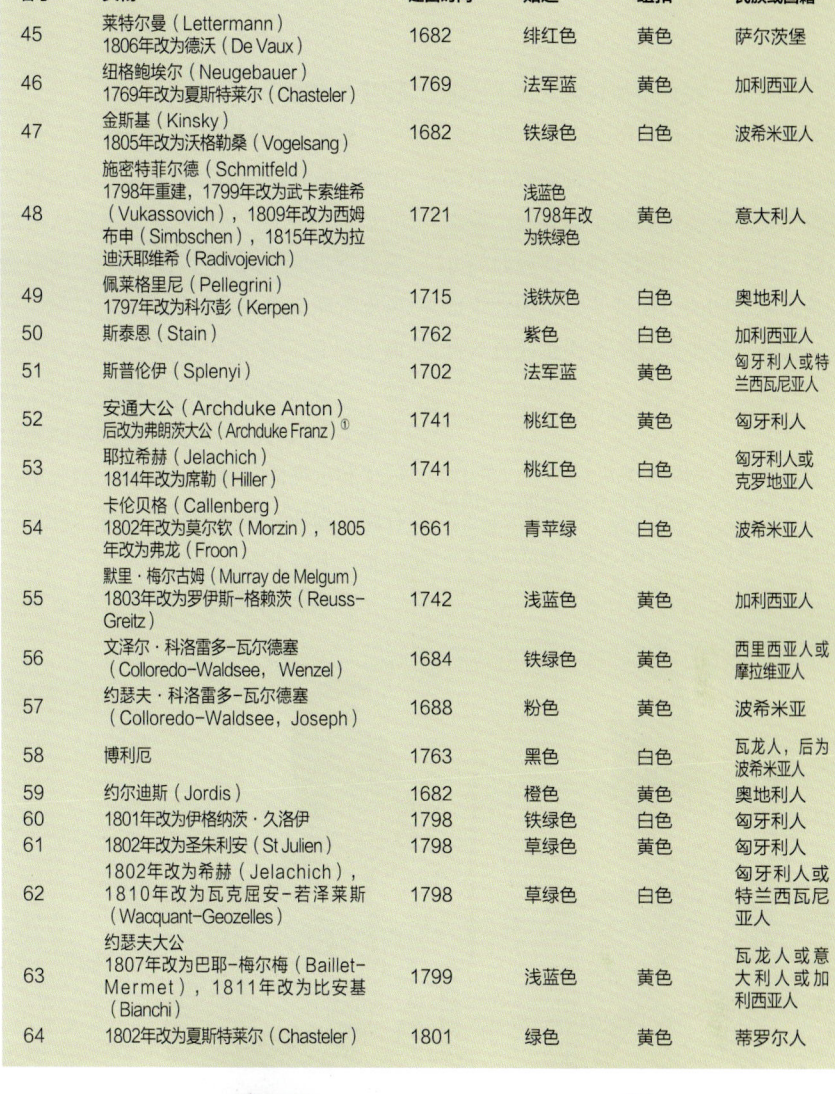

▲ **匈牙利步兵团装备**
1. 掷弹兵熊皮帽上的黑色油布罩，延伸到了颈部至下颏。
2. 黑色油布罩，颈部的罩片向上翻起，铜制徽牌上有皇帝花押"FII"。
3. 掷弹兵帽子上的铜制徽牌，一直沿用到1806年。
4. 军官绒球的正面、侧面图。

轻步兵

传统上，奥军中执行散兵战术的部队为自由志愿兵团（Freikorps）和戍边步兵团。到了1798年，这种松散的散兵战术，需要更多部队来执行；唯一存在的猎兵团又不足以满足需求。应对的办法是，将不同的自由武装整编成营级部队。因此，轻步兵部队首次正式进入奥军编制。

▼ **轻步兵列兵，1800年** 图中左侧为第1（斯特罗齐）营士兵，贴边为茜草红色，下装为德式马裤和靴子；右侧则为第13（泽米斯特）营士兵，贴边为硫黄黄色，下装为匈牙利式马裤，袖口非意大利式。两人的纽扣都是黄色。这些营于1801年解散，人员大多改编进了新组建的猎兵营。

轻步兵单位

轻步兵的制服与德裔步枪兵一样，但帽子的正面没有铜制徽牌，取而代之的是铜制花押"FII"。中央连队的帽子冠饰为黑色的顶、黄色的底，配有白色皮带和滑膛步枪；射击连队的帽子冠饰为绿色，皮带为黑色，装备为线膛枪。在意大利组建的5个轻步兵营，其下装为德式马裤；其他轻步兵部队则为匈牙利风格的天蓝色长西裤，制服上也有同为匈牙利风格的尖袖口和"熊爪"纽扣。束腰上衣为铁灰色。

轻步兵部队没有鼓手，而是用号手传递信号。号手制服的衣领和袖口处镶有燕巢样式的饰物。轻步兵用的是战列步兵的等级徽章。轻步兵营存在的时间很短。1801年，随着第二次反法战争结束，他们被解散。只有3支线膛枪部队幸存：蒂罗尔射击兵、德裔库尔茨猎兵、比利时勒鲁普猎兵部队。

▼ **轻步兵军官，1800年** 黑色、金色相间的剑带被腰带覆盖。左侧的军官来自第10（格雷特）营，右侧来自第4（奥托）营。两个营的袖口和马裤均为匈牙利风格。

1798年轻步兵各团区别

番号	头衔	贴边	纽扣	前身自由兵团及其制服
1	斯特洛齐（Strozzi）	茜草红色	黄色	奥多尼自由兵团。卡斯科特帽、绿色大衣、罂粟红马裤、罂粟红贴边、黄色纽扣
*2	罗罕（Rohan）	茜草红色	白色	罗罕外籍兵团。卡斯科特帽、天蓝色大衣、绿色马裤、罂粟红贴边、黄色纽扣
*3	瓦特勒特（Watlet）	砖红色	黄色	格琳·劳顿自由兵团。卡斯科特帽、绿色大衣、绿色马裤、茜草红贴边、黄色纽扣
*4	奥托（Otto）	砖红色	白色	格琳·劳顿自由兵团。详情见第3团。
5	拉迪沃耶维希（Radivojevich）	橙色	白色	塞尔维亚自由兵团第1营。卡斯科特帽，饰有黑色羽饰。棕色短大衣。浅蓝色匈牙利马裤，红色贴边、黑色皮带。
6	特罗伊滕贝格（Trauttenberg）	橙色	白色	久洛伊自由兵团。低檐帽；棕色大衣，贴边为红色，衣物上饰有黑黄相间的穗绳；天蓝色匈牙利马裤，其上饰有黑黄饰带；黄色匈牙利式靴子。
7	施梅尔泽尔恩（Schmelzern）	铁绿色	白色	久洛伊自由兵团。见第6团。
8	未组建			
9	西根菲尔德（Siegenfeld）	绯红色	黄色	久洛伊自由兵团。见第6团。
10	格莱特（Greth）	深蓝色	白色	久洛伊自由兵团。见第6团。
*11	卡尔内维勒（Carnville）	深蓝色	黄色	卡尔维内勒自由兵团：两角帽、绿色大衣、贴边为黑、黄色纽扣。列日自由兵团：两角帽，天蓝色大衣、马裤，贴边为龙虾红、白色纽扣。安哈尔特-泽尔布斯特：掷弹兵帽、白色大衣，贴边为红色。
12	斯泰根特施（Steigentesch）	铁绿色	白色	奥多尼自由兵团。见第1团。
13	泽米斯特（Zechmeister）	硫黄黄色	黄色	久洛伊自由兵团。见第6团。
*14	赖兴斯泰因（Reichenstein）	黑色	白色	罗罕外籍兵团。见第2团。
15	米汉诺维克（Mihanovic）	黑色	黄色	塞尔维亚自由兵团第2营。见第5团。
16	埃尔特勒（Ertel）又称达尔马提亚轻步兵营			该部头戴土耳其式的头盔。
17	博纳科尔西（Buonacorsi）又称意大利轻步兵营			深蓝色大衣，贴边为红色。

*需要注意的是，1814年成立了4个意大利步兵营，他们穿有黄色贴边和纽扣的深绿色外套。这些团是在意大利组建的。

▶ 猎兵野战服，1798—1805年 很明显，奥地利的线膛枪兵模仿的是平民猎手。1805年，罗马盔被科西嘉帽（帽檐左边被翻起）取代。这些猎兵装备线膛枪，由于弹丸很难贴合膛线，于是他们携带了木槌，便于装填。

在与蒂罗尔地区的领袖们进行磋商后，皇帝决定在这个省组建一个新猎兵团。除了库尔茨部队和蒂罗尔射击兵，勒鲁普部队及第46组格鲍尔步兵团中的蒂罗尔人构成了这个新团的基础。新团番号为64，并以其上校——"中将"夏斯特勒尔（Chasteler）侯爵——的名字命名。这支部队的制服为铁灰色，贴边为绿色，有铜制纽扣和黑色皮带。该团下属3个营，每个营有6个连。在1809年战役后，该团被拆分成9个野战猎兵营。1813年，野战猎兵营的数量增加到12个。后来，在1813年10月8日缔结《里德条约》（the Treaty of Ried）后，奥地利重新掌控了蒂罗尔地区，并在此组织起一支芬纳（Fenner）猎兵部队。

新上校弗朗茨·芬纳·冯·芬纳伯格（出生于1762年），曾在1778—1779年以及早期革命运动中与土耳其人作战。1809年，他已是泰罗尔人的少将和国防军指挥官。1813年，他指挥奥地利军团右翼，在9月11日与10月7日对慕巴赫要塞的攻略中表现卓著，借此将敌军逐出了南蒂罗尔地区。1814年，他率军解放了普斯塔河谷。他死于1824年。1816年1月1日，这支部队成为"恺撒猎兵团"。

戍边步兵

"戍边步兵团"是指在巴尔干半岛诸省招募兵员,且在边境与奥斯曼帝国作战的部队。在这个地区,所有健康的成年男性都要服兵役。戍边步兵在德语中为"Grenzers"。战斗时,他们扮演轻步兵的角色,并主要作为先锋部队作战。各团头衔根据兵源地而命名。

除了黑色皮带,戍边兵制服与匈牙利步枪兵制服一致。1792年,绝大部分部队的外套为白色,只有少部分为烟棕色。1808年,所有戍边团的外套均被改为烟棕色,但花了数年时间才完成。

1809年战役

1809年,在达尔马提亚、克罗地亚的次要战场上发生了一场艰苦卓绝的战役。达尔马提亚和克罗地亚自从1805年以来就被法国所占领,这表明这些边境部队是多么坚强。法军的主要驻地拉古萨(杜布罗夫尼克)驻有2个营,曹斯特尔奴奥沃(Castelnuovo)、卡塔罗(Cattaro)、扎达尔(Zadar)各有1个营。后来,法军元帅麦克唐纳以疾风暴雨的速度,修复了科里斯萨(Klissa)、科宁(Knin)和希本伊科(Sibenik)的要塞并派兵入驻。

与此同时,马尔蒙获得了土耳其的支援,共同对抗奥军;土军杀入了原属土耳其的克罗地亚地区——在1791年的《西斯托瓦条约》中被割让给了奥地利。马尔蒙计划,当欧仁总督获得北意大利战事的胜利后,便入侵利卡(Lika)。3月,他已经把机动部队聚集在了基斯坦耶(Kistanje)、科宁、奥布罗瓦茨(Obrovac)、奥斯特罗维卡(Ostrovica)和扎达尔;他的指挥部则设置在已要塞化的奥斯特罗维卡。

马尔蒙的对手是奥军中将伊格纳茨·久洛伊——克罗地亚、斯洛文尼亚地区的犹太人"尊者",同时也是奥军第10军指挥官。在1809年的战事中,他的第一要务为掩护约翰大公的后方及南翼;次要任务是拖延住马尔蒙的部队。

起初,奥军在该地区唯一能调动的部队为少将安德烈·冯·斯图捷维奇(Andreas von Stojcevic)男爵所部的一个旅。这个旅由本地的戍边团组成。斯图捷维奇很明白敌强我寡的局势,于是他请求了支援;他得到了1个6磅炮连,也被告知去启用新近组建的国防军。

有3个戍边国防营被紧急组建起来,这些部队是就地征召,被拼凑而成的;他们来自于卡尔斯塔德特(Karlstadt)以及瓦拉日丁(Warasdin)——这两地也是6个戍边团的家乡区域。他们由未经训练的男孩和老人组成,缺少

▶ 第5克赖乌特泽戍边步兵团列兵,1812年 戍边步兵是最早戴毛毡沙科筒帽的兵种。1812年,第6、12、15团穿着棕色外套,其余团依旧为白色外套。1812年俄罗斯战役中,第5团参加了普利佩特沼泽的战斗,他们在年底因精疲力竭而遭受了重大损失。

◀ 第15"斯泽科莱尔·瓦拉奇舍斯"戍边步兵团鼓手,1812年 鼓手的沙科筒帽箍为黄色,搭配初级士官或者下士所属的黄黑相间的佩剑握带,因此他也携带着榛木棒作为他的军职徽记。

衣服、武器、食物和设备。大多数人来的时候都没有鞋子，三分之二的火枪也不能用。

1809年4月8日，斯图捷维奇另外组建了1个达尔马提亚自由武装营，少尉乌加尔科维奇（Ugarkovic）为指挥官，驻守在乌德比纳（Udbina），兵力达1400人。这支部队装备了卡宾枪。达尔马提亚的当地居民心向奥地利，于是爆发了几次针对分散的法国守军的起义。马尔蒙在克罗地亚与欧仁亲王的意大利军团会合后，参加了匈牙利的战事。达尔马提亚被奥军占领，奥军起用了退役的少将彼得·弗雷赫尔·冯·科纳泽维奇（Peter Freiherr von Knezevic），后者指挥当地可用的部队。留在该省的法军遭到袭击和孤立，直到7月29日法奥休战的消息传来，奥地利人才停止敌对行动，开始谈判。

11月4日，《申布伦和约》签订的消息传到扎达尔，同时传来的还有达尔马提亚重归法国的消息。法军接管了6个戍边团，分别为：第1巴纳尔（格利纳）团、第2巴纳尔（彼得里纳）团、里卡团、奥古林团、奥托卡克团、斯鲁林团，总计有12个野战营和6个后备营。后来，这些团被整编成第1—4克罗地亚团，属法军编制；其中2个团参加1812年的俄罗斯战事。两位克罗地亚军官，克里克（Colic）上尉和穆德洛维西克（Mudrovcic）中尉，因为作战英勇获得了"荣誉军团"（Légion d'Honneur）的殊荣。

法国对克罗地亚、达尔马提亚的占领持续到1813年10月法国官员都撤退。兴高采烈的人们很高兴回到了哈布斯堡家族的统治之下，在后来的一个多世纪里，这两个地区一直是奥地利帝国的一部分。

1798年戍边步兵诸团特征

番号*	原番号	头衔	建团时间	贴边	纽扣
1	60	里茨曹内尔	1746	紫色	黄色
2	61	奥特托曹内尔	1746	紫色	白色
3	62	奥古里内尔	1746	橙色	黄色
4	63	斯兹鲁伊内尔	1746	橙色	白色
5	64	瓦拉斯迪内尔·克赖乌特泽	1749	龙虾红色	黄色
6	65	瓦拉斯迪内尔·圣乔治	1749	龙虾红色	白色
7	66	布罗奥代尔	1747	粉色	黄色
8	67	格拉迪斯曹内尔	1747	粉色	白色
9	68	佩特瓦尔代伊内尔	1747	灰色	黄色
10	69	第1巴瑙尔团	1750	绯红色	黄色
11	70	第2巴瑙尔团	1750	绯红色	白色
12	71	多伊奇-巴那特内尔	1765	天蓝色	白色
13	72	瓦拉奇舍斯-伊尔洛里舍	1766	浅灰色	白色
14	73	第1斯泽科莱尔团（又名希艾本布尔格尔-斯泽科莱尔）	1762	粉色	黄色
15	74	第2斯泽科莱尔团	1764	粉色	白色
16	75	第1瓦拉奇舍斯团	1798	杨木绿色	黄色
17	76	第2瓦拉奇舍斯团	1798	杨木绿色	白色

注：1792年，一共有17个戍边团，其番号序列为第60—76；1798年，戍边诸团作为独立编制被重新授予了第1—17的番号。

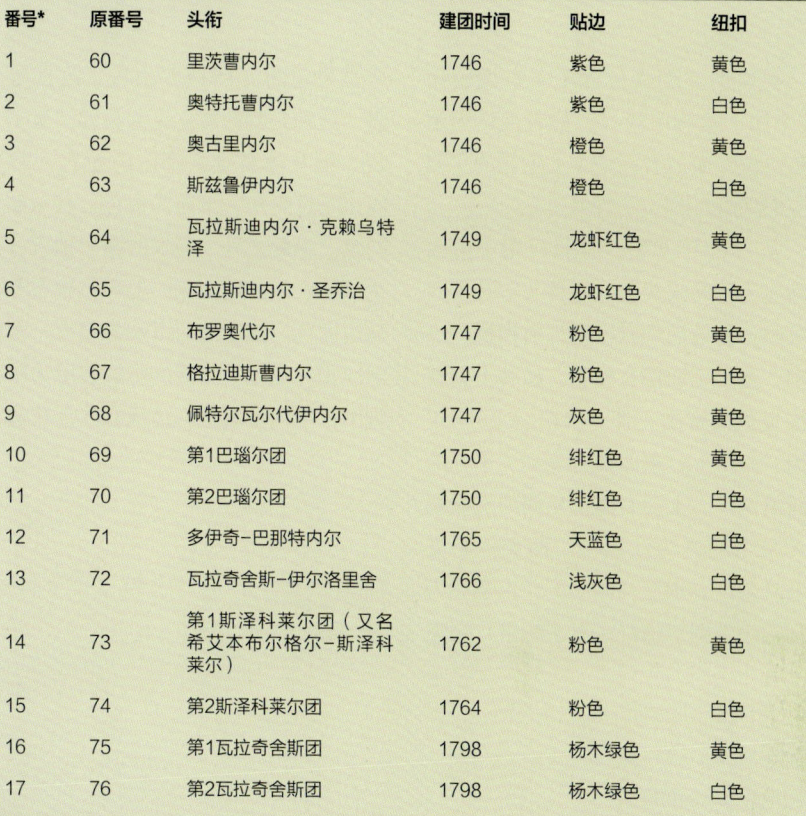

◀（左）第4"斯兹鲁伊内尔"戍边步兵团初级军官，1798年　第4团在意大利对抗法军，但奥地利割让巴尔干诸省后，1809—1813年，该团作为第2克罗地亚团为法国服役。图中军官身穿白色外套，1808年改为棕色。

◀（右）第12"多伊奇-巴那特尔"戍边步兵团中士，1809年　制服条令带来的改变，从第12团这名中士身上可见一斑。1805年，该团在蒂罗尔作战；1809年，在德意志与波希米亚作战。

卡宾枪骑兵与胸甲骑兵

奥军的重骑兵包含了卡宾枪骑兵（2个团）与胸甲骑兵，前者被认为是精英单位，而后者则是令人生畏的"装甲"部队。

从1798年开始，重骑兵帽子由两角帽变为罗马式头盔。这种头盔是步兵制式的：其前后均有帽檐，前帽檐边缘镀铜；盔的正面镶有徽牌，徽牌上刻着未饰皇冠的帝国花押"FII"（1806年后为"FI"）；顶部饰有盔立（军官的表面镀铜），上面有黑黄相间的短绒冠饰（号手的则为红色）。两支铜制支撑条从盔顶分别沿两侧而下，直至亦为铜制的颏带圆形饰钉；至于颏带，则完全是黑色的。1811年引进了改良版头盔，这种头盔的冠立更为高耸。至于上装，则与德裔步兵部队的短衣大致相同；不过更短，下摆为白色，且与贴边同色。除此之外，短衣的圆形袖口、翻边以及衣领前端两侧的菱形小镶布亦与贴边同色。镶布的后下端各缀有一颗团部纽扣。奥军重骑兵的防护装甲为单面胸甲；甲面呈黑色，边缘有红色花边，

▶ 第3阿尔伯特胸甲骑兵团装备，1798年
1. 列兵的德式马鞍。
2. 军官的德式马鞍，它被诸重骑兵团广泛采用。

胸甲骑兵诸团特征

1798年之前，所有骑兵团共享一套番号体系（即表中原番号一栏），当年番号进行了重新编排。

番号	原番号	头衔	建团时间	贴边	纽扣
1	15	第2卡宾枪骑兵团 1793年改为皇帝胸甲骑兵团	1768	桃红色（1768—1798）	白色 黄色/1798年起 白色/1810年起
2	29	弗朗茨大公团	1672	黑色（1762—1815）	白色
3	5	第1阿尔伯特卡宾枪骑兵团 1798年改为第3阿尔伯特卡宾枪骑兵团	1768	桃红色（1768—1868）	黄色
4	27	恰尔托雷斯基团 于1802年解散	1682	绯红色（1792） 深蓝色（1798至1815）	黄色
5	10	泽施维茨团 于1802年解散	1682	深绿色（1792） 草绿色（1798）	黄色
6		1802年被改编为第6龙骑兵团	1798		
7	21	瓦利施（Wallisch） 1798年改为第7罗特林根团	1663	深蓝色	白色
8	4	1792年改为霍亨佐伦， 1798年改为第8胸甲骑兵团， 1813年改为康斯坦丁大公	1691	罂粟红（1792） 猩红色（1798）	白色（1792） 黄色（1798）
9	14	1792年改为拿骚，1802年改为第5胸甲骑兵，1806年改为索姆马里瓦	1721	浅蓝色（1792—1868）	白色
10	20	1792年改为马克团，1798年改为第10胸甲骑兵团，1802年改为第6胸甲骑兵团，1807年空缺，1809年头衔改为利希滕斯泰因	1701	黑色	黄色
11	33	勃兰登堡（安斯巴赫） 于1802年解散	1702	鹦鹉绿（1792） 罂粟红（1798）	白色
12	12	卡瓦纳团 1801年改为费迪南大公团， 1802年改为第4胸甲骑兵团	1672	深绿色（1792） 草绿色（1798）	白色

卡宾枪骑兵与胸甲骑兵 137

◀ 第3（阿尔伯特）胸甲骑兵团列兵，1798年
1798年以前，该团为第5骑兵团（或称第1卡宾枪骑兵团）。该团贴边为桃红色，纽扣为铜制。甲胄为单面前胸甲。随着时间的推移，头盔的样式变得更加经典，冠立成弓形并越过帽面。1805年，该团属于马克麾下驻乌尔姆军团，后来同费迪南德大公一起撤向了波希米亚。

▼ 第3（阿尔伯特）胸甲骑兵团装备，1798年
1.初级军官的胸甲，该胸甲边缘镀金，彰显了穿戴者的军衔。奥地利胸甲骑兵没有后背甲。
2.一名军官的胸甲吊带。
3.佩剑吊带以及铁制剑鞘（军官的剑鞘为黑色）。
4.沉重的直刃剑是一种可怕的武器。
5.胸甲铰链片细节。

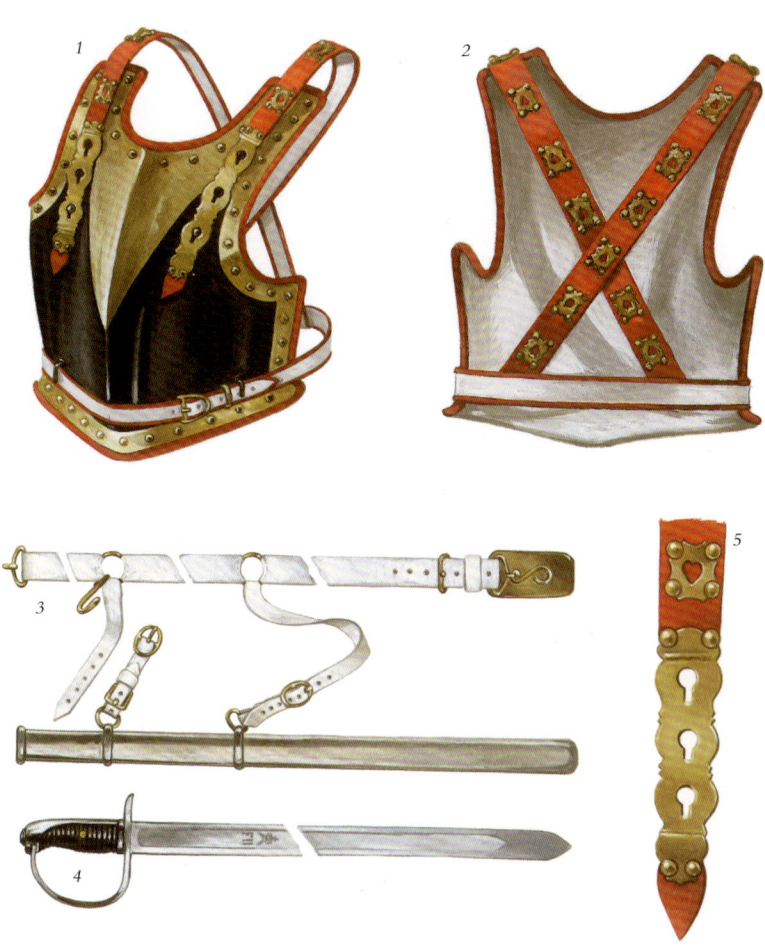

背带为白色。基层军官的胸甲表面有镀金纹饰，其为一个从上缘至胸口的倒三角，长度大约占据了整个甲面的三分之一；而少校和上校的甲面镀金纹饰则一直到底端。一般来说，重骑兵下装为白色马裤配高帮马靴；不过在冬季作战时，也可以穿着灰色骑行裤。军官的骑行裤两侧各有一道条纹，与所部贴边同色。马靴靴口原有翻边设计在1798年被废除。

1798年及之前，胸甲骑兵装备一把重型直刃马刀、一把卡宾枪与一对手枪。1798年整编后，情况便起了变化：每个胸甲骑兵中队有8名狙击手配备线膛卡宾枪，另有8人配备骠骑兵式滑膛枪械，其余人被取消了对卡宾枪的装备。军官的佩剑剑带饰有黑色皮条，黑色皮条上缝制有两条金饰线；剑带还饰有金色穗子。马鞍鞍罩为白羊皮制成，边缘有红色镶边。红色鞍布角落处饰有黄色皇冠帝国花押的纹饰；鞍布的边缘为黑色，且饰有黄色的结；外围还有黄色和黑色的滚边。德式马鞍为黑色，有着铜制固定物；随鞍的圆形鞍包为红色。

这个时期的德国骑兵演化进程纷乱复杂，难以理清。自1769年开始，每个卡宾枪骑兵由3个战列分队（每个分队含2个中队）和1个第4轻骑兵分队构成。1个卡宾枪骑兵中队有174人，其中士兵有151人；1个轻骑兵中队有193人，士兵有170人。在战时，每个骑兵团会从野战中队抽调6人组成

1个后备中队。各中队指挥官由上尉担当,中队领导班子还有2名中尉、2名少尉、2名中士、8名下士和2名准下士。1788—1790年,在下匈牙利对土耳其的作战中,每个骑兵团增加了6名线膛枪骑兵,顾名思义,他们装备了线膛卡宾枪。

1798年,15个龙骑兵、轻骑兵团均被改编为轻龙骑兵团;而卡宾枪骑兵与胸甲骑兵部队则被重新洗牌,整编为新的胸甲骑兵部队。不过到了1801年,骑兵部队又恢复了原有的兵种序列,但并不是按照原有的各团编制。从1802年开始,奥军重骑兵单位便包括胸甲骑兵和龙骑兵;轻骑兵单位则包括轻骑兵、骠骑兵和枪骑兵。每个团由8个中队构成,另外几个团被解散。新规定下的中队兵力要比过去的强。

1805年的军事灾难后,所有骑兵团都被削减至6个中队。番号旗也改为每个分队持一面。新式番号旗有白色的君主标志,具体为一个圣母玛利亚的形象,居于旗帜的一侧;另一侧为团属标志,与其他图案均为黄色。君主、团属标志上都有纹章修饰。

▶ 第4"皇太子费迪南德"胸甲骑兵团(即1802年及之前的第12"卡瓦纳"胸甲骑兵团)旗手,1809年 该团团旗的挂带与该团贴边同色(草绿色),镶边则与纽扣同色(银色)。团旗边缘的银色流苏不是官方规定的。旗面图案边缘排布的红色和白色三角代表奥地利州,黑色和黄色三角则象征奥地利帝国。

◀ 第4"费迪南德大公"胸甲骑兵团初级军官,1815年 1802年,该团改为第4胸甲骑兵团,原1798年确定的深绿色贴边也改为草绿色,纽扣仍为白色。作为一名中队军官,胸甲上端尖状镀金层仅从领口向下延伸了很短的一段距离。头盔的镀金冠立(比之前的更加高耸明显)的两侧装饰有蹲着的狮子图案。号手们的羽饰为红色。

旗帜上的纹路与所部贴边同色,刺绣则与所部纽扣同色。各骑兵团废除了铜鼓,引进了号手。重骑兵的单刃马刀长89厘米,刀柄为铜制,柄端为狮头。鞍具也被制式化,团长的纹章被取消,取而代之的帝国花押。

奥地利将军领未采用拿破仑的方法组建一支庞大的炮兵和重骑兵部队,用于决定性的大规模行动。即使在莱比锡战役(1813年10月16日至19日)中,奥地利预备役部队也只是由2个步兵师和1个由28个中队组成的骑兵师组成。反观拿破仑,他手上则总计有217个后备骑兵中队可以投入战斗。

龙骑兵、轻骑兵与线膛枪骑兵

龙骑兵起初是一种骑马步兵：他们行军时骑马，战前部署时便下马徒步。到了18世纪末，龙骑兵已成为正规骑兵。1792年，奥地利有6个龙骑兵团，除了胸甲，其制服与胸甲骑兵一致，这一情况维持到1798年。

龙骑兵

除了没有胸甲，龙骑兵制服与胸甲骑兵一致。1798年以前，龙骑兵官兵佩戴的是两角帽；1798年以后，改为罗马式盔。龙骑兵身着白色短衣，翻领与贴边同为白色。外套则与步兵制服一致，其衣领、袖口和翻领均与贴边同色。下穿白色马裤和齐膝马靴，搭配白色皮带。龙骑兵装备重型直刃马刀，刀鞘为铁制，有白色佩带悬挂。龙骑兵配备的长版卡宾枪长132厘米，而轻骑兵的卡宾枪长84厘米。同时，龙骑兵还配备1798型骑兵手枪，长约47厘米，弹药袋为黑皮所制，盖头上饰有一枚铜制双头鹰徽圆形徽记。此外，军士及每个中队的8名狙击手配备是69厘米长的线膛卡宾枪，枪膛有8条膛线。

轻骑兵

这些轻骑兵（Chevauxlégers）团是在1758年，也就是七年战争期间首次在奥地利军中出现。德国轻骑兵部队，与匈牙利骠骑兵一样配备了小型马，使用的也是匈牙利波克马鞍。1786年，每个轻骑兵团增加1个枪骑兵分队，下辖2个枪骑兵中队。一个中队是从加利西亚枪骑兵武装（建立于1785年）中抽调的，另一个则是新组建的。枪骑兵中队与轻骑兵中队的组织结构是一样的。大多数枪骑兵有团属代表色贴边的白色库尔特卡上衣和匈牙利式蓝色马裤。皇帝轻骑兵团与里希聪尔特轻骑兵团穿绿色库尔特卡上衣和白色马裤。所有士兵都佩戴方顶的矮冠恰普卡帽，军官的为白色。轻骑兵一开始戴卡斯科特帽，军官为两角帽；从1798年开始，换装罗马式头盔。

轻骑兵穿有红色翻领的草绿色外套，其他与龙骑兵的一样。

▶ **第8（符腾贝格）龙骑兵团列兵，1798年** 1802年，该团制服被替换成有深红色贴边、白色纽扣的白色大衣。所有团都使用一样的红色马鞍。图中士兵身着野战装，携带的拴马棒和卡宾枪绑在一起。他在白色马裤外头套了一条灰色带扣的罩裤。马鞍、马具均为德意志样式。

1798—1802年，轻骑兵制服条令经常更改，这些规定是否得到严格遵守很值得怀疑，因为旧大衣在两年内就会磨损。1802年，轻骑兵被命令换成白色外套。贴边颜色成对分配：轻骑兵的是白色纽扣，龙骑兵则为黄色。1806年，第1、2、4团获准重新配备绿色上衣。这些团都装备短款卡宾枪。

线膛枪骑兵

布西线膛枪骑兵团（The Bussy Mounted Rifle Regiment）成立于1798年，下辖8个中队，于1802年解散。他们头戴有深绿色羽饰的罗马盔，盔面有帝国花押"FII"。身穿的是铁灰色外套和同色马裤，搭配黑色皮带、绿色贴边、黄色纽扣。这个团装备有短卡宾枪、手枪和马刀。战时，每个骑兵团的野战中队会抽出10人组成1个后备中

▶ **第4文森特轻骑兵团的号手，1809年** 1798年以前，该团为第31拉图尔龙骑兵团，后改编为第11龙骑兵团；1802年，该部番号改为"第4"。轻骑兵部队有3个团穿绿色大衣，该团是其中之一。注意罗马盔的红色羽饰，这个是号手的特征，颈带的佩戴方式也值得注意。

◀ **第5克勒瑙轻骑兵团军官（左），1809年 第1皇帝龙骑兵团列兵（右），1812年**
德国骑兵的罗马盔演化历程清楚地表明，随着时间的推移，罗马盔的冠立、羽饰更加高耸，并且位置更为靠前。1812年，军官头盔镀金的冠立两侧都有蹲着的狮子图案。1800年，克勒瑙团曾在南德意志作战，参加了当年12月的霍恩林登会战以及其他行动。1805年，该团的主力部队从乌尔姆包围圈逃出，撤向波希米亚。在1805年的奥斯特里茨会战中，第1龙骑兵团有2个中队参战；1809年，这个团属第2军，参加了阿斯佩恩、瓦格拉姆、科尔纽堡和茨纳伊姆的战斗。龙骑兵与轻骑兵的佩剑，同为胸甲骑兵的重型马刀。

1798年轻骑兵诸团特征

番号（1798年起）	原番号（1792年起）	头衔	建团时间	上衣	贴边	纽扣
1	1	皇帝轻骑兵 1798年改编为第1龙骑兵团，1802年复编为第1轻骑兵团	1688	白色 1815年改为深绿色	桃红色	黄色
2	3	皇帝龙骑兵 1802年解散	1685	深绿色	皇帝黄	白色
3	26	约翰大公胸甲骑兵 1802年改编为第1龙骑兵团	1682	白色 1798年改为深绿色	绯红色 1798年改为橙色1802年改为黑色	白色 1798年改为黄色1802年改为白色
4	18	卡拉克扎伊轻骑兵 1798年改编为第4龙骑兵团，1802年改编为第2轻骑兵团，1803年起头衔改为"霍亨佐伦"（Hohenzollern）	1733	白色 1815年改为深绿色	深绿色	白色
5	13	摩德纳龙骑兵 1802年解散	1706	深绿色	橙色	白色
6	37	科堡龙骑兵 1802年解散	1683	深绿色	罂粟红	白色
7	39	瓦尔德克龙骑兵 1802年解散	1701	深绿色1802年后为白色	深蓝色 1802年后为绯红色	白色
8	38	符腾堡龙骑兵 1802年改编为第3龙骑兵团	1688	1792年为白色1798年为深绿色1802年为白色	1792年为黑色1798年为粉色1802年后为绯红色	1792年为白色1798年为黄色1802年为白色
9		参谋龙骑兵 1802年解散	1798	草绿色 1798年为深绿色	黑色	黄色 1798年为白色
10	28	洛布科维茨（Lobkowitz）轻骑兵 1802年改编为第3轻骑兵团	1802	白色	罂粟红	黄色
11	31	拉图尔（Latour）轻骑兵 1802年改编为第4骑兵团，1803年头衔改为拉图（La Tour），1806年头衔改为文森特	1725	白色 1815年改为深绿色	深蓝色	黄色
12	7	金斯基（Kinsky）轻骑兵 1798年改编为第12龙骑兵团，1802年改编为第5骑兵团，1803年头衔改为克莱瑙（Klenau）	1831	白色	淡蓝色	黄色
13		罗森贝格 1802年改为第6轻骑兵团	1798	白色	黑色	黄色
14	19	莱费内尔（Levenehr）龙骑兵 1802年被改为第4骑兵团	1733	深绿色	皇帝黄	黄色
15	9	萨伏依龙骑兵 1802年改编为第5骑兵团	1682	?	深绿色	白色
		第7轻骑兵团 在意大利组建	1814	深绿色	绯红色	白色

队。1790年，鼓乐队退出了骑兵部队，取而代之的是号手。奥地利骑兵的组织变革极其复杂。1798年，重骑兵序列仅有12个胸甲骑兵团，德裔轻骑兵包括15个轻龙骑兵团，每团6个中队。为了完成这个目标，6个旧龙骑兵团和7个旧轻骑兵团改变了名称，既存的"意大利勤务"龙骑兵团也为此改编，另一个新团则是由2个轻骑兵团抽调的第4分队和一些法国旧王朝部队拼凑而成的。

这些轻骑兵部队配备小型波兰马，外套颜色也从白色改为深绿色。他们配备了匈牙利波克马鞍——枪骑兵和骠骑兵列装的。这一切在1802年发生了变化，当时，他们被重新归类为重骑兵。他们开始使用大型德意志马和德式马鞍。据命令，所有的骑兵团都要有8个中队，新中队要比以前的强大；同时，几个团被解散。每个中队的8名狙击手配备线膛卡宾枪，其余人装备滑膛枪。

骠骑兵

1792—1802年骠骑兵诸团特征

番号*	原番号	头衔	多曼上衣及斗篷夹克	贴边	纽扣	饰带	毛绒	马裤	帽子	马刀挂套
2	1	皇帝	深蓝色	黄色	黄色	黄色	白色	深蓝色	深蓝色*	深蓝色
11	9	纳达斯迪（Nadasdy）	多曼红色；深蓝色斗篷夹克	红色	黄色	绯红色	棕色	深蓝色	黑色	绯红色
16	6	哈迪克（Hadik）	深蓝色	红色	白色红色	白色	棕色	红色	红色	橙色
17	2	卡尔诺基（Kalnoky）	浅蓝色	浅蓝色	黄色	黄色		红色	红色	绯红色
30	8	纳乌恩多夫（Nauendorf）	浅绿色	红色	阳色	浅红色	白色	浅绿色	黑色	浅红色
32	3	艾斯泰尔豪齐（Esterhazy）	浅蓝色	黄色	黄色	黄色	棕色	红色	红色**	深绿色
34	4	戴舍菲（Desoffy）	浅绿色	红色	黄色	白色		红色	红色	浅红色
35	10	拜特伦（Bethlen）	浅蓝色		黄色	浅红色		红色	绿色	浅红色
44	11	斯泽克莱尔（Szeckler）	深蓝色	黄色	白色		白色	深蓝色	黑色	
如下骠骑兵团也曾在七年战争中出现，但战后很快就被解散了										
巴拉尼亚伊（Baranyay）			绿色	绿色	黄色	红色		浅蓝色	红色	
斯采岑伊（Sczeczeny）			深蓝色	红色	黄色	红色		深蓝色	深蓝色	
帕尔菲（Palffy）			浅蓝色	粉色	黄色	粉色		浅蓝色	粉色	
卡尔斯塔德特（Carlstädter）			深蓝色	红色	黄色	黄色		深蓝色	红色	
库凯兹（Kukez）			红色	红色	白色	白色		红色	红色	
埃斯克拉沃涅（Esclavonier）			绿色	绿色	黄色	黄色/白色		红色	红色	

*1772年为黑色，**1772年为浅灰色，+ 1772年为浅蓝色

骠骑兵，起源于匈牙利，原指海盗或劫匪。华丽的服饰和在七年战争中获得的大胆名声使他们在欧洲的所有军队中极受欢迎。奥地利陆军当然会将数量众多的骠骑勇士、骠骑部队作为帝国轻骑兵的中流砥柱。

在拿破仑战争中，无论是奥军，还是其他军队，骠骑兵承担的任务都包括侦察、侵袭以及追击退兵。骠骑兵采用灵活的小型马，在七年战争期间，他们为奥军立下了汗马功劳。因此，欧陆绝大部分国家都组建了相似的部队。

1792—1802年的骠骑兵

在1767年制服条令出台前，官方特许骠骑兵可以穿自己的匈牙利民族服饰。这套制服包括搭配带色囊的毛绒筒帽；衣领、袖口有颜色的多曼上衣或者齐腰的夹克，有绒衬的斗篷夹克都有5道纽扣，纽扣间用饰带连接；下装为马裤以及短靴。军官和军士长上衣胸口的饰带与纽扣同色，其他军士、士兵的情况已列于表中。骠骑兵腰带配有一把曲刃马刀、一个彩色挂套。

必须指出的是，由于缺乏足够的资料，这些制服在这一时期的数据并不准确。大部分制服的细节（包括挂套上的纹饰）都是由团长决定的。到了1792

▶ **第3费迪南德大公骠骑兵团列兵，1798—1806年** 只有第3费迪南德大公骠骑兵团戴烟灰色沙科筒帽。不同寻常的是，图中士兵将斗篷夹克穿在了多曼上衣外。马裤为深蓝色，不过被野战用的灰色带扣罩裤盖住了。他的腕部缠有皮制握带，握带连着佩刀，这在行动中是很必要的。

骠骑兵 143

◀ 第10斯蒂普希茨（Stipsicz）骠骑兵团中士，1809年 沙科筒帽顶的两股金色饰绳、帽装绒球上的皇帝花押"FI"刺绣、黄黑相间的马刀握带，都是军衔的表现。1799年，该团曾参加过瑞士的战事，1805年参加了北意大利的战事。在1809年的阿斯佩恩和瓦格拉姆会战中，该团表现优异。1812年，该团没有作战，但在1813、1814年奋战于意大利地区。

年，挂套颜色及纹饰被统一为红色，都带有帝国花押"FII"。

1767年，按规定，只有军官、中士以及旗手能佩戴毛绒筒帽。其余人戴毡帽或米尔顿帽；军士的帽子装饰有一圈黄色的带子。

18世纪末，骠骑兵部队迎来改组。1780年，原巴那里斯滕成边骠骑兵团和瓦拉斯迪内尔成边骠骑兵团被解散。1798年，奥军决定将匈牙利骑兵编制限定在12个团；每个团包含8个中队，而不是原来的10个中队。每个骑兵部队都采用了新的番号体系。

1798年，骠骑兵番号改动如下：原第2皇帝骠骑兵团改为第1皇帝骠骑兵团，原第11瑙道斯迪骠骑兵团改为第9瑙道斯迪骠骑兵团，原第16豪德迪克骠骑兵团改为第6豪德迪克骠骑兵团，原第17考尔诺基骠骑兵团改为第2考尔诺基骠骑兵团，原第30瑙乌恩多尔夫骠骑兵团改为第8瑙乌恩多尔夫骠骑兵团，原第32艾斯泰尔豪齐骠骑兵团改为第3艾斯泰尔豪齐骠骑兵团，原第34代舍夫菲骠骑兵团改为第4代舍夫菲骠骑兵团，原第35拜特伦骠骑兵团改为第10拜特伦骠骑兵团，原第44斯克莱尔骠骑兵团改第11斯克莱尔骠骑兵团。

同年，第5、第7骠骑兵团在现有8

▲ 骠骑兵装备
1.胸部和背部有复杂装饰带的多曼上衣。
2.埃尔多迪骠骑兵团的斗篷夹克。注意斗篷夹克的绳子，如此便能将它披在左肩，这样既方便了持刀手活动，应对敌方劈砍时也能提供防护。
3.弹药袋的黑色带子和饰有双头鹰的子弹包的细节。
4.标准的骠骑兵黑、黄相间的腰带。
5.绯红色马刀挂套的细节，上面饰有匈牙利的圣斯蒂芬王冠。

个骠骑兵团的第5分队基础上成立。原斯克莱尔骠骑兵团和克罗地亚—斯洛文尼亚成边骠骑兵团，被分别改组为第11、12骠骑兵团。第12骠骑兵团于1802年解散，匈牙利巴拉丁骠骑兵成为新的第12团。

1803—1815年的骠骑兵

1802年，骠骑兵每团的参谋人员由30人增至32人，每个分队（由2个中队构成）增加1名高级军医和1名初级军医。每个中队现在有12名下士、6名准下士、2名号手、156名骑乘士兵与35名徒步士兵。在和平时期，1个骠骑兵团有1816人、1488匹马。在战时，每个团会有1个后备中队：186人、177匹马。

1805年，每个中队增加1名号手。

在1813—1815年战争中，每个骠骑兵团（除了第11斯克莱尔成边骠骑兵团）都增加了2个精英分队——由爱国者和贵族构成。

骠骑兵制服的细节与德国步枪兵一致，除了下文所述的。1798年引进的沙科筒帽有黑黄相间的穗绳和羽饰，骠骑兵穿传统的匈牙利服饰。斗篷夹克的毛绒镶边为黑色。军官有镀金带扣的黑色武装带，腰带为黑黄相间；红色挂套有黑色、黄色相间的镶边，上有帝国花押。皮带为白色。士兵装备有曲刃马刀、手枪和短卡宾枪。马刀握柄、刀鞘为铁制，搭配一根红色吊索。马鞍由黑羊毛皮制成，有红色镶边；鞍布后角较长，其镶边、装饰与龙骑兵的一致；马鞍上有红色的圆形鞍包；红色挂套有帝国花押和黄黑相间的装饰物。1802年，所有骠骑兵团制服被统一成浅蓝色的多曼上衣、马裤，以及有黄、黑相间饰带、黄色纽扣的斗篷夹克。想区分该团，得看该团沙科筒帽的颜色。然而，这一方案从未付诸实施，团属代表色仍然和以前差不多。

▲ **第9（埃尔多迪）骠骑兵团的低级军官，1812年** 图中军官所持的黑色沙科筒帽有金色饰带，两侧有狮头状饰物。他身着有金色纽扣和饰带的深蓝色多曼上衣和斗篷夹克，深红色马裤。所有骠骑兵团均使用一样的红色马鞍（边缘为黄、黑相间）以及一样的红色马刀挂套。高级军官的沙科筒帽上有两条金色饰带，帽顶的檐有很粗的金色饰带装饰。部队荣获的荣誉被添加到马刀挂套上的刺绣。

◀ **第2卡尔大公骠骑兵团列兵，1805年** 1798年以前，该团在骑兵团中的番号为"第17"。沙科筒帽为茜草红色。帽面上的环饰、帽徽在维也纳军事博物馆有铜制实物。扁平的皮制握带有2.5厘米宽，图中握带系在刀柄上的做法并不常见。

▶ **第1皇帝骠骑兵团号手，1812年** 红色羽饰以及燕巢装饰是这位号手的特征。号手们的制服与众不同，指挥官如此便能很快找到他们。号手会被命令传达某些指令，比如在一次成功的冲锋后号召部队集结或重整。因而，想让部队步调一致、保持纪律，号手是必不可少的。轻骑兵常因无纪律而臭名昭著，因此特别需要纪律。

1803—1815年骠骑兵诸团的发展

番号	原番号	头衔	建团时间
1	2	皇帝	1756
2	17	利奥波德 1795年改为约瑟夫大公	1742
3	32	1792年为艾斯泰尔豪齐（Esterhazy） 1794年改为费迪南德大公	1702
4	34	韦切伊（Vecsey） 1803年改为黑森－洪堡（Hessen-Homburg）	1733
5		1801年改为奥特（Ott） 1809年改为拉德茨基（Radetzky）	1798
6	16	布兰肯斯泰因（Blankenstein） 1814年改为符腾堡（Württemberg）	1734
7		1801年改为利希滕斯泰因（Liechtenstein）	1798
8	30	武姆泽（Wurmser） 1799年改为纳乌恩多夫（Nauendorf） 1802年改为金马伊埃尔（Kienmayer） 1814年改为黑森亲王（Kürfürst von Hessen）	1696
9	11	埃尔多埃迪（Erdoedy） 1806年改为弗里蒙（Frimont）	1688
10	35	巴尔措（Barco） 1802年改为迈萨罗斯（Meszaros）斯蒂普希茨（Stipsicz） 1814年改为普鲁士国王弗里德里希·威廉三世	1741
11	44	斯泽克莱尔（Szeckler）	1762
12	1798年后组建	原为克罗地亚-斯洛文尼亚戍边骠骑兵团，1802年解散，1800年组建的匈牙利裔"巴拉丁骠骑兵团"后顶替了空缺	

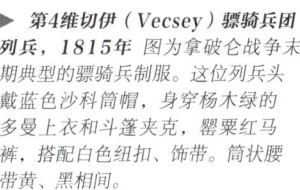

▶ **第4维切伊（Vecsey）骠骑兵团列兵，1815年** 图为拿破仑战争末期典型的骠骑兵制服。这位列兵头戴蓝色沙科筒帽，身穿杨木绿的多曼上衣和斗篷夹克，罂粟红马裤，搭配白色纽扣、饰带。筒状腰带黄、黑相间。

1803—1815年骠骑兵诸团特征

团名称	沙科筒帽	多曼上衣及斗篷夹克	纽扣颜色	马裤
皇帝	黑色	深蓝色	黄色	深蓝色
约瑟夫大公	茜草红	浅蓝色	黄色	浅蓝色
费迪南德大公	铁灰色	深蓝色	黄色	深蓝色
韦切伊	浅蓝色	鹦鹉绿	白色	罂粟红
奥特	茜草红	深绿色	白色	浅草红
布兰肯斯泰因	黑色	浅蓝色	黄色	浅蓝色
利希滕斯泰因	草绿色	浅蓝色	白色	浅蓝色
武姆泽	黑色	鹦鹉绿	黄色	罂粟红
埃尔多埃迪	黑色	深绿色	黄色	绯红色
迈萨罗斯	草绿色	浅蓝色	黄色	浅蓝色
斯泽克莱尔	黑色	深蓝色	白色	深蓝色
巴拉丁骠骑兵团	黑色	矢车菊蓝	白色	矢车菊蓝

枪骑兵

枪骑兵诸团在奥军骑兵中资历较新，第一个枪骑兵团由约瑟夫二世建立于1784年，兵员来自原波兰省加利西亚和洛多梅里茨（奥地利自1772年来就占有这两地）。这个团由300名"战友"（Towarziki）和300名"扈从"（Pozdonen）构成；前者为稀有的波兰贵族，后者则为他们的随从。枪骑兵制服具有十足的波兰风味。1792年，枪骑兵身穿草绿色制服，第1团为白色马裤，不过在1798年被统一为草绿色。第3、4团为深绿色制服，搭配黄色纽扣。衣领、尖状袖口、翻领、下摆翻边、走线滚边（短衣背面）和袖套均有罂粟红色的贴边。各部通过恰普卡帽帽顶的颜色区分，这种波兰传统帽子还饰有黑顶黄底的羽饰和黑心黄边的绒球。

号手佩戴红色羽饰。所有官兵都有黑、黄相间的宽腰带。

前列骑兵，手持有黑黄分边的燕尾旗枪和轻骑兵马刀。后列骑兵装备马刀和卡宾枪。骑枪由山毛榉木制成，士兵骑乘握持骑枪时，会将枪杆底部抵在右脚上，同时脚踩马镫，枪杆上缠有握带。枪骑兵在东欧国家中很有名，直到1811年阿尔武埃拉会战中，维斯瓦河兵团枪骑兵大破英军，枪骑兵才在法军中占据一席之地。

1798年，所有团都被命令穿草绿色制服。象征军官们身份的不再是腰带，而是黑色漆皮制成的有金色装饰物的武装带。

▼ 第2莫茨利茨（Motschlitz）枪骑兵团列兵，1798年 奥地利骑枪团的制服仿效的是波兰民族，和与其他军队一样。奥军第1枪骑兵团成立于1784年，那时是非正规部队。图中的波兰低冠方顶帽（konfederatka）帽顶要比后来的矮得多。1805年，施瓦岑贝格亲王被任命为该团上校。

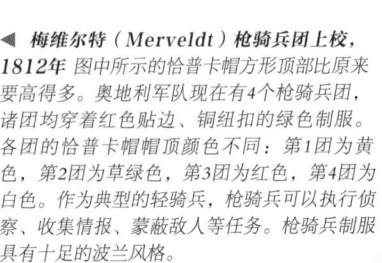

◀ 梅维尔特（Merveldt）枪骑兵团上校，1812年 图中所示的恰普卡帽方形顶部比原来要高得多。奥地利军队现有4个枪骑兵团，诸团均穿着红色贴边、铜纽扣的绿色制服。各团的恰普卡帽帽顶颜色不同：第1团为黄色，第2团为草绿色，第3团为红色，第4团为白色。作为典型的轻骑兵，枪骑兵可以执行侦察、收集情报、蒙蔽敌人等任务。枪骑兵制服具有十足的波兰风格。

枪骑兵 147

▲ 枪骑兵马鞍
枪骑兵与骠骑兵装备相同的马鞍、马具；马鞍为木制的匈牙利波克马鞍，看起来更像锯木架。它的优点是使骑手及其装备远离马的脊柱。

编制

枪骑兵团编制与骠骑兵一样。1785年，枪骑兵团增至3个分队，分派到了罗布科沃茨、拉韦内赫尔、摩德纳轻骑兵团。第二年，其他轻骑兵团也分配了1个枪骑兵分队。

1790年与土耳其人的战争结束后，奥军决定将这些枪骑兵集中起来，以团编制，每团有4个分队。与此同时，上校奥多内尔伯爵在加利西亚组建起了1支志愿兵，包括2个枪骑兵分队。根据1791年4月20日的命令，这2个分队与新增的第3分队整编为"枪骑兵志愿兵武装"，并以其指挥官少校德格勒曼命名。1798年，该部正式改编为第2枪骑兵团。每个中队有168人。

▲ 波兰式恰普卡帽
恰普卡帽由波兰传统的波兰低冠方顶帽发展而来。最初，恰普卡帽的帽顶很低，如图1，但在拿破仑时期变高。图2是18世纪90年代的恰普卡帽，到了1809年，帽顶更为高耸，演变成了图3的样子。恰普卡帽为许多国家的骑枪团所采用，并一直在普鲁士军队使用到1918年。现代的波兰陆军仍然戴着一种方顶的勤务帽。

▶ 第4皇帝枪骑兵团号手，1813年 注意图中号手的红色羽饰以及黄、黑相间的穗绳，这是奥军轻骑兵的典型特征。号手身穿的绿色马裤裤腿有黑色翻边，非常实用，但也穿了靴子保护脚踝。

枪骑兵诸团特征

番号	头衔	建团时间	恰普卡帽
1	梅萨罗斯（Mezaros）梅维尔特/1797	1784年以自由兵团的身份组建	皇帝黄
2	施瓦岑贝格/1793克格莱维希（keglevich）/1794莫特施里茨（Motschlitz）/1797施瓦岑贝格/1805	1790年以"德格莱曼自由枪骑兵兵团"（Ulanen-Freikorps Degelmann）的身份组建	绿色
3	卡尔大公	1801	猩红色
4	皇帝	1813	白色

炮兵和工兵

1734年以前，炮兵更多地被视为技工。第一套炮兵制服呈狼灰色，袖口为红色、纽扣为黄色。1760年，外套和马裤统一改成了鹿棕色；1798年，制服颜色再次恢复成狼灰色。军官的罗马盔冠饰为黑色的顶、黄色的底，徽牌上有花押"FII"，士兵的冠饰则为红色。不过，大部分官兵还是戴两角帽。炮兵官兵都穿靴子。

炮兵编制

炮兵分为野战炮兵和驻防要塞的卫戍炮兵。1765—1772年，火炮根据口径被划分成线列火炮与后备火炮。线列火炮，是指配属给步兵营的3磅加农炮；而后备火炮有6、12磅加农炮以及7磅榴弹炮。这些后备火炮通常会以3或4门为一组，部署在战线的中央或两端。到了革命战争时期，"炮兵连"这个编制才开始浮出水面。为了与城防攻守用火炮中口径相似者相区分，这些火炮被配属给了名为"机动"或"飞速"的炮兵连。

值得注意的是，战场上火炮乃至步枪、卡宾枪的弹药补给，都是后备炮兵指挥官的责任。

1778年，第2炮兵团的鲁弗鲁瓦（Rouvroy）上校计划引进骑乘炮兵。骑乘炮兵，最早由普鲁士的弗里德里希大王于1759年七年战争时期创立。切不可望文生义，骑乘炮兵并非骑兵，这种机动性强的炮兵旨在快速占领目标。为了达到这个目的，骑乘炮兵的6磅加农炮炮管变轻，炮具尺寸则被加大，并加装了箱椅——6名炮组成员

◀ **炮兵高级军官，1798年** 炮兵身穿步兵样式的大衣，龙骑兵样式的靴子。他们还戴着前后双檐的罗马盔。尽管棕色大衣更加实用，但炮兵部队还是决定采用白色制服，这完全是个不顾实际的选择。

▶ **轻工兵军官，1798年** 有趣的是，这种技术兵戴科西嘉帽，帽檐向上。校官制服袖口、帽檐有银色的镶边。手杖和金色腰带均是军官的象征。

18世纪末的火炮弹道射程性能

炮种	实心弹射程1（仅第一落点距离，单位为"步"）	实心弹射程2（跳弹距离，单位为"步"）	霰弹射程（单位为"步"）
常规3磅加农炮	1200	1500	300—400
常规6磅加农炮	1400	2100	300—600
常规12磅加农炮	1600	2400	300—1000
炮台12磅加农炮	1125		
炮台24磅加农炮	1250		
	高射射程（单位为"步"）	低射射程（单位为"步"）	
7磅榴弹炮	1100	1900	

中有5人能够乘坐炮车前进。第6名炮组成员作为驭手骑在领头马上。箱椅上有棕皮坐垫，因而这种炮车以"香肠炮"而为人所知。6名炮组成员中，有3名是炮手，另外3名是步枪兵。1名炮兵下士管理2门炮。箱椅装有相应火炮的部分弹药，大多数弹药由随行的驮马运输。每门炮有4匹驭马；其中2匹驭马通常会配合炮组行动，另外2匹作为后备马匹。另外值得一提的是，骑乘炮兵也配置了6磅榴弹炮。1788年，萨克森—科堡—萨尔菲尔德的约西亚亲王取消了炮组乘坐炮车的做法，改为骑乘骠骑兵用马，这使得骑乘炮兵真正成了"骑马炮兵"。1778年战役使用了24门加农炮和8门榴弹炮。通常来说，1个炮连包括4门加农炮和1门榴弹炮。

革命战争期间，意大利与蒂罗尔地区的奥军步兵营均配备了2门3磅加农炮，在尼德兰和德意志地区则是2门6磅加农炮。除了作为后备火炮的12磅加农炮和榴弹炮，每个团还有3门火炮。

1796年，线列火炮有460门，后备火炮有371门，后者愈发逼近前者。1799—1800年，线列火炮有492门，后备火炮有497门。1805年，每个步兵团有6门火炮，蒂罗尔地区的部队有1磅山地加农炮。1808年，炮兵连被确立为永久性的战术部队，包含人员、炮组、弹药和马匹。步兵单位的火炮被抽调出来，组成旅属炮连，每连拥有8门统一口径的火炮。步兵不再向炮兵提供协助，专门的炮兵辅助部队成立。这个辅助部队并不属于野战炮兵部队，而直属炮兵指挥部。

除旅属炮连，还有阵地炮连（拥有4门6磅或12磅加农炮和2门7磅榴弹炮）、骑兵炮连（拥有4门6磅加农骑炮、2门7磅榴弹骑炮）。旅属炮连直辖于旅部指挥官，通常会被分成对等的两组作战。阵地炮连直辖于军部指挥，属于后备部队。1809年，卡尔大公组建一支"军团后备炮兵"部队。1813年，它被解散了，但很快又得到了重组。炮兵运输部队身穿有黄色贴边、铜制纽扣的白色外套。

工兵和舟桥兵

炮兵也负责管理轻工兵、工程兵、坑道兵、舟桥兵和河道水兵，他们都穿工兵制服，不过帽子左侧是翻起来的，坑道兵的贴边为深红色，工程兵的为桃红色。

舟桥兵身穿有红色贴边、银色纽扣的灰色制服。除了工兵和舟桥兵，还有一个小型正规部队，叫河道水兵，负责多瑙河的水运交通。河道水兵身穿匈牙利步枪兵制服，戴无檐沙科筒帽，外套为矢车菊蓝，搭配红色贴边、白色纽扣、黑色皮带。

▶ **轻工兵，1800年** 轻工兵负责军队所有的舟桥作业。他们的制服呈深蓝色，有红色贴边、白色纽扣。衣领和靴口的样式都不同寻常。轻工兵是技术兵，算炮兵的一个分支。

勤王义军

神圣罗马帝国境内的所有诸侯国，都有义务响应帝国战争；要么出兵勤王，要么出钱上贡。诸侯被要求贡献的大多是成倍、三倍的兵力或财力。帝国内的主要诸侯国，例如萨克森、黑森-卡塞尔、黑森-达姆施塔特和巴伐利亚，都提供了相较之下兵力雄厚的勤王军。较小的诸侯，则被划分进10个帝国军区，共同拼凑1个步兵营或者骑兵中队满足帝国军务。

1792年，奥军编制下有20个来自不同德意志诸侯的步兵营。18世纪早期以来，奥军将制服改为灰白或者白色；这种做法也逐步被帝国境内其他天主教诸侯所接纳。

除却个别部队，所有勤王团均穿着三角帽、衬身衣、马裤（皮带为白色的）。掷弹兵会佩戴奥地利风格的熊皮帽。军官会在外套里面穿着腰带，腰带本身呈银色，上饰有红黑相间的窄条纹。施瓦本军区提供的菲尔斯滕贝格龙骑兵团，则穿着浅蓝色的外套及衬身衣，其贴边为深绿色，纽扣为黄色，皮带、马裤均为黑色。

中莱茵军区提供的海德堡龙骑兵团则是红色外套（贴边为黑心黄边，纽扣为黄色，皮带、衬身衣、马裤均为白色）。

美因茨帝储国所提供的步兵，则是白色内衬的白色外套、白色衬身衣、白色马裤、白色皮带。上莱茵军区步兵连的制服则为红色贴边、白色纽扣的深蓝色外套，马甲、马裤、皮带均为深蓝色。

▲ **菲尔斯滕贝格步兵团掷弹兵，1795年** 该团属于施瓦本勤王军。图中的掷弹兵戴着棕色熊皮帽，帽面的铜制徽牌装饰着公国纹章。他身穿白色大衣、马裤，弹药袋带子也是白色的。腰带、枪带和佩刀带均为棕皮所制。大衣的贴边和内衬均为红色，纽扣为铜制。步兵穿长筒靴是极为罕见的事，长距离行军时很可能造成不适。

勤王军诸团特征

	头衔	大衣	贴边	纽扣	帽穗
胸甲骑兵团	特雷斯科夫（Treskow）	米黄色	红色	黄色	白中有红
	霍亨佐伦	白色 米黄色马甲/马裤	红色	白色	白中有红
龙骑兵团	安斯帕赫（Anspach）	白色	浅蓝色	白色	白中有浅蓝色
	符腾堡	浅蓝色 浅蓝色内衬，米黄色马甲、马裤	黑色	黄色	黄中有浅蓝色
步兵团	科尔彭（Kerpen）	深蓝色 红色内衬	白色	黄色	白中有浅蓝色
	舍尔特尔（Schertel）	深蓝色 红色内衬	黄色	白色	黄色和深蓝色
	霍亨洛赫（Hohenlohe）	深蓝色	红色	黄色	红色和深蓝色
	沃尔菲格（Wolfegg）	白色	红色	白色	红色和白色
	富格尔（Fugger）	白色	红色	黄色	红色和深蓝色
	巴登-杜尔拉赫（Baden-Durlach）	深蓝色	红色	黄色	红色和深蓝色
	符腾堡	深蓝色	黄色	黄色	黄色和浅蓝色
炮兵部队	施莱密希（Schlemich）	深蓝色	红色	黄色	

勤王义军 151

近卫骑兵驻守在帝选储的宫殿里，但他们的武器装备过于陈旧，以至于无法开火。不过，这当中的骠骑兵和猎兵还是有一定战斗力的；他们的制服很受奥地利的影响。同时，这些部队曾在1792—1796年与奥地利、普鲁士共同对抗过法国革命军队。

1797年，法军攫取了莱茵河左岸领土的全部控制权；而同年10月17日的坎波弗米奥条约则正式承认了这一点。因而，所谓勤王军，要么解散，要么被德意志亲法诸侯给接收。

▶ **沃尔夫埃格步兵团列兵，1792年** 这是另一个施瓦本团。这名步兵穿着更实用的鞋子，制服风格为普鲁士式的。

▼ **符腾贝格龙骑兵团的列兵，1792年** 通常来说，德意志小邦国在军事开支方面十分吝啬，而这个施瓦本团即为少数几个由小邦们所组建的骑兵部队之一。注意米黄色的皮制长手套和重骑兵长靴。

▲ **美因茨帝储国的掷弹兵下士，1794年** 作为中莱茵军区的一部分，美因茨帝储国维持着一支迷你军队——由4个步兵团、1个猎兵部队、1个骠骑兵连队（更多地充当警察）、1个工兵连和1个炮兵连组成。

1801年的《吕内维尔和约》签订后，科隆帝储国、美因茨帝储国和特里尔帝储国均被解散，而他们大部分的领土都落到了法国手上，军队也被解散。保留下来的迷你军队，主要只是为了强撑一下帝选储的颜面罢了；其中有一支

俄罗斯

19世纪初,俄罗斯人口接近5000万,拥有取之不尽的人力资源。半数男性均为农业劳动者(农奴或奴隶),属于沙皇所有。残酷的纪律与悲惨的生活条件没有夺去俄军士兵的爱国热情以及对统治者的忠诚。俄国的农夫强硬而坚韧,或许是最完美的潜在兵源。士兵终身服役,达到退休的年纪或丧失行为能力后,会被调到驻防城市的老兵单位;若仍然能执行有限的任务,则会被征召为守卫或巡逻警力。1812年,俄国士兵的表现证明了这个辽阔的王国的军事效能。在一次战斗中,第27步兵师在枪林弹雨中面对法国骑兵,以良好的秩序完成了撤退。

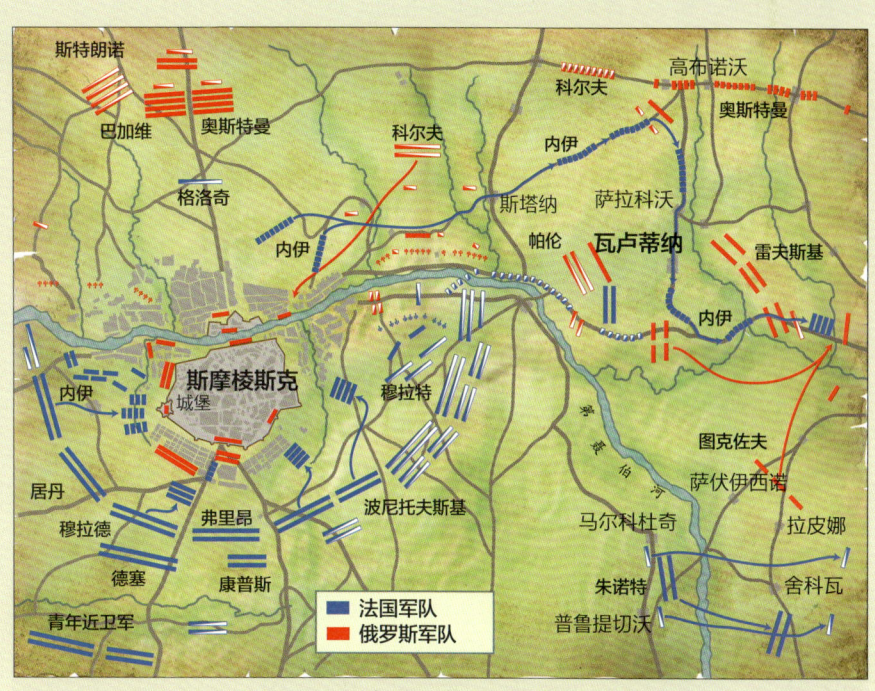

▲ 1812年8月17日,随着法军深入俄罗斯帝国,拿破仑攻打斯摩棱斯克城。一番激战后,俄军撤退,留下一片火海的城市。俄国步兵怀着一贯的激情打了一系列后卫战,吸引法军向莫斯科东进。

◀ 1807年7月7日,拿破仑和俄国沙皇亚历山大签订《提尔西特条约》。签订和约之后,双方互相款待。图中,亚历山大正向拿破仑展示来自亚洲的异族勇士。

沙皇与军队

七年战争（1756—1763）后，俄军的主要发展是波将金（Potemkin）改革。波将金是叶卡捷琳娜二世的副官长和前情夫，其改革虽然独断专行，经常没征得皇室的许可，但大多切合实际情况，符合军队的利益。虽然如此，俄国军队的军费依然不够用。

1765年，叶卡捷琳娜二世对军事学院产生了浓厚的兴趣。军事学院旨在培养贵族男性子嗣的领导能力。学生年龄在5—21岁之间，学习内容涵盖极广，包括基本的读写能力、算术、地理学、年代学、历史学、神话学、西里尔文、军事学、土木工程学、簿记以及上流社会的礼节和责任。最高学级的课程还强调科学：司法、政治科学、国际法、物理学、化学、弹道学、导航学和天文学。尽管如此，俄国军官的文化素质依然低于欧洲其他国家的军官。

同时，皇太子保罗·彼得罗维奇热衷于效仿腓特烈大王的普军。1782年，他建立了加特契纳兵团（Gatschina army），负责守卫他在巴甫洛夫斯克的宫殿以及圣彼得堡附近的卡缅岛。当保罗在1796年继承皇位时，这支部队的兵力已经增长至1750人，包括1个掷弹兵营、4个滑膛枪兵营、1个猎兵连，胸甲骑兵团、龙骑兵团、骠骑兵团、哥萨克骑兵团各1个，以及内含骑炮兵和步炮兵的1个炮兵营。保罗登基后立刻废止了波将金推广的实用性军服，恢复了1762年的风格。

保罗继承的军队组织包括预备军官学校、皇家近卫军（3个掷弹兵团、4个骑兵团）、12个掷弹兵团、55个滑膛枪兵团、20个野战营、40个猎兵营、5个胸甲骑兵团、16个卡宾枪骑兵团、1个掷弹骑兵团、11个龙骑兵团、2个骠骑兵团、11个轻骑兵团和4个骑马来复枪兵团。步炮兵部队包括炮兵学校、攻城炮兵团、2个野战炮兵团、2个燧发枪兵团和3个攻城炮兵营。骑炮兵部队共有6个营。工程兵部队包括工程兵学校、4个工程兵连、1个坑道工兵营和1个轻工兵营。此外，还有110个营的卫戍部队，哥萨克部队组成的阿斯特拉罕军团、黑海军团、顿河军团、叶卡捷林诺斯拉夫军团、奥伦堡军团、西伯利亚军团和乌拉尔山军团，以及9个常备哥萨克团和5个卡尔梅克团。包括次级编制

▲ 俄罗斯沙皇叶卡捷琳娜二世，这位才华横溢的女人无愧于"大帝"之称。

在内，总共507538人。

登基前，保罗就已开始酝酿一场广泛的军事改革。1796年，他重组军队，根据和平时期的驻地位置，将军队分为12个地域上的师。每个师均有掷弹兵团、滑膛枪兵团、卫戍步兵团和骑兵团。这一制度在日后被称为监察军区（inspectorate）。猎兵营被分配到第5、6、8、9、10和12师。这些部队会在战时组成临时战术编队，加入作战部队。

1798年，保罗成立2所军队孤儿院：一所用于收容军官的遗孤，另一所用于收容其他战斗人员的遗孤。他还将军事学校的数量增加至66所，培育了64000名军校生。

然而，以秘密警察首领帕伦伯爵为首的，对保罗不满的贵族正在筹划刺杀保罗的阴谋。1801年3月21日夜晚，帕伦、本尼希森伯爵以及尼古拉和普拉东·祖博夫兄弟进入米哈伊洛夫斯基宫杀死了沙皇。有人怀疑沙皇的儿子亚历

◀ 保罗一世、皇后玛丽亚·费奥多罗芙娜以及他们的孩子，这幅画绘于保罗遇刺前不久。

山大也参与了阴谋,然而,由于帕伦销毁了所有犯罪证据,真相已经不得而知。无论如何,1801年3月21日,亚历山大一世继承了俄罗斯皇位。他放弃了保罗的中立主义和对马耳他岛的领土诉求,承认了英国对海洋的控制权。亚历山大也是一名极其活跃的政治和军事改革者,他成立了17所贵族子弟学校,并要求贵族们为学院提供财务支持。每所学校每年都有16名毕业生进入圣彼得堡候补军官兵团,另有8名毕业生进入大学深造。

参谋部门

1772年,波将金建立了俄军首个全军参谋机构,包括1名军需总监、1名准将衔的军需副总监、1名上校衔的军需总监助理、2名中校衔的总军需官、8名少校衔的总军需官、12名上尉衔的师级军需官、12名中尉衔的师级军需官、10名中士衔的纵队指挥、50名下士衔的纵队指挥和8名文书官。

战争军粮管理部(War Rations Commissariat)成立于1766年,共有104名军官和士兵,负责军队在和平年代与战争时期的给养。补给品管理部(Supply Commissariat)负责采购、贮藏、供应生产军服的布料和皮革等。奇怪的是,保罗一世解散了总参谋部,这一令人费解的行动严重伤害了军队。

1801年亚历山大一世即位后,又恢复了"皇帝陛下随从的军需部门"。

征兵

皇室根据军队的需要,定期命令军队征召新兵。每个地区都规定了需要征募的士兵人数。已婚男性和熟练的手艺人免服兵役,富人被允许花钱雇佣他人代替服役。因此,进入军队的大多是没有一技之长的农奴。

1812年,俄军共有17139名军官,其中89%来自贵族阶层。尽管如此,各行各业出身的人甚至外国人都能成为军官。除去攻读军校之外,有志者成为军官还有另一条道路:作为军士服役12年(俄国贵族以及外国人的后代只需服役4年)。

1812年以16—65岁的1315名俄军军官为样本统计,其中88%在20—45岁之间。这些军官的文化素质颇有意思:65%具备读写能力,10%懂得数学计算,25%通晓一门外语。

俄军中的外国人

俄国军队欢迎外籍军官加入。1797年11月,孔代伯爵的流亡法军悉数来投,组成了单独的监察军区,但在1800年2月又转投英军旗下。

1812年,俄军中约1.3%的军官(200人左右)是外国人,大部分来自德意志国家——多为普鲁士人和符腾堡人——也有流亡的法国军官。如果在入

▲ 1814年的亚历山大一世,他身穿华丽的军服,正处于胜利的顶峰。作为一名开明的统治者,他坚定的信念有助于击败拿破仑。

伍的时候不懂俄语,允许一年内带薪学习。亚历山大希望通过招揽西欧国家的优秀军官,改善俄国军队的作战效能。

最著名的外籍军官有朗热隆(Langeron)、冯·富尔(von Phull)、圣普里斯特(St Priest)和温茨格林德(Wintzingerode)。沙皇经常听取冯·富尔的意见,正是他建议1812年在德维纳河的德里萨(Drissa)修建军营,抵御拿破仑的入侵。这个想法很愚蠢,需要耗费的资金惊人,因而被迫搁浅。俄军内的外籍军官都很优秀,他们在沙皇的青睐和嘉奖下晋升和调任。无论能力如何,他们往往遭到俄国同僚的忌恨。

俄罗斯与拿破仑的冲突

历史上,俄国一直是从外窥探欧洲的局外者。东西方之间贸易不绝,西欧尤其需要进口造船用的木材。1700—1721年,俄国在大北方战争中联手普鲁士,与查理十二世的瑞典交锋。战争结束后,俄国取代瑞典成为波罗的海地区的霸主,并在七年战争中进一步向西扩张。这一次,俄国与瑞典结盟对抗普鲁士,并入侵波美拉尼亚和东普鲁士。腓特烈大王险些丢掉王位,幸而其强敌伊丽莎白女沙皇逝世。继承王位的沙皇彼得三世是这位普鲁士国王的狂热崇拜者,他立即缔结了和平条款,并从普鲁士境内撤军。

然而,彼得三世的政策激怒了俄罗斯的军队和贵族,他们暗中策划推翻其统治。格里戈里·奥尔洛夫公爵(沙皇之妻叶卡捷琳娜的情夫)及其兄弟阿列克谢谋杀了彼得。叶卡捷琳娜由此登上皇位(后被尊为"大帝"),她虽然出生于德国,但勤奋地投身于对新王国的了解中。凭借艰苦的努力和钢铁般的意志,她对政府和国家进行了改革。

叶卡捷琳娜从英国引进人才,英国海军上将诺尔斯成为建造战舰、设立造船厂方面的顾问。沙皇的总督们奉命绘制各省地图、统计人口、修建道路和桥梁,建立警察和消防部队。国家开始实行大规模的公共教育,修建医院并配置医务人员和医疗器械。同时,图拉铸造厂的技工被派往英国学习精准仪器的制造,掌握最新的炼钢工艺。莫斯科城外建起了纺织厂,德国人被邀请到伏尔加河地区改善农作方法。贸易兴荣繁盛,叶卡捷琳娜将木材、大麻、亚麻、皮革和钢铁出口到欧洲。到1765年,她继承的巨额财政赤字已经转为盈余。

1796年11月,叶卡捷琳娜驾崩。如上文所述,她的儿子保罗继承王位后不久就在1801年遇刺身亡,由保罗的儿子即位为亚历山大一世。当拿破仑于1805年12月2日在奥斯特里茨战胜俄奥联军,又于1807年6月14日在弗里德兰会战中击败俄普联军后,亚历山大与法国议和,签订了《提尔西特条约》。俄国由此加入拿破仑的大陆封锁体系,对英国设置贸易壁垒。

法国皇帝试图在欧洲封锁英国生产或运送的商品,以打击英国的贸易。法西联合舰队在1805年10月2日惨败于特拉法尔加后,法国再难以对抗英国海军,无法登陆英国本土对仇敌进行军事打击,拿破仑希望通过破坏其贸易从而毁灭"商人国"。然而,贸易抵制是一把双刃剑:要赢得胜利,拿破仑及其盟友和卫星国必须在缺乏进口商品的情况下,比出口减少的英国坚持更长时间。

通过巧妙地调整法国与盟国间的关税壁垒,禁止许多卫星国生产丝绸等物品,法国皇帝使利益的天平倾

▼ 第5猎骑兵团与哥萨克骑兵交战。不论是在1807年还是在1812年,散兵之间的交锋都是家常便饭。

俄罗斯与拿破仑的冲突　157

俄罗斯突然中断与英国的贸易后，在经济上也受到了打击。商人们逐渐心生不满，贵族阶层开始向亚历山大表达他们的忧虑。沙皇深知在贵族中树敌过多的后果，便迅速听从了他们的意见。

1810年，亚历山大对英国商品开放了波罗的海港口，许多商品由此以高价格流入西欧。拿破仑的绝对命令消除不了公众对咖啡、茶、香料和丝绸的热衷。对亚历山大而言，他无意在这方面与国民作对。大陆封锁体系的确损伤了英国的经济，但英国政府的举债能力远远胜过法国，无疑能够坚持更长时间。

1810年，拿破仑开始明白自己必须打击俄罗斯，迫使其遵守对英国的贸易封锁，否则他的帝国将沦为世人的笑柄。但亚历山大已暗中决定，俄国的贸易，是不容别国干涉的内政，拒绝回到大陆封锁体系中。1812年，拿破仑决定诉诸武力。事实上，他已别无选择——入侵俄国不可避免。

▲ 1812年9月的博罗季诺会战，图中标注了各部队在会战开始时的位置。当天，俄军自北部南进，迎击拿破仑的主力。

英国将遭到禁运的殖民地商品大量偷运到欧洲，迫使拿破仑将更多的沿海地区划入法国的直属领土，并不断扩大海关人员的队伍，打击猖獗的走私贸易。荷兰在1810年成为法国直属领土，随后波罗的海和亚得里亚海沿岸的地区也被法国合并。

向了法国。大陆封锁的负面影响虽然在法国得到了缓冲，但是莱茵邦联和意大利因此在拿破仑统治后期举步维艰、工业萧条。

▼ 首次望见莫斯科。法军在博罗季诺会战后抵达莫斯科，但喜悦是短暂的，随后他们就发现这座城市处于一片火海中。

皇家近卫军

1792年，俄国共有3个近卫步兵团，分别是普列奥布拉任斯基团、谢门诺夫斯基团和伊斯梅洛夫斯基团。1800年，后2个团的规模扩充至3个掷弹兵营（每个营有5个连）、1个侧翼连，普列奥布拉任斯基团扩充至4个掷弹兵营（每个营有5个连）、2个侧翼连。近卫军还有3个骑兵团和1个哥萨克中队，1796年又组建了1个猎兵营。1800年，近卫军人数达到13361人——规模超过1个师。

近卫步兵

近卫军不仅是宫廷卫队，也频繁奔赴前线作战，比如在1805年、1807年以及1812—1814年。

1810年10月，近卫军按照战列步兵的方式改组了团的编制：各团在旧编制下各有1个掷弹兵营和2个燧发枪兵或滑膛枪兵营，在新编制下改为每个团3个营，每个营有1个掷弹兵连和3个燧发枪兵或滑膛枪兵连。每个连有2个排；在掷弹兵连中，第1排均为掷弹兵，位于全营的右翼，第2排都是优秀的射手，位于全营的左翼。以上编制完全承袭了法军的体系。1805年5月10日，近卫猎兵团在原近卫猎兵营的基础上成立，共2个营。

1806年12月12日，成立了第一个民兵营，后于1811年10月19日改编为芬兰近卫团。11月7日，在普列奥布拉任斯基团的1个营和其他单位的基础上，成立了立陶宛近卫团。如此一来，近卫步兵单独成师，分成3个旅。

步兵军服

近卫军并未采用波将金在1786年推广的制服，而是保留了旧装束。近卫军的3个团都是掷弹兵，头戴正面镶黄铜牌的主教帽或燧发枪兵帽，军帽的帽箍和背面颜色有所不同。

1803年近卫步兵开始配备筒帽，与战列步兵的筒帽大抵相同，但顶部环绕有一条近卫军穗带——衣领和袖口也有

◀ **谢苗诺夫斯基近卫步兵团掷弹兵军官，1796年** 沙皇保罗一世极其喜爱腓特烈大王的普鲁士军服，1796—1801年，他投入了大量人力和金钱，让他的军队穿上这种过时的军服。图中的男子是一名掷弹兵军官，他头戴镀金的军帽，帽子上华丽地装饰着阅兵用的羽饰。这名军官饰有双头鹰徽的银质颈甲是战利品，边上刻有"1700 NO.19"，以表彰该团与普列奥布拉任斯基团在1700年11月19日瑞典国王查理十二世击败俄军时的英勇之举。

▶ **伊斯梅洛夫斯基近卫步兵团滑膛枪兵军士，1796年** 该团于1730年在乌克兰民兵的基础上组建，但军官主要来自波罗的海地区。这套装束很简洁，但仍然相当过时。后来，沙皇亚历山大一世完成了俄军制服和组织的近代化。

近卫步兵制服

普列奥布拉任斯基近卫步兵团

1683年，由彼得一世成立。
红色贴边、黄铜纽扣。

主教帽

番号	帽箍	帽背面
第1营	黄铜	暗红色
第2营	黄铜	橙色
第3营	深蓝色	红色
第4营	黄色	红色
第5营	深蓝色	红色

谢苗诺夫斯基近卫步兵团

同样于1683年由彼得一世成立。
浅蓝色衣领和肩带，红色袖口和燕尾翻边，黄铜纽扣。

主教帽

番号	帽箍	帽背面
第1营	黄铜	浅蓝色
第2营	红色	浅蓝色
第3营	白色	浅蓝色

伊斯梅洛夫斯基近卫步兵团

成立于1730年。
深绿色衣领和肩带，红色袖口和燕尾翻边，纽扣在1796年时为白色，1800年改为黄铜材质。

主教帽

番号	帽箍	帽背面
第1营	黄铜	白色
第2营	红色	白色
第3营	黑色	白色

1808年4月，近卫军的筒帽又被战列步兵式的"基瓦帽"（顶部凹陷的钟形军帽）取代。军帽正面饰有双头鹰徽，饰绳为红黄相间。硕大的旧羽饰被换成了高而窄的样式。近卫猎兵的帽子没有羽饰。

军官的军帽饰绳主体为银色，并饰有黑色和橙色相间的花纹；军帽的鸡毛羽饰改为马毛，颔带改为一条镀金链。军官在不执勤时仍然佩戴双角帽。

新成立的立陶宛近卫步兵团的制服基本与普列奥布拉任斯基团相同，但翻领为红色。军官的衣领和袖口饰有简洁的金色饰环，与过去各团的复杂刺绣截然不同。

近卫骑兵

俄国近卫军最初均为步兵，18世纪20年代才加入骑兵部队。根据1803年的命令，每个团建立规模为半个中队的兵站，和平时期留在驻地负责训练新兵和新马。

▶ **谢苗诺夫斯基近卫步兵团滑膛枪兵军士，1797年** 1683年，彼得大帝以俄国正规军为基础组建了该团。虽然他们的制服稍显正式，但他们在拿破仑时代的战役中发挥了重要作用。在战役中，该团佩戴镀金主教帽，军官佩戴双头鹰徽的银质颈甲。

▼ **掷弹兵军帽的金属牌，1800年** 这块金属牌上有双头鹰徽和象征保罗一世的西里尔字母"P"，1796—1801年，这是战列掷弹兵的标准样式。

骑马禁军团组建于1721年，迅速被视作军队的精英集团。但该团不仅是身居高位的年轻贵族的俱乐部，也多次奔赴前线作战。在1805年的奥斯特里茨之战，他们有一定的伤亡。该团身穿红色贴边、银色饰带的白色上衣。

同样的装饰。

筒帽的正面装饰有一颗蓝色手榴弹的印记，并用黑色马毛装饰代替了绒球。帽高约46厘米，直径约23厘米。军士的筒帽顶部环绕有1条与纽扣同色的穗带，羽饰顶端为白色，中间有垂直的橙色条纹。鼓手和其他乐手佩戴红色羽饰。日常勤务时戴筒帽，在游行和执行重大任务时仍戴主教帽。

1805年2月13日，俄军掷弹兵和燧发枪兵被命令不再佩戴主教帽，代之以筒帽，但顶部没有近卫军的饰边。燧发枪兵的军帽上没有黄铜的手榴弹标记。

禁军骑兵团最初成立于1724年，1796年被保罗一世解散，1800年又被亚历山大一世重组为5个中队。他们身穿有红色贴边、银色饰带的白色上衣，与骑马禁军团颇为相似。

近卫骠骑兵团的成立时间较晚，组建于1775年。军服为典型的骠骑兵风格：棕色的毛皮高筒帽，浅蓝色的多曼上衣和斗篷夹克（纽扣和饰带为金色）；军官佩戴白色毛皮饰物，士兵佩戴黑色。他们穿白色马裤，系红色的皮带和弹药带。军官的束腰带为红色和金色相间，士兵为红白相间。流苏为金色的红色佩囊上有皇室花押。

近卫哥萨克中队于1775年组建。简洁的哥萨克制服包括有红色囊的棕色高筒帽、深蓝色长袍、红色上衣及胸前的银色弹药袋。1800年，该部队扩充为5个中队规模的团。

近卫枪骑兵团和近卫龙骑兵团，1809年12月，由康斯坦丁大公枪骑兵团拆分而成。

炮兵

最初，近卫军的各个步兵团都有1个附属炮兵连。1796年11月6日，所有炮兵连合并为1个单位，组成加特契纳军团分遣队的新炮兵团。该单位后来成为近卫炮兵团。

训练单位

近卫军会从一些院校中挑选军官候补生。

陆军军官候补训练兵团，1731年由安娜女沙皇组建。其制服由有红色贴边、黄铜纽扣、翻边袖口的深绿色上衣，浅黄色背心和马裤，白色皮带，有白色流苏的扁平两角帽组成。

◀ **伊斯梅洛夫斯基近卫步兵团掷弹兵中士，1800年** 顶着羽饰的旧式主教帽既沉重又不舒服，1804年10月被下令换成烟囱式的筒帽。这种主教帽很像1806年战役中普鲁士掷弹兵的军帽，在奥斯特里茨之战中俄国掷弹兵似乎依然戴着它们。浅蓝色的帽籁和白色的背面表明，图中的这名中士属于该团第1营。掷弹兵后来更换了筒帽，在正面饰有橙色在外、黑色在内的帽章以及手榴弹标记。注意图中的手杖——军官的象征。

▶ **骑马禁军团军官，1796—1801年** 该团成立于1721年。这名军官的胸甲上有金色装饰，胸口的勋章上装饰着象征皇室的花框，内有双头鹰徽，周围装饰着战利品。帽徽是黑色丝绸绶带，上面饰有4对橙色条纹。骑兵靴和直刃剑表明该单位为重骑兵部队。

▲ **伊斯梅洛夫斯基近卫步兵团掷弹兵中士的主教帽，1800年** 这顶华美的近卫军掷弹兵主教帽上有一块镂空的铜牌，周边为黑羊皮或毛皮材质。

莫斯科军官候补兵团，1752年由女沙皇伊丽莎白一世组建，作为海军军官的训练学校。军官候补身穿深绿色上衣，衣领、袖口、翻领、燕尾翻边、背心、马裤、纽扣和皮带均为白色，佩戴扁平两角帽。

炮兵和工程兵军官候补兵团，成立于1762年。此前，工程兵学校成立于1712年，炮兵学校成立于1719年。军服同陆军军官候补兵团一样，但袖口没有翻边。

近卫随从部队

1810年2月16日，以海军人员为基础组建的近卫随从部队，有4个海军陆战连和1个炮兵单位。随从部队作为正规动员军力的一部分，绝不只是一支仪仗队。他们在博罗季诺会战中的表现令人印象深刻，而且损失严重。近卫随从部队亦参加了莱比锡会战，在1814年享受了开进巴黎的荣誉。

▲ **近卫龙骑兵团骑兵，1812年** 该团是俄军最年轻的团之一，1809年12月由近卫枪骑兵团的士兵组建而成。1812年，他们参加了博罗季诺战役。头盔正面的金属牌和马具上饰有圣安德鲁勋章的八角星。色调灰暗的军服是标准且实用的战场装束。

▶ **近卫骠骑兵团军官的阅兵装束，1802年** 看着图中穿豹皮斗篷夹克的军官，我们或许能想象俄国皇家近卫军的气派。装有羽饰的高筒帽非同凡响，精致的阅兵用马具也令人赞叹。该团由叶卡捷琳娜大帝组建于1775年2月19日。

战列步兵和猎兵

俄国战列步兵最初编为滑膛枪兵团和掷弹兵团。猎兵分队是支援单位，后来扩编为猎兵团。在1796年的军队改革中，保罗一世将独立的各野战步兵营改编为6个新的滑膛枪兵营。为了应对战争的需求，各掷弹兵团的侧翼连和滑膛枪兵团的掷弹兵连被抽出来组成了新的掷弹兵营，每营有4个连。

1798年成立了6个新的滑膛枪兵团，以团长的名字命名；1800年，步兵和骑兵团又恢复使用地区命名。这6个团的名称变更如括号内所示：贝格（改为巴克拉诺夫斯基，后改为乌克兰），勃兰特（改为卡施金，后改为奥洛内茨），莱特纳（改为内斯韦塔耶夫，后改为萨拉托夫），马尔克洛夫斯基（改为阿尼克耶夫，后改为波尔塔瓦），米勒一世（改为科雷万），帕夫卢茨基（改为卢尼奇，后改为滕金斯克）。1800年，元老院步兵团成立，一度改名为乌斯夏科夫步兵团，后来又改为立陶宛步兵团。

制服的演变

俄军于1803年开始使用筒帽，这种军帽首先是滑膛枪兵团在使用，后来又为炮兵、卫戍部队和掷弹兵所效仿。最初的筒帽设计相当合理，与此后数十年各国军队千奇百怪的筒帽截然不同。

◀ **基辅战列掷弹兵团军官，1786—1796年** 这个历史悠久的团在1799年身着猩红色贴边的制服。1805年，作为乌克兰监察军区的一部分，其制服改为粉色衣领和袖口，白色肩章，长矛的尖端被涂成白色。1812年，该团在梅克伦堡卡尔亲王的第2掷弹兵师麾下，隶属于第2西方军团的博罗金第3军。

▼ **战列掷弹兵的配件**
1.一名近卫军军官的颈甲，是其地位的象征。注意颈甲上的"NO"，并非西里尔文，而是拉丁字母，用来表彰该团在与瑞典人交战时的英勇表现。
2.帕夫洛夫掷弹兵团的主教帽，该团直到1914年都保留着主教帽。
3.不同样式的颈甲表明军官的不同地位，图中的是块金制颈甲。

▲ **步兵将军，1800年** 俄军当时有一项传统：担任某团团长的将军应当穿该团的制服。图中制服属于穆罗姆斯克滑膛枪兵团，该团于1708年成立时是一个掷弹兵团，后在1725年改编为滑膛枪兵团。帽子上的白色羽饰显示了主人的地位。

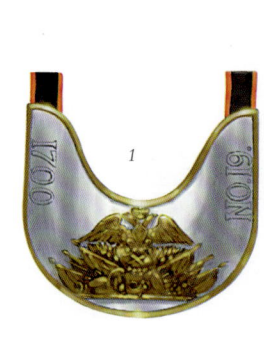  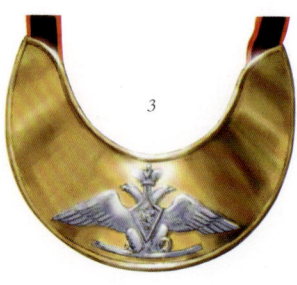

战列步兵和猎兵 163

1797年俄军猎兵营的制服贴边和纽扣颜色

番号	贴边	纽扣
第1营	亮黄色	黄色
第2营	亮红色	黄色
第3营	黑色	白色
第4营	砖红色	黄色
第5营	紫色	黄色
第6营	橙色	黄色
第7营	暗橙色	黄色
第8营	白色	黄色
第9营	暗棕色	白色
第10营	橙色	白色
第11营	浅棕色	黄色
第12营	黑色	白色
第13营	亮蓝色	黄色
第14营	浅绯红色	黄色
第15营	浅蓝色	白色
第16营	浅蓝色	白色
第17营	粉色	黄色
第18营	深蓝色	黄色
第19营	黑色	白色
第20营	绯红色	黄色

备来复枪的士兵。至1769年，猎兵已经充分证明了自己的价值，这种分队被配备给所有步兵团。猎兵的训练内容包括疏开队形作战、准确射击和在冬季穿雪地靴战斗。在1797年的军队改革中，保罗一世将猎兵分队改编为20个猎兵营，1800年又改编为番号1—19的猎兵团（原第1猎兵团已解散）。

猎兵制服

俄国猎兵和战列步兵同样穿草绿色上衣，但上衣无翻领；背心和肩章同样为草绿色。外套的正面有6对纽扣，各军衔的官兵均在右肩上有一条黄色或金色穗带。军帽上没有装饰绒球。猎兵穿白色马裤，各军衔的官兵均穿膝下靴和米色手套。传统的双角帽被换成一种有边的礼帽，这也是筒帽的雏形。

1801年的监察军区制度

俄国军队被分为14个地域性的监察军区，这一制度仅在和平时期有效。进

▼ 战列步兵部队的鼓手和列兵，1786—1796年 1786年，叶卡捷琳娜大帝命令大多数团穿上了图中的制服。这套颇为实用的军服由她最宠爱的情人格里戈里·波将金公爵所设计。军帽后沿的布片是寒冬时节用来保护耳朵的。制服的设计冠绝于各国军队。各步兵团的贴边均为红色，只以左肩的肩饰结来区分各个团。注意鼓手的皮围裙和列兵的水壶。

帽顶和颏带均为皮制，正面的流苏或绒球下装饰着一枚帽徽。帽子的侧面有2块布片，保护耳朵和脸颊在冬天不被冻伤。军士的帽顶有与纽扣同色的饰边。

军官保留了旧式的双角帽，但胸针上的刺绣被换成了与纽扣同色的简洁饰环。军帽的羽饰竖得相当高，相当不利于实战，尤其是在高加索地区，当地的神射手很容易据此特征找到俄军指挥官。1805年12月23日的军令规定，军官在战斗中应该与士兵戴同样的帽子。

1806年前的猎兵部队

1765年，猎兵部队首次出现在俄军中，驻扎于天寒地冻的波罗的海省的25个步兵团中，每团各有1个猎兵分队，每个分队有60名装

行战争动员时，战术分队与军区毫无关系。在士兵装束方面，根据1802年的军令，士兵头发被剪短，发型被简化；同年，新的炮兵制服条例出台。

新的条例成为全军制服改革的试验台。所有团统一穿深绿色的上衣，上衣的燕尾翻边为红色（衣服的纽扣颜色因团而异），胸口有2排纽扣（部分制服有翻领）；袖口通常为纯色，饰有2颗纽扣和所属团代表色的饰带（部分有流苏）。军裤的臀部上有相互平行的口袋，口袋翻盖下各有2颗纽扣。背心和马裤有白色、米黄色和暗米黄色三种颜色。

掷弹兵和燧发枪兵军帽上的金属牌与纽扣同色，背面与贴边同色，帽箍的颜色各异，大多为深绿色。帽箍的侧边和背面有金属材质的手榴弹标记。皮带为白色，有黄铜配饰。近卫掷弹兵使用白色绑腿，其他团均为黑色绑腿。

在新的体制下，制服的衣领、袖口、下摆翻边的颜色代表了所属的军区，肩章、紧身短马裤以及袖口的饰环又代表所属的团。由此，形成了极复杂的军服划分"体系"，这样的情况持续到1807年，步兵制服的贴边被统一为红色。

布列斯特军区（淡黄色贴边）：阿普希埃龙（Apscheron）、亚速、旧英格曼尼兰（Ingermannnland）、彭萨（Pensa）、波多尔斯克（Podolsk）、里亚希克（Riaschk）、维堡（Vyborg）、维尔纳滑膛枪兵团，第8猎兵团。

高加索军区（淡蓝色贴边）：高加索掷弹兵团，卡巴尔德金斯克（Kabardinsk）、喀山、苏斯达尔（Susdal）、梯弗里斯（Tiflis）、沃洛

▼ **俄国步兵团的肩饰结，1762—1796年（从左至右）** 第一排：库林斯克团（1777年）、库林斯克团（1777年以前）、库林斯克团（1777年以后）、西伯利亚团、乌格利奇团、拉多加团、科斯霍姆团、布季尔斯克团（校级军官）。
第二排：罗斯托夫团、基辅团、尼希埃戈罗德团、乌格利奇团（1777年）、布季尔斯克团（下级军官）、布季尔斯克团（其他军衔）、维堡团（军官）、维堡团（其他军衔）。
第三排：圣彼得堡团（其他军衔）、圣彼得堡团（下级军官）、圣彼得堡团（校官）、彼尔姆团（下级军官）、雅罗斯拉夫团、尼佐夫斯克团（1770年以前）、尼佐夫斯克团（1770年，其他军衔）、尼佐夫斯克团（下级军官）。

格达滑膛枪兵团，第16、17猎兵团。

克里米亚军区（米黄色贴边）：别列夫（Bielev）、塞瓦斯托波尔、特罗伊茨克（Troitsk）、维捷布斯克滑膛枪兵团，第14、15猎兵团。

德涅斯特罗夫斯克军区（深绿色贴边）：切尔森（Cherson）、

西伯利亚掷弹兵团，阿列克索波尔（Alexopol）、克里米亚、科斯洛夫（Koslov）、拉多加、新因盖尔曼兰德、尼希埃戈罗德（Nischegorod）、弗拉基米尔、雅罗斯拉夫滑膛枪兵团，第9、10、11、12、13猎兵团。

芬兰军区（黄色贴边）：涅夫斯基

（Nievski）、里亚桑（Riasan）、大卢基（Veliki-Luki）滑膛枪兵团，第1、2猎兵团。

基辅军区（紫红色贴边）：布季尔斯克（Butirsk）、科利万斯克（原米勒一世）、莫斯科、纳尔瓦、诺夫哥罗德、波尔塔瓦（原马尔克洛夫斯基）、

▼ **第7猎兵团军士，1799年** 这套简约的制服由波将金在1786年引入。猎兵团穿浅绿色制服，衣领和袖口很相似。根据历史上留下的实物，猎兵的军服下摆没有翻边。由于来复枪的填装速度很慢（大约每2分钟才能开火1次），猎兵们还要在腰带上挂一把手枪。

▼ **叶卡捷琳诺斯拉夫（Yekaterinoslav）掷弹兵团燧发枪兵，1799年** 图中的制服显然是过时的普鲁士风格。燧发枪兵军帽上的帽牌只有掷弹兵帽上的三分之二高。其过时的扑粉发型于1803年被废除。注意纽扣密集的绑腿，这或许只是艺术加工。

▼ **施吕瑟尔堡滑膛枪兵团列兵，1799年** 该团成立于1700年。这套装饰是俄军于1799年在意大利、1800年在瑞士作战时所穿的。瑞典式的袖口和燕尾翻边与贴边同色，图中的燕尾翻边为红色。夏天，该团扎白色绑腿，冬季则为黑色。

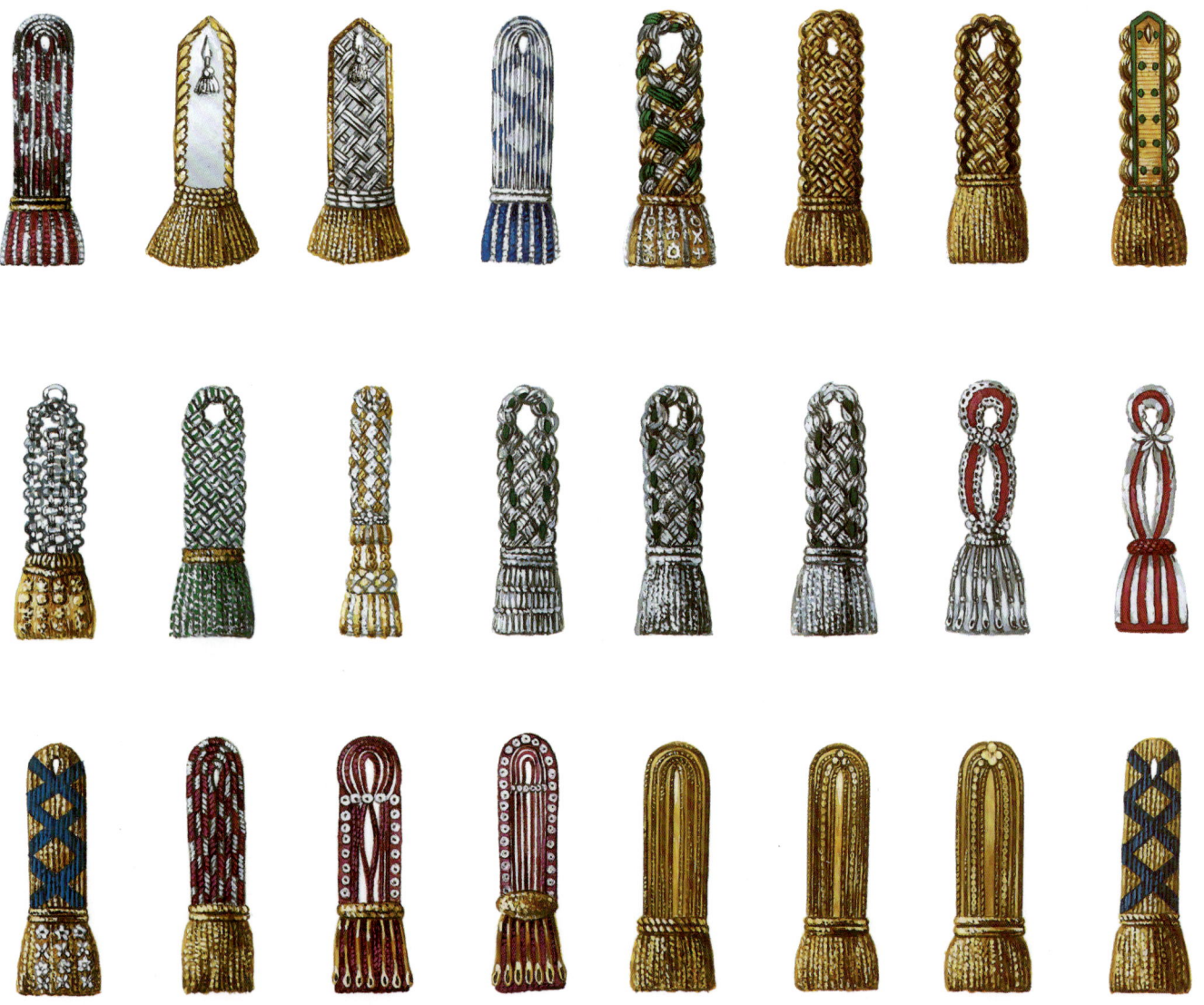

▲ **俄国步兵团的肩饰结，1762—1796年（从左至右）** 第一排：彼尔姆团（校官）、阿普希埃龙团（其他军衔）、阿普希埃龙团（下级军官）、阿普希埃龙团（校官）、尼佐夫斯克团（校官）、苏斯达尔团（其他军衔）、苏斯达尔团（军官）、苏斯达尔团（阅兵用）。
第二排：斯摩棱斯克团（1767年）、斯摩棱斯克团（1767年以后，其他军衔）、斯摩棱斯克团（1767年以后，军官）、大卢基团、纳列斯克团（1766年以后）、托博尔斯克团、沃洛内希团（其他军衔）、沃洛内希团（军官）。
第三排：沃洛格达团、纳舍堡团（1770年及其以前）、纳舍堡团（1770年以后）、那列斯克团（1776年及其以前）、阿斯特拉罕团、别洛塞尔斯克团、穆罗姆斯克团、特罗伊茨克团。

维亚斯马（Viazma）滑膛枪兵团。

立陶宛军区（浅绿色贴边）： 叶卡捷琳诺斯拉夫掷弹兵团，阿尔昌盖尔（Archangel）、穆罗姆斯克（Muromsk）、尼佐夫（Nizov）、普斯科夫（Pskov）、罗斯托夫（Rostov）、图拉、沃利尼亚（Volhynian）滑膛枪兵团，第5、6、7猎兵团。

利沃尼亚军区（青绿色贴边）： 圣彼得堡、陶里代（Tauride）掷弹兵团，德涅普尔（Dniepr）、科波尔斯克（Koporsk）、雷瓦尔、谢夫斯克（Sievsk）、索菲亚、切尔尼戈夫（Tchernigov）、托博尔斯克（Tobolsk）滑膛枪兵团，第3、4猎兵团。

莫斯科军区（橙色贴边）： 阿斯特拉罕掷弹兵团，勃兰特（原奥洛内茨）、纳希埃堡（Nascheburg）、纳瓦金斯克（原帕夫卢茨基）、奥尔洛夫、萨拉托夫、施吕瑟尔堡、斯塔罗伊–奥科尔斯克（Staroi-Okolsk）、坦波夫、乌克兰（原贝格）滑膛枪兵团。

奥伦堡军区（米黄色贴边）： 叶卡捷琳堡、里加、里尔斯克（Rilsk）、希尔万（Schirwan）、乌法斯克（Ufimsk）滑膛枪兵团，第18、19猎兵团。

圣彼得堡军区（红色贴边）： 近卫、帕夫洛夫掷弹兵团，别洛塞尔斯克（the Bielosersk）、科斯霍姆（Kexholm）、立陶宛、佩尔诺夫（Pernov）、滕金斯克（Tenginsk）、叶列茨（Yeletz）滑膛枪兵团。

西伯利亚军区（灰色贴边）： 希万斯克（Chirwansk）、谢连金斯克、托木斯克滑膛枪兵团。

斯摩棱斯克军区（白色贴边）：法纳戈里亚（Fanagoria）、莫斯科掷弹兵团，库尔斯克、彼尔姆、波洛茨克（Polotzk）、乌格利奇（Uglitch）和沃洛内希（Voronesch）滑膛枪兵团。

乌克兰军区（粉色贴边）：基辅、小俄罗斯掷弹兵团，布里安斯克（Briansk）、加利茨（Galitz）、斯摩棱斯克滑膛枪兵团。

在1802年的改革中，成立了7个新步兵团：克里米亚、加利茨、科波列（Koporje）、彼得罗夫斯克、波多里亚（Podolia）、沃利尼亚和沃洛格达步兵团。

1803年8月12日，在但泽守卫战中大放异彩的3个卫戍步兵营组成了比亚利斯托克（Bialistok）滑膛枪兵团。1805年8月又决定组建7个滑膛枪兵团，分别是爱沙尼亚（Estland）团、卡卢加团、科斯特罗马团、莫希列夫（Mohilev）团、敖德萨团、彭萨团和维尔纳步兵团。1806年7月和8月组建了以下滑膛兵团：布列斯特、雅库茨克、卡姆夏特卡（Kamtschatka）、克雷缅休格（Krementschug）、明斯克、涅希洛特（Neuschlot）、彼尔瑙（Pernau）、坦波夫和维尔曼斯特兰德（Wilmannstrand）步兵团。

1806年后的步兵改革

1806年3月4日，14个监察军区中有11个被重新整编为13个师，仅保留高加索、奥伦堡和西伯利亚军区。在战争时期，各团依然隶属于新整编的师。

第14师成立于1806年6月14日，10天后又组建了4个师：原先不属于任何师的各团组成第15师，新募集的团组成了第16、17、18师。卫戍步兵团的制服改为黄色衣领和袖口，并在红色肩章上用黄色标明团番号（1—72）。

1807年，高加索军区部队组成了第19、20师；利包（Libau）团和原第1师的单位组成第21师。此外，以上3师以外的多个师抽出部分单位组成第22师。1808年2月，奥伦堡军区的部队组成第23师，西伯利亚军区的部队组成第24师。同时，罗斯托夫滑膛枪兵团的团名改为"阿拉克茨切耶夫"（Araktschejev，以团长名字命名）。由于军中急需有能力的军士，这一时期成立了掷弹兵训练营。1809年，成立24个新兵训练站，每个师负责1个兵站，新兵将在兵站接受为时8

◀ 雅罗斯拉夫滑膛枪兵团掷弹兵，1799年 在帽牌图纹的正下部，圣安德鲁十字和圣乔治十字上下相叠，组成"米"字。团长为王室成员，制服底色为红色，军帽上的圣乔治十字为白色，圣安德鲁十字为黑色，并以白色勾边。这些军帽通常与发辫下的绶带一同被保留。

▶ 帕夫洛夫斯基掷弹兵团军士，1800年 该团是最年轻的掷弹兵团，成立于1796年11月。由于在1807年战役中的英勇表现，该团当年被赐予保留主教帽的权利。军服里层的布料为红色。其他掷弹兵团均在1805年换上筒帽。衣领和袖口的滚边显示了图中男子的军士身份。

个月的预备训练。同年,规模较大的师分割出部分单位,组成第24、25、26师。每师分成3个旅,每旅有2个团。

为了实现各师内组织的标准化,俄军的努力有目共睹,使得每个师有均等的战术价值。1810年10月,战列步兵团和猎兵团的组织结构发生改变:原本每团分为1个掷弹兵营、2个燧发枪兵或滑膛枪兵营,现改为3个燧发枪兵或滑膛枪兵营,每个营分为1个掷弹兵连和3个燧发枪兵或滑膛枪连。每连有2个排:掷弹兵连的第1排均为掷弹兵,组成该营的右翼;第2排为优秀射手,组成营左翼。这种组织架构完全沿袭的是法国。在战争动员时,每个团的第2营(除了掷弹兵连)留在团兵站训练新兵。第2营的掷弹兵连合并为师属的2个掷弹兵营,或者组建掷弹兵旅、掷弹兵师。

1810年10月,14个滑膛枪兵团(立陶宛、维尔纳、索菲亚、波多利亚、沃洛内希、加利茨、布里安斯克、敖德萨、奥廖尔、爱沙尼亚、诺夫哥罗德、大卢基、彭萨、萨拉托夫)被改编为第33—46猎兵团。10月26日,俄罗斯西部地区的各师推行了拿破仑的军体系。

第1军下辖第5、14师,第2军下辖第16、17、21师,第3军下辖第2、3、4师,第4军下辖第7、8和第9、10、18师的第2营,第5军暂时空缺,第6军下辖第19、20师。仍然有14个师保持独立。1810年11月,第25师改为第24师,原第24师的各团成为独立团。新第25师由奥伦堡地区的部队组建,第26师由西伯利亚地区的部队组建。退役的士兵被编为570个连,部署在各城镇,在身体条件允许的情况下,负责执行警卫任务。另外在1811年1月,阿拉克茨切耶夫伯爵滑膛枪兵团改编为掷弹兵团。同年2月,高加索掷弹兵团改名格鲁吉亚(格鲁辛斯基)掷弹兵团。同月,"滑膛枪兵团"改称为"步兵团"。第49猎兵团改编为索菲亚步兵团。第25步兵师吸收了3个海军步兵团。第19、20师组成格鲁吉亚军——成为高加索军团的基础。

1811年,又组建了4个团:敖德萨团、辛比尔斯克团、维尔纳团和日托米尔团。他们与第49、50团组成了第27师。至此,俄军共有14个掷弹兵团、96个步兵团和3个海军步兵团。此外,还有52个卫戍步兵连,其中12个连组建为3个卫戍营,其余40个连分布于全国各城镇,与当地的安保连共同组成大约17000人的"国家卫队"(Home Guard)。这一

◀ **圣彼得堡掷弹兵团军官,1805年** 该团属于利沃尼亚军区,衣领和袖口为青绿色,肩章和绒球的中心为红色。这名军官的筒帽侧边饰有镀金鹰徽,1806年后普军也模仿了该设计。部分军官可能仍保留着双角帽。整体的灰暗色调为这套制服增添了实用性。

▶ **乌法斯科(Ufimsk)步兵团掷弹兵军士,1805—1806年** 这一时期,每个步兵团的贴边和纽扣都有独特的颜色。1807年11月7日的军令改变了这一状况,将各步兵团的贴边统一为红色、纽扣统一为黄色。如图所示的硕大马毛饰物一直保留到1811年2月,后改为细窄的样式。1808年7月,所有掷弹兵团均在军帽和弹药盒上增加了3道火焰的手榴弹标识。

◀ **维堡步兵团鼓手，1807年** 该团属于布列斯特军区，因此制服饰有淡黄色衣领和袖口以及黄色肩章。该团于1700年6月成立于诺夫哥罗德。马刀带上的流苏显示了图中士兵所属的连。

武装的目的是维持王国内部的和平与安全，由战争大臣直接指挥。

1806年之后的步兵制服

随着1806年进行的改革，士兵剪去了不受欢迎的发辫，剃短了头发。1807年3月，军官们根据命令不再携带短矛和手杖；除骠骑兵部队外，全体军官都佩戴流苏肩章。1807年11月，贴边和纽扣颜色因团而异的愚蠢军服体系得到废除，军队的制服统一为红色标识和黄铜纽扣。

监察军区制度遭到废除，各团被编入规模各异的师。每个师的第1团戴红色肩章，第2团戴白色肩章，第3团为黄色，第4团为镶红边的深绿色，第5团为浅蓝色。白色和黄色的肩章上，以红字绣有师番号，其他颜色的肩章上用黄字。军官的肩章番号用金线绣成。

同一时期，挂马刀的腰带改为右肩上的弹药带。普鲁士旧式的马刀改为直刃剑。筒帽的顶部改用皮革材料，这一材质延展到军帽两侧的边缘；筒帽底部增加了饰物，两侧的颔带上各有1条向上的加固带，形成"V"字。1807年

▲ **步兵装备**
1.为第12师某步兵军官的肩章。
2.为一名军官的帽徽，饰有沙皇亚历山大一世的花押字。

▶ **猎兵军官，1807年** 这是一套简洁实用的制服。与战列步兵军官不同，猎兵军官不戴颈甲。1812年，轻步兵团的数量达到50个，证明在疏开队形下散兵战的重要性日渐增强。他们的肩章上标记着团番号。

▼ **步兵装备**
1.标准的1796式俄军滑膛枪，枪身上有黄铜部件。近卫军的滑膛枪由胡桃木制成，质量极佳。
2.俄军猎兵装备的来复枪，子弹填装极其费时，但比滑膛枪更加精准，并装备有剑式刺刀。
3.金属制的击发装置，上面记载着生产地（图拉兵工厂）和生产时间。
4.弹药袋，左边是掷弹兵的，右边是近卫军的。

◀ **第21猎兵团鼓手军士，1807年** 我们能从这幅图中看到猎兵的"高帽"，顶部的金色饰边显示了图中人的军衔。这种军帽在1807年被战列步兵的筒帽取代。第21猎兵团是成立于1805年的3个猎兵团之一。

▶ **第11猎兵团军号手军士，1811年** 轻步兵部队通过军号手相互传达信号。该团经历了对土耳其战争的大部分阶段，战场在当今的罗马尼亚和保加利亚地区。图中的军号手戴着1802年推广的独特"高帽"。

徽，上尉的是镀金的鹰徽和镶边，大尉的为金银鹰徽。校官均穿戴镀金颈甲。1809年，将官两角帽上的白色羽饰被废除，饰环被改为带胸针的四重金穗。火枪列兵在基瓦帽和弹药袋上也有与掷弹兵相同的手榴弹标记，但只有1道火焰。

军帽绒球的颜色如下：各团的第1营以白色为主，绿色为辅；第2营以绿色为主，白色为辅；第3营以天蓝色为主，白色为辅。从步兵便帽的帽箍也能分辨其所属的营：第1营为纯红色，第2营为绿色镶边的红色，第3营为天蓝色镶边的红色。帽箍正面标有黄色的营番号："1.P"（第1连）。马刀带为所属连的代表色，皮带和流苏均为白色，各连在服装的细节、帽顶和饰环上均有区别。我们知道，步兵团的肩章上绣有师番号，而猎兵团的师番号绣在弹药袋的翻盖上。掷弹兵团的番号用西里尔字母书写，如"1.G"和"2.G"。联合掷弹兵师各单位的军服上则绣着原属师的番号。

1811年1月17日，军官的基瓦帽饰绳改为银线；军士的饰绳基本与士兵相同，但是饰有黑、白、橙三色相间的扁圆饰绳和流苏。1812年成立了第1—14国家卫队步兵团以及凯瑟琳·帕夫洛娃女大公的民兵营。

1812年7月，沙皇发布声明号召全国的健全男子武装起来保卫祖国。反响是惊人的，有22000人自愿加入后备役。

在1812年战争期间，战争中的德

12月，推行了新的军裤。冬季，士兵们穿白色布料、黑色皮革裤脚的波将金式宽松军裤；夏季，穿白色亚麻绑腿的紧身军裤，裤腿上有白色纽扣。1808年7月，筒帽正面的帽章改为黄铜的手榴弹标记（和弹药袋上的标记相同），滑膛枪兵的手榴弹标记为1道火焰，掷弹兵则有3道。同时，圆筒状的黑色皮革行军包被改为矩形样式，有2条白色背带。根据规定，士兵背包时，军官必须一同背包。

这一时期，军官颈甲的尺寸缩减，各级军官的颈甲样式如下：准尉的纯银，少尉的镀金镶边，中尉的镀金鹰

国战俘组成了1个俄德军团。这支部队包括7个步兵营、1个来复枪兵连、2个骠骑兵团、1个步炮兵连、2个骑炮兵连和1个炮兵阵地连。他们身穿俄国军服，第1步兵旅和猎兵部队的制服为红色贴边、黄色纽扣，第2步兵旅为浅蓝色衣领和黄色肩章。第1骠骑兵团穿深绿色的多曼上衣和斗篷夹克，白色毛皮、红色贴边、黄色饰带和纽扣，第2骠骑兵团穿一身黑色制服，浅蓝色贴边和饰带、棕色毛皮。炮兵部队的装束则与俄军炮兵完全相同。1813年他们在北德意志作战，1815年3月加入普鲁士军

战列步兵和猎兵 171

1808年8月，猎兵团统一改穿镶红边的白色衣领、红色袖口以及红色中缝的军裤。1809年中期，白色衣领又改为镶红边的深绿色，弹药袋的翻盖有黄铜标记的团番号。这一时期的猎兵几乎与战列步兵同样装备滑膛枪。同年，猎兵军官也戴上了战列步兵军官用的颈甲。1810年年末规定，各旅第1团佩戴黄色肩章，第2团戴浅蓝色肩章，并用红色标记师番号。同年9月，猎兵也开始佩戴与战列步兵军官相同样式的流苏肩章，但后者的肩章为金色，猎兵军官采用的颜色则与本团士兵的肩章相同。

1807年末，各团的肩章带上增加了所属师的番号。夏季，他们穿白色亚麻绑腿马裤，冬天的军裤改为更加厚重的白色布料，裤脚为黑色皮革材料。1811年，1805式的筒帽被改为凹顶的基瓦帽，但是很可能没有来得及在1812年法国入侵之前分发。

1810年10月，滑膛枪兵团与改编后的猎兵团对应表	
滑膛枪兵团	猎兵团
立陶宛滑膛枪兵团	第33猎兵团
维尔纳滑膛枪兵团	第34猎兵团
索菲亚滑膛枪兵团	第35猎兵团
波多里亚滑膛枪兵团	第36猎兵团
沃洛内希滑膛枪兵团	第37猎兵团
加利茨滑膛枪兵团	第38猎兵团
布里安斯克滑膛枪兵团	第39猎兵团
敖德萨滑膛枪兵团	第40猎兵团
奥列尔滑膛枪兵团	第41猎兵团
爱沙尼亚滑膛枪兵团	第42猎兵团
诺夫哥罗德滑膛枪兵团	第43猎兵团
大卢基滑膛枪兵团	第44猎兵团
彭萨滑膛枪兵团	第45猎兵团
萨拉托夫滑膛枪兵团	第46猎兵团

了10个新的猎兵团（番号23—32）。1811年1月，卫戍步兵团的士兵组成了第47、48和49猎兵团。第49猎兵团后改编为索菲亚步兵团。新的第49猎兵团以及第50猎兵团成立于1811年11月，并编入第27师。

猎兵的制服

1807年的俄军制服配色简单，军帽设计合理，全军的袖口统一为红色。猎兵的衣领为镶红边的白色。1807年11月，猎兵的外套和马裤由浅绿色改为深绿色。同年12月，腰带上的弹药袋被废除，改用战列步兵式的黑色弹药带，翻盖为纯色。此时开始，上衣由草绿色改为深绿色。衣领的颜色保持不变，每个师的第1团戴红色肩章，第2团戴浅蓝色肩章。

▲ 小俄罗斯掷弹兵团掷弹兵，1805年 在1805年12月的奥斯特里茨会战中，俄军掷弹兵所穿的即为图中这种制服。

队。俄军的希腊师解散于1799年，士兵均为希腊和阿尔巴尼亚人，被编入敖德萨团希腊营的3个连。

猎兵部队

第20猎兵团成立于1802年5月18日。1805年，俄军在战列步兵和近卫步兵中推广了新式筒帽，而猎兵的旧式军帽则保留到1807年9月。第21和22猎兵团成立于1805年11月，1806年间又成立

▶ 第13猎兵团卡宾枪兵军士，1812年 图中能看到造型独特、推广于1812年战役期间的钟形筒帽。1806年，全体猎兵军士和各连12个最好的射手都配备了来复枪。但到1812年，大部分猎兵团使用标准的滑膛枪（滑膛枪可以提高射击的频次）。猎兵团的精英连与战列步兵的掷弹兵一样，也有独特的标识。

胸甲骑兵和龙骑兵

1763年，俄国骑兵首次划分为重骑兵和轻骑兵。重骑兵包括6个胸甲骑兵团和19个卡宾枪骑兵团，轻骑兵包括7个龙骑兵团。1796年，在保罗一世疾风骤雨般的改革中，9个卡宾枪骑兵团改编为胸甲骑兵团（后增至16个团），还有6个团被改为龙骑兵团，使得龙骑兵也增加至16个团，每个团有5个中队。1798年成立6个新的骑兵团，但在1800年解散了4个（仅保留索恩胸甲骑兵团和施赖德斯龙骑兵团）。施赖德斯龙骑兵团后改为米勒二世龙骑兵团。同年，6个龙骑兵团合并为3个，每团10个中队：弗拉基米尔和塔甘罗格龙骑兵团合并为奥布列夫斯科夫（Obrjewskov）龙骑兵团（后改为谢佩列夫龙骑兵团），纳尔瓦和尼希埃戈罗德（Nischegorod）龙骑兵团合并为普希金（Puschikin）龙骑兵团（后改为波特尼亚金龙骑兵团），伊尔库茨克和西伯利亚龙骑兵团合并为萨琴二世（Sacken II）龙骑兵团（后改为斯卡隆龙骑兵团）。

1800年，扬堡、梁赞（Riazan）、尼钦（Nieschin）、索菲亚胸甲骑兵团以及罗斯托夫、阿斯特拉罕龙骑兵团解散。1801年，恢复了旧团名的使用：索恩胸甲骑兵团改回特维尔胸甲骑兵团，米勒二世龙骑兵团改回金布尔恩（Kinburn）龙骑兵团。

1803年以前的胸甲骑兵制服

各骑兵团均戴扁平双角帽，军帽上有白色羽饰、黄黑橙三色的帽徽、外白内红的流苏，上衣、背心、马裤、手套和皮带均为白色。衣领、袖口、上衣正面边缘、背心边缘、白色下摆翻边的边缘、佩囊均与贴边同色。佩囊的边线与纽扣同色。

哈尔科夫胸甲骑兵团，1796年改编为胸甲骑兵团。黑色贴边，白色纽扣和饰带。

基辅胸甲骑兵团，1784年改编为胸甲骑兵团。橙色贴边、白色纽扣。

切尔尼戈夫（Tchernigov）胸甲骑兵团，1784年为切尔尼戈夫卡宾枪骑兵团，1796年改为胸甲骑兵团。粉色贴边、白色纽扣。

喀山胸甲骑兵团，1756年改为当前团名。绯红色贴边、白色纽扣。

皇帝陛下近卫胸甲骑兵

◀ **莫斯科龙骑兵团军号手，1812年** 该团组建于1700年，成立时为普列奥布拉任斯基龙骑兵团，1706年改为当前的团名。俄国龙骑兵使用黑色的挽具和黄铜配饰。

▶ **叶卡捷琳堡胸甲骑兵团军旗手，1797—1801年** 这套制服是保罗一世为军队打造的，明显带有普鲁士风格。图中的军旗手只穿正面的胸甲。白手套挡住了绿色袖口。

胸甲骑兵和龙骑兵 173

▲ 卡赞胸甲骑兵团军号手，1786—1796年 我们能从图中看到波将金推广的骑兵制服。龙骑兵团也穿这种颜色的制服，只能通过左肩上的肩章区分两者。1796年，两角帽代替了图中的军帽，并从这时开始装备胸甲。

叶卡捷里诺斯拉夫胸甲骑兵团，1789年为波将金胸甲骑兵团，1796年11月改为当前团名。橙色贴边、白色纽扣。

里加胸甲骑兵团，1763年为卡宾枪骑兵团，1796年11月改为当前团名。红色贴边、黄色纽扣。

军事修会胸甲骑兵团，1774年为乔治亚军事修会龙骑兵团，1796年11月改为当前团名。黑色贴边、黄色纽扣。军号手与其他团不同，佩戴圣乔治勋章的饰带。

格卢乔夫（Gluchov）胸甲骑兵团，1783年由小俄罗斯的哥萨克人组建而成，成立时为格卢乔夫轻

▶ 皇帝陛下近卫胸甲骑兵团军旗手，1812年 图中这名年轻的军官手握着君王标志的白色团旗。马鞍上卷起的毯子为这位全副武装、神气十足的骑兵提供了更多保护。

骑兵团，1784年改编为卡宾枪骑兵团，1796年11月改为当前团名。亮蓝色贴边、白色纽扣。

涅任斯基（Niezhinski）胸甲骑兵团，同样由上述的哈萨克人组建而成，成立时为涅任斯基骑兵团，1784年改编为卡宾枪骑兵团。1796年改为当前团名。

索菲亚胸甲骑兵团，1783年由哈萨克人组建，成立时为索菲亚骑兵团，1784年改编为卡宾枪骑兵团，1796年11月改为当前团名。粉色贴边、黄色纽扣。

斯塔罗杜布胸甲骑兵团，同样由哈萨克人组建而成，成立时为斯塔罗杜布骑兵团，1784年改编为卡宾枪骑兵团，1796年11月改为当前团名。暗红色贴边、白色纽扣。

小俄罗斯胸甲骑兵团，1785年，由波将金大公成立

团，1733年为贝沃恩斯基（Bevernski）胸甲骑兵团，1796年11月改为当前团名。浅蓝色贴边、白色纽扣；头盔和鞍布上有圣乔治勋章的八角星。

皇后陛下近卫胸甲骑兵团，1733年为近卫胸甲骑兵团，1796年改为当前团名，绯红色贴边、黄色纽扣。头盔和鞍布上有圣乔治勋章的八角星。

梁赞胸甲骑兵团，1763年为卡宾枪骑兵，1796年11月改为当前团名。宝蓝色贴边、黄色纽扣。

扬堡胸甲骑兵团，1796年11月改为当前团名。浅蓝色贴边、黄色纽扣。

于小俄罗斯地区，成立时为第10掷弹骑兵团，1790年改称军事修会掷弹骑兵团，1796年11月改为当前团名。橙色贴边、黄色纽扣。

胸甲骑兵部队

根据1803年的军令，每个胸甲骑兵团建立了1个规模为半个中队的兵站，战争动员期间在驻地进行新兵和新马的训练。随着1812年法军入侵俄国，各胸甲骑兵师的预备中队组成了1个预备师。1810年11月，西俄罗斯地区的一些骑兵团组成了旅和师，并长期归属于新成立的步兵军。

1810年，俄军在武装标准化上迈出一大步：所有的胸甲骑兵、龙骑兵和骠骑兵团均装备新式卡宾枪和手枪，口径与战列步兵的滑膛枪相同（十二分之七英寸）。

胸甲骑兵的制服

1803年10月，胸甲骑兵和龙骑兵的两角帽改为黑色漆皮头盔。头盔顶部为黑色皮革的鸡冠，鸡冠上有虫形羽冠。士兵的羽饰为黑色，军乐手为红色，军士的羽饰主体为黑色、正面为白色，还有橙色的条纹。军官在战场上也戴相同尺寸的羽冠，但主体为白色、尖端为黑色，黑白之间隔着一条橙色的环。不值勤的时候，各军衔的官兵都戴着有简洁的饰环和纽扣的双角帽。1808年，硕大的羽冠改为短而直的马毛饰物。

龙骑兵的制服

1796年，龙骑兵头戴有白色羽饰、黄黑橙三色帽徽、红白流苏的双角帽，身穿长下摆的深绿色上衣，衣领、袖口、肩章和翻领（若有）与贴边同色，搭配白色内衬、米黄色燕尾翻边、米黄色背心、白色马裤和皮带、翻口高筒靴。军官在右肩上穿戴与纽扣同色的肩饰带，上衣两侧翻领的下方各有1对与纽扣同色的扣眼。方形马鞍垫和手枪皮套

▲ 叶卡捷里诺斯拉夫胸甲骑兵团军官，1809年 腊肠形羽冠的头盔推行时间不长，很快被换为图中的鬃饰。此时的胸甲也比以往更加简洁。在该团士兵的马具上，以纽扣颜色标记着"A"和"I"上下相叠的皇室花押。马具与贴边同色，饰有白色滚边。

均与贴边同色，并饰有与纽扣同色的滚边。战马的挽具为黑色。

谢韦尔斯克（Sieversk）龙骑兵团，1779年命名为谢韦尔斯克小俄罗斯轻骑兵团，1784年改编为卡宾枪骑兵团，1796年改为当前团名。橙色贴边、黄色纽扣。

莫斯科龙骑兵团，1763年由龙骑兵改编为卡宾枪骑兵，1796年改为当前团名。绯红色贴边（无翻领）、黄色纽扣。

阿斯特拉罕（Astrakhan）龙骑兵团，1756年为掷弹骑兵团，1763年改

◀ 军事修会胸甲骑兵团军号手，1812年 与普通军乐手的饰带不同，该团的军号手戴着圣乔治勋章的绶带。他们的头盔和马具上还有该勋章的标志。他们的头盔和马具上还有该勋章的星形标志。

1813—1815年骑马来复枪兵团

番号	名称	贴边
1	阿尔萨马斯	紫色
2	多帕特	淡紫色
3	立陶宛	绯红色
4	涅任斯基	浅蓝色
5	佩列斯拉夫	紫红色
6	谢韦尔斯克	红色
7	蒂拉斯波尔*	深黄色
8	切尔尼戈夫	暗紫色

*新成立的团

编为卡宾枪骑兵团，1786年改为当前团名。橙色贴边、黄色纽扣。

弗拉基米尔（Vladimir）龙骑兵团，亮蓝色贴边、黄色纽扣。

普斯科夫（Pskov）龙骑兵团，1763年为卡宾枪骑兵团，1788年改为当前团名。粉色贴边（无翻领）、白色纽扣。

尼希埃戈罗德龙骑兵团，1763年为卡宾枪骑兵团，1775年改为当前团名。黑色贴边（无翻领）、白色纽扣。

因盖尔曼兰德龙骑兵团，1763年为卡宾枪骑兵团，1796年改为当前团名。绯红色贴边、黄色纽扣。

纳尔瓦斯基龙骑兵团，1763年为卡宾枪骑兵团，1796年改为当前团名。浅蓝色贴边、黄色纽扣。

罗斯托夫龙骑兵团，1763年为卡宾枪骑兵团，1796年改为当前团名。亮红色贴边、黄色纽扣。

卡尔戈波尔龙骑兵团，1763年为卡宾枪骑兵团，1796年改为当前团名。亮红色贴边、白色纽扣。

圣彼得堡龙骑兵团，1765年为卡宾枪骑兵团，1775年改为当前团名。亮红色贴边（无翻领）、黄色纽扣

斯摩棱斯克龙骑兵团，1765年成立时为斯摩棱斯克民兵骑兵，1775年改为当前团名。橙色贴边、白色纽扣。

塔甘罗格龙骑兵团，1775年由彼尔姆和维亚茨卡（Viatska）卡宾枪骑兵团改编而成。浅橙色贴边、黄色纽扣。

西伯利亚龙骑兵团，1775年成立时为西伯利亚龙骑兵军，1777年改为当前团名。白色贴边（无翻领）、黄色纽扣。

伊尔库茨克龙骑兵团，1784年成立时为西伯利亚龙骑兵军的一部分，1796年改为当前团名。白色标识（无翻领）、白色纽扣。

奥伦堡龙骑兵团，1784年由奥伦堡和亚德林斯克（Yadrinsk）野战营组建而成。黑色贴边、白色纽扣。

1798年成立了4个新的龙骑兵团：库尔兰团、新俄罗斯团、博里索格莱布斯克（Borissoglebsk）团和佩杰拉斯拉夫（Pejeraslav）团。1805年8月又成立了2个团：日托米尔团和利夫兰德（Livland）团。1806年6月，芬兰和米陶（Mittau）龙骑兵团成立，同年8月，贾姆堡（Jamburg）、利包、涅任斯基、谢尔普霍夫（Serpuchov）、蒂拉斯波尔和多帕特龙骑兵团成立。1812年12月月底，几个龙骑兵团改编为骑马来复枪兵团和枪骑兵团。

1803年推行的龙骑兵头盔前后都有帽檐，正上方覆盖着有皮革制的鸡冠顶。顶部的黑色皮革冠上有虫形马毛羽冠。普通士兵为黑色，军乐手为红色，军士的羽冠主体为黑色、正面为白

▶ **涅任斯基（Nenhinsk）骑马来复枪兵团骑兵，1813年** 1813年，该团由龙骑兵改编为骑马来复枪兵，改编后，制服变更，使用轻骑兵武器和战术。凹顶的基瓦帽取代了龙骑兵头盔。

色，饰有垂直的橙色条纹。军官的野战用羽冠主体为白色、尖端为黑色，由一条橙色的环分隔。头盔正面镶着双头鹰徽的金属牌。1807年12月，浅绿色的上衣改为深绿色；1808年，绒球改为短而直的马毛饰物，所有军衔的官兵均戴黑色，只有军乐手为红色。1809年，上衣的下摆缩短到与胸甲骑兵同等长度。

骑马来复枪兵

1812年，以下龙骑兵团改编为骑马来复枪兵团：阿尔萨马斯（Arsamass）团、多帕特团、立陶宛团、涅任斯基团、佩列斯拉夫团、锡韦尔斯克团和切尔尼戈夫龙骑兵团。还有一些团改编为枪骑兵团，以增加轻骑兵单位的数量。

▶ **龙骑兵军官装备**
1. 厚重的直刃骑兵剑和白色牛皮剑鞘。
2. 卡宾枪弹药袋背带。
3. 饰有双头鹰徽的弹药袋。
4. 卡宾枪。
5. 龙骑兵的滑膛枪，可以安装刺刀。
6. 剑柄带结。

新成立的骑马来复枪兵团与骠骑兵同样装备博克（Bock）鞍、弯马刀和黑皮革的骠骑兵式挽具。他们戴基瓦帽，帽上饰有骠骑兵式的帽徽、纽扣、饰环、白色饰绳和羽饰，军官、军士和军号手的配色区别与其他单位相同。各团均穿深绿色上衣和马裤。衣领同样为深绿色，皮带和纽扣为白色。衣领中间和顶部的滚边、肩章、尖袖口和裤腿条纹均与贴边同色。士兵配备与轻骑兵相同的装备，主要用于侦察和散兵战。

▶ **骑兵军旗**
俄军骑兵使用方形的军旗，而非燕尾的三角军旗。旗帜的颜色与所属团的代表色无关。

◀ **伊尔库茨克龙骑兵团军官，1813年** 一对流苏肩章和束腰带显示了图中军官的军衔。鞍具通常为绿色，饰有与贴边同色的滚边。鞍布的边角上有皇室花押。

▶ **弗拉基米尔龙骑兵军官，1797—1801年** 又是一套普鲁士风格的军服。在战役中，雪白的马裤会换成侧面有纽扣的罩裤。

骠骑兵和枪骑兵

每个骠骑兵团有2个营,每个营有5个中队。1800年,莫斯科骠骑兵中队与阿奇季尔斯克(Achtyrsk)骠骑兵团合并,1803年又成立2个新的骠骑兵团(敖德萨团和白俄罗斯骠骑兵团),后者[1]在同年改编为枪骑兵团。

骠骑兵的制服

在1797年以前,骠骑兵戴黑色毛皮高筒帽,军帽上装饰着与多曼上衣颜色相同的囊、白色的羽饰和饰绳。多曼上衣的衣领和袖口,以及纽扣和饰带均为团代表色;斗篷夹克的边缘为毛皮,军官和士兵的毛皮颜色相同;纽扣和饰带与多曼上衣相同。束腰带为该团代表色,马裤和皮带通常为白色。1803年10月配发了步兵式的筒帽,顶端有硕大的白色马毛装饰和红白相间的饰绳,军帽正面饰有帽徽。1809年,白色马裤改为与多曼上衣同色的裤子。

苏姆斯基(Ssumski)骠骑兵团,1796年的团名为舍维茨(Shevitz)骑兵将军骠骑兵团,1799年改为利科奇纳(Likochina)骠骑兵团,1800年4月改为科洛格里沃瓦(Kologrivova)少将骠骑兵团,1800年10月改为格雷博瓦(Grebova)上校骠骑兵团,1801年改为祖博夫伯爵中将骠骑兵团,1801年改为帕伦三世伯爵(Count Pahlen III)少将骠骑兵团,同月改为当前团名。1797年,该团的制服样式为黄色多曼上衣和斗篷夹克,搭配饰边、白色纽扣、浅蓝色贴边、黑色毛皮、浅蓝色和白色相间的束腰带、白色滚边和刺绣的浅蓝色佩囊。后改为灰色的多曼上衣、斗篷夹克和马鞍垫,绯红色的贴边、马裤和鞍垫锯齿滚边,白色的饰带和纽扣,绯红色和灰色相间的束腰带。军官制服的毛皮为黑色,士兵为

◀ **伊苏姆骠骑兵团军官,1797—1801年** 该团团名是在1801年被授予的。精致的波兰式挽具和锯齿饰边的鞍布深受欧洲骠骑兵的喜爱。这套制服几乎没有任何俄国特色。

① 译注:可能是敖德萨团和白俄罗斯骠骑兵团,但一说是敖德萨团于1805年转为枪骑兵。

▲ **白俄罗斯骠骑兵团军号手,1803年** 该团为新成立的团。在大多数欧洲军队中,军号手会戴一条额外的饰带或使用撞色标明身份。一般会在斗篷夹克的肩部装饰一条燕巢饰带。

白色。1813年4月,该团因1812年战役中的突出表现被赐予圣乔治的军号,1814年4月又因同年的战役被赐予基瓦帽上的帽牌。

阿奇季尔斯克骠骑兵团,1796年的团名为林德纳中将骠骑兵团,1800年改为巴尔丘戈瓦(Barchugova)上校骠骑兵团,1801年改为当前团名。1796年,该团的制服样式为棕色的多曼上衣和斗篷夹克,白色的饰带和纽扣,黄色

1813年俄军枪骑兵团

团名	贴边	纽扣/流苏肩章	方顶帽顶部	方顶帽饰绳	矛旗
近卫枪骑兵团	红色	黄色	深蓝色	黄色	红色/白色
波兰枪骑兵团	紫红色	白色	深蓝色	白色	深蓝色/紫红色
鞑靼枪骑兵团	紫红色	白色	紫红色	白色	紫红色/白色
立陶宛枪骑兵团	紫红色	白色	白色	白色	白色/深蓝色
沃利尼亚枪骑兵团	紫红色	黄色	深蓝色	黄色	黄色/紫红色
楚古耶夫枪骑兵团	红色	黄色	红色	黄色	红色/深蓝色
扬堡枪骑兵团	紫红色	黄色	白色	黄色	白色/紫红色
奥伦堡枪骑兵团	紫红色	黄色	紫红色	黄色	深蓝色/紫红色
日托米尔枪骑兵团	红色	白色	深蓝色	白色	黄色/深蓝色
西伯利亚枪骑兵团	红色	白色	白色	白色	黄色/白色
弗拉基米尔枪骑兵团	红色	黄色	深蓝色	黄色	黄色/深蓝色
塔甘罗格枪骑兵团	红色	黄色	白色	黄色	黄色/红色
谢尔普霍夫枪骑兵团	红色	黄色	红色	黄色	深蓝色/红色

贴边、白色毛皮、红黄相间的束腰带，黄色滚边和刺绣的棕色佩囊。后改为棕色多曼上衣和斗篷夹克，黄色饰带和纽扣，棕黄相间的束腰带，白色毛皮、宝蓝色马裤和佩囊以及黄色配饰的宝蓝色马具。1813年4月，该团因1812年战役中的突出表现被赐予银军号，1814年5月又因同年的战役被赐予基瓦帽上的金属牌。

伊苏姆（Isum）骠骑兵团，1796年为佐里特萨（Zoritsa）少将骠骑兵团，次年改为安内科瓦（Annekova）少将骠骑兵团，1798年团名改为博夫里亚（Bovria）少将，1800年改为帕伦伯爵少将骠骑兵团。该团的制服包括有白色饰带、纽扣、蓝色贴边的红色多曼上衣和斗篷夹克，另有白色毛皮，蓝白相间的束腰带，白色滚边和刺绣的红色佩囊，之后又装备了深蓝色马裤和马具。

马里乌波尔骠骑兵团，1796年的团名为博罗夫斯基少将骠骑兵团，1797年改为巴格拉季翁公爵少将骠骑兵团，1798年改为凯夸托夫（Kekuatov）公爵少将骠骑兵团，1799年为维特根施泰因

◀ **骠骑兵军官装备**
1.钢制刀柄的轻骑兵弯刀以及钢制刀鞘。
2和3.剑鞘和黄铜柄的直刃剑。
4和5.骑兵卡宾枪，有时涂成黑色。
6.束腰带。
7.标记了保罗一世花押的佩囊，用于挂佩剑的皮带以及马刀。

▶ **巴普洛格拉德骠骑兵团军官，1807年** 该团成立于1783年，成立时为轻骑兵团。后来由于突出的战绩，基瓦帽被赐予帽牌。图中这名军官留着短发，传统的骠骑兵会留两鬓的发瓣和长辫，但俄军在1806年将这废止。

骠骑兵和枪骑兵　179

▲ 阿奇季尔斯克骠骑兵团军官，1812年 这套华丽的制服始于1812年。为了纪念1812年的战役，1813年，筒帽上被赐予金属牌。这名军官的羽饰底部为橙色和黑色。注意马裤上的匈牙利式绳结。

伯爵少将骠骑兵团，1801年改为梅利西诺少将骠骑兵团，之后改为当前团名。1797年，该团的白色多曼上衣有黄色饰带、纽扣、贴边，深蓝色斗篷夹克，白色毛皮，红黄相间的束腰带，白色滚边和刺绣的黄色佩囊。1802年后、1812年前改为深蓝色多曼上衣、斗篷夹克、马裤、佩囊和马鞍垫，黄色贴边、饰带和纽扣，黄蓝相间的束腰带，黄色配饰的马具。

1813年4月，该团因1812年战役中的突出表现被赐予银军号，1814年9月又因同年的战役基瓦帽上被赐予金属牌。

巴普洛格拉德骠骑兵团，1801年被赐予当前团名。军服原为有白色饰带、纽扣、皮毛的浅蓝色多曼上衣和斗篷夹克，浅蓝色和白色相间的束腰带，配备浅蓝色滚边和刺绣的白色佩囊；1805年改为有红色饰带、黄色纽扣、浅蓝色衣领和袖口的深绿色多曼上衣，搭配红色和浅蓝色相间的束腰带，白毛皮的浅蓝色斗篷夹克，深绿色的马裤和鞍布，红刺绣的深绿色佩囊。

伊丽莎白格拉德（Elisabethgrad）**骠骑兵团**，1796年为杜尼纳（Dunina）骑兵将军骠骑兵团，1798年改为沃洛潘斯科（Voropansko）少将骠骑兵团，次年改为苏恰雷夫（Sucharev）少将骠骑兵团，1800年改为萨肯（Sacken）少将骠骑兵团，之后改为当前团名。1796年，该团的制服为有白色饰带、白色纽扣、红色贴边的黄色多曼上衣和斗篷夹克，另有白色毛皮，红白相间的束腰带，搭配白色滚边和刺绣的黄色佩囊。

1813年4月，该团因1812年战役中的突出表现被赐予银军号，1814年11月又因同年的战役基瓦帽上被赐予金属牌。

奥尔维奥波尔（Olviopol）**骠骑兵团**，1796年的团名为希察（Schitza）男爵骑兵将军

◀ 立陶宛枪骑兵团军号手，1812年 这套装束完全保留了该团的历史传统（波兰和立陶宛），奥地利、法国和普鲁士的军队也有类似的制服。恰普卡帽的顶部颜色为各团的贴边颜色。在枪骑兵部队中，只有第一排的士兵携带长矛。

骠骑兵团，1800年改为米洛拉多维奇（Miloradovitch）上校骠骑兵团，后改为柴普利茨（Tschaplitz）上校骠骑兵团，1801年改为当前团名。1796年，该团的军服为黑色多曼上衣和斗篷夹克，搭配白色饰带和纽扣、白色毛皮、红白相间的束腰带，以及白色滚边和刺绣的黑色佩囊。到1809年，该团的制服已改为深蓝色多曼上衣和斗篷夹克，有红色贴边的马裤，搭配有红色配饰的深蓝色佩囊和鞍布，红黄相间的束腰带，黄色饰带和纽扣。

亚历山大骠骑兵团，1796年为戈德列夫斯基少将骠骑兵团，当时的制服为有白色饰带、纽扣和红色贴边的黑色多曼上衣和斗篷夹克；军官的毛皮为黑色，士兵为白色；红白相间的束腰带以及有红色滚边和刺绣的黑色佩囊。1797年改为古日茨科（Guzhitsko）少将骠骑兵团，1798年改为尼科里茨（Nikoritz）少将，1799年为改为泰莱普涅夫（Telepniev）少将骠骑兵团，1800年改为基斯辛斯基（Kischinski）上校骠骑兵团，1801年改为当前团名，束腰带的配色改为黑红相间。

1813年4月，该团因1812年战役中的突出表现被赐予银军号，1814年5月1日基瓦帽上被赐予金属牌。

白俄罗斯骠骑兵团，1803年由亚历山大团、伊丽莎白格拉德团、奥尔维奥波尔团和巴普洛格拉德骠骑兵团的士兵组建而成。制服为深蓝色的多曼上衣、马裤、佩囊和鞍布，白色纽扣、饰带和锯齿形饰边，红色贴边，白色毛皮，红白相间的皮带。

格罗德诺骠骑兵团，1806年成立于普斯科夫地区，由伊苏姆团、奥尔维奥波尔团和苏姆斯基骠骑兵团的5个中队组建而成。制服均为深蓝色，贴边和配饰为浅蓝色，纽扣、饰带和毛皮为白色，束腰带为浅蓝色和白色相间。

卢布尼（Lubny）骠骑兵团，1807年成立于希克洛韦（Schklove）和莫吉列夫（Mogilev）地区。制服和鞍具均为深蓝色，贴边为黄色，纽扣、饰带、毛皮和饰物为白色。在1814年的战役后，该团由于表现突出，基瓦帽上被赐予金属牌。

伊尔库茨克骠骑兵团，1812年，由伊尔库茨克龙骑兵团和索尔蒂科夫（Soltikov）伯爵骠骑兵团的士兵组建而成。制服为有绯红色贴边、黄色纽扣和饰带的棕色多曼上衣，黄白相间搭配黄色配饰的束腰带，绯红色锯齿边和黄色饰带的棕色鞍布。

枪骑兵

1813年，敖德萨骠骑兵团改编为枪骑兵团，之后改为近卫枪骑兵团。h皇储枪骑兵团于1806年装备长矛。沃利尼亚骑兵团成立于1807年4月，次年11月与波兰、立陶宛和鞑靼骑兵团一同改编为枪骑兵团。1808年8月，楚古耶夫（Tschugujev）哥萨克骑兵团改编为枪骑兵团。每个枪骑兵团有10个野战中队和1个兵站中队。1812年12月底，塞尔普奇夫（Serpuchiv）、西伯利亚、塔甘罗格和弗拉基米尔龙骑兵团改编为枪骑兵团。所有枪骑兵团均穿石蓝色的波兰夹克，戴恰普卡帽。通常来说，翻领、袖口、镶边、腰带、军裤两侧的条纹、鞍布的饰边和皇室花押押均与贴边同色。矛旗为上下有两种颜色的燕尾样式。近卫枪骑兵团的方顶帽正面有双头鹰徽，其他团的军帽上则没有图案。1808年，枪骑兵的厚重羽饰换成了轻巧的白色羽饰。

◀ **骠骑兵将军，1812年** 图中这名身穿罕有的华丽军服的人是库尔涅夫（Kulniev）将军，他是格罗德诺骠骑兵团的团长。库尔涅夫在1812年战役初期大放光彩，这套奢华的制服几乎融合了所有传统骠骑兵元素，显示出他的考究品味。

炮兵和工程兵

俄军的技术部队长期遭到忽视，但合理的炮兵改革使其成为一个高效的兵种。工程兵和专业人员一直处于缺乏状态。

炮兵的制服

在传统上，炮兵穿有黑色贴边的红色外套和马裤。1796年，他们改戴双角帽，贴边一度改为镶红边的深绿色，1801年又改回黑色。

1803年，轻工兵和步炮兵装备了筒帽。骑炮兵装备了龙骑兵式的皮革头盔，头盔前后均有帽檐，顶部的皮革头冠上有虫形的马毛羽冠。士兵的马毛饰物为黑色，军乐手为红色，军士的饰物主体为黑色，正面为白色，并有垂直的橙色条纹。军官在战场上也戴相同尺寸的羽冠，但主体为白色，尖端为黑色，相隔一条橙色的环。头盔正面饰有双头鹰徽金属牌。在不值勤时，军官戴双角帽，帽子上有简单的饰环和纽扣。

1808年8月，所有炮兵旅被命令佩戴红色肩章，并在肩章上用黄色标记旅番号。步炮兵改戴基瓦帽，帽子上饰有交叉的炮口和手榴弹以及红色饰绳。

1805年8月，决定成立第10和11炮兵团。1806年，2个轻工兵团的规模均扩充至3个营。根据1809年的军令，所有炮兵军官的衣领顶边和底边均装饰红边，这一装饰后来被称为"文化人的饰边"，推广至所有技术部队。

工程兵

1763年，波将金也改组了工程兵部队，当时共有1147名军官和士兵。坑道工兵和坑道工兵各有1个连。1796年的工程兵军有1147名士兵。到1802年7月，轻工兵增加至有2个营的1个团。

1802年又成立了1个团。

1809年，工程兵学校扩充了规模，并增加面向军官的课程，学员们被分配至俄罗斯的各个要塞，负责在野战部队中绘制地图。

舟桥工兵

舟桥工兵是军队的架桥专家，1796年被引入炮兵部队，并扩充至8个连，后又吸收了规模为2个营的轻工兵团。

◀ **工程兵军官，1799年** 工程兵们都是专业娴熟的军官，经受过建筑工程、架桥技术和地图绘制学的训练。这套制服的风格可追溯至七年战争时期。

▶ **步炮兵中士，1800年** 传统上，俄国炮兵的贴边为黑色，但在保罗一世（1796—1801）时期，衣领和袖口改成了镶红边的外套颜色。两根长铁针的用处是，从点火孔刺穿火炮内的弹药袋，完成点火。军帽上的绒球、边角的流苏和马刀饰结上的黑、白、橘三色显示出了他的军士身份。纽扣是铜制的。

哥萨克人、卡尔梅克人和巴什基尔人

哥萨克人

俄罗斯成功征服东部和南部边境的游牧部落多年，并让他们定居。1792年，曾经的扎波罗扎（Zaporozha）哥萨克改为黑海哥萨克军团。1793年，成立了第1—3楚古耶夫哥萨克骑兵团。在1796年的改革中，第3楚古耶夫团解散。1796年，叶卡捷里诺斯拉夫哥萨克军团（Jekaterinoslav Cossack Army）解散（1801年10月重新成立）。1797年，顿河哥萨克军团增配了2个骑炮兵连。1798年，特普贾斯（Teptjars）成立了第2个哥萨克骑兵团。1800年，楚古耶夫的2个哥萨克团缩减至1个。

1803年，俄军的哥萨克部队经历了重新整编的风波。第1—3布格哥萨克团由布格河下游的移居者组建而成，其中包括许多保加尔人（Bulgars）。驻扎在高加索山沿线的叶卡捷里诺斯拉夫哥萨克骑兵团改名为高加索哥萨克骑兵团。成立于1798年的奥伦堡哥萨克军团被划分成5个部分，并成立奥伦堡哥萨克骑兵团。1803年，乌拉尔哥萨克军团改编为10个团，每个团有5个中队（排）。1808年8月，楚古耶夫骑兵团改编为枪骑兵团。

高加索边界的非正规哥萨克部队配备有2个哥萨克骑炮兵连。

西伯利亚的非正规哥萨克部队在1808年成立，同样配备2个骑炮兵连。

1812年，成立了4个乌克兰哥萨克骑兵团，每个团有8个中队。除正规部队外，沙皇在1812年7月发布后备部队

▶ **巴什基尔士兵，1813年** 俄军的亚洲部队包括来自乌拉尔南部和中部的骑马弓箭手，法国人给他们取的绰号是"爱神"。巴什基尔人骑着顽强而结实的矮马。他们虽然作战能力有限，但很适合侦察、突袭和运送战俘。图中男子的肩上穿着锁子甲。

哥萨克人、卡尔梅克人和巴什基尔人 183

▲ **顿河哥萨克团军官，1802年** 1812年的俄国军队中有顿河地区的36个哥萨克骑兵团，哥萨克部队已成为俄国军事武装中不可缺少的部分。哥萨克士兵作风强硬，胯下的矮马吃苦耐劳。在保罗一世时期，曾有派遣他们去印度打击英国军队的计划。哥萨克擅长侦察和散兵战，是各种部队的耳目。

▲ **首领哥萨克骑兵团军官，1812年** 马特维·伊万诺维奇·普拉托夫伯爵是顿河哥萨克的指挥官以及该团的团长。该团隶属于西部第1军团。请注意黑色皮带及其精致的装饰。

▲ **第1卡尔梅克骑兵团军士，1812年** 1812年，卡尔梅克人的2个团均属于朗贝尔伯爵将军麾下，隶属于托尔马索夫（Tormassov）将军的西部第3军团。头上的方顶帽显示出他们与东南欧枪骑兵的民族渊源。卡尔梅克人是轻骑兵部队，与哥萨克部队相似，主要用长矛战斗。

的号召后，涌现出的哥萨克志愿兵部队包括：卢布尼哥萨克骑兵团、奥伦堡省的24个哥萨克骑兵团以及立陶宛的1个哥萨克团。

卡尔梅克人

1803年，斯塔夫罗波尔军团中的卡尔梅克人组成了卡尔梅克骑兵团。1812年4月，卡尔梅克人已组建了第1、第2和斯塔夫罗波尔卡尔梅克骑兵团。

巴什基尔人

1811年4月，奥伦堡省政府将当地的部落成员组建为第1和第2巴什基尔团。

▶ **顿河哥萨克军官装备** 两图都为哥萨克骑兵的弹药袋，均有皮带和精致的银饰。

普鲁士

　　1795—1806年间的普鲁士,由国王弗里德里希·威廉三世统治,其人优柔寡断、投机取巧。在此期间,这个国家都在极力避免同法国爆发战争。然而1806年,普鲁士却在极其仓促的情况下选择挑战拿破仑。同年10月的战役如同旋风一般:在同日进行的耶拿−奥尔施塔特双重会战中,普鲁士陆军——弗里德里希大王的瑰宝——被重创殆尽。此后数年中,尽管元气大伤,普鲁士仍然从残败废墟中挣扎起来,军队和政府都进行了大刀阔斧的重建,并在1813年完成了凤凰涅槃般的自我救赎。1813年,普鲁士在驱逐拿破仑、解放德意志的运动中是执牛耳者之一。1814年新年首日,普鲁士也是反攻法国本土的排头尖兵。拿破仑在1814年春季战役中将其战争艺术发扬至臻,反法盟军的每例错误无一不被扼住利用,但盟军重整旗鼓、众志成城,最终扳倒了拿破仑,致使拿破仑第一次退位。1815年,普军同英国—荷兰—汉诺威联军携手,为拿破仑奉上了其最后一场败仗:滑铁卢战役。

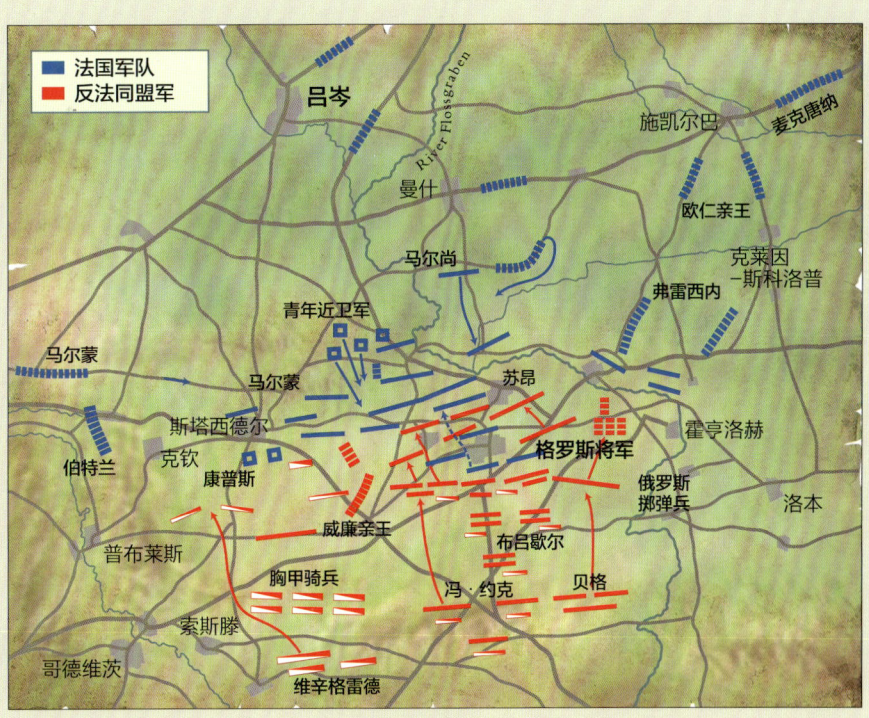

▲ 吕岑会战是1813年战役中第一场大型关键战斗。俄普联军由俄国伯爵维特根斯泰因(Wittgenstein)指挥,最终败于法军,但法军因缺乏骑兵,无法进一步扩大战果。

◀ 普军将领莱斯托克(L'Estocq)及其小型兵团参加了1807年2月7—8日的埃劳会战,并见证了俄军的败北。

普鲁士国情

当法国爆发革命之际，庞大的普鲁士王国似乎强有力且上下一心，让这个国家引以为豪的是，它拥有一支名震四方、曾是精锐的军事力量。

国王

1792年，正值国王弗里德里希·威廉二世（Frederick William II）在位，他是弗里德里希大王的侄子。他是一位深得人心的君主，意在改善臣民生活，于是削减赋税等级，兴办教育，还向德语作家们敞开了普鲁士学院的大门——德语写作曾被弗里德里希大王禁止，因为大王醉心于法语的优雅。不过，弗里德里希·威廉二世对军事并不用心。普鲁士的诸位先王，皆是亲历行伍，他却放弃了这个作风，把军队管理丢给了布伦维克公爵与将领冯·莫伦多夫打理。此外，他的外交政策也是毫无重点，并且耗资巨大。

尽管弗里德里希·威廉二世在1792年将普鲁士拉入了第一次反法同盟中，不过他始终秉持国家利益优先，于是后来退出了反法同盟，转而加入对波兰的最后一次瓜分。有得必有失，如此做法虽然为普鲁士赢来了南普鲁士省、新东普鲁士省这两块领土，但也令弗里德里希·威廉二世失去了欧洲诸君主对其的支持。

1797年，弗里德里希·威廉二世驾崩。他所留下的是一个混乱且几近破产的国家。军队则由某位死板的参谋领

▼ 图为拿破仑接见普鲁士王后、弗里德里希·威廉三世的妻子露易丝。根据拿破仑自己所言，他将她视为自己的"佳丽敌手"。

▲ 图为国王弗里德里希·威廉二世，他是弗里德里希大王的侄子，他毁了自己国家的财政。1795年，他同法国休战。

导，是无法与流淌着年轻血液的法国革命军队匹敌的。

威廉二世驾崩后，其子即位，是为弗里德里希·威廉三世。权柄更始之际，新王王后露易丝·奥古斯塔积极投入治理普鲁士的事务。很快，她便将拿破仑视为头等大敌。尽管她不断劝说弗里德里希·威廉加入反法同盟，但她还是赞成坚持普鲁士的中立地位直至1806年。露易丝姿容美丽，且深受子民爱戴。拿破仑将她称为他的"佳丽敌手"，1806年10月普军战败之后，他又称她为"普鲁士唯一的男人"。1810年7月17日，露易丝死于不明疾病。

基于如此立场，1805年11月3日，露易丝成功说服国王，并使国王签署了《波茨坦秘密条约》（the secret Treaty of Potsdam）。此条约中，普鲁士预备派出一支武装力量支援波希米亚的俄奥联军。然而不到一个月，普鲁士援军前脚才迈出军营，拿破仑就摧毁了联军。

普鲁士国

很明显，1792年时的普鲁士是一个典型的欧洲君主制封建农业国，不过，在诸多省份中也有例外，那就是煤矿丰富的西里西亚省。这个省是弗里德里希大王历经西里西亚战争、七年战争才从玛丽娅·特蕾莎（Maria Theresa）手中夺来的。

那时，普鲁士地主通过两个群体攫取利益。其一为有产群体，他们对地主负有一定的法律义务，他们如要改变住处，就会被没收财产。另一群体是农民，他们是无产者，他们常常为地主工作，但无薪酬。这种徭役人口在王国东部极多，是西部的两倍。自1713年始，历代普鲁士国王便致力于改良或消灭农奴制。1743年，也就是第一次西里西亚战争后，普鲁士夺取了西里西亚，并顺势废除了该地区的农奴制。但是，同样的努力在波美拉尼亚省就遭到了抵制。1763年（七年战争后）的废除行动遭到当地贵族的联手抵制，他们说服国王，

▲ 图为普鲁士陆军元帅冯·布吕歇尔。他是拿破仑不可取代的劲敌，拥有激发官兵从而夺取伟大胜利的才能。

称如果改革，整个省的经济都会崩盘。

尽管一波三折，封建残余还是通过1794年的《土地敕令》被一扫而尽，该法令改革了土地所有制。但普鲁士的富强之路仍然坎坷，因为其行政体制极为官僚主义、教条主义。这就导致整个国家的政治氛围非常沉闷，只有爱国热情时而闪烁一番。

1806年国难之前，普鲁士在社会、政治、军事层面已经出现了一些改革者，比如卡尔·奥古斯特·冯·哈登堡亲王（Prince Karl August von Hardenberg）。哈登堡出生于汉诺威，1792年开始为普鲁士工作，他也是政治改革派的领袖之一。1804—1806年，他任普鲁士外相，随着拿破仑击败普鲁士，他也离职了。1810年，哈登堡时来运转，被任命为宰相并继续他的改革事业。他废除了各种繁文缛节为国内贸易开道，统一了税制，给予犹太人平等权利，减轻了农民的负担。哈登堡曾想建立一个国立政治磋商议会，但被贵族阻止。除此之外，哈登堡还在1813年促成了普鲁士与俄罗斯的结盟。维也纳会议上，他作为普鲁士代表出席。

军队

1807—1812年，残存的普鲁士陆军开始重建。普军进行改革，淘汰了守旧军官，摒弃了旧式战术、操典、演习，一切均以新式标准重构。1806年之前的团部上校（即团长）"任内死亡"数，可能会让研究者们大为感慨。这种现象，考虑到彼时普鲁士国情倒也很正常。一来，绝大部分土地贵族是军队军官的来源，却无法从军役中获取明确、等量的薪酬；二来，他们被禁止出售土地，也被禁止从事贸易。如此一来，某种近似于印度教种姓制度的体制便应运而生了。另一方面，军官们"拥有"连队一级的单位，他们会在诸如制服、装备、训练等项目的资金中吃回扣，中饱私囊，此种行径又加剧了情况的恶化。

在那个时代，很多国家的军事系统都存在这种情况，并且会不断发酵，直至路人皆知。对很多老军官而言，他们如果想过得舒坦点，就必须继续服役至相当高龄的岁数，这就导致了1806年的灾难：拿破仑及其年轻的高级军官击垮了普鲁士。普鲁士的失败，很大程度上是因为生理上——有些时候是精神上——真的老了。1806年10月的普军序列中，高级军官的平均年龄为58.75岁，而拿破仑军中则只有40.5岁。

1806年国难之前，普军军官的晋升之路可谓"穿着死人的靴子"，正如字面意思，这种情况要等到确立养老金后才获得改善，因为如此一来，高龄军官便能退休养老，普军军官团的平均年龄也明显年轻化了。关于老年军官荣退的问题上，或许冯·布吕歇尔（von Blücher）元帅是个最大的例外：1815年，他已经73岁，但还是活跃在战场上——对拿破仑的仇恨、对自己想捍卫的事激发了他。

1806年国难

拿破仑发现奥、俄、普缔结秘密条约后,要求普鲁士签一份条款严苛的和约。弗里德里希·威廉被王后露易丝说服,拒绝了此要求。拿破仑不甘罢休,又于1806年2月拿出了一份更苛刻的方案,最终,弗里德里希·威廉还是屈服了。然而,他似乎后来又出尔反尔收回承诺,并且给拿破仑下了最后通牒,命令后者在10月8日之前从德意志全面撤军——这些行为的背后缘由,可能是义愤填膺的王后的怂恿。然而,普王未能勘透时局时机。此前的9年光景中,他对欧洲事务向来逡巡不前,对奥、俄两大国惨败于奥斯特里茨一事袖手旁观,却在1806年夏季决定挑战时代的军事天才——拿破仑·波拿巴。

▲ 1806年10月16日,普军固若金汤的埃尔富特要塞耻辱地"投降"。

灾难当头

面对挑战,拿破仑拿出了强而有力、令人信服的回应——出动了所向披靡的帐下大军。10月10日,在萨阿尔菲尔德(Saalfeld)爆发了战役的揭幕战:法军元帅拉纳的第5军前锋部队遭到某支普鲁士—萨克森联军部队的抵抗。这支部队由普鲁士王子路易斯·费迪南德(弗里德里希·威廉的一个儿子)指挥,此战,王子马革裹尸、饮恨沙场。4天后,普军依然呈分兵之势。这种情况下,拿破仑举兵54000人在耶拿击垮了约45000人的普军,这部分普军的兵力还不及总数的一半。就在同日,双方也在位于耶拿向北20千米的奥尔施塔特小村展开了激战。法军元帅达武率领第3军(约29000人),孤立无援地同52000人的普军主力交上了火。达武以寡敌众,最终竟大败普军。普军伤亡上万人,3000人被俘,法军则只损失了7000人。

遭受痛击的普军逃离了战场,士气荡然无存,绝大部分指挥官、参谋都惊慌失措。大小旅、团皆崩溃,军队纪律此时被抛之脑后。逃兵向北方、东方涌去,惶惶然只为保全性命。

接下来几周,上演了一连串史无前例、耻辱绝顶的丑剧。相当数量的普军要塞闻风而降,例如普拉森堡(Plassenburg)、斯潘道(Spandau)、普伦兹劳(Prenzlau)、帕瑟瓦尔克(Pasewalk)、什切青(Stettin)、马格德堡(Magdeburg)、埃尔福特(Erfurt)、哈姆林(Hamlin)以及格洛高(Glogau)。

只有一个男人例外,他就是格布哈特·莱贝雷希特·冯·布吕歇尔(Gebhart Leberecht von Blucher)。布吕歇尔始终坚持抗战,他率领麾下2万人勇敢地向北朝吕贝克杀出了一条血路,并最终在吕贝克被包围了。弹尽粮绝后,布吕歇尔于11月7日在拉特考(Ratkau)向法军元帅贝尔纳多特及其第一军投降。

国王及朝廷向东避乱,并抵达了京次堡。随后,国王决定继续抗战,并同沙皇亚历山大联手抗法。由冯·莱斯托克将军指挥的一个普鲁士军在东普鲁士保全了下来,这支部队后来同本尼格森将军率领的俄军合流。接下来的战争在严峻寒冬中的波兰领土上进行,最终在1807年6月14日,以俄普联军在弗里德兰败北而告终。普鲁士因此成为一个三流国家。

卧薪尝胆

普鲁士被彻底击败后,分别在1807年7月9日和1808年9月8日签订了《提尔西特条约》(the treaties of Tilsit)、《巴黎条约》(the treaties of Paris)。元气大伤的普鲁士陆军被套上了桎梏,兵力不得超过42000人。至于这个国家,则被强加了数目巨大的战争赔款。与此同时,法国占领军进驻了普鲁士的城市,法军消耗必须由普鲁士人承担。拿破仑在普鲁士境内安插了大量特工,以确保普鲁士政府的一举一动尽在自己掌握之中。他也会妨碍普鲁士王室安排的委任变动，意图确保消除普鲁士对法国的敌意，强化其中立倾向。

拿破仑将萨克森帝储国升格成了王国，并赋予其华沙大公国宗主地位。由于这两个国家之间隔着普鲁士的领土，因此萨克森也被授予在普鲁士境内拥有军事通行权，以确保与华沙交通线的畅通。

在《提尔西特条约》（the Treaty of Tilsit）协商签订的过程中，弗里德里希·威廉三世犹如俎上鱼肉，任人宰割，而且必须接受最终结果。此战后，普鲁士丧失了一半的领土、一半的人口。普军手上只剩下科尔贝格（Colberg）、科泽尔（Cosel）、格拉茨、格劳登茨（Graudenz）、皮劳（Pillau）和锡尔伯贝格（Silberberg）这几个要塞。1795年夺取的易北河西岸领土也全被割让。

军事改革

因其高级将领无能导致的惨剧，国王震怒不止。那些向敌人投降的要塞各级指挥官被带上军事法庭，其中有数位本要被处以极刑，不过国王怀有怜悯之心，大多数人的惩罚都改为监禁。普鲁士的传奇陆军竟在一天之内完全崩溃。在1792—1794年的战局中，陆军仍在出色作战，理论上来说，也不至于在10月13日这天完全变样，但只看事情的表面是错误的。

为了家国大业，国王必须找到问题所在，并尽可能及时地予以修正。于是，他在1807年7月15日任命香霍斯特与冯·洛蒂姆（von Lottum）伯爵找到军队溃散的原因，并制定军队改革的计划。在此背景下，一个专门的"陆军重组委员会"（Militair-Reorganisations-Kommission des Heeres）得以成立。国王的打算是：其一，就1806年国难进行追责，并惩处涉罪的所有军官（最终，在现役6915名军官中，有208人被处理）；其二，打破军官委任的阶级壁垒；其三，改进军服、后勤补给系统；其四，对《战争典律》进行修订，以此改进战术操典；其五，禁止士兵通过贿买免除兵役的做法，废除了年轻贵族在团部挂名（往往12岁就可以挂靠）的惯例。

改革不仅仅限于此，还有一项是针对群众武装的动员。由此，"国防军"的基础就此打下。作为军事刑罚的笞刑被废除，取而代之的是更为开明的军纪典律。征召对象理论上是所有适龄的健全男人。兵役豁免权被收紧，对外籍人士的征召被明令禁止。

因为读写能力是委任的先决条件，所以出身和地位不再是通往军官阶级的唯一敲门砖。不过，由于识字率依旧有限，因而潜在的"军官池"仍然没有被拓宽。如要成为军官候选者，必须先以列兵身份服役至少3个月。至于指挥官的委任，在1809年3月10日，普王宣布将以战绩为先决考虑条件。

"征兵区"（Kanton）和"短期役预备兵"（Krümper）在拿破仑战争的时代风暴中得以保留，并且成为解放战争（1813—1815）大洪流中的关键因素。所谓"征兵区"，是指每个团都会被分配到一片征兵区域；此项措施导致团与地区之间的联系非常紧密，战友之间互相都是从小认识的。所谓的"短期役预备兵"，是一种体系，它充分利用了军队编制外的大量人口，将这些人集中起来进行军事训练；训练完成后，这部分人就会被解散，继续其平民生活。如此一来，经过训练的平民在战时是可以直接入伍的。虽然对军队的兵力有限制，但是经过训练的平民数量在不断增加。1808年8月6日，普鲁士国王下令，将上述体系落实到每一个连队，具体为各连队当年将轮换3—5人。新兵在经过1个月的操练后便会退伍，接着军官、军士们会在周日、节假日被派往城镇，继续训练他们，预备兵人数不断上升。1812年10月的报告显示，彼时已经有33337名"短期役预备兵"经过训练能作战，还有3087人可以执行卫戍任务。

这个体系很受农民欢迎，因为预备兵只需脱产很短一段时间。而军官们对这种简单训练则不是很热情。直至1809年，所有旅单位都在执行卫戍任务，这是一次机会。于是，各兵种第一次联合训练就这么展开了。

▼ 1807年6月14日的弗里德兰会战以拿破仑获胜而告终，这导致普鲁士彻底沦为小国，这种情况一直持续到1813年。

普鲁士军队及其在1812—1815年的战役

多年的改革取得了预期的效果。到1812年，无论出于什么目的和意图，普鲁士都可以拥有一支新的现代化军队了。

拿破仑入侵俄罗斯

1812年2月，法国同普鲁士结成了军事同盟。在这种情况下，普鲁士要为拿破仑对俄罗斯的入侵行动提供一支大约21000人的部队。根据《巴黎条约》，普鲁士理论上还可以在国内保留22000人的部队——事实上，如果算上受过训练的短期役预备兵，大约是38300人。

普鲁士部队由冯·约克（von Yorck）将军指挥，归法军元帅麦克唐纳及其第10军管辖。麦克唐纳奉命夺取里加——波罗的海沿岸的一处港口。在战争初期，根据拿破仑的明确指示，普军第2联合骠骑兵团和联合枪骑兵团被抽调出来，分别配属给了第1、2骑兵军。因而，这两支部队参加了波罗金诺会战，在之后的撤退战中，他们的残部被摧毁。普鲁士部队的主力则在拉脱维亚的次要战场作战，相比之下，这一部队的损失比拿破仑主力的损失要小得多。12月中旬，麦克唐纳撤回提尔西特，俄军小心谨慎地跟着。冯·约克将军在12月30日同俄军参谋长冯·迪比奇达成了《陶罗根停战协定》（Convention of Tauroggen）：普鲁士军队将保持中立状态，并撤回本土。约克的行为，将普鲁士国王逼到了左右为难的境地。普国官方先是有意沉默了几个礼拜，不过1813年3月，眼见战火慢慢向西烧来，弗里德里希·威廉最终向国内的爱国舆论屈服，宣布同俄国结盟。

于是，整个国家进入动员军备的轨道上。短期役预备兵重返行伍，新兵的征召、装备、训练也开始进行。兵工厂如雨后春笋般林立而起，服装厂不断产出新军服。爱国妇女捐出黄金为国助力。

1813年解放战争

拿破仑在极短时间内又组建起了一支大军，并杀回了德意志。第一场主要会战在吕岑（大格尔申）展开，拿破仑取得了胜利，但他手上没有足够的骑兵，因而无法扩大战果。5月20—21日，他又在包岑和维尔申获胜，但这次胜利并不具备决定性。反法盟军提议休战，法国皇帝也接受了。停战期间，双方疯狂地休整、增强各自的军队。拿破仑认为自己占据上风，于是他在谈判桌上的条件愈加苛刻，他否定了盟军的和平提议。就连起初中立的奥地利，在8月份也加入了反法同盟。尽管普鲁士国防军早已投入前线战斗，但扩军行动在7月份才落实，大量新立的常备团单位得以组建。

停战结束后，盟军攻击了德累斯顿。但是他们浪费了一整天，这就给了拿破仑支援的时间，盟军再次被击败。不过，在接下来的几天，他们在哈格勒贝格（Hagleberg）、普拉格维茨（Plagwitz）、卡兹巴赫河、库尔姆和邓讷维茨取得了胜利。

整个战役的高潮是莱比锡会战（10月16—19日），拿破仑在此战被完全击败。别无二法，他只能撤回法国本土。盟军乘胜追击，到了法国边境线。

1814年入侵法国战争

1814年元旦，布吕歇尔的西里西亚军团在考布（Kaub）渡过了莱茵河，并在毫无抵抗的情况下进入了法国境内。盟军的波希米亚军团、北方军团紧随其后。1814年战役中，拿破仑表现神勇，与此同时，盟军则表现得很莽撞，以至于等于毫无防备。1月下旬，拿破仑赢得了布列讷、尚波贝尔、蒙米拉伊、蒂耶里堡、沃尚、楠日、特罗会战的胜利；2月上旬，他又狠狠地回击了盟军的反扑。不过，普军经受住了所有

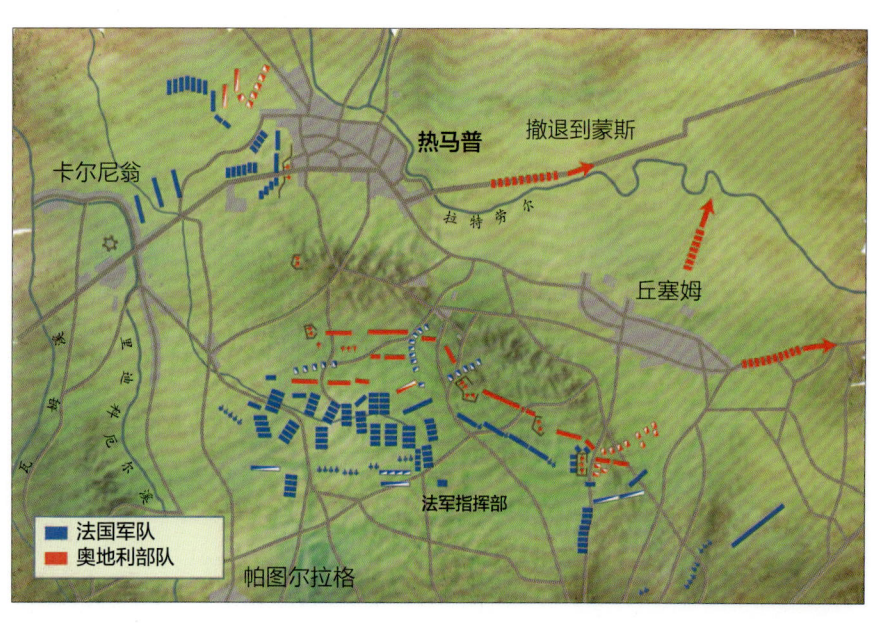

◀ 图为1792年11月6日的热马普会战（The Battle of Jemappes）。尽管这场会战同普鲁士没有关系，是奥地利军队的一场失败，但它促使普军放弃了入侵法国的计划。

▲ 图为施瓦岑贝格亲王向同盟诸王宣告，在莱比锡会战（1813年10月19日）中取得了胜利。

考验，眼下，他们身经百战，已足够强大，仍是一台精良的战争机器，最终于3月30日在巴黎取得胜利。

1815年滑铁卢战役

拿破仑的厄尔巴岛流放之旅是短暂的，1815年春季，他回到了巴黎，并再次夺取权柄。反法同盟一致决定再次扳倒他。普军依旧驻扎在比利时东部的科隆（Cologne）附近，它同威灵顿公爵的德—荷—英联军（位于其西侧）形成了呼应之势。他们是最能立即反攻法军的一支力量。

在6月15日的早些时候，一支强大的法军骑兵扑向了普军将领齐滕及其扩编的第1军，后者被击退并向东北撤去。拿破仑计划向布吕歇尔和威灵顿之间袭去，分割两者再逐一击破。盟军认识到了威胁，决定以合流的方式应对。6月16日，爆发了林尼—四臂村双重会战，其中，法军元帅内伊没能成功突破盟军在四臂村的防守，于是拿破仑计划的第一步就这么破产了。

至于林尼会战中的普鲁士军，因其糟糕的战术，伤亡逾12000人。普军不得不撤退，起初是向北去的。但是拿破仑计划的第二步也破产了——普军没有单纯地沿着交通线后撤，而是摆脱了法军元帅格鲁希的追击，向西开去。

6月18日，威灵顿同拿破仑在滑铁卢开战了，后者试图彻底摧毁威灵顿。战局在下午产生了扭转——在战场的东边，一支军队正在开来。这是普军，虽然遭到了重创，但其仍能战斗，仍意图击败敌人。最终，帝国近卫军的落败以及普鲁士对法军的逼压，成为当天战局的关键因素。法军开始崩溃，普军则予以追击。拿破仑被击败了；耶拿、奥尔施塔特的大仇终报。

▼ 图为威灵顿和布吕歇尔在滑铁卢会战结束后会面。

1806年之前的步兵

1806年，普鲁士步兵败给了比他们更加机动灵活的敌人。他们的装束和组织结构仍然停留在18世纪。

燧发枪兵营

18世纪80年代，普鲁士开始征募燧发枪兵作为专门的轻步兵，腓特烈大王军中曾有轻步兵，但都已解散。燧发枪兵的步枪比战列步兵更短，每个营有4个连，每个连有10名装备来复枪的神射手。这些士兵在疏开队形时充当散兵。

1806年，普鲁士共有24个燧发枪兵营，1807年后，新式编制下的步兵团固定配有1个燧发枪兵营。

燧发枪兵戴步兵双角帽，穿深绿色束腰上衣、白色马裤、黑色短鞋罩和皮革装饰。双角帽很快换成了饰有鹰徽、带帽檐的毛毡筒帽。1798年，24个燧发枪兵营以地区为单位编为9个旅，大多数旅下辖3个营，也有一些旅只有2个营。

每个旅的贴边和纽扣的颜色都一样，旅内的每个营可以自主决定上衣的贴边颜色。燧发枪兵的肩章、外套的绿色燕尾翻边的边缘均为所属旅的贴边颜色，他们系黑色皮带，军帽上的鹰徽与所属旅的纽扣同色。

库尔马克旅：第1韦德尔营，绯红色衣领和袖口，黄色纽扣，翻领与外套同色；1801年在筒帽上装饰红色绒球。第2冯·比拉营，绯红色衣领、翻领和袖口，黄色纽扣；1801年在筒帽上装饰白色绒球。第5韦德尔伯爵营，绯红色翻领，黄色纽扣，绿色衣领和袖口；1801年在筒帽上装饰了黄色绒球。

马格德堡旅：第18霍尔茨舒尔营，绯红色翻领、绿色衣领和袖口，白色纽扣；1801年在筒帽上装饰了红色绒球。第19埃内斯特营，绯红色衣领、翻领和袖口，白色纽扣；1801年在筒帽上装饰白色绒球。第20博尔克营，绯红色衣领和袖口，绿色翻领；1801年在筒帽上装饰黄色绒球。

第1东普鲁士旅：第3瓦克尼茨

◀ 第1昆海姆伯爵步兵团鼓手，1795年 该团的军士佩戴着普通的黑、白绒球和剑带，翻领、袖口和袖口翻边有银色饰边。

▶ 第19冯·奥拉宁亲王步兵团滑膛枪兵，1806年 小袋子的黄铜徽章上有"FWR"的花押字和战利品标识。各连士兵的剑带流苏颜色各异：第1掷弹兵连，红色；第2掷弹兵连，黑色；近卫连，白色；第1滑膛枪兵连，红色；第2滑膛枪兵连，黄色；第3滑膛枪兵连，粉色；第4滑膛枪兵连，橘色；第5滑膛枪兵连，浅蓝色；第6滑膛枪兵连，紫色；第7滑膛枪兵连，钴蓝色；第8滑膛枪兵连，绿色；第9滑膛枪兵连，蓝色。

营,蓝紫色翻领,黄色纽扣,绿色衣领和袖口;1801年在筒帽上装饰黄色绒球。第6伦博营,蓝紫色衣领、袖口和翻领,黄色纽扣;1801年在筒帽上装饰白色绒球。第11艾克勒营,蓝紫色衣领和袖口,绿色翻领;1801年在筒帽上装饰红色绒球。

第2东普鲁士旅:第21斯塔特海姆营,蓝紫色翻领、衣领和袖口,白色纽扣;1801年在筒帽上装饰白色绒球。第23约克营,蓝紫色衣领和袖口,白色纽扣;1801年在筒帽上装饰红色绒球。第24比洛营,蓝紫色翻领,绿色袖口和衣

1806年普军各步兵团制服区别

番号	贴边	纽扣	饰边(*无流苏)	紧身衣裤
第1孔海姆步兵团	罂粟红	白色	白色*	白色
第2吕歇尔步兵团	浅砖红色	黄色	绯红色	米黄色
第3伦瓦尔步兵团	罂粟红	黄色	黑色和白色	白色
第4卡尔克罗伊特步兵团	橘色	黄色	白色,带浅蓝色条纹	米黄色
第5克莱斯特步兵团	浅米黄色	黄色	橘色	白色
第6近卫掷弹兵团	猩红色	黄色	红色和金色	白色
第7奥施泰因步兵团	粉色	白色		白色
第8鲁伊茨步兵团	猩红色	黄色	白色,带2道蓝色条纹*	白色
第9申克步兵团	猩红色	黄色	黄色*	白色
第10韦德尔步兵团	浅蓝色	白色	白色,带6道红色条纹	白色
第11海因里希亲王步兵团	绯红色	白色	白色,带红色和蓝色条纹	白色
第12不伦瑞克的腓特烈公爵步兵团	砖红色	白色	白色	白色
第13阿尼姆步兵团	白色	白色	白色	白色
第10贝塞尔步兵团	砖红色	黄色	白色,带2道红色条纹	白色
第15近卫步兵团	红色	黄色	白色*	白色
第16迪里克步兵团	红色	黄色	白色,带红色和黑色条纹	白色
第17特雷斯科步兵团	白色	黄色	白色,带6道红色条纹	白色
第18国王步兵团	粉色	白色	白色	白色
第19奥朗热步兵团	橘色	白色	白色	白色
第20路易亲王步兵团	猩红色	黄色	白色,带3道蓝色条纹	白色
第21卡尔·不伦瑞克公爵步兵团	猩红色	白色	白色,带4道红色条纹	白色
第22皮尔基步兵团	罂粟红	黄色	白色,带红色碎花条纹*	白色
第23温宁步兵团	粉色	白色	白色,带6道蓝色条纹	白色
第24岑格步兵团	罂粟红	黄色	白色,带道红色条纹/螺纹*	白色
第25默伦多夫步兵团	猩红色	黄色	白色,带6道蓝色条纹	白色
第26老拉里施步兵团	砖红色	黄色	黄色,带6道红色条纹	白色
第27恰梅尔步兵团	罂粟红	黄色	黄色	白色
第28马尔希茨基步兵团	米黄色	白色		白色
第29特罗伊恩费尔斯步兵团	绯红色	黄色	白色,带4道红色和4道蓝色条纹*	白色
第30博尔克步兵团	米黄色	黄色	白色,带2道红色和4道蓝色条纹*	白色
第31克罗普夫步兵团	粉色	黄色		白色
第32霍恩洛厄步兵团	米黄色	黄色		白色
第33阿尔文斯莱本步兵团	白色	黄色		白色
第34费迪南亲王步兵团	罂粟红	白色	白色	白色
第35亨利亲王步兵团	柚黄色	白色	白色	白色
第36普特卡默步兵团	白色	黄色		白色
第37切佩步兵团	绯红色	白色		白色
第38佩尔希尔齐姆步兵团	猩红色	黄色		白色
第39察斯特罗步兵团	米黄色	黄色		白色
第40席蒙斯基步兵团	粉色	黄色		白色
第41莱托步兵团	紫红色	黄色	黄色*	白色
第42普洛茨步兵团	橘色	黄色		白色
第43施特拉赫维茨步兵团	浅橘色	白色		白色
第44哈格肯步兵团	米黄色	黄色	白色,带6道蓝色条纹	白色

▶ *第36冯·普特卡默步兵团军号手,1806* 军乐手吹号而非打鼓,证明这是一支轻步兵单位,军鼓对散兵部队而言太过笨重。该团成立于1740年。

领、白色纽扣；1801年在筒帽上装饰黄色绒球。

南普鲁士旅：第7舒尔茨营，浅蓝色衣领、翻领和袖口，白色纽扣；1801年在筒帽上装饰红色绒球。第8克洛赫营，浅蓝色翻领，绿色衣领和袖口，白色纽扣；1801年在筒帽上装饰白色绒球。

第1华沙旅：第9列杰布尔营，浅

番号	贴边	纽扣	饰边（*无流苏）	紧身衣裤
第45茨魏费尔步兵团	柠檬黄	黄色	白色，带3道红色条纹	白色
第46蒂伦步兵团	猩红色	黄色		白色
第47格拉韦特步兵团	浅橘色	白色		白色
第48黑森-卡塞尔步兵团	白色	黄色	白色，红色流苏	白色
第49米夫林步兵团	白色	白色	白色，带3道浅蓝色条纹	白色
第50萨尼茨步兵团	粉红色	白色	白色*	白色
第51考夫贝格步兵团	柚黄色	白色	白色	白色
第52赖因哈特步兵团	猩红色	白色		白色
第53容·拉里施步兵团	米黄色	黄色		白色
第54纳茨默步兵团	米黄色	白色		白色
第55曼施泰因步兵团	绯红色	黄色	黄色	白色
第56陶恩齐恩步兵团	猩红色	白色		白色
第57格雷维纽斯步兵团	粉色	黄色	白色，带3道粉色条纹	白色
第58洛姆·德·库尔比耶步兵团	亮黄色	白色	白色*	白色
第59瓦滕斯莱本步兵团	白色	黄色		白色
第60赫莱博夫斯基步兵团	柠檬黄	黄色		白色

蓝色翻领、衣领和袖口，白色纽扣；1801年在筒帽上装饰红色绒球。第12艾歇营，浅绿色衣领和袖口，白色纽扣；1801年在筒帽上装饰黄色绒球。第17欣里希斯营浅绿色衣领、袖口和翻领，白色纽扣；1801年在筒帽上装饰白色绒球。

第2华沙旅：第4格赖芬贝格营，浅绿色衣领、翻领和袖口，黄色纽扣；1801年在筒帽上装饰红色绒球。第16奥斯瓦尔德营，浅绿色翻领，绿色衣领和袖口；1801年在筒帽上装饰黄色绒球。

上西里西亚旅：第10安哈尔特营，黑色衣领、翻领和袖口，白色纽扣；1801年在筒帽上装饰白色绒球。第22普特利茨营，黑色翻领，绿色衣领和袖口；1801年在筒帽上装饰黄色绒球。

下西里西亚旅：第14珀莱营，黑色衣领、翻领和袖口，黄色纽扣；1801年在筒帽上装饰白色绒球。第15吕勒营，黑色翻领，绿色衣领和袖口，白色纽扣；1801年在筒帽上装饰红色绒球。第13拉伯瑙营，黑色翻领，绿色衣领和袖口，白色纽扣；1801年在筒帽上装饰黄色绒球。

野战猎兵

野战猎兵最初成立于1740年，制服的细节和战列步兵的燧发枪兵几乎相同，只是筒帽上没有顶箍，并带有深绿色饰绳和阅兵用的黑色羽饰。野战猎兵穿橄榄绿外套、米黄色皮革马裤和马靴以及白色背心，袖口和衣领为罂粟红，佩戴金色肩饰带。军官的饰绳为黑色和银色，他们穿深绿色束腰上衣，灰色马裤和黑色短鞋罩，燕尾翻边为深绿色，衣领、肩章、瑞典式衣袖口以及燕尾翻边的边缘均为红色，纽扣为黄色，皮革装饰为黑色。军官制服的两边翻领上各饰有8个刺绣金环，袖口上各装饰了2个，口袋翻盖上装饰有2个，后腰上有4个；军帽上有1道带缺口的金色宽边。普通猎兵的帽子装饰有黑中带白的羽饰，军帽的饰绳和握带为绿色和银色。

普鲁士步兵的制服与七年战争时期的几乎没有变化，很大程度上是因为在战争中取胜，使得军服、装备等方面的现代化看似不太必要。仅有的一些改变

◀ **步兵将军，1806年** 将级指挥官穿深蓝色外套，红色的衣领和袖口上有金色刺绣，右肩上有饰绳。这套制服在1807年的改革中被简化。

1806年之前的步兵 195

革饰牌的背面通常与贴边同色，但若贴边为白色，则会用浅蓝色。掷弹兵军官的装束与滑膛枪兵军官无异，双角帽上的帽徽颜色为外白内黑。

18世纪末期，普军中的鼓手和军乐手在袖臂、袖口、翻领和纽扣孔上装饰

▼ **1792年，第6冯·伦博燧发枪兵营军号手** 通过衣领、袖口、翻领的穗带以及肩上的燕巢，能够区分军号手所属的单位。该营成立于1787年，士兵来源于卫戍部队。1798年，该单位改编为第1东普鲁士燧发枪兵旅。1807年6月14日，该部队在莱斯托克的军中参加了柯尼斯堡的战斗。普鲁士的军服在外观上与腓特烈大王时期几乎没有差别。

▲ **1806年，第1华沙燧发枪兵旅军官** 该单位原为第9燧发枪兵营。深绿色的外套和简洁的装束有利于执行轻步兵的任务，灰色的裤子在当时的战场上相当常见。该军官戴双角帽，后脑勺扎小辫子——这种发型在1808年被废止。

▲ **1806年，野战猎兵军官** 猎兵负责执行前哨任务，是利用地形的好手，他们通常会身穿有利于隐蔽的军服。野战猎兵也会执行前哨任务，深绿色的外套为他们提供了伪装。18世纪，他们的军服被许多德意志邦国效仿。

也只流于表面。1787年，双角帽和掷弹兵的熊皮帽改为卡斯科特帽，正面装饰有纽扣色的金属徽章：掷弹兵的徽章图案是燃烧的手榴弹，滑膛枪兵的图案是花押字"FWR"，18世纪末成立的24个燧发枪兵团营则是普鲁士鹰徽。1799年，滑膛枪兵和燧发枪兵又从卡斯科特帽改回了旧式的双角帽，掷弹兵则采用了新样式的军帽。新款的掷弹兵军帽有黄铜边帽檐，正面为一块黑色皮革、卷绒边的饰牌，其底部有带黑色普鲁士鹰徽的箍，箍的上方有黄铜制的燃烧手榴弹图案；左手边有白色羽饰；军帽的顶箍主体与贴边同色，边缘为纽扣色；皮

有特殊的穗带以示区别，穗带的样式因团而异。两肩的燕巢标识上也有装饰。鼓手和军乐手不带枪，只配备一把短刀。军官的外套比士兵更长，下摆长至膝盖窝，外套的用料也更好。普军军官制服的特征还包括在喉部佩戴颈甲，执勤时系银黑相间的丝绸腰带。直至1808年，他们都没有专门的军衔徽章。

掷弹兵营

与当时的大多数军队相同，普军会在战时抽调各团的掷弹兵连组成精英营，作为战场上的预备队。根据1799年2月28日的命令（6月1日起成效），各掷弹兵连改编成固定的营编制，但第3、5、18、22、36和46团的掷弹兵连不在此列，仍然隶属于原团。而近卫营的4个侧翼掷弹兵连仅在和平时期集结，在战时回到各自的团。

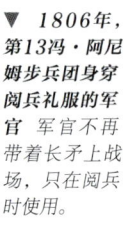

▼ 1806年，第13冯·阿尼姆步兵团身穿阅兵礼服的军官 军官不再带着长矛上战场，只在阅兵时使用。

▲ 第46冯·蒂尔莱步兵团军笛手，1803年 这名军乐手的肩上有燕巢标识，全欧洲的军队都使用这种标识区分军乐手所属的团。

◀ 第31冯·克罗普夫步兵团掷弹兵军士，1806年 普鲁士掷弹兵的军帽上有1个手榴弹标识，滑膛枪兵的军帽上是"FWR"的花押字，而炮兵则是带3道火焰的手榴弹标识。帽牌的颜色与纽扣相同。这名军士手中的长矛似乎威力巨大。各团的纽扣孔饰边样式各异，士兵、军士、军官之间也各有区别。军士的徽章并无标准。

1806年之前的胸甲骑兵

普鲁士胸甲骑兵曾被腓特烈大王当作突击部队：全副武装的士兵骑上高头大马，负责冲击敌军的阵型。普军早期（1688年后）的重骑兵部队通常穿米黄色科莱克夹克，这种外套轻巧灵活，能有效抵御刀剑的劈砍。大约从1720年起，重骑兵开始装备胸背双面的金属胸甲，1735年又取消了背部的护甲，将正面的护甲用皮带固定。近卫骑兵的胸甲会经过抛光处理，而普通骑兵的胸甲颜色较暗。这些胸甲在腓特烈·威廉二世时期遭到废除。军官的胸甲为镀金镶边，肩带上也镶有镀金片，胸甲最上方的正中间带有镀金的普鲁士王家纹章的战利品标记。胸甲骑兵的束腰上衣上系着与贴边同色的腰带，衣领、瑞典式袖口和窄肩带均与贴边同色，短燕尾翻边和外套同色。除了贴边和纽扣的颜色外，各团外套正面的穗带、袖口、燕尾翻边、背心和卡宾枪的弹药带都各有不同。军官的上衣下摆长度及膝，士兵的下摆则较短，长度正好盖住臀部。胸甲骑兵穿米黄色皮革马裤，戴白色长手套和护膝，脚穿硬质的长筒靴。

胸甲骑兵戴宽大的双角帽，装饰有国家代表色的帽徽、黑色圆环和团代表色的纽扣。在实际作战时，他们还会在双角帽下戴一顶铁盔。从1762年起，他们阅兵时佩戴白色羽饰，军士的羽饰尖端为黑色，军官的羽饰底部为黑色。自1735年起，胸甲骑兵的皮革上衣改为白色布衣，只有第2团保留了黄色，因此人称"黄色骑手"。背心的颜色原本与外套相同，但在1735年改为团代表色，只有第10宪兵团保留了原来的蓝色。第一次西里西亚战争（1741—1742）后，一些团的代表色发生改变，并一直保留到1806年。

胸甲骑兵制服上的皮革饰物是白色的。他们的武器包括一对手枪和一柄厚重的直刃剑。与骠骑兵的佩囊类似，

▶ **第6冯·奎特措胸甲骑兵团军号手军士，1806年** 各团的军乐手均有独特的饰边。图中的军号手是一名军士，袖口有金色饰边。他拿着手杖，羽饰顶部为红色，剑带上有白色的流苏。18世纪90年代，普鲁士胸甲骑兵不再装备胸甲。

▼ **1806年，第4冯·瓦根费尔德胸甲骑兵团军士** 从背面图我们可以看出，1806年制服的下摆非常短，注意挂在左臀部的佩囊。显示图中人物为军士的饰物包括：羽饰的黑色尖端，黑、白色的军帽流苏，肩带、袖口、弹药带和腰包翻盖的金饰边，剑带的黑、白色流苏。1806年，该团属于莱斯托克的预备军，因而免遭灭顶之灾。1807年，他们成为新的第1胸甲骑兵团。

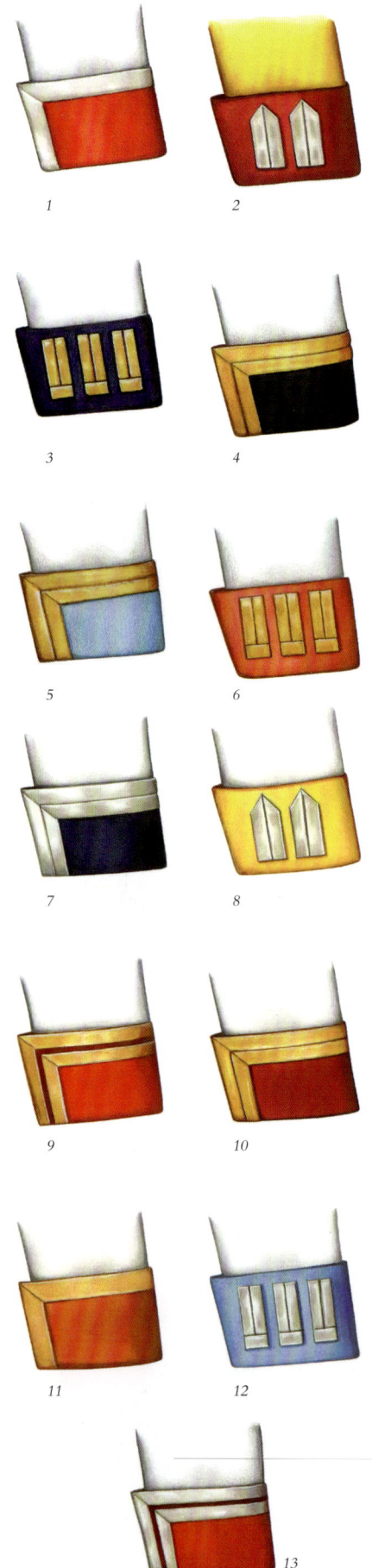

他们也在腰带上系一个荷包,挂在左臀部。荷包有多种样式,颜色为所属团的代表色,镶边设计与团贴边的穗带相同。战马挽具是黑色的,配件为钢制。手枪皮套和鞍褥与贴边或外套同色,镶边样式与穗带相同。每个团的手枪皮套以及鞍褥尾角的样式均不同。

军官便服的颜色也是白色,翻领、瑞典式袖口和衣领的颜色均与背心相同,两边的翻领上各饰有6个刺绣饰环,翻领下面、袖口和口袋翻盖上各饰有2个,后腰上饰有4个。紧身服为米黄色。军官的弹药袋翻盖与贴边同色,镶边样式与穗带相同,周身通常饰有战利品标识和带王冠的君主花押字。第7、8、9、11和12团军官的战利品标识上有带王冠的普鲁士黑色鹰徽。各团军官的纽扣孔样式各异,饰边为金色或银色。军士的弹药袋翻盖与贴边同色,镶边样式与穗带相同,并饰有带王室花押字的圆牌。各团军士的徽章样式各异。士兵的弹药袋翻盖为黑色,饰有带普鲁士鹰徽的黄铜圆牌。军士的袖口有金色或银色的饰边,装饰图案因团而异。掌旗官的弹药带主体与贴边同色,镶边和流苏与纽扣同色。军旗杆的顶端为尖矛状。

1806年各胸甲骑兵团的装束区别

除了第2团的上衣为柠檬黄,各团骑兵的上衣和马裤均为白色。

◀ 1806年普军各胸甲骑兵团的军士标识
1.第1亨克尔·冯·唐纳斯马克团
2.第2冯·贝伦团
3.第3近卫团
4.第4冯·瓦根费尔德团
5.第5冯·巴尔莱奥德茨团
6.第6冯·奎特措团
7.第7赖岑施泰因团
8.第8冯·海辛团
9.第9冯·霍尔岑多夫团
10.第10宪兵团
11.第11近卫卡宾枪骑兵团
12.第12冯·邦廷团
13.第13禁军骑兵团

第1亨克尔·冯·唐纳斯马克团,贴边为罂粟红。饰边:白色,带3道红条纹。军官饰边:银色。手枪皮套和鞍褥:穗带,带有王冠的君主名字花押。士兵佩囊:白色王冠、花押字和滚边,底色为罂粟红。

第2"冯·贝伦"团,贴边为绯红色。饰边:绯红色(背心饰边为白色)。军官饰边:银色。手枪皮套和鞍褥:穗带,带有王冠的君主名字花押字。

第3近卫团,贴边为深蓝色。饰边:深蓝色天鹅绒,中间有白色宽条纹。军官饰边:金色。手枪皮套和鞍褥:穗带,带有王冠的君主名字花押字。士兵佩囊:白色王冠、花押字和滚边,底色和条纹为深蓝色。

第4冯·瓦根费尔德团,贴边为黑色。饰边:白色穗带,带3道深蓝色方条纹。军官饰边:金色。手枪皮套和鞍褥:穗带,饰有王家鹰徽和王冠的盾徽。

第5冯·巴尔莱奥德茨团,贴边为天蓝色。饰边:白色和天蓝色的碎花穗带。军官饰边:金色。手枪皮套和鞍褥:穗带,饰有王家鹰徽和王冠的盾徽。士兵佩囊:白色王冠、花押字和滚边,底色为浅蓝色。

第6冯·奎特措团,贴边为浅砖红。饰边:白色穗带,浅砖红图纹。军官饰边:金色。手枪皮套和鞍褥:穗带,带有王冠的君主名字花押字。

第7赖岑施泰因团,贴边为柠檬黄。饰边:白色穗带,带3道柠檬黄条纹。军官饰边:银色。手枪皮套和鞍褥:穗带,带有王冠的君主名字花押字。

第8冯·海辛团,贴边为深蓝色。饰边:白色穗带,饰有2道深蓝色宽条纹和深蓝色滚边。军官饰边:银色。手枪皮套和鞍褥:穗带,饰有王家鹰徽和王冠的盾徽。

第9冯·霍尔岑多夫团,贴边为绯红色。饰边:白色穗带,带3道柠檬黄条纹。军官饰边:金色。手枪皮套和鞍褥：穗带，饰有王家鹰徽和王冠的盾徽。士兵佩囊：白色王冠、花押字和滚边，底色为绯红色。

第10宪兵团，贴边为红色。饰边：红色穗带，饰有金色条纹。军官饰边：金色。军官手枪皮套和鞍褥：穗带，饰有带王冠的八角星。士兵佩囊：黄色王冠、花押字和滚边，底色为红色。

第11近卫卡宾枪骑兵团，贴边为浅蓝色。饰边：白色穗带，中间有浅蓝色的钻石图案，两侧有浅蓝色条纹。军官饰边：银色。手枪皮套和鞍褥：穗带，带有王冠的君主名字花押字。

第12冯·邦廷团，贴边为深橘色。饰边：白色穗带，饰有2道橘色条纹。

军官饰边：金色。手枪皮套和鞍褥：穗带，饰有王家鹰徽和王冠的盾徽。

第13禁军骑兵团，贴边为红色（背心为蓝色）。饰边：红色穗带，饰有银色条纹。军官饰边：银色。军官手枪皮套和鞍褥：穗带（和弹药袋翻盖）饰有带王冠的八角星。士兵佩囊：白色王冠、花押字和滚边，底色为红色。

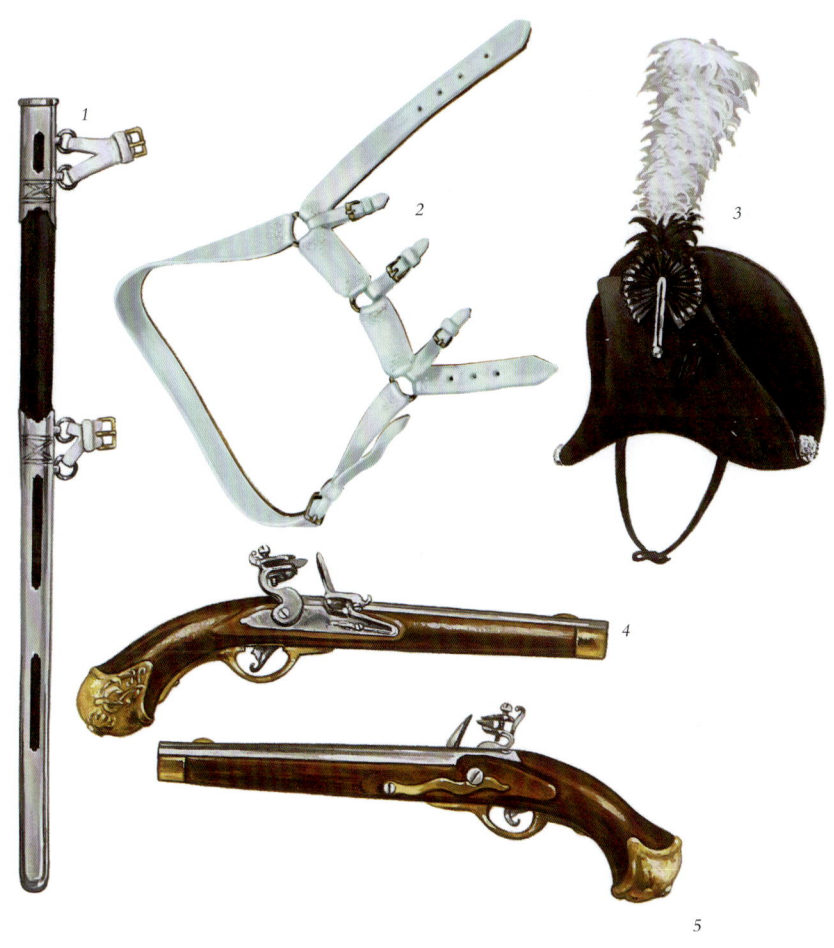

◀ 第11卡宾枪骑兵团军官，1806年 该团为近卫卡宾枪骑兵，成立于1692年，原为龙骑兵单位。1718年改编为胸甲骑兵团。这名军官的衣襟贴合在一起。银色的束腰带取代了步兵军官常戴的宽大厚重的腰带。1806年10月29日，该团在帕瑟瓦尔克投降，5面团旗全部被俘。战后，该团没有得到重建。

▲ 1806年惨败前，普鲁士重骑兵的装备
1.士兵的黑色皮革剑鞘，其配件为钢制。
2.军士的白色皮革束腰带。
3.中队指挥官的双角便帽，有普鲁士军队通用的黑色帽徽。
4和5.重骑兵手枪，配件和配饰为黄铜制，很可能产于波茨坦。

1806 年之前的龙骑兵

普鲁士龙骑兵的组织装备均向重骑兵看齐。实际上，龙骑兵最初穿戴着与胸甲骑兵同样的双角帽、马裤、靴子、手套、背心和米黄色皮革上衣，他们的袖口通常是浅蓝色的。在腓特烈·威廉一世时期，一些制服的贴边为红色，并且龙骑兵开始穿浅蓝色的步兵式羊毛外套。他们的袖口均为瑞典式，右肩章上有纽扣色的肩饰带，据此区分各自所属的团。龙骑兵团上衣的衣领、袖口、翻领和燕尾翻边均与贴边同色。军官的阅兵制服上点缀着纽扣色的刺绣饰环，翻领上有6个，翻领下、袖口、口袋翻盖上各有2个，后腰上饰有4个。与胸甲骑兵一样，他们穿黑色长筒重骑兵靴。

龙骑兵制服的皮革饰物为白色，卡宾枪的弹药带上有弹药袋。黄铜柄的长直剑（直身军刀）收在棕色皮革鞘中。鞍桥上有网状护具和鹰头标识。与胸甲骑兵的方形军旗不同，龙骑兵部队使用燕尾状的旗帜。黑色的战马挽具跟重骑兵的类似，配件为钢制品。手枪皮套和鞍褥通常与贴边同色，与胸甲骑兵一样，饰有镶边、花押字或鹰徽。部分团装备了方形的鞍褥，也有装备圆头褥的。

本章节的表格列举了龙骑兵各单位在腓特烈大王去世时（1786年）的制服细节。

◀ **第5皇后龙骑兵团军士，1806年** 图中这名军士的银色斜肩带滚边与贴边同色，袖口滚边为银色，包括黑色的羽饰顶端，黑、白色的军帽流苏，银色的肩章和肩饰绳，棕色皮革马刀带上的黑、白色流苏，都能够表明他的身份。该团成立于1717年。1806年10月14日的奥尔施塔特之战，他们在普鲁士军队左翼作战，大多数人闯出生路，逃到了但泽。他们参与了1807年的战役，并在战后改为第1龙骑兵团。

▲ **第1巴伐利亚国王龙骑兵团士兵，1806年** 这张背面图清晰地展示了普鲁士军队规定中的小辫子发型，同时也能看到，之前与卡宾枪挂在一起的弹药袋有了独立的挂带。弹药袋上饰有带普鲁士鹰徽的圆牌。值得注意的是，上衣的下摆极短，膝盖周边有用来防御敌军骑兵劈砍的褶皱。还需注意的是卡宾枪的挂钩、弹药带和右肩的饰绳。

在1784—1792年期间，燕尾翻边改为与外套同色，镶边与贴边同色；背心被放弃；1797年，龙骑兵开始在右肩上挎一根窄边的弹药带，将弹药袋挂在上面。龙骑兵沿用了胸甲骑兵区分军官、军士与士兵的复杂配饰体系，徽章、羽饰也与他们的重骑兵伙伴相同。

1806年普军各龙骑兵团制服的区别

番号/团名	衣领和袖口	翻领	燕尾翻边	纽扣
第1/洛图姆伯爵龙骑兵团	黑色	白色	黑色	黄色
第2/马勒龙骑兵团	白色	粉色	白色	黄色
第3/图恩龙骑兵团	粉色	米黄色	粉色	白色
第4/格岑龙骑兵团	米黄色	暗红色	米黄色	白色
第5/安施帕赫-拜罗伊特龙骑兵团	暗红色	白色	暗红色	白色
第6/罗尔（后改为冯·奥尔）龙骑兵团	白色	无	白色	白色
第7/博尔克龙骑兵团	猩红色	猩红色	猩红色	黄色
第8/埃塞贝克龙骑兵团	猩红色	无*	猩红色	白色
第9/赫茨贝格龙骑兵团	浅蓝色	无*	蓝色	白色
第10/曼施泰因龙骑兵团	橘色	无	橘色	白色
第11/沃斯龙骑兵团	黄色	黄色	黄色	白色
第12/布吕泽维茨龙骑兵团	黑色	黑色	黑色	白色
第13/罗凯特龙骑兵团 成立于1802年	绯红色	绯红色	浅蓝色	黄色
第14/沃贝塞龙骑兵团 成立于1803年	米黄色	米黄色	浅蓝色	黄色

*指胸口的扣眼为白色饰边。

▼ **第6全特措胸甲骑兵团鞍具，1806年** 普鲁士重骑兵使用英式马鞍。鞍布和手枪皮套与团制服的贴边（该团为浅砖红色）同色，边缘两道饰边纹也与贴边同色。王冠为黄色，花押字为白色。1806年胸甲骑兵的佩囊样式如下，第1排从左至右是，冯·巴尔莱奥德茨团、近卫团、亨克尔·冯·唐纳斯马克团；第2排从左至右是，冯·霍尔岑多夫团、宪兵团、禁军骑兵团。

▶ **第3冯·吉尔萨龙骑兵团狙击兵，1792年** 这名士兵装备线膛卡宾枪，羽饰上3道黑色标识表示狙击兵的身份。从这张图中，能够清晰地看到士兵右肩上的饰带——龙骑兵的显著特征。1806年，该团（此时名为"冯·欧文"）参加了奥尔施塔特会战，部分士兵在埃尔福特投降，但大多数加入了布吕歇尔的部队，一路奋战至吕贝克才被俘虏。该团没有被重建。

◀ **胸甲骑兵的马鞍**
英式马鞍、佩囊以及手枪皮套的边纹与团制服的贴边同色，图中手枪皮套的罩子被拿掉，露出了黑色的皮革套。

1806年之前的骠骑兵部队

普鲁士共有11个骠骑兵团。其中，第9团有些特殊：是个配有波兰式装备的枪骑兵团。其他各骠骑兵团身着传统的匈牙利服饰，即装饰着有许多条饰带的多曼上衣、斗篷夹克、彩色束腰带、皮制马裤与短靴（靴筒顶部为"V"形且配有流苏）。斗篷夹克常斜披在左肩上，为所属团代表色，饰有毛边——军士与号手的为狐狸毛。1756年，高筒帽（第5团的军帽的正面原本有白色骷髅，到1791年被缩减为头骨与交叉腿骨的图案）代替了原来的毛边帽，1786年时则是棕色的毛皮筒帽。画家克内特尔（Knötel）的作品显示，骠骑兵在1806年之前头戴的是黑色毛毡高筒帽，帽顶为皮制，并装备着卡宾枪、弯马刀与一把手枪。黑色的匈牙利式马具配件为钢制。他们使用的是有桦木框架的蒙古式马鞍。

1976年，德国陆军研究会（Deutsche Gesellschaft für Heereskunde）出版了不知谁收藏的，绘有1791年普鲁士骠骑兵（第11团是1792年）的一系列水彩画。这些画作使人们对骠骑兵的制服有了新的认识，绘画者非常了解普军骠骑兵制服，图画个别地方显示的与其他资料显示的有所不同。有趣的是，画中的第1—4团、第9团与第10团头戴棕色高顶

▼ 骠骑兵的装备
1. 骠骑兵的木质马鞍，这类马鞍是仿照匈牙利轻骑兵的马鞍制作的，来源于蒙古的游牧骑手，前后均凸起，使得骑手坐在鞍上十分安稳。
2. 马鞍皮垫。
3. 军士的黑白色剑带。
4. 特殊的剑带，仅奖赏给那些在1806年战役表现杰出的士兵。
5. 轻骑兵的皮革剑带，比士兵的装饰更为华丽。
6. 饰有普鲁士王室雄鹰的龙骑兵剑柄。

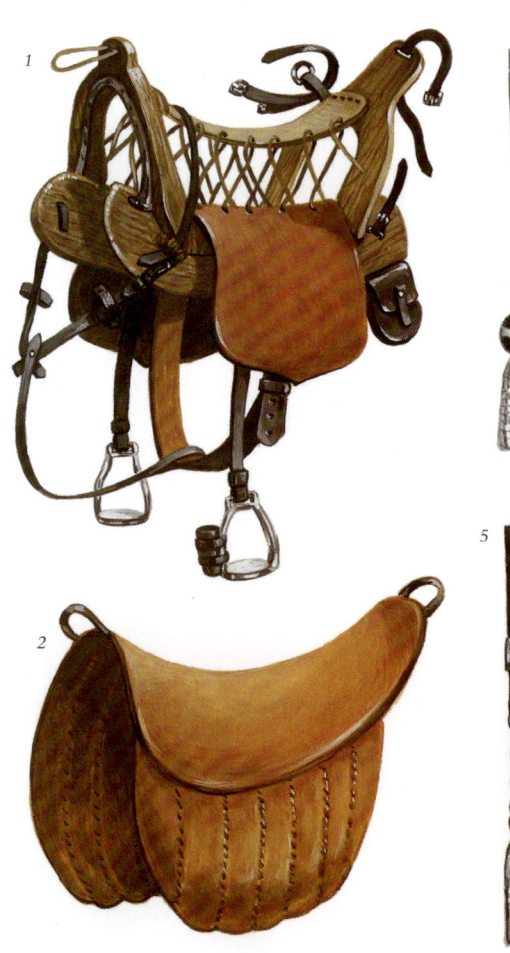

皮帽，配有与多曼上衣同色的帽袋。波斯尼亚克人军团（Bosniaken）在9号图中头戴黑色阿斯特拉罕羔羊毛帽，而在其他图中则是棕色毛皮筒帽。第5—8团头戴高筒帽（带翼军帽）。军官的阅兵马具上装饰着华丽的玛瑙贝壳。

1806年骠骑兵各团的区别

骠骑兵的马裤皆为白色，除了第6、11团的是蓝色以及第10团为深蓝色。其他的区别如下文所示：

第1冯·格特坎德特团（VON GETTKANDT）。多曼上衣为浅绿色，斗篷夹克为深绿色，装饰带是红色，纽扣与花边为白色，腰带为红色与白色。佩囊：浅绿色，配白色王家饰章与饰边。鞍褥：深绿色，配浅绿色狼牙状饰边和白色镶边。

第2冯·鲁道夫近卫骠骑兵团。多曼上衣为猩红色，斗篷夹克为深蓝色，装饰带是深蓝色，纽扣与花边为白色，腰带为蓝色和白色。佩囊：猩红色，配白色王家饰章与白色饰边。鞍褥：深蓝色，配猩红色狼牙状饰边与白色镶边。

第3冯·普莱茨团（VON PLETZ）。多曼上衣为深蓝色，斗篷夹克为深蓝色，装饰带是黄色，纽扣与花边为黄色，腰带为黄色与白色。佩囊：黄色，配白色王家花押与饰边。鞍褥：深蓝色，配白色狼牙状饰边与白色镶边。

第4欧根·冯·符腾堡亲王团（EUGEN VON WÜRTTEMBERG）。多曼上衣为浅蓝色，斗篷夹克为浅蓝色，装饰带是红色，纽扣与花边为白或蓝色与白色，腰带为黄色和白色。佩囊：白色，配浅蓝色王家花押与饰边。鞍褥：浅蓝色，配白色狼牙状饰边与蓝色镶边。

第5冯·普里特维茨团（VON PRITTWITZ）。多曼上衣为黑色，斗篷夹克为黑色配黑色饰边（军官的为白色），装饰带是猩红色，纽扣与花边为白色，腰带为红色与白色。佩囊：黑色。鞍褥：黑色，配红色狼牙状饰边与蓝色镶边。

第6席梅尔普芬尼格·冯·德·奥耶团（SCHIMMELPFENNIG VON DER OEYE）。多曼上衣为深棕色，斗篷夹克为深棕色，装饰带是黄色，纽扣与花边为黄色，腰带为黄色与白色。佩囊：棕色，配黄色王家花押与饰边。鞍褥：棕色，配黄色狼牙状饰边与黄色镶边。

第7冯·科勒团（VON KÖHLER）。多曼上衣为柠檬黄，斗篷夹克为浅蓝色，装饰带是浅蓝色，纽扣与花边为白色，腰带为浅蓝色和白色，佩囊：浅蓝色，配黄色王家花押与饰边。鞍褥：浅蓝色配，黄色狼牙状饰边与镶边。

第8冯·布吕歇尔团（VON BLÜCHER）。多曼上衣为猩红色，斗篷夹克为猩红色，纽扣与花边为白色，腰带为红色与白色，佩囊：黑色。鞍褥：黑色。

第9团（见枪骑兵那节）。

第10乌塞多姆团（USEDOM）。多曼上衣为深蓝色，斗篷夹克为深蓝色，装饰带是硫黄色，纽扣与花边为白色，腰带为深蓝色与猩红色，佩囊：黑色。鞍褥：黑色。

第11冯·比拉团（VON BILA）。多曼上衣为深绿色，斗篷夹克为深绿色，装饰带是猩红色，纽扣与花边为黄色，腰带为红色与白色，佩囊：红色，配黄色王家花押与饰边。鞍褥：深绿色，配红色狼牙状饰边与黄色镶边。

◀ 第8骠骑兵团（冯·布吕歇尔团）军官 普军骠骑兵的帽子比较复杂，但该团当时似乎佩戴的是高筒帽——在欧洲的骠骑兵中非常流行。每个普军骠骑兵团的腰带都有自己的颜色（此处是蓝色与白色），军官佩囊囊盖的设计因团而异。1806年10月，第8骠骑兵团在奥尔施塔特作战，并随后与冯·布吕歇尔将军的残部一同撤退至吕贝克，他们在那里被法军围困，11月7日因缺乏弹药被迫投降。尔后，该团的所有成员逃到了东普鲁士与大军会合。为表彰此举，他们成了新的第5骠骑兵团。

▲ 第2骠骑兵团（冯·鲁道夫团）军官 军官制服虽与士兵的十分相似，但更精致，使用的布料也更上等。例如，军官的斗篷夹克通常配有白毛饰边，这些毛来自狐狸的脖子。1806年前后，骠骑兵团中的高筒帽开始被更为实用的高筒帽代替。这种趋势席卷了所有军队，但法军似乎是走在了前头，普军则落在了后面。1806年11月7日，第2骠骑兵团与布吕歇尔的兵团一起在拉特卡乌（Ratkau）投降，他们随后成了第3骠骑兵团。

1745—1896年的枪骑兵（Ulans）

第9团虽在官方编制上是骠骑兵团，但其装备与枪骑兵一致。波斯尼亚克人军团，1806年时又名冯·莱斯托克团，他们起初并未配发制服时穿着红色的束腰上衣和红色宽土耳其裤，卡坦肯外套，头戴红色土耳其毡帽，缠白色头巾。1787年，他们获得了新制服：长大衣改为黑色，土耳其裤被白色的皮制马裤替换，搭配纯黑皮制的佩囊、黑色皮带以及红色花边。头巾则被黑色阿斯特拉罕羊毛帽代替，红色束腰短上衣有深蓝色衣领和袖口。1799年，波斯尼亚克人军团被解散，一个托瓦茨基（波兰语，意为"战友"）枪骑兵军团成立于新近吞并的波兰省。该部被划分为1个团（10个中队）与1个营（5个中队），共下辖15个中队，团部制服的纽扣为黄色，营部则为白色。营的第5中队由鞑靼人原住民组成。托瓦茨基军团第一排的骑兵皆装备骑枪、马刀及手枪，第二排则是卡宾枪、马刀与手枪。

士兵的帽章、帽线以及枪旗上均有自己所属中队的色标：帽章中部与枪旗上部为第一色和第三色，帽章的中环线和枪旗下部为第二色。在军团里以下颜色分别代表各自的中队：白色，第1中队；黑色，第2中队；红色，第3中队；朱红色，第4中队；绿色，第5中队和第6中队；绿色与红色，第7中队；白色与红色，第8中队；黑色、黄色、黑色，第9中队；橙色，第10中队。在营部，中队的代表色就是团部前5个中队的颜色。

军士的枪旗在其黑色的上部装饰有日轮和雄鹰，下部则配有"NON SOLI CEDIT"（不向烈日屈服）的字样。

▲ 1806年10月14日，普军在耶拿被粉碎，尽管个别单位表现出众，其中就包括骠骑兵。

◀ 第1近卫骠骑兵团，1807年 他们曾经是第5冯·普里特维茨团，因其军帽上颇具特色的骷髅头徽章而被称为"死神"。1806年，近卫骠骑兵隶属于莱斯托克的后备军，在耶拿和奥尔施塔特双重灾难中，他们设法逃脱并参加了1807年战役。1808年12月，该团被划分为第1、2近卫骠骑兵团，该部的2个中队在1812年随拿破仑的大军入侵了俄国。

1806年之前的炮兵与技术兵

尽管普军炮兵经受住了18世纪战火的考验，但1806年的灾难还是迫使这个兵种进行必要的改革。

炮兵从平民公会转变为军事组织的进程始于弗雷德里希·威廉一世统治时期。1715年，他将野战炮重新划分为4类：3、6、12以及24磅炮。臼炮也以相似的标准分类：10、25、50和75磅铜质轻型臼炮，熟铁超轻型臼炮以及稀少的重型石质器械。军中普遍使用榴弹炮，约1740年时，18磅榴弹炮才成为标准配备。根据冯·林格尔（von Linger）将军在1722年的记述，普军当时有722门铜质加农炮、1425门铁质加农炮、171门铜臼炮、128门铁臼炮、28门铜榴弹炮以及27门铁榴弹炮。当弗雷德里希二世即位时，普军炮兵与其他欧洲各国的同行一样正处于改革状态。

炮兵

历史上，炮兵被认为是比军中其他各部更为技术化的部队。在西里西亚战争与七年战争期间，奥军优越的炮兵带给普鲁士军惨痛的教训，使后者意识到改革势在必行。火炮运输兵的训练由平民承包商负责，火炮的设计与炮车得到了改善——更为轻巧且标准化。

步炮兵

1785年，普军有4个野战炮兵团，他们的制服如下：战列步兵式的深蓝色束腰上衣，配黑色装饰带、红色燕尾翻边、黄色纽扣、勃兰登堡袖口、小片白布、皮带与红色的宽大硬领圈。列兵制服没有花边装饰，军士制服有22个金色花边纽扣眼。1757年之前，步炮兵下士一直头戴燧发枪兵的军帽，帽正面为铜制，配黑色底箍与头巾。我们尚不知这种军帽是否在军中被普遍使用，似乎只有炮兵下士佩戴此帽。卡斯科特帽于1787年引入并使用至1798年，装饰有一个绘着三道火焰的黄铜手榴弹帽章，手榴弹上有花押"FWR"。弹药袋的翻盖上亦有这种装饰。绒球上部至下部为黄色、红色、黑色。在引入卡斯科特帽之前及废弃此帽之后，士兵们头戴三角帽，配纽扣与黑色帽环。炮兵装备直刃剑。

舟桥工兵

筑桥兵团是隶属于炮兵的，他们身着步兵式制服、深蓝色外套，配深蓝色翻领、红色衣领、普鲁士袖口、肩章、燕尾翻边、黄色纽扣、白色皮带与小块布件。双角帽上饰有一枚纽扣、黑色帽环以及绒球（从上至下为浅蓝、红色、黄色）。卡斯科特帽上有铜质的王室花押"FWR"。

步炮兵和补给车队

负责炮兵和大军补给的官兵，身着蓝色单排扣长下摆大衣、浅黄色马裤，配有深蓝色衣领、红色袖口、黄色纽扣与红色燕尾翻边，脚穿长筒靴。双角帽上装饰有一枚纽扣和黑色帽环。补给车队的成员身穿大体一致的制服，不同之处在于白色纽扣和浅蓝色衣领。

骑乘炮兵

1759年，弗雷德里希大王组建了第一支骑乘炮兵单位。1796年，骑乘炮兵团从军中独立出来，这支显赫的部队由海因里希·恩斯特·冯·许塞尔（Heinrich Ernst von Hüser）上校指挥。1805年时，该团下辖10个连。炮组成员均以马代步，骑乘在火炮前方。其制服与步炮兵大体相同，但龙骑兵的大衣是浅蓝色的。双角帽上有一枚纽扣、黄色帽环、白色羽饰。束腰上衣的浅蓝色燕尾翻边镶着黑色宽花边，两侧的饰边均为红色。轻骑兵马刀插在配有黄铜

▶ 步炮手，1806年 军帽绒球体现了炮兵的传统颜色：黑、红、黄。因为作战环境脏，他们制服的颜色也有些暗淡。黄铜长针是用来透过火门刺破炮管中装满爆炸物的彩色帆布包的。他身上的武器是短直刃剑。

◀ 工兵军官，1806年 从1792年起，普军军官及军士外套上的花边装饰被简化。现今，德国工兵军官的制服上依然饰有黑天鹅绒装饰带，保持了几百年来相当实用的传统。

都是战时征募的平民。他们身穿深蓝色单排扣的龙骑兵式束腰上衣和浅黄色马裤，配黄色纽扣和红色燕尾翻边，足踏高筒靴。双角帽上饰有一枚纽扣、黑色帽环、帽章以及白色羽饰。

卫戍炮兵

他们操控要塞内的火炮，并不参与野战。其制服与步炮兵一致，不同之处在于黑色的宽大硬领圈。

工兵

工程兵团全部由军官组成。1787年，该部下辖3个旅，1800年时增加为4个旅。

制服为深蓝色步兵式大衣，配黑色装饰带、红色燕尾翻边、白色纽扣、瑞典式袖口与浅黄色布件，无花边装饰。双角帽上别着银饰针，搭配纽扣和黑银帽章。

坑道兵

该部的任务是负责在敌军要塞下面挖掘坑道、搭筑野战防御工事、清除障碍物等类似的体力活。

1758年，坑道工兵成为一支独立部队，他们头戴橙色的无檐低便帽（与饰头巾相似），配银制帽牌、橙色底箍、白色帽带和绒球。帽两侧饰有银色火焰图案，背面则是三道银色火焰的图案。1791年，格拉茨、格劳登茨（Graudenz）、施韦德尼茨（Schweidnitz）的要塞各驻有一个坑道工兵连。他们的制服是步兵式的深蓝色大衣，配深蓝色翻领、深蓝色翻领、红色衣领、普鲁士袖口、肩章、燕尾翻边、黄色纽扣、白色皮带与小块布件。

双角帽上饰有一枚纽扣、黑色帽环以及绒球（浅蓝、红、黄色）；卡斯科特帽上配有铜制的王家花押"FWR"。1798年，坑道工兵配发了与炮兵相同的制式服装。

▼ 骑乘炮兵军士，1806年 1759年，弗雷德里希大王组建了第一支骑乘炮兵连。1796年，第4炮兵团已有7个骑炮连。一些炮兵连在1806年战争前配发了高筒帽，其黄铜帽牌上饰有旧式的三焰手榴弹图案——炮兵此前佩戴的卡斯科特帽上也有这样的装饰。

饰件的黑色皮制刀鞘内。鞍褥为浅蓝色，配黑色宽花边与黄色镶边，后角处饰有王家花押。1806年，一些连队配发了新式高筒帽，搭配白色顶箍、饰绳、黑色与白色的帽章以及有着三道烈焰的手榴弹徽章。

骑乘炮兵辎重队

该组织为炮兵的火炮和拖炮车提供马匹、驾手。直到18世纪末，其成员

1806年之后的步兵

1806年的灾难以及濒临崩溃的军队迫使普鲁士人进行了一系列全面且彻底的改革。改革带来的转变为普军在1813年复仇奠定了基础。

组织

在1806年惨败中幸存的步兵团有：第2吕歇尔团（Rüchel No. 2）、第8吕茨团（Rüts No. 8）、第11舍恩宁格团（SchöningNo. 11）、第14贝塞尔团（Besser No. 14）、第16迪里克团（Diericke No. 16）、第42普勒茨团（Plötz No. 42，没有第3火枪兵营）、第52汉贝格尔团（Hamberger No. 52）、第58德·科乌尔比莱团（de Courbiere No. 58）。

战后，军方从被法军俘虏后逃脱的战俘、征召兵、志愿兵中组建了新的部队与后备营：东普鲁士6个、西普鲁士6个、西里西亚1个、波美拉尼亚与新马克各3个。他们还从被围困的城市（例如但泽）的志愿兵中组建了几支自由军（实际上是正规军编制外的私人部队）。

每个步兵团都有1个兵站连、2个掷弹兵连、2个火枪兵营以及1个下辖4个连的燧发枪兵（轻步兵）营。每团的燧发枪兵营被抽调出来合并成了1个新的轻步兵团。与1806年相比，新的制服尽可能地进行了简化。

火枪兵

火枪兵头戴黑毡高筒帽，配白色顶箍，外围为白色、中部为黑色的绒球以及黑色皮制下颌带。军帽正面饰有铜制免冠王室花押"FWR"，近卫步兵的军服上有八角星。阅兵时，官兵们会在军帽上装饰白色饰绳与黑色细羽饰。火枪兵身穿深蓝色双排扣大衣，配两排黄铜纽扣和深蓝色袖口搭扣带（正面有3枚纽扣、背面有2枚）。燕尾翻边为纯红色，衣领和袖口为地区代表色：东普鲁士为砖红色，波美拉尼亚为猩红色，勃兰登堡为婴粟红，西里西亚为白色。科尔贝格团的制服的装饰带为白色。肩章的纽扣上有阿拉伯数字的连部番号。营部肩章的颜色根据营部在团内的资历有所不同：第1营为白色，第2营为红色，第3营为黄色。马裤为灰色，短绑腿则是黑色的，上面有黑色皮制纽扣。皮带是白色的，带扣为铜制；弹药袋上饰有圆形的刻有雄鹰的铜牌。铜柄马刀插在棕色皮鞘内，后者挂于腰带上。各连的剑带和流苏皆为白色；第1营的流苏有球身，并饰有白色王冠，各连以花圈的颜色进行区分：第1连为白色，第2连为黄色，第3连为浅蓝色，第4连为红色。第2营的王冠和花圈均为连部代表色：第1连为绿色，第2连为黄色，第3连为浅蓝色，第4连为红色。流苏的球身亦为连部代表色。火枪兵军士高筒帽的顶箍为金色，其袖口上的顶部以及衣领的底部与正面饰有金色穗带，他们配发了黑色与白色马刀带、流苏以及白色手套。黑色羽饰的尖端为白色。

火枪兵鼓手和乐手的制服有地区代表色的燕巢肩饰，配白色花边。军鼓为铜制，搭配红色和白色的压圈、黑色鼓棒。鼓身上有战利品图案，王冠花押饰于其中。连队军官通常戴制作精良、材料上乘的高筒帽，帽筒两侧饰有金属制的镀金普鲁士鹰。饰绳、帽章、绒球以及腰带为银色和黑色。上衣燕尾长至膝盖后部，臀部位置有2个暗袋，翻盖上各有2枚扣子。他们的镀金柄军刀插在有白色吊带的棕色刀鞘内，配银色和黑色的剑带和流苏。1808年10月，军官的徽章被引入：与装饰带同色的肩章搭配红色饰边。中尉的肩章中部有一条黑银色的竖直饰带，上尉的饰带位于肩章两侧，少校的肩章饰带也位于两侧，而且配有饰边。

▼ **近卫掷弹兵列兵，1813—1815年** 1808年11月9日，该部获得了近卫步兵的番号。尔后成为第1近卫步兵团。当时俄军和普军的制服十分相似，该图也体现了这一点，特别是其巨大的羽饰、衣领与袖口的饰带。高筒帽的星徽上饰有黑色普鲁士鹰。步兵军官的剑柄、剑带、皮制与铁制的剑鞘的细节如图所示。

掷弹兵、燧发枪兵和近卫军

火枪兵头戴配有铜制普鲁士鹰牌的高筒帽，肩章纽扣上标有罗马数字的连队番号。剑带流苏为黑色、白色。

燧发枪兵制服与火枪兵大致相同，区别之处在于：军帽的帽章、团部纽扣以及帽环代替了火枪兵的饰有花押"FWR"的徽章。军士的帽环为铜制。交叉皮带是黑色的。近卫团制服的特点是：配有与纽扣、袖口及衣领同色的环形花边。

解放战争

得益于1813年普鲁士迸发的爱国潮，大多数团都获得了一个"志愿猎兵分遣队"，他们由志愿参军杀敌并且自己提供武器装备的知识分子、专业人才以及富人组成。这种部队身着深绿色制服，装饰带与贴边同色。若他们隶属于猎兵营，就会拥有白色肩章。受1813年的爱国热情的影响下，许多新部队被组织起来，具体编制如下。

第2近卫步兵团，于1813年6月19日组建。第1营来自一支1811年征募的部队，兵源来自当时的各步兵团。第2营来自1808年8月组建的科尔贝格团。燧发枪兵营的基础是1806年12月组建的冯·席尔的自由军。

第1掷弹兵团，该部成立于1814年10月14日，兵源来自近卫掷弹兵营（1806年12月27日成立于科尔贝格）与第1东普鲁士掷弹兵营。1806年时，它由冯·施利希廷（或称冯·贝洛）掷弹兵营、第2东普鲁士掷弹兵营（1806年时又称冯·法皮克吉伊掷弹兵营）以及第14团和第16团的2个连构成。1814年10月19日，该部成为第1亚历山大皇帝掷弹兵团。

第2掷弹兵团，于1814年10月14日组建。第1营的兵源来自波美拉尼亚掷弹兵营（1801年11月7日从冯·马索掷弹兵营中组建的）、第8和第42步兵团的2个掷弹兵营以及冯·荣格-布劳恩掷弹兵营。第2营的兵源来自西普鲁士掷弹兵营（成立于1803年1月21日）、冯·布劳席茨（von Brauschitz）掷弹兵营以及第52、58团的各2个连。燧发枪兵营的兵源来自西里西亚掷弹兵营、冯·洛斯廷（von Losthin）掷弹兵营、第33团第4营和第5营以及第47团第3营和第4营。所有这些掷弹兵营都是成立于1807年。1814年12月25日，该团成为第2弗兰茨皇帝近卫掷弹兵团。

第1王太子掷弹兵团（第1东普鲁士掷弹兵团），建于1808年9月7日，兵源来自第2步兵团。该团后来成为第1东普鲁士步兵团，为新组建的团提供了2个火枪兵营。旧的第11燧发枪兵营在1808年1月成为王太子掷弹兵营，1814年时又变成这个新团的燧发枪兵营。

第4东普鲁士步兵团，成立于旧的第14步兵团。

第5东普鲁士步兵团，成立于旧的第16步兵团，1814年该团变成了弗雷德里希国王掷弹兵团。

第6西普鲁士步兵团，成立于旧的第52步兵团，1814年时得到了克莱斯特·冯·诺伦多尔夫伯爵掷弹兵团（第1西普鲁士掷弹兵团）的番号。

第7西普鲁士步兵团（冯·科乌尔比莱团），成立于旧的第58步兵团。1807年11月20日，被解散的第29、37、40、43、54、55团官兵加入该部。1814年，它成为威廉一世国王掷弹兵团（第7西普鲁士掷弹兵团）。

第8近卫步兵团，1808年时它曾是第9勃兰登堡步兵团，1808年9月14日时更名为第9近卫步兵团，但1813年7月时番号又改成了"第8"。

第10科尔贝格步兵团，1814年时成为格奈森瑙的第9科尔贝格掷弹兵团（第2波美拉尼亚团）。

第11西里西亚步兵团，1813年7月1日，其番号变成第10西里西亚步兵团，1814年时改为第10威廉二世国王掷弹兵团（第1西里西亚团）。

第12西里西亚步兵团，1813年7月1日，改为第11西里西亚步兵团，1814年时又改成第11威廉三世国王掷弹兵团。

▼ **近卫燧发枪兵军士，1813—1815年** 这名军士装备了卡宾枪，而非标准的步兵火枪。巨大羽饰的白色底座、衣领和袖口上的银色饰带、黑色和白色的剑带进一步体现了他的身份。

第12勃兰登堡步兵团,该团成立于1813年7月1日,兵源来自近卫步兵团。燧发枪兵营的兵源来自第1西普鲁士步兵团第3火枪兵营。

第13黑尔瓦尔特·冯·比滕费尔德团(第1威斯特法伦团),成立于1813年7月1日。

第14施韦林伯爵步兵团(第3波美拉尼亚团),成立于1813年7月1日,前身是成立于1811年7月6日的第1波美拉尼亚步兵团。

第3后备步兵团,该团成立于1813年7月1日,前身是第2东普鲁士团,1815年3月25日成为第15步兵团(第4西里西亚团);1815年7月11日,改为第15登内维茨的比洛伯爵步兵团;这一年晚些时候,又改为第15尼德兰的亨利亲王步兵团(第2威斯特法伦团)。

第4后备步兵团,1813年7月1日成立,前身为第3东普鲁士步兵团,1815年3月25日时番号改为第16步兵团。

第5后备步兵团,1813年7月1日成立,前身是第4东普鲁士步兵团,1815年3月25日时番号改为第17步兵团。

第6后备步兵团,1813年7月1日组建,前身是第1西普鲁士及第1西里西亚步兵团,1815年3月25日时番号改为第18步兵团(第1威斯特法伦团)。

第7后备步兵团,1813年7月1日成立,前身是第2西普鲁士步兵团,1815年3月25日时番号改为第19步兵团。

第8后备步兵团,成立于1813年7月1日,1815年3月25日番号改为第20步兵团。

第9后备步兵团,成立于1813年7月1日,1815年3月25日番号改为第21步兵团。

第10后备步兵团,成立于1813年7月1日,1815年3月25日番号改为第22步兵团。

第11后备步兵团,成立于1813年7月1日,1815年3月25日番号改为第23步兵团。

第12后备步兵团,成立于1813年7月1日,1815年3月25日番号改为第24步兵团。

第13后备步兵团,成立于1813年7月1日,1815年3月25日番号改为第25步兵团。

第26步兵团,成立于1813年3月12日,当时被称为罗伊斯的外籍营,1813

▼ **第1东普鲁士步兵团军官,1812年** 当时,普鲁士国库的捉襟见肘使军队的制服变得有些平淡朴素。火枪兵的高筒帽上饰有王室花押"FWR",燧发枪兵的是外白内黑的帽章,掷弹兵的则是鹰徽。所有军官的高筒帽上都有帽章。图中的这位下级军官戴着通用的红色肩章,上面有一条黑色、银色的饰带。

▼ **近卫猎兵军官,1813年** 1808年11月14日,野战猎兵被编入近卫军,他们制服的颜色被保留了下来。这位军官与大多数轻步兵军官一样,装备了轻骑兵马刀。

俄罗斯—德意志外籍军团。

第31步兵团，成立于1815年，兵源来自俄罗斯—德意志外籍军团、莱茵联邦第3团和第4团以及萨克森的马克斯亲王步兵团。

第32步兵团，成立于1815年3月7日，兵源来自厄尔巴步兵团、威斯特法伦以及萨克森的国土防卫军。

第33步兵团，成立于1815年10月1日，兵源来自前瑞典王家步兵团、女王的步兵团以及恩格尔布雷希滕（Engelbrechten）步兵团。

自由军

1813年早期，普鲁士爱国主义的大潮得到了以下部队的支持：

冯·吕特措（VON LÜTZOW）的普鲁士王家自由军，成立于1813年2月18日，志愿兵大多是外国人。步兵头戴高筒帽，配黑色马鬃饰物、饰绳、黄铜"帽环"以及纽扣，身穿利特维卡式（Litewka）的双排扣长大衣，配红色镶边的衣领、肩章与波兰式袖口。下身是长裤、绑腿，腰上系着有黄色纽扣的黑色皮带。

冯·罗伊斯（VON REUSS）的外籍猎兵营，于1813年3月21日在柏林成立，兵源来自外国军队的逃兵。

冯·赖歇（VON REICHE）的外籍猎兵营，于1813年3月10日在柏林成立，兵源主要来自威斯特法伦人。制服为配有黄铜下颏带饰片的普鲁士高筒帽，绿色的利特维卡上衣，配黄色纽扣、红色衣领与袖口、红色镶边的浅绿色肩章，灰色马裤与军靴以及黑色皮带。

冯·黑尔维格（VON HELLWIG）的自由军。步兵头戴配有锡制下颏带饰片的高筒帽，身着绿色束腰上衣与白色或灰色的长裤，配黑色衣领、袖口、肩章、皮带白色纽扣。

席尔（SCHILL）的军队，1813年3月，第2西里西亚骠骑兵团的冯·席尔少校抽调团里的100人，在此基础上征募了一支由步兵和骑兵组成的军。

劳西茨（LAUSITZ）的志愿猎兵军，该部由冯·利恩克尔（von Lyncker）上尉于1813年组建。

席韦尔拜因（SCHIVELBEIN）的军队，该部由于兵源质量不佳，很快就被解散了。

▲ **科尔贝格步兵团鼓手** 他们的军旗上有一个浅蓝色标签，上面写着金色的"COLBERG"（科尔贝格）。

年7月5日时番号改为厄尔巴步兵团，1815年3月25日时又改为第26步兵团。

第27步兵团，成立于1815年3月7日。

第28步兵团，成立于1813年12月5日，兵源来自前贝格大公国近卫军的老第1步兵团。

第29步兵团，成立于1813年12月5日，兵源来自前贝格大公国近卫军的第2步兵团。

第30步兵团，1815年成立，前身是

▲ **俄罗斯—德意志军团军士，1813年** 如图所示，他们的制服风格起初是俄罗斯式的，不同之处在于浅蓝色的装饰带以及有红色镶边的黄色肩章。

1806年之后的胸甲骑兵

1806年战役摧毁了普鲁士骑兵，仅有第4、13胸甲骑兵团得以幸存。尔后，4个胸甲骑兵团被组建起来，第3团获得了禁卫军的显赫称号。1815年3月25日，该团失去在常规胸甲骑兵团中的番号，被提升为近卫军单位，第4胸甲骑兵团（勃兰登堡团）便成为第3胸甲骑兵团。

由于1808年的军队组织，普军采用的是与俄军胸甲骑兵制服十分相似的制服：配有皮制羽冠、黑色硬马鬃盔冠（号手的为红色）以及黄铜下颚带饰片的黑皮头盔，羽冠有额前盔，顶部有饰边。头盔正面装饰着普鲁士双头鹰大铜牌，禁卫军的则是八角

▲ **胸甲骑兵军官束腰上衣的刺绣扣眼（右上图）**
1.第15团第2、3营。
2.第15团第1营。
3.第9团。
4.第18团。

▼ 拿破仑在耶拿与奥尔施塔特会战的胜利使1806年战役中普军受到的耻辱失败达到了高潮。图中展示了战败的普鲁士人向拿破仑宣誓效忠。

▶ **第2东普鲁士胸甲骑兵团军士号手，1813年** 号手制服的特点是与装饰带同色且配有金色宽饰带的燕巢肩饰。他的衣领和袖口上有军士的饰带，剑带上则有黑色和白色的流苏。红色的马鬃盔冠一般在阅兵时使用，日常执勤和作战时佩戴黑色盔冠。

星。头盔的左下颌带圆扣下方饰有外白内黑的国家帽章。

白色的双排扣束腰上衣的正面有2排纽扣，每排8枚，配瑞典式纽扣、与装饰带同色的立领以及白色燕尾翻边，

▶ **胸甲骑兵的武器**
1和2.1809年型来复枪，比滑膛枪稍短，枪管长82.5厘米，有8个凹槽和前后瞄准器，口径为0.56莱茵寸（有效射程为150—300步）。
3和4.1809年型滑膛枪，枪管长93.5厘米，口径为0.72莱茵寸，至少重11磅（5千克）。

翻领底部有与装饰带同色的饰边。肩章起初与装饰带同色，但很快换成了白色，肩章的饰边仍与装饰带同色。长及膝盖的白色短裤外面套的是灰色工作裤，外侧有饰边和团部纽扣，裤子内侧及其底部有黑色皮制饰边。普通士兵的剑柄带是用红皮制造的，配有中队代表色的流苏：第1中队是白色，第2中队是黄色，第3中队是浅蓝色，第4中队是红色。在1806—1807年战争中，表现优秀的骑兵被授予的荣誉流苏与步兵的一样。骑兵军士的流苏为黑色和白色，样式也与步兵的

◀ **第1西里西亚胸甲骑兵团军官，1813年** 该团成立于1807年10月16日，1808年9月时成为第1胸甲骑兵团。骑兵军官的腰带与步兵军官相同，但前者在战时会配备黑色皮制和银制剑柄链。

▶ **第4勃兰登堡胸甲骑兵团军士，1813年** 该团成立于1691年，是为数不多的在1806年战争幸存下来的团，他们参加了奥尔施塔特会战。关于制服蓝色装饰带的明暗度的规定有些混乱：1810年5月的条例规定装饰带为深蓝色，但国王随后在口谕中将之改为浅蓝色。

1806 年之后的胸甲骑兵　213

胸甲骑兵团的区别

番号	饰带和纽扣	鞍褥
第1西里西亚团	黑色	黄色
第2东普鲁士团	浅蓝色	白色
第3禁卫军团	红色	白色
第4勃兰登堡团	深蓝色	黄色

装饰了一个小的近卫军星徽，他们的腰带系在胸甲下面，副官则把腰带系得像子弹带一样。

一致。自1789年起，中士开始配备军官的军刀柄带。1807年，军士开领的正背面、袖口的顶部和后部都装饰着饰带，1814年时，衣领的高度变短，开领变成闭领，饰带则靠着衣领的顶部和正面。

1812年8月以前，军官的军衔是由其肩章上的银色和黑色的步兵式饰带显示的，随后被与纽扣同色的金属吊穗肩章代替。肩章是白色的，1834年之前各团肩章的十字图案和衬里饰边均为红色。肩部的金属半月形肩饰与纽扣同色；少校及以上军官的半月肩饰配有与纽扣同色的吊穗。号手的军服上有与装饰带同色的燕巢肩饰，其饰带与纽扣同色。标准的天鹅绒弹药带与装饰带同色，根据纽扣的颜色搭配金色或银色的饰边。

胸甲曾被弗雷德里希·威廉二世国王取消，但于1814年4月重新被引入军中，当时4个胸甲骑兵团用上了从凡尔赛军械库中缴获的装备。禁卫军以及勃兰登堡团在自己的胸甲上加装了黄铜护板。胸甲上的肩章和铆钉均为铜制，配红色饰边。1814年，沙皇亚历山大向禁卫军赠送了有红色饰边的俄式黑色胸甲——仅在特殊场合穿。1814年4月，普鲁士人用从凡尔赛军械库中缴获的法式胸甲骑兵剑替换了自己的剑。近卫军军官在剑柄上

◀ **禁卫军，1813—1815年** 该部成立于旧的第13胸甲骑兵团，后者曾于1806年10月在奥尔施塔特作战，尔后逃到东普鲁士加入了莱斯托克的部队。1808年，该团被赐予番号"第3"，但于1813年被取消，仅以禁卫军之名示人。从图中士兵的头盔、衣领及袖口的饰带上可以再次看到俄军的影响。

1806年之后的龙骑兵和骠骑兵

在1806年经过改编后，许多普鲁士的普通骑兵和骠骑兵部队被撤编或者被改编成新的部队。

龙骑兵制服

1808年，普鲁士把龙骑兵团缩减到了6个。龙骑兵的高筒军帽使用了皮革来加固顶、底部和两边。军帽上的帽徽是黄铜制造的普鲁士鹰徽。部队接受检阅时，士兵们还会装上白色的羽饰和绒线绳。士官的羽饰有黑色的底座，军号手的羽饰是红色的。在战斗中，他们还会佩戴黄铜的颔带。军服是浅蓝色的双排扣束腰上衣，前面有2排纽扣，每排8颗。衣领、肩带、瑞典式袖口是蓝色的，袖口的边缘折一下就会显示出各军团的代表颜色。灰色的工作长裤侧面有纽扣。皮带是白色的。饰面和纽扣的样式如下。

第1王后龙骑兵团：深红色贴边、白色纽扣。在1808年9月，该团改为第1西普鲁士龙骑兵团。

第2立陶宛龙骑兵团：白色贴边、白色纽扣。

第3龙骑兵团：红色贴边、黄色纽扣。

第2西普鲁士龙骑兵团和第4龙骑兵团：红色贴边、白色纽扣。

第5布兰登堡龙骑兵团：黑色贴边、黄色纽扣。

第6诺伊马克龙骑兵团：浅红色贴边、白色纽扣。

第1近卫龙骑兵团是1815年2月21日组建的。第7团是1815年组建的，他们的军服是白色贴边、黄色纽扣。第8

▲ 第3立陶宛龙骑兵团军官，1813年 利特维卡式的军服长及大腿中部，浅蓝色外衣在1813—1815期间经常可见。这段时期，军团军官帽子上的鹰徽很常见。图中这名军官手持法国猎兵式军刀。1813年，该团在包岑、大格尔申、瓦滕堡、卡茨巴克和莱比锡作战，1814年在马恩河畔的夏龙、蒂耶里堡、蒙米拉伊、拉昂和巴黎战斗。

◀ 勃兰登堡骠骑兵团军官，1815年 骠骑兵的军刀装在一个包铁的刀鞘内，带有黑色握带。军官的腰带上有黑色和银色的穗带，并且有银色的条状装饰。普通士兵衣领上的穗带也与贴边同色。匈牙利式的挽具上有贝壳状的罩裤保护了昂贵的马裤和骠骑兵靴。

1806年后骠骑兵各团制服的区别

番号	多曼上衣和斗篷夹克	衣领和袖口	纽扣	腰带
Life*	黑色	红色	白色	红色和白色
Life*	黑色	红色	白色	红色和白色
第1勃兰登堡团	深蓝色	红色	白色	红色和白色
第2勃兰登堡团	深蓝色	红色	黄色	红色和白色
波美拉尼亚人（布吕歇尔）	浅蓝色	黑色	黄色	蓝色和白色
上西里西亚团	棕色	黄色	黄色	白色和黄色
下西里西亚团	绿色	红色	白色	白色和绿色

*1808年12月分成2个团，第1团为白色肩带，第2团为红色肩带。

代表所属军团代表色的纽扣和贴边。列兵的斗篷夹克有白色的毛皮装饰，军官和士官的领子是黑色毛皮。他们的鞍袋都是红色的，上面装饰了带皇冠的字符，边缘与纽扣同色。但是2个骠骑兵团和波美拉尼亚不一样，他们的鞍袋上都有黑色皮制的盖子。卡宾枪这种带有膛线的射击利器，一般装在黑色的子弹带中。鞍褥一般与长袍的颜色一样，边沿有狼牙装饰，贴边颜色是所属军团的代表色。黑色挽具一般是匈牙利式的，纽扣与贴边同色。

团成立初期是黄色贴边、白色纽扣。

军刀上有红色皮制的握带，尾部的流苏是所属军团的代表色。第1团为白色，第2团为黄色，第3团为浅蓝色，第4团为红色。1813年8月27日，军官们被要求佩戴和胸甲骑兵一样的鳞式肩章，面料与贴边同色，内衬、贴边和交叉带都是红色。龙骑兵现在穿着有长下摆的浅蓝色双排扣束腰上衣。常规的龙骑兵中队的制服是红色贴边、黄色纽扣，衣领的两边和袖口有饰带。他们的帽徽是警卫的八角星。在1808年之前，军官们还不会佩戴弹药筒，弹药筒的管口有皇家首字母的皇冠装饰，守卫和常规中队会佩戴银制或者烤瓷的五角星。在独立战争期间，勃兰登堡龙骑兵团大量使用了法国胸甲骑兵的军刀，而没使用他们自己配发的武器。

每个团所属的志愿猎兵部队，会穿着绿色的外套、黄铜肩章以及为所属团代表色的贴边。

1806年之后的骠骑兵制服

经过1806年的浩劫后，只有几个骠骑兵团得以幸存。他们的高筒军帽和龙骑兵的一样有帽徽、环状装饰和纽扣，与从前一样，也带有绒线和羽饰。士官的穗绳黑白相间，上有白色流苏和碟状装饰物。军官的穗绳银黑色相间。2个近卫骠骑兵军团的高筒军帽上有着银白色骷髅骨的徽章。他们的长袍胸口处有15道饰带、3排纽扣，领子和袖口处有

▼ **波美拉尼亚骠骑兵号手，1813年** 除了骠骑兵的标准装饰外，骠骑兵号手肩部处也有燕巢标识。1815年，波美拉尼亚骠骑兵在林尼和滑铁卢之战中损失惨重。当年7月1日，他们又在凡尔赛遭到艾克赛曼将军第9骑兵师的伏击。

▼ **第2勃兰登堡骠骑兵团军官，1809年** 这名军官身穿第2骠骑兵团的冬季野战制服，他那红金相间的镶边弹药袋上挂着十字勋章。

1806年之后的枪骑兵、预备役和骑兵团

在普鲁士独立战争期间,普鲁士的骑兵得到了扩充。许多新建的骑兵团由志愿兵组成,通过补充兵员等措施一直延续到了1806年。

枪骑兵

1809年3月,普鲁士组建了一个近卫枪骑兵中队。之后,这个枪骑兵中队成了近卫枪骑兵。1811年3月,又成立了一个常规枪骑兵中队。这些部队都身穿深蓝色制服,衣领、袖口、滚边、镶边为红色,纽扣为黄色,只有肩带不一样。具体的区别如下:

第1西普鲁士枪骑兵团,白色肩带、黄色纽扣。这支部队是第8、9、10龙骑兵团的残部经过改编和补充组建起来的。

第2西里西亚枪骑兵团,红色肩带、黄色纽扣。这支部队是1808年11月23日,通过第1骠骑兵团和第1枪骑兵团的2个中队改编组建的。1809年3月,他们的番号变成了西里西亚枪骑兵团。

第3勃兰登堡枪骑兵团,黄色肩带、黄色纽扣,成立于1809年5月16日,通过改编第2勃兰登堡骠骑兵的残部和抽调了第1、第2枪骑兵团各1个中队组建而成的。

第4波美拉尼亚枪骑兵团,浅蓝色的肩带、黄色纽扣,成立于1815年3月,其第1中队来自第1枪骑兵团,第2

▼ 冯·吕特措皇家普鲁士自由军骑兵中尉,1813年 这套制服是在利特维卡式军服的基础上设计出来的,外套是双排扣大衣,黑色的制服源自不伦瑞克公爵于1809年成立的黑军团。后来,这支部队成了第6枪骑兵团,但是制服得以保留。

▼ 第2西里西亚枪骑兵团军官,1813年 除了胸甲骑兵外,所有普鲁士骑兵都戴高筒军帽。军官的帽子上有普鲁士鹰徽为装饰。银色得相当复杂。骑枪的旗帜上部为红色,下部为深蓝色。

▼ 波美拉尼亚国民骑兵团列兵,1813年 这位志愿兵戴着铜刻肩章,这表明他是该团精英中队的成员,中队其他士兵戴白色肩章。

▲ **第1西普鲁士枪骑兵团号手** 作为高级枪骑兵团，他们穿着有白色肩章的波兰夹克，头戴方形恰普卡帽。由于极度困难的补给条件，部队几乎无法统一制服。许多枪骑兵戴普通的筒帽，有些甚至穿起骠骑兵的装束。

队，第3中队来自席尔的条纹军。他们身着原先的制服。

第8枪骑兵团，成立于1815年3月，人员来自俄罗斯德国裔部队第1、第2骠骑兵团，制服也是旧式的。

预备役

他们的制服很简单，高筒军帽由黑色的油布制成，帽子前面有白色的铁十字标。他们身穿蓝色的利特维卡军服，衣袖和领子的颜色代表所属的省份：红色代表东普鲁士，黑色代表西普鲁士，白色代表波美拉尼亚，黄色代表西里西亚，罂粟红代表勃兰登堡。皮带是黑色的，灰色的工作长裤带有红色的边缝。黑色的羊皮马鞍布带有红色镶边。他们手持军刀和骑枪，骑枪上的旗子是白色或者各省的代表色。

国民骑兵团

这支部队是1813年由广大的爱国群众组建的。

东普鲁士国民骑兵团。高筒军帽，深蓝色的利特维卡军服，纽扣为黄色，胸口是骠骑兵风格，领口和袖口为红色，黄色肩章、白色肩带。精英中队带着毛皮制高帽子和红色囊，深蓝色工作裤带有红色条纹，红黄相间的腰带，黑色皮带，鞍袋带有红色镶边。

易北国民骑兵团。他们的军服由绿色外套和斗篷夹克组成。领口和袖口是蓝色，贴边和纽扣是黄色，腰带是白绿相间的。

波美拉尼亚国民骑兵团。他们的军帽是黑色油布制作的。绿色的束腰上衣，搭配白色领口、袖口和肩章。纽扣为黄色，腰带是绿色带有红色镶边。皮带是黑色的。鞍袋是绿色带有白色镶边。精英中队带着黄铜鳞式肩章。

西里西亚国民骑兵团。他们的军帽、外套和上衣都为黑色，袖口、领口、肩带和贴边则为红色。纽扣是白色，腰带是黑白相间的。

中队来自西普鲁士第1国家骑兵团，第3中队来自波美拉尼亚国家骑兵团。

第5枪骑兵团，成立于1815年3月7日。第1队来自西里西亚枪骑兵团，第2中队来自勃兰登堡枪骑兵团，第3中队来自之前的贝尔格骠骑兵。

第6枪骑兵团，1815年3月23日组建，人员来自皇家普鲁士自由军骑兵团。他们的制服依然是旧式的。

第7枪骑兵团，成立于1815年。前身是前黑尔维希的条纹军第1、第2中

▶ **第7枪骑兵团第1中队列兵，1815年** 图中这名士兵在冯·赫尔维格的自由军服役，他虽然属于枪骑兵团，但戴的是步兵军帽。自由军违反规定，戴着传统的方顶波兰恰普卡帽，并携带着英国提供的骠骑兵多曼上衣、斗篷夹克和鞍袋。

1806年之后的炮兵和技术部队

经过1806年的惨痛失败后，普鲁士的技术部队损失了大批装备，因此，技术部队随后几年进行了改革。

步炮兵部队和舟桥工兵

步炮兵部队现在被改编成3个旅。军服和遂发枪部队一样，除下文提到的单位。军帽上有黄色的布带，还有3个黄铜制榴弹交叉的徽章。衣领、袖口和纽扣都是黑色的。军官们的军帽上不是手榴弹徽记，而是黑色和银色，或黑底缀白的帽章。肩上的纽扣的数字1—12代表着所属的连队番号。肩带的颜色是士兵所属省份或者旅团的代表色。普鲁士（第1）白色，勃兰登堡（第2）红色，西里西亚（第3）黄色。他们穿着黑色皮带。鼓手的燕巢肩饰是黑色的，装饰着8条垂直的黄色花边。鼓手的子弹袋上装饰有三道火焰的黄铜手榴弹。1808—1814年，近卫组建了4个炮兵联队，他们都穿着步兵的制服，但袖口是瑞典式的。近卫炮兵的肩带都是红色的。军官右肩戴的是金色肩带，而不是普通肩带。他们的军帽有橘黄色的布带，前面是黄铜制的星星而不是炮弹徽章。帽子上黑色的羽饰带有白色底座。号手的军号上有黄色穗带。舟桥工兵的制服和步炮兵大致一样。

▼ **步炮兵第1（普鲁士）旅鼓手，1813年** 作为高级旅，该部队士兵的肩章是白色的。鼓是标准的步兵鼓样式，背带是用黑色皮革制造的。阅兵时，帽子上会装饰一条红色的羽毛。

▼ **骑乘炮兵军官，1813年** 骑乘炮兵军官的军帽正面是黑白相间的徽章，而不是3枚榴弹徽章。他们跟龙骑兵的军官一样，在侧面佩戴鹰标。金属肩带有着黑色的背衬。图中这名军官带着黑皮革和银流苏的剑带。

炮兵辎重部队

炮兵辎重部队穿着深蓝色单排扣的军服，深蓝色衣领、红色袖口、黄色纽扣，折边是红色的。下装是马裤和高筒靴。双角帽用纽扣和黑色环装饰。

骑乘炮兵辎重队穿与龙骑兵一个款式的深蓝色单排扣军服。上衣纽扣是黄色的，带有红色的折边。下装是马裤和高筒靴。双角帽用纽扣和黑色环装饰。

其他辎重部队的军服也是一样的，只不过纽扣是白色的。

骑乘炮兵

他们的制服和步炮兵一样，不过带着龙骑兵的帽子。帽子上带有羽饰、黄色穗带、黄铜颏带。普通士兵的穗带是黄色的，士官和号手是黑白相间的。黄色的肩部扣子很光滑，深蓝色的背部折边镶着红黑色的花边。他们的靴子与龙骑兵一样。军官右肩的是金色肩带，而不是普通肩带。

1806 年后的炮兵和技术部队

极端危险的，比如在前线挖掘防御工事，经常直面敌军炮火。他们的法国同行在完成这些任务时会头戴重型头盔，身穿防弹衣，但他们似乎没有。他们的军服与炮兵的黑色制服非常类似，拥有黑色的皮革装备，但是没有另外增加防护服。

1808年后，工程兵们穿得像炮兵，军服是用黑色天鹅绒面料制作的，配白色纽扣，黑色肩带边缘为红色。

▼ **西里西亚步炮兵旅炮手，1815年** 肩带扣有连队编号，3道火焰的燃烧榴弹徽章也装在弹药盒盖上。作为第3旅，西里西亚旅穿着有黄色肩带的步兵式束腰外衣。

▼ **工程兵部队列兵，1813年** 工程兵们使用的是简单的瑞典式袖口，而不是通常的步兵袖口。随身携带的口袋上的徽章有花押字"FWR"。他们的军刀有锯齿形的刀背，因此可以当锯子使用。

▲ **近卫步炮兵团军官，1813—1815年** 与拿破仑的近卫军和俄国近卫军一样，普鲁士也将近卫军组织为一支军中之军，包括步兵、骑兵、炮兵和工程师。图中这个军官穿着阅兵礼服，因此有许多夸张的装饰。军帽侧面小普鲁士鹰的徽章是现代出版物中经常被忽视的细节。那个时代，普鲁士和俄罗斯的制服往往很相似。

坑道工兵与工程兵

1813年，坑道工兵部队有7个连。坑道工兵的作战条件十分艰苦，甚至是

美国及其他国家

美国并不是拿破仑战争时期的主要角色,但该国在英法的经济战中受到波及,导致1812年英美战争发生。1812—1815年北美大陆上发生的战斗规模并不大;1815年1月,英国少将爱德华·帕克南(威灵顿的内弟)率领大约12000人的部队攻打新奥尔良,驻守该城的是足智多谋、精力充沛的安德鲁·杰克逊将军及其麾下的6000人。杰克逊由于此战的胜利成为国家英雄,1824年当选第7任美国总统。

葡萄牙和西班牙深陷于欧洲大陆战争,成为战况激烈的半岛战争战场。另一方面,巴伐利亚、萨克森、符腾堡以及华沙大公国等小国为拿破仑的战争做出了重大贡献,为法国皇帝贡献了其麾下的部分精锐部队。

▲ 1805—1810年,法国在北海沿岸持续扩张,吞并了荷兰、不来梅、汉堡、吕贝克以及后来的奥尔登堡。现代德国地区的各国当时属于莱茵邦联。华沙大公国是在1806年普鲁士战败后割让的领土上建立的。

◀ 1815年1月8日,美军将领安德鲁·杰克逊在新奥尔良会战。此战,英军损失2000人,而杰克逊麾下的美军仅损失了大约20人。

美国联邦军队

美利坚合众国虽然赢得独立战争的胜利,但此后几乎就解散了全部正规军,只倚仗民兵部队。与印第安土著的战斗暴露出这一制度的不可靠,经过一系列的改革后,美国成立了一支小规模的正规军,作为国防的中坚力量。

美国与印第安人在1790年(失败)、1794年(成功)和1811年进行了一系列战役,并且经历了1813—1814年的克里克战争,以及与阿尔及利亚海盗、法国私掠船的海上交锋。但在这一时期,最大的考验是与英国在加拿大地区进行的1812年战争。美国的正规军准备不足、规模较小、战斗力低下,但他们得到民兵和志愿兵的支援,并且清楚英国正处于两面作战的境地。

1812年战争

应总统詹姆斯·麦迪逊的请求,美国国会于1812年6月18日向英国宣战。公开的宣战原因是英国海军强行征用美国公民。双方于1814年12月24日签订和平条约。和约于1814年12月28日在英国、1815年2月17日在美国获得批准,并于1815年2月18日生效。美国既没有完成其宣称的战争目标,也没有达到潜在的战争目的,比如征服加拿大。

但是,1812年战争加速了与西北部原住民之间的战争的终结。双方自1786年起就争斗不止,此前美军在1794年和1811年取得的胜利推进了这场战争的进程。东南部的战争也以类似的结局告终。

◀ **步兵军官,1792年** 绯红色丝绸束腰带、流苏肩章和优质的军服布料显示图中人的军官身份。军官的剑带似乎并非总是金色和绯红色,纯白色和有金色流苏的皮革剑带也经常使用。安德鲁·杰克逊将军(原田纳西民兵指挥官)迅速成为美军最优秀的指挥官之一,1815年1月8日新奥尔良会战的胜利就是明证。在这一战中,他将6000名士兵置于有利的防御位置,挫败了帕克南勋爵将军麾下6000名英军的攻势。英军还有6000名士兵,但并未投入战斗。

▶ **轻龙骑兵,1812年** 羽冠头盔令人想起18世纪90年代巴伐利亚人佩戴的拉姆福特帽(Rumford Kasket)。1812年战争中没有大规模的骑兵战,多是小规模战斗,但战况相当激烈。美军只有2个骑兵团,大多负责侦察和巡逻任务。胸口的骠骑兵式纺锤形纽扣以及装备的轻骑兵马刀反映了该单位的轻骑兵角色。

美国联邦军队 223

英国除了成功守住领土外，也没有其他重大收获。既没能重新划分新不伦瑞克和缅因地区的边界，也没能建立起一个美国原住民政权，充当加拿大和美国之间的缓冲地带。

但在战争结束时，英军占领了美国边境的尼亚加拉要塞、缅因地区的大量领土、阿拉巴马的鲍耶（Bowyer）要塞、米奇利麦基诺（Michilimackinac）要塞、威斯康星的普雷里德欣、阿斯托里亚要塞和俄勒冈的领土。

双方均没能控制安大略的西部地区，在密歇根的底特律和安大略的伯灵顿高地（汉密尔顿）之间形成一个隔离带。但英国正规军的分遣队在安大略地区建立了多个前哨基地，包括特拉华、伦敦、长角和土耳其角等地。

在战争，美国分为南北两个军区。1813年3月，重新分为10个军区：1.马萨诸塞和新汉普，2.罗德岛和康涅狄格，3.纽约至高地的地区以及新泽西的部分地区，4.新泽西部分地区以及整个宾夕法尼亚和特拉华，5.马里兰和弗吉尼亚（1814年7月2日重组），6.北卡罗来纳、南卡罗来纳和佐治亚，7.路易斯安那、田纳西和密西西比；8.肯塔基、俄亥俄和西北地区，9.纽约北部的高地以及佛蒙特，10.马里兰和宾夕法尼亚的部分地区以及华盛顿特区和弗吉尼亚北部（1814年7月2日成立）。

美国正规军部队

不少联邦志愿兵团由民兵志愿者组成，在历史记载中也称为"民兵"，因此，有时很难与响应号召而成立的民兵单位区别开来。例如，1812年在底特律要塞有3个被称作"民兵"的俄亥俄团，事实上均为志愿者组成的联邦志愿兵团，分别为第1、2、3团。其中2名团长是俄亥俄的民兵准将。

炮兵团（即第1炮兵团，共有5个营，每个营4个连）存在于1802年4月1日—1814年5月12日。1808年4月12日，规模为10个连的轻炮兵团成立。1812年1月11日，第2、3炮兵团成立；1814年5月12日，3个团重组为1个团，共12个营，48个连。

▲ **第1步兵团列兵，1812年** 图中所展示的为美国士兵在理论上的制服装束——现实中很少存在。衣服布料的颜色和质量因州和时间而异。多数团都在皮带的黄铜饰牌上标记了团名，饰牌有椭圆形、八角形。蓝色帆布包的口袋翻盖设计多样：有的在白色椭圆环内标记了白色"US"字样，有的团名花押字颜色各异，还有的在大椭圆环下方标有团名的展翅鹰徽。帽牌上多数饰有展翅的鹰徽，也有的部分标记团名。滑膛枪仿制法国M1777式，生产于斯普林菲尔德等地。

▲ **轻炮兵高级军官，1812年** 图中的制服与英军的相似，特别是徽章。高筒帽与1792年的样式基本相同。这顶军帽的帽牌上有展翅的鹰徽以及花押字。轻炮兵军帽饰牌上还有炮弹堆、单位名称或一门火炮。

骑兵部队

1808年4月12日，1个轻龙骑兵团成立。该团后来分为第1、2团，存在于1812年1月11日—1812年5月12日。

步兵部队

第1步兵团成立于1789年9月29日，第2步兵团成立于1791年3月3日，第3—7步兵团成立于1812年1月。每个团有2个营。同年6月，各团进行扩充，重组为1个营的团，并成立了第8—17步兵团。第18—25步兵团成立于1813年1月29日，第26—44步兵团根据1814年3月30日的军令成立。第45、46、47和48团至少在文件上存在。

1812年1月2日—1813年2月25日，共有6个游击连成立；1813年2月25日，增加至16个连。1808年4月12日成立了1个来复枪兵团，1814年2月10日又成立了第2—4团。

海上国防部队有10个连，成立于1813年7月26日。各步兵团的征兵区域分配如下：新泽西，第1、15团；路易斯安那，第2、44团；新汉普，第4团；宾夕法尼亚，第5、16和22团；纽约，第6、13、23、27、29、41和46团；肯塔基，第7、17和28团；佐治亚，第8团；马萨诸塞，第9、21、33、34、40和45团；北卡罗来纳，第10、43团；佛蒙特，第11、26、30和31团；弗吉尼亚，第12、20和35团；马里兰，第14、38团；南卡罗来纳，第18团；俄亥俄，

▲ **美国步炮兵军乐手，1813年** 在1813年之前，美国炮兵的制服基本标准化。军乐手穿撞色制服和与步兵同款的短下摆夹克。炮兵穿紧身军裤，但之前的黄条纹白军裤仍然保留了一段时间。

▲ **下士，第25步兵团轻工兵** 这些士兵负责战场工事以及防御工事的建造和拆除。极少有战斗中用到防御工事，但在新奥尔良战役中，美军建造起防线，并且击退了帕克南将军麾下红衫军的攻势。

▶ **步兵团装备**
1. 1812年的步兵圆筒帽
2. 第15步兵团早期的军帽饰牌图纹
3. 第4来复枪团的黄铜帽牌
4. 第2炮兵团的黄铜帽牌

第19团；田纳西，第24、39团；康涅狄格，第25、37团；特拉华-宾夕法尼亚，第32团；马里兰-弗吉尼亚，第36团；宾夕法尼亚-纽约，第42团。

虽然详细数字难以确认，且官方数据也不可靠，但大致可估出美军共有57000名正规军、10000名志愿兵和3000人的游击部队；另有20000人在海军和水军服役。战争期间，至少可以征召410603名民兵，主要作为海岸驻防部队。

步兵制服

美国步兵最初头戴獭皮帽，身穿有红色贴边的深蓝色外套和白色紧身短马裤。

在1812年之前，步兵戴约7英寸高的圆筒帽，军帽正面的白镴饰牌上有鹰徽，军种标记和团番号。军帽左侧顶部有黑色帽徽，正面绕有饰绳。上衣应该以深蓝色为主，搭配红色贴边、白色饰带、白镴纽扣，但由于服装供应短缺，出现了多种不同的样式：第8团穿黑棕两色的外套，第10团穿蓝棕两色的外套，第16团穿黑色外套；其他团穿三种不同颜色的外套。马裤和绑腿也是类似的颜色搭配。皮带为白色。纽扣的设计多种多样，不少团的纽扣上只标记着"US"；有些则是团番号与花押首字母相叠的精致设计。

下士右肩上戴1个白色绒线的流苏肩章，中士戴2个流苏肩章和1条绯红色束腰带。军官的外套上有银色饰带，扎绯红色丝绸束腰带。中尉在左肩上佩戴1个银色流苏肩章，上尉则戴在右肩，野战军官佩戴2个流苏肩章。

1813年，步兵开始戴高大的英式比利时筒帽，但保留了此前佩戴的军帽饰牌。将军们通常戴宽大的双角帽，穿米黄色贴边的双排扣深蓝色外套，搭配金纽扣、米黄色的紧身短马裤和短靴。1813年，外套的样式改为单排扣、黑色饰带。

▲ 在1813年9月10日的伊利湖会战中，美军指挥官哈泽德·佩里（Hazard Perry）击败英军，俘获6艘敌船。这场胜利保卫了北方边界，解放了补给线，振奋了美国人的士气。

轻龙骑兵的制服

轻龙骑兵戴黑色皮革头盔，头盔正面有帽檐，皮革材质的鸡冠顶上有白色的马毛羽冠。头盔左侧为蓝中带白的羽饰；正面有白镴饰牌，饰牌上为骑兵策马飞奔的图纹；头盔的颏带有白色金属框架。深蓝色单排扣上衣胸口有骠骑兵式的纺锤形纽扣。衣领为白色滚边，两侧各有2条白色饰环；每一侧的下臂袖子上有4个白色臂章。燕尾翻边、皮带和马裤均为白色。士兵装备刀柄和鞘为钢制的马刀。

这些部队都是轻骑兵团，美国并没有组建欧洲式的重骑兵。

炮兵制服

炮兵最初戴圆筒帽，但第1炮兵团将双角帽保留到了1813年。在1813年之前，所有的炮兵部队都分发了新样式的筒帽，军帽上有矩形的黄铜饰牌，牌上为团的名称和锥形排列的炮弹图纹。军帽左侧有红中带白的羽饰。外套为深蓝色，搭配黑色衣领和黄色纽扣。马裤为深蓝色，皮带为白色。

轻炮兵（本质上就是骑炮兵）穿短下摆的翻领夹克、蓝色军裤和黑色筒帽，帽子上有黄色饰绳、红尖端的白羽饰。

此外，还有一支炮兵部队身穿红色贴边、黄色纽扣的深绿色制服。

工程兵部队成立于1802年，但主要局限于海岸防卫的任务。因而，工程兵的任务落到了各步兵连附属的轻工兵部队。

1813年还成立了一支测绘工程部队，但只有16名军官。

民兵制服

美国在骑马士兵、炮兵和步兵上都相当依赖民兵。民兵的服装风格各异，由当地政府配备制服和武装。一些士兵装备了来复枪，但大多数士兵使用较为过时的滑膛枪。

丹麦和瑞典王国

挪威在1814年前属于丹麦，1814年后开始被瑞典统治。芬兰过去是瑞典的领土，但在瑞典战败后于1809年被划入俄国。由于英国在1801年和1807年对丹麦的蛮横行径，丹麦投入拿破仑的怀抱，使英国海军在波罗的海活动的难度增加（但也并非寸步难行）。作为阻击英军进入波罗的海的回报，拿破仑允许丹麦保留其主权。

瑞典在1808年被俄国击败前一直维持中立。法国元帅贝纳多特在1809年失

1792—1815年丹麦步兵团的制服区别

名称	贴边颜色	滚边颜色
近卫步兵团	浅蓝色	无滚边
丹麦禁军团	浅黄色	无滚边
挪威禁军团	浅黄色	白色
国王步兵团	浅蓝色	无滚边
王后步兵团	浅蓝色	无滚边
王太子步兵团	浅蓝色	白色
弗里德里希亲王步兵团	绿色	无滚边
菲英岛步兵团	白色	无滚边
西兰岛步兵团	绿色	白色
日德兰第1步兵团	黑色	无滚边
日德兰第2步兵团	白色	白色
奥尔登堡步兵团	绿色	无滚边
石勒苏益格步兵团	浅蓝色	白色
荷尔施泰因步兵团	绿色	白色

去了拿破仑的信任；1810年8月21日，由于瑞典国王卡尔十三世无后，他被瑞典政府推举为瑞典王储。1812年，拿破仑占领了瑞属波美拉尼亚；1813年，贝纳多特加入第六次反法同盟，对曾经的战友兵刃相向。作为回报，他收获了此前由丹麦控制的挪威领土。

丹麦制服

丹麦步兵头戴黑顶军帽，帽边的左侧较宽并卷起，饰有团代表色的饰环和纽扣，身穿俄军1792年波将金式红色上衣，内衬、紧身短马裤、绑腿和皮带为白色。近卫军戴熊皮帽，穿没有翻领的制服。1813年，战列步兵团开始戴有白色饰绳的筒帽。猎兵穿与战列步兵相同样式的绿色外套，贴边为黑色。精英连装备来复枪。

丹麦有1个近卫骑兵团、1个重骑兵团和数个轻骑兵团。近卫骑兵团戴英式塔尔顿头盔，饰有黑色毛皮羽

◀ **丹麦近卫骑兵团军官，1806年** 近卫骑兵团的头盔与英国的塔尔顿式头盔极为相似，他们穿亮黄色外套，配备轻骑兵的装备，脚穿重骑兵常穿的高筒靴。

冠，红色和银色帽箍，头盔左侧有红顶的白色羽饰。他们穿红色衣领和袖口的单排扣上衣，袖口有银边，脚踏高筒靴，扎黑色皮带，装备银色滚边以及饰有王室花押"C7"（克里斯蒂安七世）的红色佩囊。

重骑兵戴白色羽饰的双角帽，身穿与战列步兵相同样式的红色上衣，内衬为黄色，马裤为米黄色，皮带为白色。衣领、袖口和翻边与贴边同色。纽扣均为白色，荷尔施泰因骑兵团的贴边有黄色滚边。轻龙骑兵戴塔尔顿头盔，穿红色上衣，搭配黄色内衬，白色的纽扣、手套、皮带、马裤，骠骑兵式马靴。骠骑兵戴高筒帽，穿浅蓝色多曼上衣、黑毛皮的红色斗篷夹克、白色饰带、米黄色皮革马裤，脚踏骠骑兵式马靴。还有一个波斯尼亚人组成的团。炮兵的制服与战列步兵相同，但贴边和马裤为深蓝色。

瑞典制服

这一时期，瑞典军队的制服相当混乱。1792年，瑞典的步兵团穿黄色贴边的蓝色外套。1807—1810年，各团均穿

丹麦和瑞典王国 227

近卫步兵团的制服为深蓝色外套，有黄色贴边、纽扣，白色饰带。从1807年起，他们戴库斯克特帽（kusket）——有羽冠的礼帽。羽冠从左后方延伸到右前方，正面的大块黄铜牌上有瑞典纹章。

近卫骑兵团、龙骑兵团、骠骑兵团和猎骑兵团，瑞典各有1个。大部分骑兵戴库斯克特帽，1812年开始改为筒帽。近卫骑兵团在1807年以前穿白色外套，1807年后与其他部队一样穿蓝色外套。斯堪斯卡骠骑兵团除外，他们穿米黄色外套，而非其他部队的蓝色外套。贴边多为黄色，但该团为深蓝色。多数骑兵团装备了有黄色滚边和3个黄色王冠的深蓝色佩囊。鞍饰的配色相同。

炮兵似乎戴礼帽或库斯克帽，穿深蓝色外套和马裤，搭配黄色饰带和纽扣。

▼ **瑞典莫尔内尔（Moerner）骠骑兵团骑兵，1813年** 该团于1813年10月18日参与了莱比锡会战的外围战斗，成为少数在1813年实际参战的瑞典部队之一。图中的骑兵身穿瑞典传统的蓝色和黄色制服，头戴的筒帽效仿自奥地利军队。

▼ **瑞典战列步兵少校，1813年** 瑞典军队多为兼职的民兵部队。固定的军官和军士负责维护团的装备，而士兵平时从事私人的工作，仅在阅兵和全国处于紧急状态时集结。图中的军官仍然戴着礼帽，但在拿破仑战争结束前，瑞典军队已推广俄罗斯式基瓦筒帽。

▲ **丹麦近卫猎兵团列兵，1809年** 深绿色制服和黑皮革配饰是这支神枪手部队的典型装束。1807年，英国对哥本哈根的突袭促使丹麦投靠拿破仑至1814年。他们的来复枪口径为19.1毫米。

深蓝色贴边和燕尾翻边的灰色单排扣制服。1810年，改为暗灰色的上衣，并重新采用黄色燕尾翻边。各支部队的外套均为深蓝色，只有猎兵穿深绿色外套。帽徽最初为蓝中带黄，但1807年各步兵团开始使用独特的帽徽——饰有颜色各异的马耳他十字。1792年，战列步兵戴高筒军帽，但在1807年改了样式。1812年末推广了俄罗斯式基瓦筒帽（Kiwer shako）。

巴伐利亚王国

巴伐利亚与法国关系紧密，对近邻大国奥地利充满警惕。

战列步兵

1792年，巴伐利亚步兵戴拉姆福特帽——一种顶较矮的黑色皮革头盔，顶部为皮革材质，正面有黄铜帽牌，装饰有垂落的马毛羽冠（掷弹兵为白色，燧发枪兵为黑色）。穿短下摆的白色上

▼ **第5瓦尔燧发枪兵团上尉，1792—1799年** 左右两侧翻领上的5颗纽扣和5道扣眼显示了图中人的军衔。野战军官的扣眼用金色或银色镶边。制服的设计经济实用。

1792年巴伐利亚步兵团的制服区别：

番号	贴边	纽扣
第1/近卫掷弹兵团	浅蓝色	白色
第2/选帝侯掷弹兵团	浅蓝色	黄色
第3/伊森堡伯爵掷弹兵团	深蓝色	白色
第4/巴登掷弹兵团	深蓝色	黄色
第1/茨韦布吕肯燧发枪兵团	红色	白色
第2/比肯费尔德燧发枪兵团	红色	黄色
第3/罗登豪森（Rodenhausen）燧发枪兵团	砖红色	白色
第4/德·拉·莫特（de la Motte）燧发枪兵团	砖红色	黄色
第5/瓦尔燧发枪兵团	黄色	白色
第6/普法尔茨格拉夫·马克斯（Pfalzgraf Max）燧发枪兵团	黄色	黄色
第7/采特维茨（Zedtwitz）燧发枪兵团	绿色	白色
第8/拉姆巴尔迪（Rambaldi）燧发枪兵团	绿色	黄色
第9/维希斯（Weichs）燧发枪兵团	桃红色/红色	白色
第10/霍亨豪森燧发枪兵团	桃红色/红色	黄色
第11/普赖辛（Preysing）燧发枪兵团	绯红色	白色
第12/贝尔德布施（Belderbusch）燧发枪兵团	绯红色	黄色
第13/伊森堡燧发枪兵团	黑色	白色
第14/克灵燧发枪兵团	黑色	黄色

衣，衣领、翻领、袖口和燕尾翻边均与贴边同色。马裤为灰色，扎黑色的骠骑兵式绑腿、白色皮带。1799年，制服样式发生改变。士兵改戴有虫形羽冠、黄铜前帽箍、椭圆帽牌的黑色皮革头盔。直到1805年，军官均戴鸡冠顶的军帽；1805年后，连级军官也装备了上述的黑色头盔。外套改为矢车菊蓝色，贴边颜色如表格所示。各团的燕尾翻边均为红色。

1812年，新的第12、14团成立，作为近卫掷弹兵部队。他们戴熊皮帽，有黄铜牌、白色饰绳、白色十字图案的红色顶片。外套样式与战列步兵的相同，但扣眼和翻领纽扣均为白色。这一时期，第1、2团取消了扣眼。从1812年4月起，军官均扎浅蓝色条纹的银色丝绸束腰带，并开始装备颈甲。

轻步兵

1799年前，巴伐利亚有2个野战猎兵团，他们穿浅绿色外套、戴黑色羽冠头盔。第1施韦歇尔特（Schweicheldt）猎兵团的制服为黑色贴边、白色纽扣，第2伊森堡团为黑色滚边、黄色纽扣。1799年，2个团均采用了与战列步兵相同的制服样式，但配色分别为浅绿色和黑色；1809年，改穿深绿色外套，贴边增加了红色滚边。马裤为灰色。

1801年，4个轻步兵营成立，贴边和纽扣颜色如下：第1营，红色贴边、黄色纽扣；第2营，红色贴边、白色纽扣；第3营，黑色贴边、白色纽扣；第4营，黑色贴边、黄色纽扣。

1803年，第5营（绯红色贴边、白色纽扣，1806年后贴边改为黑色）和第6营（绯红色贴边、黄色纽扣，1806年后衣领改为柠檬黄、袖口改为镶红边的黑色）成立。

1807年，蒂罗尔猎兵营成立。该营穿深绿色上衣，衣领和袖口为浅蓝色，纽扣为白色。第7营成立于1808年，贴边为镶红边的浅蓝色，纽扣为白色。

炮兵和工程兵

1792年，炮兵戴黑色羽冠的头盔，

制服为深蓝色外套，有黑色贴边和黄色纽扣。炮兵纵列穿灰色上衣，饰有浅蓝色贴边和白色纽扣，扎黑色皮带。炮兵的黑色贴边后来改成红色滚边。工程兵穿相同的制服。

骑兵

1792年，巴伐利亚骑兵的制服样式与步兵相同，头戴白色羽冠的头盔。衣领颜色与外套相同，胸甲骑兵和龙骑兵为白色，轻骑兵为浅绿色。皮带

1811年，巴伐利亚步兵的制服区别：			
番号	翻领和纽扣	衣领	纽扣
第1国王步兵团	红色*	红色*	白色
第2王太子步兵团	红色	红色	黄色
第3卡尔亲王步兵团	红色**	红色**	黄色
第4萨克森-希尔德堡豪森步兵团	黄色***	黄色***	白色
第5普赖辛步兵团	粉色	粉色	白色
第6威廉公爵步兵团	红色**	红色**	白色
第7洛文施泰因-威廉步兵团	粉色	粉色	黄色
第8皮乌斯公爵步兵团	黄色***	黄色***	黄色
第9伊森堡步兵团	黄色***	红色	黄色
第10容克步兵团	黄色***	红色	白色
第11金克尔步兵团	黑色***	红色	白色
第12（无团名）步兵团	黑色***	红色	黄色
*指的是带有白色花边的扣眼，**为镶了白边，***为镶了红边。			

▼ 第1米努奇龙骑兵团骑兵，1806年 1812年在俄罗斯，巴伐利亚骑兵被拿破仑从原本的军划分至格鲁希的第3骑兵军。他们参与了博罗季诺会战，但在撤退中消耗殆尽。值得注意的是，独特的巴伐利亚头盔，一般从1805年开始佩戴。

为白色。

1804年，骑兵的编制和制服变更如下：第1胸甲骑兵团（猩红色贴边、白色纽扣）改为了第1龙骑兵团，1811年改为第1轻骑兵团；第2胸甲骑兵团（猩红色贴边、黄色纽扣）改为第4轻骑兵团。第1龙骑兵团（黑色贴边、白色纽扣）于1803年解散。

第2龙骑兵团（黑色贴边、黄色纽扣）于1811年改为第2轻骑兵团。1792年的第1轻骑兵团（原为黑色贴边、白色纽扣，1811年后改为红色贴边，黄色纽扣）于1804年改为第4轻骑兵团，后改为第3轻骑兵团，1811年又改为第5轻骑兵团。1792年的第2轻骑兵团（黑色贴边、黄色纽扣）于1799年改为第3轻骑兵团，1801年解散。1792年的第3轻骑兵团（苹果绿贴边、白色纽扣）于1799年改为第2轻骑兵团，后于1804年改为第1轻骑兵团、1811年改为第3轻骑兵团，制服改为白色贴边、黄色纽扣。第4轻骑兵团（黑色贴边、白色纽扣）成立于1803年，1811年改番号为第6轻骑兵团。

▶ 第4轻步兵营列兵，1812年 1809年镇压蒂罗尔叛乱时，该营隶属于冯·弗雷德将军的第2师。该单位于1812年在俄罗斯覆灭。图中为1809年时他们穿的制服。

萨克森和威斯特伐利亚

萨克森在与法国结盟时收获了领土。威斯特伐利亚是德意志地区重组后整合而成的新国家。

萨克森

萨克森在1807—1813年期间是法国的盟友，战后被获胜的盟军大幅削弱。

近卫军

近卫掷弹兵团戴熊皮帽，黄铜帽牌上有内含王室花押"FA"的桂冠图案，帽顶为黄色顶片，饰有白色十字和饰绳。近卫军穿有黄色贴边和白色纽扣的红色外套。

1792—1815年萨克森战列步兵团的制服区别：

番号（1809年）	贴边	纽扣
第1国王步兵团	红色	黄色
第2切里尼步兵团*	红色	白色
第3安东亲王步兵团	深蓝色	白色
第4克莱门斯亲王步兵团**	深蓝色	黄色
第5马克斯亲王步兵团	黄色	黄色
第6布格多夫步兵团**	黄色	白色
第7弗里德里希·奥古斯特亲王步兵团	浅绿色	黄色
第8勒夫步兵团**	浅绿色	白色
第9厄布舍尔维茨（Oebschelwitz）步兵团*	浅蓝色	黄色
第10迪黑恩（Dyherrn）步兵团*	浅蓝色	白色
第11尼塞米舍尔（Niesemueschel）步兵团	紫色	白色
第12雷希滕（Rechten）步兵团**	紫色	黄色

*指于1810年解散，**指于1813年解散。

◀ 弗里德里希·奥古斯特亲王步兵团鼓手，1812年 萨克森士兵与法军一同在俄罗斯作战，出现了大量无伤的逃兵。该团为第7战列步兵团。鼓手没有穿撞色军服，但有燕翼标志以及额外的饰带。

战列步兵和轻步兵

战列步兵最初戴两角帽，但从1809年起换成筒帽，帽上有带花押字的王室盾徽；徽章和各连间的服饰区别均仿的是法国。外套、皮带和紧身短马裤均为白色。军官的筒帽顶部有金色帽箍。

轻步兵：第1、2狙击兵营穿深绿色上衣和紧身短马裤，搭配黑色贴边和皮带，纽扣为黄色；筒帽上装饰绿色羽饰和饰绳。猎兵营的装束大抵相同，但在筒帽上饰有黄铜猎笛徽章，饰绳为白色，黑色贴边镶有红色滚边，衣领为深绿色，配有黑色饰片。

骑兵

重骑兵：重骑兵的两角帽佩戴至1810年，此后改为黄铜鸡冠顶头盔，饰有虫形羽冠、棕毛皮帽箍（军官的帽箍上围绕着金色橡树叶），左侧配白色羽饰。重骑兵只穿正面的胸甲；胸甲主体为黑色，饰有红边。军官的胸甲上有王室花押。重骑兵穿米黄色的单排扣科莱特夹克，夹克边缘的饰带与贴边同色，马裤和皮带为白色，装备黄铜剑柄、棕色皮革鞘的剑。鞍具的颜色与贴边一

▶ 库尔菲斯特（Kurfürst）掷弹兵团军官，1806年 图中的军人穿萨克森标志性的白色外套，戴掷弹兵军官特有的熊皮帽。步兵军官都佩戴图中这种绯红底色的精致胸甲，后改为法国式的徽章。1806年，萨克森是普鲁士的盟友，与普鲁士一起战败了。

样，装饰了纽扣色的滚边。使用钢制的黑色挽具。

轻骑兵：两角帽佩戴至1810年，后改为筒帽。穿有黄色纽扣的红色外套、米黄色马甲，搭配白色的马裤和皮带。

骠骑兵：至1806年，骠骑兵穿白色的多曼上衣和斗篷夹克，衣领和袖口为浅蓝色，纽扣和饰边为白色；佩囊和鞍垫为浅蓝色，饰有白色的滚边和王室花押。1806年后改为有黑色贴边、白色纽扣和饰带的浅蓝色多曼上衣。

炮兵和工程兵

步炮兵，军服样式与步兵相同；原本戴双角帽，1809年改为黑色羽饰的高筒帽。外套为深绿色，有红色贴边和黄色纽扣。马甲和马裤为米黄色，皮带为白色。

骑炮兵，骑炮兵的制服与步炮兵基本相同，但穿白色的马裤和骠骑兵靴。炮兵纵列穿浅蓝色外套，黑色贴边镶有红色滚边，纽扣为白色。

工程兵，戴银色饰边的双角帽，穿有红色贴边、白色纽扣的深绿色外套，红色紧身短马裤。

威斯特伐利亚

1807年11月，拿破仑将旧选帝候国汉诺威和黑森-卡塞尔以及不伦瑞克公国的领土组成威斯特伐利亚王国。徽章和军服的区分与法军相同。

近卫军

禁军团，黄铜装饰和鸡冠顶、黑色羽冠的钢制头盔。正面的饰牌上有王室花押"JN"。白色上衣、皮带和马裤，宝蓝色衣领、翻领和镶红边的袖口，金色饰边的扣眼，金色纽扣，对称的流苏肩章。

近卫轻骑兵，黄铜鸡冠顶、颏带和黑色头盔，饰有黑色毛皮羽冠和红色侧边羽饰。深绿色短上衣、红色衣领、袖口和燕尾翻边，黄色三叶形流苏肩章，衣领、胸口和袖口上饰有黄色扣眼。绿色马裤，饰有黄色大腿饰结和裤腿侧缝。黄色流苏的骠骑兵靴。

近卫骠骑兵，红色的筒帽装饰有黄色的帽顶箍绳、鳞片颏带、花押"JN"的王室盾徽和白色羽饰，帽檐是黑色的。红色多曼上衣，深蓝色斗篷夹克和马裤，黄色的纽扣和饰带，红白束腰带，白色皮带；黑色佩囊，饰有黄铜的王室花押"JN"。

近卫掷弹兵，熊皮帽，饰有红色顶边，黄色的手榴弹徽章、饰绳和羽饰。白色上衣、皮带、马裤和绑腿，红色衣领、翻领、袖口，饰有黄色手榴弹徽章的红色燕尾翻边。金色纽扣和扣眼。

近卫猎兵，筒帽装饰有白色鹰徽饰牌、饰绳、羽饰和鳞片颏带。深绿色外套和马裤，柠檬黄的衣领、袖口，镶柠檬黄边的深绿色翻领。纽扣、衣领、袖口和翻领的饰带为白色。绿色流苏肩章，白色匈牙利式大腿饰结。黑色绑腿，顶部为骠骑兵样式，配饰为白色。弹药袋上有白色猎笛徽章。绿色马刀饰结。

近卫卡宾枪猎兵营，筒帽的绿色羽饰顶端是红色的，并配了红色饰绳、黄色鹰徽饰牌。简洁的上衣和马裤是深绿色的，衣领、袖口、燕尾翻边和上衣正面的饰边为红色、纽扣为黄色。红色的大腿饰结和裤腿侧缝，红色装饰和流苏的黑色绑腿，黑色皮带。

近卫燧发枪兵，基本与战列步兵相同，但衣领、翻领和袖口翻边上有白色扣眼。

近卫炮兵，佩戴的筒帽装饰有红色的羽

▶ **萨克森骠骑兵团军官，1813年** 萨克森唯一的骠骑兵团配备了法式制服和装备，1810年开始佩戴饰有王室花押"FA"的筒帽。该团在1813年满额，总共有10个中队。

▲ 近卫掷弹兵的检阅装束，1812年 图中是检阅装束，作战时，掷弹兵戴筒帽，穿单排扣的夹克和黑色绑腿。

▲ 轻步兵军官，1812年 1807年，威斯特伐利亚引入了法国式的组织结构、徽章和各连制服的区分体系。弯曲的马刀深受军官们的喜爱。

▲ 步炮兵军官，1812年 这是一套具有浓厚法国风格的军服，仅有徽章与其法国同行不同。

饰、饰绳和绒球，菱形的黄铜帽牌上的交叉枪支图案上有顶王冠，搭配鳞片颔带。深蓝色外套的衣领、袖口、燕尾翻边和流苏肩章为红色，胸部有7条红色饰条，纽扣为黄色。深蓝色马裤大腿处装饰有红色的饰结，侧面也有饰边。骠骑兵靴有红色的配饰，皮带和手套是米黄色的。

步兵

步兵头戴有菱形黄铜牌的筒帽，帽牌上有威斯特伐利亚的王室鹰徽，或叠有王室花押字"JN"字样的番号；身穿白色的上衣和马裤，扎白色皮带、黑色绑腿，纽扣为黄铜制。1807—1810年，士兵制服的衣领、翻领、袖口和燕尾翻边都有贴边：第1、2团为深蓝色，第3、4团为浅蓝色，第5、6团为黄色。1810年，贴边统一为深蓝色，各团只能通过制服的纽扣来区分。1812年，燧发枪兵连将深蓝镶边的白肩章改为带白月弧的深蓝流苏肩章。轻步兵有3个连。在1809年之前，他们穿浅蓝滚边的绿外套、深绿色马裤，搭配黑色皮带和绑腿。轻步兵的筒帽上有白色鹰徽饰牌和颔带。

战列骑兵和炮兵

胸甲骑兵，头戴正面有黄铜牌的法国胸甲骑兵式头盔，饰牌上有王室花押字"JN"。第1胸甲骑兵团制服包括白色的上衣（1812年起改为蓝色）、纽扣和马裤，绯红色的衣领、袖口、翻领和燕尾翻边。军官还有银色配饰的弹药带，黄铜柄、钢制鞘的剑。第2团穿橘色滚边的深蓝色外套。

轻骑兵，头盔的样式与近卫轻骑兵相同，但配饰为白色的金属材质。轻骑兵身穿深绿色、单排扣的上衣；第1轻骑兵团饰有橘色的衣领、尖头袖口、燕尾翻边和外套正面饰边以及白色纽扣；1812年成立的第2团贴边为米黄色。下装是有银色大腿饰结和侧面有饰边的深绿色马裤，脚穿有银色配饰的骠骑兵靴。他们装备钢制鞘的马刀。

骠骑兵，第1团戴筒帽，有白色的鹰徽饰牌、饰绳和颔带，以及绿色羽饰；制服包括绿色的多曼上衣、斗篷夹克、马裤，搭配黑色毛皮，红白相间的束腰带。黑色佩囊上有金属材质的白色番号"第1"。第2团的不同之处为白羽饰，浅蓝色的多曼上衣、斗篷上衣和马裤，红色的衣领和袖口。佩囊上有金属材质的白色番号"第2"。

炮兵佩戴筒帽，有黄铜的菱形饰牌和颔带，红色的饰绳、羽饰和绒球；饰牌上有带王冠的交叉炮管。制服为深蓝色的外套、马裤和翻领（红色滚边），红色的衣领、袖口和燕尾翻边。

符腾堡王国

这个南德意志的王国也是由拿破仑建立的,在1813年被抛弃给反法同盟之前,始终是拿破仑的坚定支持者。直到1799年,符腾堡军队都采用与普鲁士相同的制服和徽章。1806年,战列步兵戴黑色皮革头盔,饰有与纽扣同色的正面帽牌、黑色鸡冠顶和"腊肠形"羽冠,帽徽自外向内为红、黑、黄三色。军官扎着有红色条纹的银丝绸束腰带,佩戴与纽扣同色的流苏肩章和银红相间的剑带。制服为深蓝色上衣和翻领,衣领、袖口、肩章和燕尾都有贴边,白色的紧身短马裤和皮带,配黑色绑腿。2个轻步兵营戴菱形黄铜牌的筒帽,穿深绿色外套,饰有浅蓝色贴边、白色滚边和黄铜纽扣,扎米黄色皮带。第1、2猎兵团的制服样式相同,但皮带和贴边为黑色,羽饰为绿色,纽扣为白色。1812年,步兵的头盔改为钟形顶的筒帽,饰有带王室花押字"FR"的菱形黄铜牌。

骑兵

骑兵戴黑色皮革头盔,头盔上有黄中带绿的羽冠,在象征王室的菱形饰牌上有符腾堡的饰章,下有"无畏与忠诚"的格言以及颏带。军官戴饰有巴伐利亚式虫形羽冠的高顶头盔,头盔上有前饰牌和支撑物。他们的上衣为深蓝色,搭配深蓝色的半翻边、贴边(衣领)、袖口、翻领饰边和燕尾翻边。鳞片肩章与纽扣同色,背面与贴边同色。

炮兵

步炮兵戴饰有巴伐利亚式羽冠的黑皮革头盔,制服为有黄铜纽扣的浅蓝色上衣和马裤,黑色衣领、袖口和燕尾翻边,锡制的纽扣和鳞片肩章。骑炮兵的燕尾翻边为黄色,饰有黑色的宽镶边,脚穿骠骑兵靴。

▼ **1808年,弗里德里希亲王步兵团军官** 该团一直保留着独特的头盔,俄罗斯战役后改为筒帽。

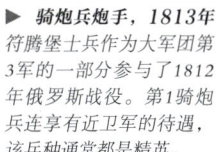

◀ **猎兵,1813年** 轻步兵于1807年开始戴筒帽。1801年只有1个猎兵营,承担着精英射手的职责。

▶ **骑炮兵炮手,1813年** 符腾堡士兵作为大军团第3军的一部分参与了1812年俄罗斯战役。第1骑炮兵连享有近卫军的待遇,该兵种通常都是精英。

华沙大公国

波兰残存的领土在1795年被普鲁士、奥地利和俄罗斯瓜分。1807年,拿破仑创建了华沙大公国,作为与这些国家的缓冲地区。1813年,该国被俄罗斯吞并,后者成立了新的波兰王国。

立陶宛部队

1812年夏天,当拿破仑的大军向俄罗斯进军时,征募了立陶宛和华沙公国的一些军队共同作战。他们的制服非常相似,但士兵不戴鹰徽,而是戴骑马勇士徽章。立陶宛部队共有5个枪骑兵团、3个战列步兵团和1个轻骑兵团。此外,还成立了多个宪兵单位和民兵组织。这些部队几乎在从莫斯科撤退的途中损失殆尽。

战列步兵

在1812年之前,华沙大公国共有17个步兵团,当年又在立陶宛成立了第18—21团。编制与法军相同,每个团有3个营,每个营有6个连。1807年,步兵戴恰普卡帽,饰有白色帽徽和旭日图纹的黄铜牌。饰牌的图纹很快换成了带王室波兰鹰徽、标记团番号的希腊盾徽。军帽上有代表各连的绒球和羽饰以及黄铜鳞片颏带。掷弹兵的恰普卡帽上有红色帽顶箍,轻步兵连的军帽为黄色帽箍。颏带的突出部分上有连徽章:1枚五角星、1颗手榴弹和猎笛。夹克上衣为深蓝色,纽扣上标有团番号。最初按照团的制服部件颜色来区分各师:第1师衣领和袖口为红色,翻领黄色;第2师为绯红色和锡制纽扣;第3师为白色标识和黄铜纽扣。

1810年,掷弹兵开始佩戴熊皮帽,饰有红色帽顶箍、白色十字和红色饰绳。部分团的军帽上有黄铜牌,有两侧为手榴弹的波兰鹰徽图纹。掷弹兵佩戴红色流苏肩章;腾跃兵的肩章上有绿色和黄色的月牙弧,衣领为黄色。鼓手的装束多种多样,他们的制服由团长决定。第13团穿浅蓝色贴边、白色纽扣的白色制服;其他团的制服上有白色半翻领,深蓝色衣领、上衣,白色燕尾翻边均饰有红色滚边。军官佩戴饰有银波兰鹰徽的镀金颈甲。

有3个战列步兵团(第4、7、9步兵团)与法军一同在西班牙作战,并且战绩突出。但勿将其与同样在西班牙作战的维斯瓦军团混淆。这些团似乎完全采用法军的制服和徽章,甚至佩戴三色帽徽,而非传统的白色帽徽。

步炮兵

步炮兵戴正面有黄铜帽箍的筒帽,帽箍上有交叉炮管的图纹、上方有白色的王室鹰徽,军帽饰有红色的绒球、羽饰和饰绳。步炮兵穿深绿色夹克,饰有红滚边的黑衣领、袖口、翻领和燕尾翻边,纽扣为黄色,马裤和皮带为白色。

骑炮兵

他们的制服与步炮兵大抵相同,但戴的是有红色绒球、羽饰和饰绳的毛皮高筒帽,佩戴有红滚边和月牙弧的黄铜鳞片肩章;穿单排扣的深绿色上衣,衣领上有黄色手榴弹徽章,贴边为黑色,燕尾翻边上有黄色徽章;马裤为深绿色,有红色大腿饰结和侧边缝;脚穿黄色配饰的骠骑兵靴。鼓手戴的白色高筒帽有红色饰绳以及上部为深绿色、下部为红色的羽饰和深绿色的囊;白色上衣有黑色贴边、红色滚边,以黄色饰带的红色流苏肩章、马甲和马裤;军号饰绳为红色;深绿色佩囊的黑色边缘镶红色滚边,背后有一枚徽章,下方为黄色的交叉炮管图案;挽具为黑色,带黄铜配饰。

炮兵纵列和工程兵

炮兵纵列戴白色帽徽和鹰徽饰牌、黄铜鳞片颏带的深蓝色恰普卡帽,穿深

◀ 第15波兰枪骑兵团军官,1812年 这名军官的装束在当时不合常规,他穿着与贴边相同颜色的裤子,而不是侧面有绯红色饰边的蓝灰色军裤。后来在1813年的混乱局面中,这种现象很常见。

蓝色的单排扣上衣，衣领为黄色，袖口无图案。上衣正面、深蓝色肩章和燕尾翻边都有黄色滚边，纽扣为白色。马裤为深蓝色，侧面带黄色饰边；皮带为白色。左上臂有椭圆形黄铜牌，上有波兰鹰徽、师番号和车的图案。辎重队的制服样式与炮兵纵列大抵相同，但穿灰色夹克和马裤。

工程兵的制服样式和步炮兵大抵相同，但衣领上有金色手榴弹徽章，纽扣上有战利品徽章。

骑兵

猎骑兵（第1、4、5骑兵团），戴筒帽，帽上饰有白色的帽徽和鹰徽饰牌，或者白色饰环和纽扣，以及上深绿下红的羽饰。精英连戴红色顶面、饰绳和羽饰的高筒帽，佩戴红条纹的黄铜鳞片肩章。他们穿深绿色的单排扣上衣，衣领、袖口和燕尾翻边的边缘均有贴边：第1团为红色，第4团为绯红色，第5团为橘色。非精英连佩戴白条纹的黄铜鳞片肩章。纽扣为黄铜，穿着两侧有条纹的深绿色马裤，条纹与贴边同色；扎白色皮带，装备骠骑兵马刀和卡宾枪。他们战马装备的深绿色鞍布滚边与贴边同色。

枪骑兵（第2、3、6、7、8、9、11、12、15、16、17、18、19、20、21骑兵团，后5个团成立于立陶宛），戴黑色方顶帽，帽上有带白色鹰徽和团番号的希腊盾徽，以及王室鹰徽和旭日图纹的半圆饰牌。身穿深蓝色波兰夹克，除了第11和15团翻领为绯红色外，其他团的深蓝色翻领和燕尾翻边均与贴边同色。衣领和尖袖口与贴边同色，马裤两侧的饰边不是。精英连可能戴高筒帽，而非方顶帽。

骠骑兵（第10和13骑兵团），两个团的制服样式相同，第10团饰有黄色的饰带和纽扣，第13团为白色。他们戴浅蓝色筒帽，帽上饰有黑色底座的白色羽饰，白色的饰环、帽徽、饰绳和鳞片颊带；穿绯红色多曼上衣和斗篷夹克，搭配浅蓝色的衣领、袖口和马裤；装备的绯红色马鞍垫饰边与纽扣同色，绯红色佩囊有银色滚边、金色王冠波兰鹰徽；战马使用黑色的钢挽具。精英连似乎佩戴狐皮高筒帽。第10团的精英连穿绯红色马裤，第13团则穿绯红色多曼上衣、浅蓝色马裤和红色靴子。

胸甲骑兵（第14骑兵团），制服样式与法国胸甲骑兵相同，深蓝色上衣，红色贴边、黄色纽扣。军号手戴红色羽冠、白色侧边羽饰和红色贴边的上衣，胸口饰有红黄的饰带条。他们并未装备胸甲。波兰胸甲骑兵参与了1812年的博罗季诺会战，但在从莫斯科的撤退中损失惨重。波兰人无疑承受了巨大的损失。

克拉库斯骑兵，这些所谓的"波兰哥萨克"为轻骑兵部队，头戴波兰低冠方顶帽（Konfederatka），身穿宽松的深蓝色外套（或立陶宛夹克）。他们装备长矛，在1813年的战役中显示出优秀的侦察能力。

◀ **第13战列步兵团掷弹兵，1812年** 第13步兵团身穿独特的白色外套，可能是因为该团源于西里西亚（西里西亚直到1809年都是奥地利的省）。该团在1812年战役中幸存下来。在这张图中，红羽饰的筒帽取代了恰普卡帽。

▼ **掷弹兵和枪骑兵的军帽**
这一时期的帽徽和鹰徽有多种样式，亦有许多方式表明军士的军衔。
1. 某战列步兵团掷弹兵军士的军帽，注意帽箍上的金色穗带。
2. 第2战列步兵团掷弹兵军士的军帽。
3. 第11枪骑兵团某军官的恰普卡帽。

1   2   3

意大利和那不勒斯王国

拿破仑在1796年取得一系列的胜利后，意大利半岛上涌现出多个共和政权。1805年，拿破仑建立意大利王国，其领域包括了原意大利共和国、威尼斯、达尔马提亚和伊奥尼亚群岛。意大利半岛南部的那不勒斯王国建立于原两西西里王国的领域。

意大利

意大利军队的徽章、各连的制服都与法军相同。帽徽由外向内分别为白、红、绿三色。

近卫步兵

掷弹兵，制服样式基本与法兰西帝国近卫军相同，但外套为深绿色，军帽饰牌和纽扣为白色。鹰徽的胸口有1颗五角星，内有"N"字样。

轻装掷弹兵，制服样式基本与掷弹兵相同，但他们戴正面有黄铜牌的熊皮帽，穿的白色外套衣领、翻领、袖口和法式袖口翻边为深绿色，燕尾翻边和口袋翻盖的饰边也是深绿色。他们佩戴红色流苏肩章，纽扣为黄色。

猎兵，制服样式与轻装兵部队基本相同，但衣领和袖口为红色，衣领、翻领、燕尾翻边和口袋翻盖有白色饰边。他们戴白色帽顶簪、饰环和纽扣的筒帽，帽上有鹰徽饰牌以及绿色羽饰。

轻装猎兵，他们穿轻装兵部队的白色外套。卡宾枪兵戴熊皮帽，帽饰有上红下绿的羽饰、黄铜牌和纽扣。

近卫骑兵

骑兵仪仗队，戴与法国卡宾枪骑兵相同的黄铜头盔，但顶冠为黄铜的雄鹰形象，头盔上的钢制箍有王室花押"N"，帽檐和护颈为黑色，边缘为钢制，头盔饰有黑色羽冠，白色侧边羽饰以及黄铜鳞片颔带。身穿深绿色上衣，衣领、翻领、圆袖口、燕尾翻边和口袋饰边均与贴边同色，衣领和袖口装饰有2个白色饰环，佩戴黄铜鳞片肩章，背面与贴边同色。搭配白色的紧身短马裤和皮带以及高筒翻口靴。各单位的贴边颜色：第1中队为粉色，第2中队为黄色，第3中队为米黄色，第4中队为猩红色，第5中队为橘色。

龙骑兵，制服与法国近卫军相同，但饰带和纽扣为白色。

炮兵和工程兵

步炮兵，戴正面无饰牌的熊皮帽，帽上有带白色十字的红色顶面以及红色的饰绳、羽饰，穿深绿色的外套、马甲和马裤，外套饰有黑色衣领和翻领（红色饰边），红色袖口和法式袖口翻边，红色流苏肩章和燕尾翻边（饰有绿色手榴弹徽章），扎白色皮带，穿短靴。

近卫军宪兵，制服与法国近卫军宪兵相同，只有帽徽为意大利式。

骑炮兵，制服样式与法国近卫军的骑炮兵相同。

炮兵纵列，头戴黑色恰普卡帽，左上方饰有顶着铁王冠的交叉炮管黄铜徽章，帽上有红色绒球、羽饰、黄铜鳞片颔带和帽徽。身穿灰色外套，饰有深绿色衣领，波兰式的袖口、流苏肩章和燕尾翻边（饰有白色手榴弹徽章）。制服胸口有5道深绿色饰带。

战列步兵

1807年前，意大利步兵佩戴双角帽，帽上饰有代表所属团的纽扣和饰环、意大利式帽徽和代表所属连的绒球。后来改为筒帽，帽上的菱形饰牌与纽扣同色，并饰有帽徽、饰环、纽扣及代表所属连的绒球。直到1806年，战列步兵均穿深绿色外套，1806年后改为白色。伊斯特拉猎兵团穿法国轻步兵样式的深绿色制服，饰有浅蓝色贴边和白色纽扣。达尔马提亚步兵团戴黄铜菱形帽牌，牌子上有顶着铁王冠的"RDI"图纹。制服包括深绿色外套和马裤，有红色贴边和黄色纽扣，扎白色皮带。

工程兵，制服样式与步炮兵相近，但戴法国式筒帽，绒球和流苏肩章为红色，上衣搭配有红色滚边的黑色尖袖口。

战列骑兵

第1、2龙骑兵团，制服与法国龙骑兵相同。头盔上有黑色毛皮箍，左侧有绿色羽饰。他们穿深绿色外套，佩戴

◀ **意大利第5战列步兵团掷弹兵军官，1809年** 这套制服虽然为白色，但样式为法军的风格。步兵的制服和贴边部分反映了象征国家的红、白、绿三色。

意大利战列步兵团的制服区别

番号	衣领	翻领	袖口	袖口翻边	燕尾翻边	纽扣
1	绿色*	红色*	红色*	绿色*	红色*	黄色
2	白色**	红色*	白色**	红色*	白色**	黄色
3	红色*	红色*	红色*	红色*	红色*	黄色
4	红色*	白色***	白色***	绿色*	白色***	白色
5	红色*	绿色*	绿色*	红色*	绿色*	白色
6	白色***	绿色*	白色***	绿色*	白色***	黄色
7	绿色*	白色***	红色*	无	白色***	白色

注：*指白色滚边，**指红色滚边，***指绿色滚边

深绿色袖口，搭配白色的纽扣、皮带和紧身短马裤。第1团的贴边为粉色，第2团为绯红色。

第1—4猎骑兵团，戴筒帽，帽上饰有帽徽、饰环和纽扣，白色鳞片颔带，以及尖端与贴边同色的深绿色羽饰。制服为深绿色的单排扣上衣和马裤。外套的纽扣为白色，胸口有饰带条，衣领、尖袖口、燕尾翻边和深绿色马具有贴边：第1团为黄色，第2团为红色，第3团为红色，第4团为蓝紫色。马裤上有白色的匈牙利式大腿饰结和侧边缝，装备黄铜配饰的黑色挽具。

那不勒斯王国

1807年，拿破仑将两西西里王国的大陆部分组建为那不勒斯王国。那不勒斯的徽章、各连之间的制服均与法国相同。帽徽颜色为外白内绯红色。

近卫步兵

掷弹兵，戴熊皮帽，帽上饰有红色饰绳、羽饰，以及饰有黄色手榴弹徽章的绯红色顶面。穿深蓝色外套，衣领、翻领、袖口、法式口袋翻边和燕尾翻边均为浅绯红色，除燕尾翻边以外均饰有白滚边。外套的衣领上有2颗纽扣和流苏扣眼，每个袖口上有2个，翻领上有7个。流苏肩章和剑带为红色。紧身短马裤和皮带为白色，绑腿为黑色。鼓手穿撞色制服。

第1候补步兵团，制服样式与掷弹兵相同，但熊皮帽有绿色饰绳和红顶的绿色羽饰。上衣、紧身短马裤和皮带为白色，搭配饰有白边的绯红色衣领、尖袖口和翻领，以及与掷弹兵相同的绯红色燕尾翻边、黄色纽扣和扣眼。军官的熊皮帽饰绳、流苏肩章、颈甲、剑带和骠骑兵靴配饰均为金色。鼓手的制服有绯红色和白色条纹的滚边，佩戴燕巢饰带，衣袖上有7个相同条纹的"V"形标志。第2候补步兵团的制服与第1团基本相同，但羽饰为纯绿色。

海军步兵营，戴筒帽，帽上装饰有

◀ **意大利骑兵仪仗队军官，1812年** 该单位由意大利富裕家庭的子嗣组成，堪称精英中的精英。精致的头盔沉重且昂贵。在不执勤时，士兵戴圆形工作帽。

▶ **萨尔迪尼纳（SARDININA）掷弹兵，1795年** 这幅图描绘了大革命早期掷弹兵的典型造型：小胡子、熊皮帽、马刀。值得注意的是，扣眼上挂的滑膛枪用铁针和清洁刷。

王室花押"JN"的盾形黄铜牌、1枚帽徽、红色绒球、饰绳、黄铜鳞片颏带。穿深蓝色的外套和马裤，衣领、袖口、翻领和燕尾翻边为红色，配有黄色纽扣、白色月牙弧的红色肩章以及白色滚边的米黄色皮带。

近卫骑兵

骑兵仪仗队，头戴高筒帽，帽上饰有红色的囊、黄色穗带饰物、流苏和饰绳。穿的白色多曼上衣有红色衣领和袖口，黄色饰带和纽扣，绯红色和黄色的束腰带，搭配黑色皮毛、黄色饰带和纽扣的红色斗篷夹克。马裤为浅绿色，配饰为黄色；骠骑兵靴也同样为黄色配饰。装备红色边缘、黄色滚边的浅绿色佩囊。该单位后来改编为禁军骑兵团。

禁军骑兵团，这个新成立的单位戴白色饰环、纽扣和羽饰的双角帽，穿红色单排扣上衣，衣领、袖口和燕尾翻边为黄色，袖口翻边为红色，衣袋袋盖有黄色的滚边。右肩佩戴白色流苏肩章和肩带。穿白色马裤和重骑兵靴，装备蓝色马具和方形旅行皮箱，皮箱边缘为白色，饰边为红色，背面有白色的王室花押"JN"。

轻装骑兵，戴筒帽，帽上饰有金色顶箍和饰绳，刻有王室花押"JN"的鳞片颏带和旭日图纹的饰牌以及白色羽饰。穿的深蓝色波兰式夹克有黄色贴边和纽扣。深蓝色马裤的两侧有黄色条纹。深蓝色的马具饰有黄色饰边和王室花押。军号手穿戴撞色服饰。

骠骑兵，1814年由轻装骑兵组建而成。他们穿的天蓝色多曼上衣有绯红色贴边、白色纽扣和饰带，绯红色斗篷夹克有白色纽扣和饰带、黑色毛皮，扎绯红色和白色相间的束腰带。天蓝色马裤上有白色的大腿饰结、侧边饰带和皮带。戴黄铜配饰、白色顶箍和饰绳的黑色筒帽。马具为天蓝色、白色饰边，尖状的后面部分边角上有王室花押"JN"。黑色挽具的配饰为黄铜制。

近卫炮兵

近卫步炮兵，制服样式与法国近卫军相同，不同之处为纯紫色的贴边和王室花押"JN"。

近卫骑炮兵，制服样式与法国近卫军骑炮兵相同，不同之处为纯紫色的贴边和王室花押"JN"。

炮兵纵列，与近卫步炮兵相同，但穿浅蓝色上衣和马裤，纽扣为白色。

战列步兵

头戴法国式筒帽，帽上装饰着带王室花押"JN"的盾形饰牌、帽徽和绒球。上衣、紧身短马裤、皮带和肩章为白色，纽扣为黄铜制。衣领、翻领、袖口、法国式袖口翻边和燕尾翻边与贴边同色。绑腿为黑色。鼓手的制服与候补部队相同。

轻步兵

制服样式与战列步兵相同，但金属配饰为白色。穿法国轻步兵式的蓝色外套、翻领和马裤，衣领为黄色，袖口翻边、袖口和翻领有贴边。绒球为绿色，蓝色燕尾翻边上饰有白色猎笛徽章。绿肩章上有月牙弧，马刀带为绿色。卡宾枪兵连戴熊皮帽，帽上饰有红色饰绳、羽饰和白色手榴弹徽记的红色顶片。衣领与贴边同色：第1连为黑色，第2连为黄色，第3连为红色，第4连为橘色。

战列骑兵

第1轻骑兵团，头戴筒帽，帽上有白色旭日图纹、黄铜王室花押"JN"的饰牌、白色顶箍以及外白内绯红的绒球。浅蓝色上衣的衣领、翻领、肩章和尖袖口均饰有绯红色滚边，纽扣、皮带和饰带为白色。绯红色的燕尾翻边上有猎笛徽章。浅蓝色马裤两侧有2条绯红色条纹，骠骑兵靴的配饰为白色。军号手穿撞色服饰，精英连戴红色配饰的高筒帽，流苏肩章和马刀带均为红色。浅蓝色马具饰边为绯红色，背后的边角上有白色王室花押"JN"。

第1猎骑兵团，头戴筒帽，帽上饰有帽徽，带有数字"1"的菱形黄铜牌，黄铜鳞片颏带，白色顶箍饰绳、饰环和纽扣。深绿色上衣饰有红色燕尾翻边，深绿色衣领、翻领、尖袖口，肩章饰有红滚边。纽扣、皮带和燕尾翻边上的猎笛徽章为白色。红色马裤两侧有绿色条纹，骠骑兵靴的配饰为白色。深绿色马具饰有红色滚边和白色王室花押"JN"。黑色马具带黄铜配饰。第2团的制服和第1团相同。步兵制服为深蓝色，贴边为红色。

◀ 那不勒斯第1轻步兵团鼓手 1809—1814年，那不勒斯军队在西班牙作战。第1轻步兵团是不幸被派往西班牙的其中一个团，在该国的东部作战。该单位由于开小差和游击战而损失严重。作为轻步兵团的一员，图中的鼓手穿着有醒目饰带的蓝色夹克。

西班牙和葡萄牙王国

西班牙一直由波旁王室统治，直到拿破仑将他的哥哥约瑟夫推上王位。这一事件导致持续至1814年的半岛战争。葡萄牙是英国的传统盟友，尽管王室于1807年逃亡，该国依然与英国共同战斗至1814年。

西班牙王国

1808—1814年，西班牙军队在战场屡屡遭到法军的沉重打击，很大程度上是因为无能的指挥官和差劲的骑兵，但溃散的军队总是重新聚集起来再次战斗。考虑到1809—1814年西班牙混乱的国内局势，他们无法对军服有过多关注。

战列步兵

西班牙士兵的军帽上有红色的帽徽。西班牙只有宫廷卫队，没有野战部

▼ **工程兵军官，1808年** 半岛战争中有相当多的围城战。1808年，西班牙共有174名工程兵军官，他们的衣领有上银色堡垒徽章。

1808年西班牙各步兵团制服的区别				
团名	衣领	袖口和翻边	翻领	纽扣
国王步兵团	蓝紫色	蓝紫色	蓝紫色	黄色
王后步兵团	蓝紫色	蓝紫色	蓝紫色	白色
王子步兵团	白色	蓝紫色	蓝紫色	黄色
索里亚步兵团	白色	蓝紫色	蓝紫色	白色
公主步兵团	蓝紫色	蓝紫色	白色	白色
萨伏伊步兵团	黑色	黑色	黑色	黄色
王冠步兵团	黑色	黑色	黑色	白色
非洲步兵团	白色	黑色	黑色	黄色
萨莫拉步兵团	白色	黑色	黑色	白色
塞维利亚步兵团	黑色	黑色	白色	白色
格拉纳达步兵团	浅蓝色	浅蓝色	浅蓝色	黄色
瓦伦西亚步兵团	浅蓝色	浅蓝色	浅蓝色	白色
托莱多步兵团	白色	浅蓝色	浅蓝色	黄色
穆尔西亚步兵团	白色	浅蓝色	浅蓝色	白色
坎塔布里亚步兵团	浅蓝色	浅蓝色	白色	白色
科尔多瓦步兵团	红色	红色	红色	黄色
瓜达拉哈拉步兵团	红色	红色	红色	白色
马略卡步兵团	白色	红色	红色	黄色
莱昂步兵团	白色	红色	红色	白色
阿拉贡步兵团	红色	红色	白色	白色
萨拉戈萨步兵团	绿色	绿色	绿色	黄色
西班牙步兵团	绿色	绿色	绿色	白色
布尔戈斯步兵团	白色	绿色	绿色	黄色
阿斯图里亚斯步兵团	白色	绿色	绿色	白色
菲索德库埃塔（Fixo de Cueta）步兵团	绿色	绿色	白色	白色
纳瓦拉步兵团	深蓝色	深蓝色	深蓝色	黄色
美洲步兵团	深蓝色	深蓝色	深蓝色	白色
马拉加步兵团	白色	深蓝色	深蓝色	黄色
哈恩步兵团	白色	深蓝色	深蓝色	白色
军事修会步兵团	深蓝色	深蓝色	白色	白色
埃斯特雷马杜拉步兵团	绯红色	绯红色	绯红色	黄色
卡斯提尔志愿步兵团	绯红色	绯红色	绯红色	白色
埃斯塔多志愿步兵团	白色	绯红色	绯红色	黄色
科罗纳志愿步兵团	白色	绯红色	绯红色	白色
波旁志愿步兵团	绯红色	绯红色	白色	白色
爱尔兰步兵团*	黄色	黄色	黄色	白色
海伯尼亚步兵团*	浅蓝色	黄色	黄色	白色
乌尔托尼亚（Ultonia）步兵团*	黄色	黄色	浅蓝色	白色
那不勒斯步兵团*	黄色	黄色	黄色	白色

*穿浅蓝色上衣的外籍团

1792—1815年西班牙各骑兵团制服的区别

番号	衣领	袖口	翻领	滚边	纽扣
第1国王骑兵团	红色	红色	红色*	白色	黄色
第2王后骑兵团	浅蓝色	浅蓝色	浅蓝色**	红色	白色
第3王子骑兵团	红色	红色	红色**	白色	白色
第4因凡塔骑兵团	白色	白色	白色*	黄色	黄色
第5波旁骑兵团	红色	红色	红色	白色	白色
第6法尔内希奥（Farnesio）骑兵团	红色	红色	红色	黄色	黄色
第7阿尔坎塔拉骑兵团	红色	红色	浅绿色	浅绿色镶红滚边或反之	白色
第8西班牙骑兵团	黄色	绯红色	绯红色	黄色	白色
第9阿尔加尔贝（Algarbe）骑兵团	黄色	黄色	浅蓝色	红色	黄色
第10卡拉特拉瓦骑兵团	红色	浅蓝色	浅蓝色	红色	白色
第11圣地亚哥骑兵团	绯红色	绯红色	绯红色	猩红色	白色
第12蒙特萨（Montesa）骑兵团	绯红色	绯红色	白色	白色	白色

注：*带黄色扣眼 **带白色扣眼

队。燧发枪兵戴饰有帽徽、饰环和纽扣的双角帽，掷弹兵戴正面无饰牌的熊皮帽，背面有与贴边同色的精致布囊，每个团的囊样式均不同。外套、紧身短马裤和皮带均为白色。衣领、袖口、袖口翻边（上有4颗纽扣）和翻领与贴边同色。短绑腿为黑色，所有带颜色的部分均有白色饰边，所有白色部件均有与贴边同色的滚边。白色燕尾翻边的边角上各有1块与贴边同色的心形布片。

1812年，西班牙军队开始配发英国供应的制服，包括饰有红色帽徽、黄铜徽章的锥形筒帽。新款的外套饰有红色衣领、尖袖口、燕尾翻边和滚边以及黄铜纽扣。军裤为灰色，搭配黑色的短绑腿，皮带为白色。

轻步兵

1802年，他们戴塔尔顿式头盔，饰有红色帽箍和帽徽，左侧饰有绿色羽饰，正面有椭圆形黄铜帽牌；穿深绿色多曼上衣，贴边为红色，纽扣和饰带为黄色，束腰带为红色；腰上别着黑色的小弹药袋，穿白色马裤和长绑腿。1806

◀ 西班牙骠骑兵团猎兵军官，1808年 英国的塔尔顿式头盔也在西班牙等国的军队中使用。总体而言，西班牙骑兵的战马差劲、军官无能，在战场上无法与法军抗衡，屡战屡败。

年，制服改为战列步兵的制服，不同之处为深蓝色上衣、白色紧身短马裤和深棕色大外套。各团通过贴边颜色和饰带来区分。

炮兵和工程兵

炮兵的制服与战列步兵相同，但制服为深蓝色，贴边为红色，纽扣为黄色，衣领上有黄色手榴弹徽章。工程兵的制服样式与炮兵相同，但贴边为黑色，纽扣和滚边为白色。他们的衣领上有白色的堡垒徽章。

骑兵

在1800年之前，骑兵上衣为白色，后来改为红色燕尾翻边的深蓝色上衣。头戴大双角帽，帽上饰有红色帽徽，与贴边同色的纽扣、饰环和饰边；穿长下摆的外套，衣领、翻领和瑞典式袖口均有贴边。衣领上有站立的狮子图纹，袖口上有3朵百合花，均与纽扣同色。他们穿米黄色的紧身短马裤和翻口高筒靴，扎白色皮带。

龙骑兵，军帽和普通骑兵相同，穿步兵样式的黄色上衣和紧身短马裤，皮带和马裤为白色。衣领的边角有交叉的利剑和棕榈叶的白色徽章，翻领上有白色扣眼。所有贴边均为白色滚边，纽扣

▲ 1808年7月23日，杜邦将军在拜伦被西班牙将领弗朗西斯科·哈维尔·卡斯塔尼奥斯击败，这是拿破仑军队最难堪的一场失败。

均为白色。下摆的口袋翻边也有与贴边同色的滚边。龙骑兵穿黑色绑腿和套鞋（而非靴子）。

猎骑兵，1806年有2个猎骑兵团，他们戴左侧有红色帽徽和羽饰的筒帽，顶部和底部的帽箍、饰绳和正面的饰牌为白色。2个团均穿白色饰带和纽扣的深棕色多曼上衣，搭配有白色饰边的深棕色马裤和鞍垫。衣领、波兰式袖口、马裤的大腿饰结和侧面条纹与贴边同色。奥利文西亚（Olivença）猎骑兵团的贴边为红色，扎红色和浅蓝色相间的束腰带；西班牙志愿猎骑兵团的贴边为浅蓝色，扎浅蓝色和白色相间的束腰带。2个团的衣领上均有剑和棕榈叶的白色徽章。

骠骑兵，1806年有2个骠骑兵团，他们的制服样式与猎骑兵相同，不过多了斗篷夹克。玛丽亚·路易莎（Maria Luisa）骠骑兵团穿衣领和袖口为浅蓝色的红色多曼上衣，有红色贴边、黑毛皮的浅蓝色斗篷夹克，扎浅蓝色和白色相间的束腰带，浅蓝色马裤和鞍垫上有白色纽扣、饰带和配饰。西班牙骠骑兵团穿有浅蓝色贴边的浅绿色多曼上衣，浅蓝色贴边、黑皮毛的浅蓝色斗篷夹克，浅蓝色马裤，纽扣和饰带为白色，束腰带为浅蓝色和白色相间。2个团均戴黑色塔尔顿式头盔，头盔上有黄铜饰牌和配饰，红色帽徽和羽饰。

约瑟夫国王军团

这支军队成立于1809年，属于法国部队。募集的许多士兵曾是法军过去与西班牙作战时抓获的战俘，他们中的大多数人只是等待配发武器和装备，然后迅速地投奔敌军。徽章的样式以及各连间的制服均与法军相同。

近卫步兵有掷弹兵团、燧发枪兵团和狙击兵团各1个。他们的制服样式与法国近卫军的相同，但帽徽配色为红色和黄色。骑兵部队包括骠骑兵和轻骑兵，共有7个战列骑兵团，均戴筒帽，穿深棕色外套，衣领、肩章、翻领、瑞典式袖口和燕尾均有贴边，纽扣为黄色，紧身短马裤和皮带为白色，短绑腿为黑色。各团的贴边颜色如下：第1

1792—1815年西班牙各龙骑兵团制服的区别

番号	衣领	翻领	袖口和翻边
第1国王龙骑兵团	绯红色	红色	绯红色
第2王后龙骑兵团	粉色	粉色	粉色
第3阿尔曼萨龙骑兵团	浅蓝色	浅蓝色	浅蓝色
第4帕维亚龙骑兵团	黄色	红色	红色
第5比利亚维西奥萨龙骑兵团	浅绿色	浅绿色	浅绿色
第6萨贡托龙骑兵团	黄色	浅绿色	浅绿色
第7努曼蒂亚（Numantia）骑兵团	黑色	黑色	黑色
第8卢西塔尼亚龙骑兵团	黄色	黑色	黑色

1792—1815年西班牙各轻步兵团制服的区别

番号/团名	衣领	袖口和翻边	翻领	纽扣
阿拉贡第1志愿兵团	红色	红色	红色	白色
加泰罗尼亚第1志愿兵团	深蓝色	黄色	黄色	黄色
塔拉戈纳步兵团	黄色	黄色	深蓝色	黄色
赫罗纳志愿兵团	黄色	黄色	黄色	白色
巴塞罗那第1步兵团	黄色	黄色	深蓝色	白色
巴塞罗那第2步兵团	深蓝色	红色	红色	黄色
巴瓦斯特罗猎兵团	红色	红色	深蓝色	白色
瓦伦西亚志愿兵团	绯红色	绯红色	绯红色	白色
坎波马约尔志愿兵团	深蓝色	绯红色	绯红色	白色
纳瓦拉志愿兵团	绯红色	绯红色	绯红色	黄色

注：1812年推广的不列颠式军服与战列步兵相同，但衣领为深蓝色，燕尾翻边为白色。

▼ **萨莫拉步兵团乐队队长，1809年** 宽大的弹药带与贴边同色，绣着纽扣色的波旁王朝百合花和萨莫拉市徽章。

马德里骑兵团，白色；第2托莱多骑兵团，浅蓝色；第3塞维利亚骑兵团，黑色；第4索里亚骑兵团，蓝紫色；第5格拉纳达骑兵团，中蓝色；第6马拉加骑兵团，深蓝色；第7科尔多瓦骑兵团，红色。

轻步兵戴红顶的浅绿色绒球，绿色贴边镶红色滚边，穿棕色马裤和红色配饰的骠骑兵式绑腿。

骑兵制服与过去的西班牙骑兵相同：有黄色饰环、饰边和纽扣的双角帽，深棕色外套（但衣领上无徽章）的衣领、翻领、瑞典式袖口和燕尾翻边都有贴边，纽扣和双肩上的三叶草花纹为黄色，紧身白马裤和皮带为红色，穿重骑兵靴。军号手穿红色外套，贴边为黄色，饰有红底座的黄羽饰、红黄饰绳。

各团贴边的颜色如下：第1团，红色；第2团，白色；第3团，浅蓝色；第4团，粉色；第5团，黑色；第6团，绿色；第7团（枪骑兵）戴黑色轻骑兵头盔，帽上有绿羽冠、侧边红羽饰和黄铜配饰。深棕色外套的黄色衣领有红色饰片，红色的翼形肩饰有黄色滚边，深棕色的紧身军裤有红色边缝、黄色纽扣。深绿色的马具饰有黄滚边，红色的枪旗中间有一道白色条纹。炮兵和工程兵的装备和军服样式与法军相同，但他们戴黄红帽徽，穿深棕色的外套和军裤。

葡萄牙王国

历经多年被忽视的状态后，葡萄牙军队于1808年进行重组。英国将军威廉·卡尔·贝雷斯福德成为这项工作的负责人，由于法国人将大批士兵掳为战俘或遣往中欧，他的工作变得更加困难。

步兵

战列步兵的三个大区域师重组为24个团，上衣的滚边和燕尾翻边反映

1808—1815年葡萄牙各战列步兵团制服的区别

番号/团名	衣领	袖口
第1南方师，白色滚边和燕尾翻边		
第1利佩步兵团	蓝色	白色
第4弗雷雷步兵团	蓝色	红色
第7塞杜巴尔（Setubal）步兵团	蓝色	黄色
第10里斯本步兵团	蓝色	天蓝色
第13佩尼切步兵团	白色	白色
第16韦拉特尔莱什（Veira Telles）步兵团	红色	红色
第19卡斯康埃斯（Cascaes）步兵团	黄色	黄色
第22塞尔帕步兵团	天蓝色	天蓝色
第2中部师，红色滚边和燕尾翻边		
第2拉古什步兵团	蓝色	白色
第5埃尔瓦什第1步兵团	蓝色	红色
第8维德堡（Castello de Vide）步兵团	蓝色	黄色
第11佩纳马科尔步兵团	蓝色	天蓝色
第14塔维拉步兵团	白色	白色
第17埃尔瓦什第2步兵团	红色	红色
第20坎波马约尔步兵团	黄色	黄色
第23阿尔梅达步兵团	天蓝色	天蓝色
第3北部师，黄色滚边和燕尾翻边		
第3奥利文萨第1步兵团	蓝色	白色
第6波尔图第1步兵团	蓝色	红色
第9维亚纳步兵团	蓝色	黄色
第12沙维什步兵团	蓝色	天蓝色
第15奥利文萨第2步兵团	白色	白色
第18波尔图第2步兵团	红色	红色
第21瓦伦萨步兵团	黄色	黄色
第24布拉干步兵团	天蓝色	天蓝色

了各团所属的师。步兵头戴正面凸起、饰有椭圆黄铜牌的筒帽——巴雷提那帽（barretina）。帽上刻有团番号的黄铜箍，帽箍上方有葡萄牙式羽冠，饰绳为蓝色和所属师代表色相间，军帽左侧有白色羽饰和外蓝内红的帽徽。

掷弹兵军帽的饰牌下有黄铜手榴弹徽章，肩章的流苏为蓝色和所属师代表色。军士的军帽饰绳为蓝色和金色相间，军官的饰绳为金色。所有官兵的纽扣均为黄铜材质，外套为深蓝色、单排扣样式，衣领和袖口饰有所属团代表色。马裤和皮带为白色，短绑腿为黑色。鼓手的衣领、袖口和胸口有蓝色和所属师代表色相间的饰带。弹药袋上有黄铜标记的团番号。

猎兵（轻步兵）共有6个营，每个营有4个连装备滑膛枪，另有1个连（散兵）装备贝克来复枪。他们穿战列步兵式的制服，但军帽的羽饰和饰绳为绿色，帽箍上有内标营番号的猎笛徽章。穿棕色外套，戴饰有绿色滚边的肩章，扎黑色皮带。军官佩黑色挂带的马刀。军号手制服的衣领、袖口和胸口有绿色和师代表色的饰带。各营最初均有各自的代表色，但从1809年7月起，基本改为黑色。

葡萄牙各轻步兵团制服的区别

番号/团名	衣领	袖口
第1南方师，白色滚边和燕尾翻边		
第1维德堡轻步兵团	棕色	天蓝色
第4贝拉轻步兵团	天蓝色	天蓝色
第2中部师，红色滚边和燕尾翻边		
第2莫拉轻步兵团	棕色	红色
第5坎波马约尔轻步兵团	红色	红色
第3北部师，黄色滚边和燕尾翻边		
第3后山（Tras os Montes）轻步兵团	棕色	黄色
第6波尔图轻步兵团	黄色	黄色

葡萄牙各骑兵团制服的区别

番号	衣领	袖口
第1南方师，白色滚边和燕尾翻边		
第1阿尔坎塔拉骑兵团	白色	白色
第4梅克伦堡骑兵团	红色	红色
第7康斯（Caes）骑兵团	黄色	黄色
第10桑塔雷姆（Santarem）骑兵团	天蓝色	天蓝色
第2中部师，红色滚边和燕尾翻边		
第2莫伊拉骑兵团	白色	白色
第5埃沃拉（Evora）骑兵团	红色	红色
第8埃尔瓦什骑兵团	黄色	黄色
第11阿尔梅达骑兵团	天蓝色	天蓝色
第3北部师，黄色滚边和燕尾翻边		
第3奥利文萨骑兵团	白色	白色
第6布拉干萨骑兵团	红色	红色
第9沙维什骑兵团	黄色	黄色
第12米兰达骑兵团	天蓝色	天蓝色

骑兵

直到1808年，葡萄牙骑兵都戴着传统的双角帽。1809年推行的制服包括塔尔顿式的黑色皮革头盔（黑皮毛羽冠、椭圆黄铜牌、鳞片颏带）、浅蓝色上衣（与步兵相同的团和师代表色配饰）、黄铜纽扣、鳞片肩章、白色皮带、马裤、骠骑兵靴，配备有黄色滚边的浅蓝色鞍布以及黑色挽具。葡萄牙共有12个骑兵团，但骑兵的骑术不精。

炮兵和工程兵

炮兵共有4个团，制服样式与战列步兵相同，但衣领、袖口和燕尾翻边为红色，前两者镶师代表色的边，纽扣为黄色，皮带和马裤为白色。工程兵部队均为军官，深蓝色的外套有贴边，纽扣为金色，衣领和袖口有饰带。

民兵

葡萄牙的48个区应当各成立1个民兵团。他们穿劣质的绿色或蓝色制服。

▼ **葡萄牙第11战列步兵团团长，1812年** 第11团隶属于哈维将军旅，他们在科尔的第4师麾下参与了1811年5月16日的阿尔布埃拉（Albuera）会战，损失了193人，其中171人来自王家卢西塔尼亚军团（Loyal Lusitanian Legion）。第11团还参加了1812年4月对巴达霍斯的围困和攻城战。注意传统的葡萄牙巴雷提那帽。

▶ **葡萄牙第5猎兵团乐队队长，1812年** 这些步兵装备贝克步枪，在半岛战争中表现优异。大部分轻步兵团的贴边颜色都在1809年改为黑色，但第5团似乎还保留着猩红色的衣领和袖口。有趣的是，法军中的葡萄牙单位也穿棕色外套。

术语表

副官（Adjutant）：协助指挥官的低级军官，一般不是参谋人员。在普鲁士军队中，该词一般指侍从官。

侍从官（Aide-de-Camp）：协助将领的参谋军官，由将领亲自挑选。拿破仑的侍从官们拥有相当大的权力。

肩饰绳（Aiguillette）：通常为左肩或右肩上佩戴的金色或银色的饰绳，以代表特殊身份。

军（英：Army Corps，法：Corps d'Armée）：下辖2个及以上师的编制，一般包括步兵、骑兵和炮兵。

炮兵（Artillery）：使用拖拽火炮，通常发射具有爆炸性的重型炮弹。

射击兵（Atiradores）：葡萄牙散兵。

弹药带（Bandoliers）：过肩的皮带，用来挂弹药袋。

巴什基尔人（Bashkirs）：俄罗斯军队的亚洲勇士，骑马、装备弓箭。

营（Battalion）：下辖2个及以上连的军事单位，通常有600多人。

熊皮帽（Bearskin）：掷弹兵佩戴的帽子，饰有毛皮。

▼ 在1815年的滑铁卢会战中，苏格兰灰骑兵冲垮法国步兵。

双角帽（Bicorn）：黑色毛毡的弧形帽，边缘折叠成2个角。

候补（Bis）：用于团名中代表第2或候补单位，以区分2个番号相同的单位。

博克鞍（Bock saddle）：一种轻便的木制马鞍，发源于蒙古，装备骠骑兵和其他轻骑兵。

警帽（Bonnet de police）：在法国表示军中杂役戴的简易布帽。

波斯尼亚人（Bosniak）：阿尔巴尼亚的轻骑兵，1745年加入普军。

丝饰带（Bullion）：金或银色线的饰带。

毛皮高筒帽（英：Busby，德：Colpack）：毛皮材质的骠骑兵帽，其中一侧挂彩色的囊。

小辫子（法：Cadenettes）：骠骑兵蓄在两耳之前的小辫子。

炮手（法：Cannoniers）：法语中指炮兵。

自由帽（Cap of Liberty）：1780年法国革命派戴的红色布帽。

卡宾枪骑兵（Carabineer）：最初装备卡宾枪的骑兵。

卡宾枪（Carbine）：一种短筒火枪。

弹药袋（Cartouche）：军官装手枪弹药的小袋子。

猎兵（法：Chasseur，德：Jägers）：直译为猎手，代指轻型部队，装束或装备适合散兵战。法国、大部分德意志国家以及俄国、瑞典和丹麦的军队都有猎兵。

猎骑兵（法：Chasseur à cheval）：马上作战的轻型骑兵。

猎（步）兵（法：Chasseur à pied，葡：Caçadores）：轻型步兵。

中队长（法：Chef d'esquadron）：法军的骑兵中队指挥官。

营长（法：Chef de Bataillon）：法军的营指挥官。

▲ 华沙大公国掷弹兵军士的军帽，掷弹兵隶属于战列步兵单位。

禁军骑兵团（法：Chevalier-Garde）：贵族出身的近卫骑兵部队。

轻骑兵（法：Chevau-Léger）：轻型骑马部队，骑较矮的战马，相对快速灵活。负责侦察和前哨战，也用于追击败退之敌。

帽徽（Cockade）：帽子上的弧形或圆形饰物，一般为国家的代表色。

上校（英：Colonel，德：Oberst）：高级野战军官，衔位低于将官。

团旗（Colour）：步兵团的旗帜，是战场上的参照物和集合点；作为战利品的价值极高，团旗一旦丢失，将被视作耻辱。

鸡冠（Comb）：头盔顶部的竖直硬块，通常顶部有羽冠。

征兵（Conscript）：通过抽签选择短期参军的人员，法国大革命政府为了能征到大量人员保卫国土，开创了这一方法，后来为其他国家所效仿。

无穗肩饰（法：Contre-epaulette）：厚重、华丽、无穗带的肩章。

羽冠（Crest）：徽章或盾章，头盔上的毛皮或马毛饰物。

胸甲（Cuirass）：上身的甲胄，胸口有金属材质的护甲，一些胸甲在背部也设有金属护甲。

胸甲骑兵（Cuirassier）：穿戴甲胄、骑高头大马（16掌以上）的骑兵，用于突击战。

恰普卡帽（波：Czapka）：传统的波兰方顶高帽，当时各国军队中的枪骑兵均戴这种帽子。

多曼上衣（Dolman）：骠骑兵夹克，长度及腰，缀满了饰带和纽扣。

龙骑兵（Dragoon）：最初为步兵，配备马匹以增加机动性，装备步兵作战的武器。

侦察骑兵（法：Eclaireurs à cheval）：法语中指骑马的侦察部队。

流亡者（法：Emigrés）：1789—1800年间，逃离法国以躲避革命恐怖的法国公民。

工程兵（Engineer）：指那些在防御工事、桥梁建造和围攻战中受过训练的人。

少尉（德：Fähnrich，英：Ensign）：步兵委任军官的最低衔。

肩章（Epaulettes）：厚重的肩饰，外边缘有穗带。

三角旗（Fanions）：连或骑兵中队的三角形小旗帜，或是枪骑兵长矛上用来威吓敌军战马的旗帜。

蹄铁匠（Farrier）：为马匹钉蹄铁的工匠。

陆军元帅（英：Field Marshal/Marshal，德：Feldmarschall）：军队中的高级军衔。

扁线圈（Flounder）：编织的扁圆样式军帽饰绳，一般在饰绳末端、流苏上。

男爵（德：Freiherr）：德语中的男爵。

自由军团（德：Freikorps）：一般指爱国贵族组织的志愿兵部队。

纺锤形纽扣（Frogging）：骠骑兵多曼上衣和斗篷夹克胸口的纽扣。

燧发枪（Fusil）：一种轻型滑膛枪。

燧发枪兵（Fusilier）：原指装备燧发枪的士兵，最初于1640年出现在法国。

鞋罩（Gaiters）：遮盖小腿的布料或帆布，绑在鞋子上防止泥土和石子。

近卫军（Garde du Corps）：亲卫部队，一般是在君主身边担任护卫的军事单位。

宪兵（Gendarmerie）：军警部队，原本是法语词汇，后来也被其他国家使用。

准将（法：General de Brigade）：指挥1个旅或相应规模的将级军官。

少将（法：General de Division）：指挥1个师或相应规模的将级军官。

颈甲（Gorget）：军官在衣领处戴的金属牌，以显示其身份。

正装（法：Grande tenue）：指军礼服。

大外套（Greatcoat）：穿在夹克外的衣服，以抵御寒湿天气。

掷弹兵（Grenadier）：原本是点火投掷手榴弹的士兵，后来指精锐士兵。

掷弹骑兵（法：Grenadier à cheval）：骑马掷弹兵部队。

边防军（德：Grenzers）：奥地利边境的守军，巴尔干半岛与土耳其帝国交界地区成立的团。

格里博瓦尔体系（Gribeauval design）：法国人让-巴蒂斯特-瓦凯

▲ 1815年6月16日，四臂村会战中的英军"黑色守望团"。

▲（左图）法国第43战列步兵团的黄铜帽牌。（右图）法国第15战列步兵团的帽牌。

▲ 在滑铁卢战役中，英国重骑兵向法国胸甲骑兵发动冲锋。

特·德·格里博瓦尔（1715—1789）基于李希滕施泰因体系设计的炮兵体系，实现了法国炮兵的标准化和轻量化，提升了机动性。

荣誉卫队（Guard of Honour）：为表示对重要人物的敬意组建的特殊部队。

燕尾旗（Guidon）：龙骑兵团的燕尾状旗帜。

掌（Hand）：测量马匹高度的单位，1掌约4英寸（10厘米）。

重骑兵（Heavy cavalry）：坐骑肩高超过14掌的骑兵，用于突击作战。

骑炮兵（Horse artillery）：具有高机动性能的野战炮兵，成员均骑马或乘坐炮车。

榴弹炮（Howitzer）：源于1419—1436年的胡斯战争，这种火炮以高弹道发射炮弹，用于打击直接视野外的目标。

骠骑兵（Hussar）：最初指的是（1458—1490）与土耳其人交战的巴尔干轻骑兵，意为强盗、掠夺者或海盗。

帝国近卫军（Imperial Guard）：拿破仑在执政府卫队的基础上组建的部队，俄国也有帝国近卫军，原为沙皇的亲卫队，后来发展为老兵组成的精锐武装。

义军（德：Insurrektion）：匈牙利的地方防御武装。

残老军人（Invalides）：由于疾病、年龄或受伤而无法执行战场任务的士兵，被驻军的城镇所收容。

卡尔梅克人（Kalmucks）：俄军的非正规轻骑兵，源于蒙古瓦剌部落，定居于阿尔泰地区。

卡斯科特帽（德：Kasket）：前后有帽檐、饰有羽冠的皮质帽子，一般有鸡冠。

卡坦肯外套（德：Katanken）：许多普鲁士部队穿的黑色长外套，类似于立陶宛夹克。

基瓦筒帽（俄：Kiwer）：俄军标志性的筒帽，顶部为内凹的漏斗型，引入于1810年。

科莱特夹克（德：Kollet）：一种紧身夹克，下摆短，正面有翻边。

波兰低冠方顶帽（波：Konfederatka）：精美的低冠方顶帽，一般为军官所戴。

库尔特卡夹克（波：Kurtka）：波兰枪骑兵穿的传统短尾夹克。

库斯克特帽（德：Kusket）：瑞典式的高帽。

枪骑兵（英：Lancer，德：Uhlan/Ulan）：（在战斗序列的第一排）装备长矛的轻骑兵。

战时后备军（德：Landsturm）：德语中指祖国卫队，一般为少年和老年男子组成，装备基本的武器，没有炮兵。

国防军（德：Landwehr）：德语中指地区防卫武装，装备轻型武装，质量和能力弱于常备军，没有炮兵。

拖炮车（Limber）：固定野战火炮炮架的运输车，便于马队移动大炮。

轻骑兵（Light cavalry）：坐骑较为矮小的骑兵，因此更加快速敏捷，负责侦察和前哨战任务，也用于追击败军。骠骑兵、猎骑兵、各种轻型骑兵和枪骑兵均属于轻骑兵。

轻步兵（Light infantry）：具有高机动能力的步兵，在散兵线中作战，部署在战斗主力队列的前方和侧翼。

战列步兵（Line infantry）：也称为重步兵，行动慢于轻步兵，最初作为军队的主力限于列队（纵深为2排、3排或以上）作战。

立陶宛夹克（德：Litewka）：无翻领的长下摆、单排扣束腰上衣，源于波兰或立陶宛。

少校（Major）：最低级的野战军官，通常指挥1个营。

马穆鲁克（Mamelukes）：原本是土耳其统治者的奴隶，被武装和训练成为苏丹和哈里发的护卫。拿破仑将一些马穆鲁克部队从埃及带回了法国，后来成为其老近卫军的一部分。

海军陆战队（Marines）：战舰上

▲ 法国步兵装备的羊皮背包和卷起的毛毯或大衣。

术语表 247

▲ 德意志和匈牙利骑兵军官佩剑的柄。

的步兵。

中近卫军（Middle Guard）：帝国近卫军的1个师，由燧发枪掷弹兵、燧发枪猎兵、宪兵以及佛罗伦萨和都灵的轻装兵部队组成。

坑道工兵（Miner）：在围城战中挖坑道的士兵。

米尔顿帽（Mirliton）：骠骑兵佩戴的无檐帽，周身绕有一根飘扬的彩带，1800年后被筒帽取代。

滑膛枪（Musket）：单人操作的长筒燧发枪。

滑膛枪兵（Musketeer）：装备滑膛枪的战列步兵。

国民卫队（National Guard）：成立于1789年大革命时期的法军武装，后来成为地域性的防御部队。

老近卫军（Old Guard）：拿破仑帝国近卫军中资历较老的师。

直刃军刀（Pallasch）：德国的重骑兵直刃剑。

斗篷夹克（Pelisse）：毛皮衬里和装饰的骠骑兵夹克外套，通常穿在左肩上，与多曼上衣一样，饰有数排的饰带和纽扣。

滚边（Piping）：衣领、袖口、袖口翻边、翻领、肩章或燕尾翻边边缘的窄条。

架桥工兵（Pontonniers）：架桥部队。

剑带（法：Portépée）：马刀或剑柄上的带子，最初绑在手腕上用于防止武器在战斗中跌落。在拿破仑时代，军官或军士佩戴金或银色与国家代表色相间的剑带，列兵剑带上的流苏颜色则代表其所属的连。

鞍袋（Portmanteau）：马鞍上的小袋子或装在马鞍上的包。

尾辫（法：Queue）：绑在背后的发辫，有时会用焦油加固。

团（英：Regiment，德：Pulk）：下辖2个及以上营或中队的军事单位。英军的团规模较小，有些团只有1个营。

来复枪（Rifle）：枪膛内有螺旋式膛线的火枪，膛线让弹药在开火后旋转，因此比旧式的滑膛武器更加精准。

坑道工兵（Sapper）：为野战防御和围城工事挖坑道的部队。

射击队（德：Schützenverein）：蒂罗尔和德国的传统组织。

鞍褥（Shabraque）：装饰性的鞍布，源于土耳其语"tschprak"，欧洲人从17世纪起开始使用。

沙科筒帽（Shako）：有檐的军帽，源于匈牙利古语"csako"。

紧身服（Small clothes）：穿在束腰上衣里面的服装，如背心、衬衫及（或）马裤。

斯潘塞上衣（Spencer tunic）：1812年由巴尔丹少校在法军推广的上衣，制服的腰部收紧，搭配有收紧的高领、方形翻领、下摆较短、前后均有燕尾翻边，得名于穿这种制服的先行者厄

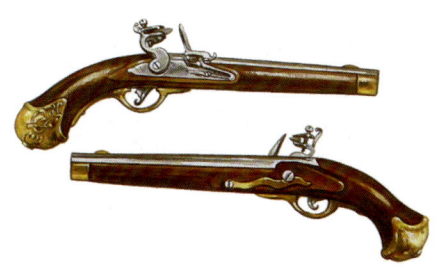

▲ 一对普鲁士重骑兵手枪，配件为黄铜制，枪托处有装饰。

▲ 英国皇家炮兵的比利时筒帽，左为军官的帽子，右为列兵的帽子。

尔·斯潘塞。

短矛（Spontoon）：类似于长矛的武器，但柄要短得多，在拿破仑时代多为军官的象征，而非武器。

方旗（Standard）：方形的小面团旗，是一个骑兵团的象征。

紧身外套（英：Surtout，德：Überrock）：字面意思为"外套"，是一种下摆宽大的单排扣外套。

燕巢标识（Swallows' nests）：佩戴于肩上的弧形纺织饰物，一般为鼓手和军号手佩戴。英国步兵的掷弹兵和轻步兵连也佩戴类似的肩饰，称为"侧翼标识"（参见下文）。

塔尔顿头盔（Tarleton helmet）：头冠较低的头盔，正面有帽檐，顶部有熊皮羽冠，巴纳斯特·塔尔顿爵士在美国独立战争中使用。

狙击兵（法：Tirailleur）：散兵或精锐射手。

纵列（Train）：军队辎重队的统称。

燕尾翻边（Turnbacks）：外套下摆的正面和背面部分，翻折并露出衬里。

锯齿花边（Vandyking）：物体的边缘，与主体之间相隔着锯齿形折线。

轻步兵（法：Vélites）：轻武装的步兵、散兵。

腾跃兵（法：Voltigeur）：字面意义为"跳跃者"，是灵活的轻步兵。

侧翼标识（Wings）：英国步兵营的侧翼连（掷弹兵或轻步兵）士兵肩上佩戴的弧形纺织饰物。

青年近卫军（Young Guard）：拿破仑的帝国近卫军中资历较浅的团。

致谢

这本书是迄今为止我所承担的最具挑战性的项目之一。这不仅需要在海量的全彩图片中进行筛选，而且写作内容的跨度也很大，涵盖了当时社会的各个层面，经济、政治、军事，军队的征募办法，军队运转的基本要素、战术、武器性能，作战计划及其结果，甚至涉及海战。这类书有一大共同特点：出版商雄心勃勃，试图展现相对陌生的大革命时代，但最终，封面和封底展现的不过是恢宏年代的昙花一瞥。因此，内容必须好好提炼，单张彩图也需要尽可能地展现军服的细节。总之，很难在这种题材的写作上做到尽善尽美。

关于制服和装备的众多彩图使这一工作进展顺利，精美细致的人物、装备和武器图片扩充了本书的内容。不过，有件事需要特别注明：尽管制服条令已经在陆军层面决定了，但团单位指挥官（大部分情况下负责生产官兵制服）常常会不顾条令，随心所欲更改制服样式。我相信本书会使许多读者得到愉快的阅读体验。

迪格比·史密斯

图片致谢

安尼斯出版社拥有本书插图和地图的版权，其他图片由以下代理机构提供。

艺术文献库（The Art Archive）：扉页第8页、4页、13页下、15页上、16页下、17页上、18页、22页下、29页下、32页、49页上、85页下、114页、116页下、118页、119页、122页上、152页、154页上、156页、184页、186页上、187页、188页、189页、191页上、224页。

皮特·纽瓦克的军事图库（Peter Newark's Military Pictures）：第2页、3页下、6页、9页下、11页、12页、15页下、16页上、22页、23页、25页下、27页右上、29页右上、30页上、31页下、34页、35页、37页、59页左、76页、78页上、80页、121页上、155页、244页、245页、246页。

布里奇曼艺术图书馆（The Bridgeman Art Library）：第7页上、9页上、14页、17页下、22页上、23页上、24页上、26页上、27页左上、47页、67页左上、68页上、78页下、79页、81页上、83页下、85页上、99页上、116页上、120页、128页上、154页、157页下、186页下、191页下、204上、211页左下、218页、241页。

▲ 俄军中身穿传统制服的鞑靼轻骑兵。

▲ 英国第10轻龙骑兵团士兵，他的外套是典型的骠骑兵风格。